—— 徽州文化地理研究文库 ——

徽州民俗研究

陈　琪　方文婷◎编著

安徽师范大学出版社
ANHUI NORMAL UNIVERSITY PRESS
·芜湖·

图书在版编目(CIP)数据

徽州民俗研究 / 陈琪,方文婷编著. — 芜湖:安徽师范大学出版社,2024.5
ISBN 978-7-5676-6195-0

Ⅰ.①徽… Ⅱ.①陈… ②方… Ⅲ.①风俗习惯—简介—徽州地区 Ⅳ.①K892.454.2

中国国家版本馆CIP数据核字(2024)第074470号

安徽省高校协同创新项目"明清徽州地方文献与乡村治理研究"(GXXT-2020-031)

徽州民俗研究
HUIZHOU MINSU YANJIU

陈 琪　方文婷◎编著

责任编辑:李克非　　　　　　责任校对:李慧芳
装帧设计:张　玲　冯君君　　责任印制:桑国磊
出版发行:安徽师范大学出版社
　　　　　芜湖市北京中路2号安徽师范大学赭山校区　　邮政编码:241000
网　　址:http://www.ahnupress.com/
发 行 部:0553-3883578　　　5910327　　　5910310(传真)
印　　刷:江苏凤凰数码印务有限公司
版　　次:2024年5月第1版
印　　次:2024年5月第1次印刷
规　　格:700 mm×1000 mm　　　1/16
印　　张:20.25
字　　数:450千字
书　　号:978-7-5676-6195-0
定　　价:70.00元

凡发现图书有质量问题,请与我社联系(联系电话:0553-5910315)

目 录

第一章　徽州民俗概述

徽州民俗是黄山市非物质文化遗产的重要组成部分。民俗是一种活生生的文化事象，在历史发展的长河中逐渐形成，并反复出现、世代相承、相沿成习。徽州民俗从细微之处记录了徽州先民的一举一动、一来一往，为后人探究与走入徽州传统社会提供了入口，更为当今社会培育文化自信提供了支撑。如何"旧貌换新颜"，是当前非物质文化遗产保护工作的主题，也是徽州民俗保护传承工作需要思考的问题。我们认为，只有充分了解、研究这一民俗传统，才能使其羽化成蝶。

一、徽州民俗的范围和内容

"民俗"一词，在中国古代很早就出现了，《礼记》《史记》均有记载。"民俗"一词作为专门的学科术语，是对英文"Folklore"的意译，既指民间风俗现象，又指研究这门现象的学问。对于民俗的概念，我国著名民俗学家钟敬文先生认为："民俗是人民大众创造、享用和传承的生活文化。它既包括农村民俗，也包括城镇和都市民俗；既包括古代民俗传统，也包括新产生的民俗现象；既包括以口语传承的民间文学，也包括以物质形式、行为和心理等方式传承的物质、精神及社会组织等民俗……民俗是一种民间传承文化，它的主体部分形成于过去……但它的根脉一直延伸到当今社会生活的各个领域，伴随着一个国家或民族民众的生活继续向前发展和变化。"[1]本书是在2005—2007年黄山市非物质文化遗产普查数据基础上，按照普查的分类对徽州民

---

[1] 钟敬文主编：《民俗学概论》（第二版），高等教育出版社2010年版，第5—6页。

俗进行梳理和概括。

我们在做徽州民俗调查时常常会遇到关于民俗、风俗、习俗的一些概念性问题,在实际工作中,它们既有一定的共同属性,也有一定的个性特征。

民俗是指一个民族或一个社会群体在长期的生产实践和社会生活中逐渐形成并世代相传、较为稳定的文化事项,可以简单概括为民间流行的风尚、习俗。民俗是流动的、发展的,它在社会发展的每个阶段都会产生变异,并在变异中求得生存和发展。当中国社会处于经济转型的关键时刻,民众思想观念和生活方式的转变必然表现在民俗文化的变化上,这是不以人的意志为转移的客观现实。风俗是指特定区域、特定人群沿革下来的风气、礼节、习惯等的总和。常言道:"入境,观其风俗。"风俗是特定社会文化区域内历代人们共同遵守的行为模式或规范。风俗具有多样性,"习惯上,人们往往将由自然条件的不同而造成的行为规范差异,称之为'风',而将由社会文化的差异所造成的行为规则之不同,称之为'俗'"[1]。

"所谓'百里不同风,千里不同俗'正恰当地反映了风俗因地而异的特点。风俗是一种社会传统,某些当时流行的时尚、习俗、久而久之的变迁,原有风俗中的不适宜部分,也会随着历史条件的变化而改变,所谓'移风易俗'正是这一含义。"[2]

习俗就是习惯,风俗就是个人或集体的传统、传承的风尚、礼节、习性。形成风俗的事件都挺大,挺普遍,而习俗可大可小,可普遍也可特殊细小。

二、徽州民俗的形式与类型

徽州山隔壤阻的地理环境铸就了徽州民俗显著的地域性特点,也为其提供了良好的存续环境。从本土先民们刀耕火种的山越文化,到与晋永嘉之乱、唐安史之乱和宋靖康之乱的三次中原地区大移民文化相结合,徽州民俗逐渐因势而成并相对稳定下来。徽州民俗除了包含多姿多彩的汉民族传统节日习俗,也形成了独具徽州山区特色的风俗习惯,浓缩了徽州人的生产商贸习俗、消费习俗、人生礼俗、岁时节令、民间信仰等,全方位、立体地展示了

---

[1] 李茂、李忠俊:《嘉绒藏族民俗志》,中央民族大学出版社2011年版,第275页。

[2] 李茂、李忠俊:《嘉绒藏族民俗志》,中央民族大学出版社2011年版,第275页。

徽州历史人文风情。

（一）民间信仰

民间信仰,是在长期的历史发展过程中,在民众中产生和传承的一套神灵崇拜观念、行为习惯和相应的仪式制度。它来源于生活,又植根于生活,多为表达一种美好的期盼。据2007—2009年黄山市非物质文化遗产普查数据,徽州民间信仰数量众多且类型丰富,如以城隍为代表的原始信仰,以徽州祠祭为代表的祖先信仰,以汪华为代表的英雄人物信仰,还有以上九庙会为代表的庙会活动等。

1. 原始信仰

在徽州的原始信仰中,最主要的是自然神信仰,主要有社稷、乡厉、雷、雨、龙王、土地神、城隍神等。"地寡泽而易枯,十日不雨,则仰天而呼;一骤雨过,山涨暴出,其粪壤之苗又荡然空矣。"[1]徽州地处皖南山区,历史上灾害频发,面对恶劣的自然环境,民众在无力抵御的情况下,只得向神灵祈求,从而形成了应对灾害的相关信仰习俗。

每个村落依据自身的地理环境派生出各自的信仰习俗。徽州土木结构的民居最怕火灾,因此徽州祭祀火神,希冀其不要光临人间,并由此衍生出一些习俗。如流传于歙县东的禳火习俗,正月十七,抬社公菩萨入寺,请僧道设坛做法事,又在空地上用杉毛枝搭一小屋,内放锡箔火纸,傍晚,众人焚化小屋,边焚边赞:"前面三十三眼井,后头九十九条河,烧死火夜公,浸死火夜婆。"腊月二十八,又招道士披羽衣入户,用火钳、炉灰在地上撒一个灰"井",意为家中有井,有水克火。

歙县汪满田鱼灯肇始于清光绪初,因村中以木架屋,时有火灾发生,有人言,祸根乃村前光滑大石——"火镜"所致,遂以支堂房派为单位,兴鱼灯会,每年正月十三至十六,以鱼灯游村,"滩花戏水",以水克火。同时,祭拜神庙,演酬神戏。瞻淇汪氏于每年正月初九至十五嬉鱼灯,汪氏先人认为,瞻淇村水往西流,"汪"字带三点水,"水"亦在西边,有鱼则水肥,嬉鱼灯利于子孙兴旺。

---

[1][清]丁廷楗、卢询修,赵吉士等纂:《徽州府志》卷二《舆地志下·风俗》,黄山书社2010年版,第67页。

　　城隍信仰也是徽州原始信仰的一部分。城隍神雏形原是原始村落的保护神,到了唐代,成为冥间地方官,从自然神向社会神转变,演化出护城保民、祛灾除患、惩治恶鬼、安抚厉鬼、护佑善者、惩治恶者等职能,在中国传统信仰中占据了重要的地位。徽州城隍信仰很盛,黟县城隍会尤为声势浩大。"每岁十月朔举行城隍会,此古大傩礼也。汉于腊之前一日行之,后魏行于岁除。所谓地方者,即周制之方相氏扮演神鬼,亦即袭黄金四目之遗而失其真也。不过举行时日不同,然必举于十月朔者,盖月令已交孟冬,亦犹行古之礼也。"[1]每年农历十月初一,迎城隍神像出游,县城各都都要拿出自己的民俗绝活参与表演,最为出彩的就是"地方王"表演(跳无常),装扮鬼神,各色恶状,舞叉流星。嘉庆年间,还因其"矜奇斗靡,不惜钱财,不务宁静"被官府严禁。由此可以看出城隍会在当时的影响力。

　　徽州的城隍神还被赋予了与龙王相似的功能——呼风唤雨。徽州各处都有城隍庙,每逢干旱灾害严重,当地官民都要向城隍求助,祈降甘露,保平安。不仅如此,徽州既有专门的龙王等神专司降雨,还建有风云雷雨山川城隍坛"久雨祈晴,冬旱祈雪"。

　　五猖神在徽州也有着广泛的信仰,"五猖堂"与"五猖庙"遍布徽州村落。徽州民间的五猖神神通广大,民众在很多场合都求助于它,"祁门地方最重神道、岳帝、祖师、地藏、五显、土地莫不有会。愚夫愚妇最畏神明,每遇疾病,诚心祷祀,一似神道骤从天降者"[2]。在很多祭神活动中,五猖菩萨和观世音菩萨等神同时供人朝拜。在开光及年例酬神等民间宗教仪礼中,"呼猖"和"犒猖"尤为常见。徽州的五猖神信仰,还反映在目连戏演出时的请猖、祭猖等仪式中。后演变为与商业习俗结合,成为五路财神,亦称"五福财神"。婺源民间有"敬财神",商人旧俗称正月初五为"财神日",到财神庙或在店中供奉的财神菩萨前祭拜,祈求新的一年生意兴隆。休宁溪口正月十八举办财神会,祈求五谷丰收。农历四月初八,休宁县城东门五猖堂举行庙会,祈求五猖神主驱鬼驱邪,在万年台演戏娱神。

　　土地神信仰是徽州另一大原始信仰。徽州人对土地神特别重视,称之为

　　[1]吴克俊、许复修,程寿保、舒斯笏纂:民国《黟县四志》卷三《地理志·风俗》,《中国地方志集成·安徽府县志辑58》,江苏古籍出版社1998年版,第24页。

　　[2][清]刘汝骥编撰,梁仁志校注:《陶甓公牍》,安徽师范大学出版社2018年版,第260页。

"福德正神"。徽州人对土地神的信仰源于祈祷风调雨顺和五谷丰登,每年春秋二季祭祀土地神,"春祈秋报"俗称"接土地"。不仅要在社屋祭祀土地神,遍布徽州各地的土地庙也是供奉和祭祀土地神的重要场所。在二月初二土地神诞辰日的祭祀是"春祈",秋后八月十五中秋节对土地神的祭祀,则是"秋报"——酬谢和报答。正如吴梅颠在《徽城竹枝词》中描述的那样:"徽州土地老儿肥,朔望开荤受祷祈。"在歙县、绩溪和婺源等地,人们在插秧时,为祈祷天公作美,专门祭祀土地神和田公、田母。婺源、绩溪有安苗习俗,在稻田秧苗发青之时,农家做野艾馃到稻田边请土地神,祈求保佑秧苗苗壮成长。

2. 祖先信仰

祖先信仰是徽州民间信仰的核心和基础。徽州移民大多来自中原地区,多为举族南迁。迁入徽州后,为了在新环境中生存和发展,他们又聚族而居,依靠宗族的力量保护自身的利益,因而各族对本族始祖与始迁祖极为重视,尤其是南宋以降,在理学的浸润下,宗族普遍重视礼的教化与功用,对祖先的祭祀成为首要任务。祠堂遍布、重视修谱,是其最重要的表现形式。祭奠祖灵,追忆先人,以维护家庭和家族的凝聚力,并告诫子孙不要忘记先祖创业的艰辛。光绪《婺源县志》载:"其祭有并举于冬至、立春者,有止举于清明者。清明之墓祭与祠祭并行,祖父之近墓,则子孙春首必谒,岁暮必奠,省松楸,禁樵牧。"

徽州祠祭是徽州宗族一项重要的礼仪活动。明清以还的徽州,"宗有谱,族有祠"[1],祠祭在民众生活中极为重要。明代嘉靖年间,徽州宗祠大量涌现,宗祠祭祀活动成为徽州宗族活动一个重要内容。现如今,祁门县的箬坑乡、历口、闪里、渚口等地还有比较完整的春祭活动,尤其是箬坑乡马山村整个春祭活动气氛热烈、过程繁杂、组织完整、程序规范、仪式隆重,基本保留了徽州宗族祠祭模式。

歙县车田讨饭灯是祖先信仰的另一种表现形式,起始于宋元之间,是一种由装扮的三十六行人物,手提彩灯,口唱"莲花落"的灯会活动。传说车田先祖原为绿林好汉,被困京城后,改扮三十六行人物闯出京城来到车田定居,后人为纪念先祖这段历史兴起这个活动。因唱词贴近生活,诙谐幽默,广受民众喜爱,后演变为与接财神、发利市同时举办。

---

[1] 许承尧撰,李明回、彭超、张爱琴校点:《歙事闲谭》,黄山书社2014年版,第605页。

3. 英雄人物信仰

英雄人物信仰，是徽州民间信仰中最具特色的一类。徽州对人物崇拜信仰的标准是"为民御灾捍患则祀之"，即便不是徽州乡土神，只要具备有功绩与灵应这一条件，徽州人也会信仰，如"以忠节著千秋者"的张巡、许远，"以孝成神"的周宣灵王等英雄人物信仰在徽州普遍存在。明万历《歙志》对徽州英雄人物信仰有详细的记载："……乡之有社祭先啬，祝丰年，此农事耳，大都以社稷为主；其次则程忠壮、汪忠烈，是皆生为本乡英杰，殁为本乡明神；又次则关公，海内皆祀之，邑中亦多为之祠，至张、许二帝，与周翊应侯，诸凡敕赐庙额，列之祀典，宜也……"由此可见，汪华、程灵洗、关帝位居前三，备受尊崇。

汪华和程灵洗作为徽州乡土神而备受崇奉与信仰。汪华被称为"新安之神"，隋末绩溪登源人，因举兵保一方平安，使得歙州免于战乱十余年，唐朝建立后，汪华审时度势，归顺唐朝，被唐高祖敕封为"歙州刺史""越国公"，后被百姓追念，并立庙供奉。宋元明清朝廷不断加封，后尊之为"汪公""汪王""太阳菩萨"。徽州各地处处建"汪王庙"，以祭祀这位捍卫徽州的乡土英雄，并于每年农历二月十五日汪华诞辰日举行盛大的游神赛神活动。

程灵洗，歙县篁墩人，南朝梁陈之间崛起的土著豪强，在南朝梁末侯景之乱中崛起，先从梁，后投陈，成为陈朝的立国功臣之一。谥曰"忠壮"，至宋封忠烈王。明朝以来，一直被徽州各地官府春秋祭祀。相传程灵洗生于农历正月十三日，徽州各地纷纷开展活动纪念这位乡土英雄。休宁率口程氏宗族"制花灯娱神，凡五日，族人不下六千"[1]。

徽州人对桃园三结义之一的关羽尤其崇拜，认为他是仁义之神的化身，各地建有关帝庙，成立关帝会，以筹集资金纪念和祭祀关帝。五月十三日，为关帝诞辰，家家户户蒸发酵米粉粑以供。

张巡，唐代邓州人。许远，唐代杭州盐官人。相传安史之乱爆发时，张巡作为谯郡长史，在太守投降的情况下，与乱军展开激战，后与睢阳太守许远并肩战斗。虽面临敌强我弱、粮草给养不济、援兵不至等不利形势，张巡、许远仍亲自巡城、参与战斗。终因孤立无援，睢阳城失陷，张巡、许远被执，最后于洛阳就义。由于徽州张、许两姓众多，加上宋以来，两人屡被加谥，于是张姓与许姓聚居村落纷纷建起专门祭祀二人的"双忠庙"。

---

[1] 道光《徽州府志》卷二《舆地志·风俗》。

4. 庙会

庙会一般由传统民间社区组织,在徽州多为宗族组织,多姓杂居的村落在宗族组织外成立村落组织,以协调居民关系。庙会同时也是庙市,周围地区的人们在这期间进行物资交流,除了烧香拜神、演戏娱神外,就是商人和手艺人的"赶庙"。庙会周边摆满各种摊位,商人兜售生活用品和农具。徽州庙会为数众多,所祀之神各异,但都是以神庙为依托形成的迎神赛会活动。

(1)祭祀观音的观音会。

徽州观音信仰以妇女居多,由生育观念而产生信仰,如求子、祛病求福等。每逢农历六月十九日,歙县西坑村由村里几大门派共同组织观音会,按房轮流作首,每年去潜口接一次观音,背一葫芦"神水"来做"观音会",并请来戏班搭台唱戏、跳五方,周边都是卖水果、小吃的商人,四邻八舍都来看戏。歙县南乡茬头、竹铺都有接观音的习俗,富堨的观音节习俗也大致相同。黟县的观音会也多在农历六月十九日举办,香火极盛,全县各观音庙皆诵经聚会,蒸供敬献,农妇们到寺庙烧香拜观音,祈祝以求子嗣,得嗣则还愿。绩溪每逢闰年举行的观音会,情况类似,妇女赶会烧香以求子、还愿者甚众。

(2)祭祀汪华的汪华祭。

徽州设汪王庙始于唐永徽中期,宋代,汪华屡次被敕封,汪公庙逐渐增多,汪华祭兴起,明清祭祀活动达到顶峰。徽州关于汪华的祭祀庙会很多,"汪氏宗族的支持和官方的认同态度致使汪王庙的普遍及汪王信仰的盛行。"[1]

在绩溪,祭祀汪华的场面极为壮观。该县仁里祭祀时会供奉汪华和程忠壮公神像,用大如断柱的蜡烛敬奉二神,回廊挂满彩灯,搭有彩棚戏台,祭品琳琅满目。白天,儿童登台表演武打;入夜,人们骑火马、执火灯,唱戏舞狮,列队游行。汪华故里登源专门成立十二社,轮流主持祭祀。

据歙县瞻淇汪氏《王祖会庙祭》记载,当地汪华祭祀活动从正月初五持续到正月二十五,期间游菩萨神像、舞草龙、嬉鱼、亮船、地戏、抬阁等活动一并举行。其中从正月十二开始就搭台唱戏,一直唱到正月二十四,日夜演戏。正月十八朝祭,仪式仿孔庙祭祀仪式。歙县武阳汪公庙会每年自正月十三至正月十八举行,接汪公及其九子、五谷神、天官、地官、财神等十八尊菩萨出

---

[1] 陶明选:《明清以来徽州信仰与民众日常生活研究》,光明日报出版社2014年版,第36页。

游、杂耍、地戏一应俱全。

绩溪祭祀汪华的庙会活动"赛琼碗",起源于清代初期。每年农历六月初一,村族长指派村中身强力壮者将八老爷(汪华第八子)菩萨尊像抬着游村一圈,至晌午时分,将菩萨尊像置于村中大广场,前面设置大型供桌。待到菩萨晒出"汗",各家各户将做好的贡品拿出来到案桌前祭祀,希冀庄稼年年有个好收成,谁家贡品做得最多最好,表示对八老爷越诚心。

"游太阳"是一项流传于黟县七都渔亭、祁门社景一带祭祀汪华的民俗活动,每年农历六月十二日起举办。黄山市黄山区新明村密坑的汪公庙会,是汪氏宗族为纪念祖先汪华于清道光年间兴办的,每年正月初三请戏班唱戏、游村,一直延续到正月十七。

徽州人对汪华的敬仰之情延续到汪华的儿子们身上。据传汪华有九子,其中七、八、九子分别为爽、俊、献,即汪七相公、汪八相公、汪九相公,三者在徽州的信仰也很常见。汪七相公常与城隍神、土地神同被供奉,汪九相公能够预防虫兽之灾、保禾苗秀而实,明万历《歙志》曰:"忠助八侯庙,祀汪公八子,旧称为八郎君。"八老爷(汪八相公)菩萨也是雄村嬉龙舟、南源口游龙舟祭祀的对象,每年的农历三月初三,浦口、车轮湾、丰村、王家淇轮流各嬉一天,将八老爷菩萨抬至龙舟舱内,顺水而下,各家各户拿来贡品铺满河滩,烧香焚纸,渴望菩萨"镇妖除害",以求"五谷丰达,四季平安"。渔梁庙会上的渔梁亮船是活动的主要组成部分。渔梁有八管,每管各制亮船一艘。每年十月举行,四天四夜,水游亮船与旱游交叉进行。水游亮船的同时,渔梁街上嬉菩萨(如太子、观音、汪公、九老爷、财神等)交错举行。南源口游龙舟,实为南源口、车轮湾、丰村、浦口四社轮流举行,每村各两天,从农历二月二十七一直到三月初四。轮到各村游龙舟,一概由车轮湾村置"八老爷"塑像于龙舟上,送到各村。

(3)祭祀张巡、许远的庙会。

徽州祭祀张巡、许远的庙会主要有岩寺上九庙会、许村庙会、雄村保安会、上丰保安会、石潭庙会等,其中最负盛名的是岩寺上九庙会,经宋、明、清、民国,延续至今。徽州各地俗有"赶上九"之游,可见其影响之大。岩寺南荫山上建有供奉张、许两位忠烈的"忠烈庙",每年农历正月初八至初十举办上九庙会纪念张、许二人。初八夜用五彩纸扎张、许神像上阁,初九沿街恭候

"双烈"游行,初十请神回庙。上九三天,热热闹闹,走亲、贺喜、参加庙会、看戏、物资交流,镇上百姓游行祭拜、迎接亲友。历史上的上九庙会以抬阁游行祭拜为主,如今上九庙会成为农具、花卉盆景等交流会,以物资交流和演艺活动为主。

在徽州的黟县、歙县、绩溪县又有太子神信仰。嘉庆《黟县志》载:"张公巡为太子舍人,西安糖坊街有宋碑称张巡为三太子,黟人祀张公巡,又祀三太子……"歙县的太子会是"双忠会"的演变,以"太子"为主角,每逢闰年六月乙卯日"起首",连续兴会五天五夜,同时举行双忠祭、驱五瘟等。

歙县许村庙会起自明代中叶,所供奉祭祀者为张巡、许远二公,另有南(南霁云)、雷(雷万春)二将军神。庙会由许村东西南北中五方轮值进行,纸扎神像、延请戏班等准备活动于五月中旬着手,六月初一迎神出游、初二祭祀、初三打标、初四送圣,期间酬神的演戏活动不断。

休宁五城将军会。五城镇江夏移民为纪念张巡保卫江夏重镇睢阳功绩,立庙塑像奉祀,农历七月二十四日,得胜鼓开路,乐器喧闹,地戏、旱船、杂耍相随,浩浩荡荡。

民间信仰兴盛,各地迎神赛会普遍盛行。"具仪仗杂戏迎神,以舆舁之出巡,曰赛会。"[1]保安善会是流行于徽州的一种傩俗,是徽州民间迎神赛会中较为重要的一种。嘉靖《徽州府志》记载:"闰月之岁,绩有善会禳疫。"举办善会是为保佑居民安宁。徽州各地举办善会的具体日期不同。绩溪的保安善会在闰年的农历六月十五日举行,亦称"六月会"。歙县的保安善会一般在夏秋之际举行。上丰保安会,始于明清时代,由村里大姓宋氏族长主持,呈坎的助水碓、王村的踏高车、许村大刀灯等北乡十大社及邻镇都前来助威。白天保安会游行,晚上两个戏班对台演出,历时七天。雄村保安会,起始于清中叶,每年六月"起首"至"送圣"共九天九夜。每年四月,村五隅首事集议有关事项,派人去歙西田干拣会期日子,召请僧道做法事,召请纸扎师扎龙舟和菩萨。

[1][清]徐珂编撰:《清稗类钞》第十册《迷信类》,中华书局1984年版,第4671页。

（二）生产生活习俗

1. 生产商贸习俗

徽州生产商贸习俗涉及林业、狩猎、商贸等。徽州山高林密，盛产杉松。徽州人自古又有良好的生态环境保护意识，植树、护林的风俗源远流长，以致森林茂盛、物产丰富，盛产茶叶与木材，因此徽商中从事茶叶、木材生意者众多。因山多、陆上交通不便，再加上徽州境内水系发达，形成一种呈放射状的水系，靠水路往外调运货物成了普遍的运输方式。特殊的地理环境形成了一系列极具徽州特色的生产商贸习俗，如放簰、搭山棚等。徽州木商贩运木材具有季节性特征，一般于深秋初冬深入山林，买下一片成熟青山林，雇佣伐木工人上山砍伐，来年梅雨季涨水时，将树木捆扎成簰，借水的浮力，运出大山，排放至闵口、屯溪或新安江上游停泊。搭山棚砍树、放簰的习俗由此形成。

在徽州人的心目中，自然环境里的土石草木皆被视为与人的命运息息相关，因此可以从官府碑文到民间家法宗规中看到各种规定禁止私伐树木、开山凿石等，以保护良好的人居环境，如打锣封山习俗。在休宁岭南和流口一带，至今还流传着杀猪封山护林的传说。

2. 生活消费习俗

生活消费习俗主要体现在饮食和居住上，既有在全域范围内具有普遍性的徽菜、水口文化、豆腐文化，也有各地各具特点的饮食习惯，如歙县的清明馃、金丝琥珀蜜枣、长陔咸笋，屯溪区的徽墨酥、顶市酥，祁门的嵌字豆糖，黟县的米塑工艺等。

徽州优美的山水自然环境以及传统风水说中蕴涵的质朴而精妙的环境科学意识，体现了中国传统哲学"天人合一"的整体观念，反映了人与自然和谐相处的有机思想。这种观念不仅体现在徽州古村落的选址、布局和徽派宅屋的结构设计与建筑上，还体现在日常的饮食习惯中，如徽州特产绝大部分都取自于野生植物，徽州物产丰富的自然环境为徽州特产种类繁多奠定了坚实的基础。

徽州文化倡导"天人合一"的和谐思想，水口文化就是其最有力的体现。徽州每个村落都有水口，《徽城竹枝词》勾勒了徽州村落的景观："祠堂社屋旧人家，竹树亭台水口遮，世阀门楣重变改，遥遥华胄每相夸。"其中，唐模水口极具代表性,在村庄入口处增加了许多多彩的文化元素,用以弥补山水之不足,从而达到古代文人追慕的效果。世界文化遗产宏村的水系极为突出,它以"仿生学"来规划布局水系,因势利导,适时而居,体现了古徽州人的智慧。

徽州的饮食习俗包括日常饮食习俗、节日饮食习俗、祭祀饮食习俗等。徽菜的形成与古徽州独特的自然环境、人文环境、饮食习俗密切相关。绿树丛荫、沟壑纵横、气候宜人的自然环境,为徽菜提供了取之不尽、用之不竭的原料。得天独厚的条件成为徽菜发展的有力的物质保障,同时徽州名目繁多的风俗礼仪、时节活动,也有力地促进了徽菜的形成和发展。徽州各地由于民间信仰盛行,再加上"不仅求安,且欲以求福利"的心理,形成了众多别具特色的祭祀饮食习俗。不少家族对祭祀饮食果品有着严格的规定,绩溪的"赛琼碗"最具代表:"庙会和祠祭赛琼碗,值年户家至少做3盘菜摆于祠、庙堂案作祭品。西坑村庙会琼碗有24行288碗。"[1]

豆腐文化是古徽州饮食习俗的一大特色。徽州豆腐种类繁多,口味各异:从种类上分,有毛豆腐、臭豆腐、腊八豆腐、豆腐干等;从原料上分,有直接取材于皖南山区野生植物制作而成的观音豆腐、苦槠豆腐、檞子豆腐等。黟县米塑工艺是以米为元素塑造而成的一种艺术,存在于黟县的西武关麓一带,在徽州极具特色。

麻酥糖是徽州特色糕点,始产于南宋,闻名于明清,俗称"红纸包"或"红包糖",是用炒熟的芝麻研粉加糖等料制成。麻酥糖中的精品称为"顶市酥"。徽墨酥为屯溪利民食品厂于1978年研制,之所以将其命名为徽墨酥,一是它属于酥糖类精细糕点,可与徽州原有传统食品顶市酥相媲美;二是它外形酷似徽墨,可借徽墨之盛名打造徽墨酥品牌;三是它有着鲜明的地域特征,可让人对其产地一目了然。

3. 人生礼俗

人生礼俗是指人在一生中所经历的重要阶段所举行的一系列礼俗。与汉民族的习俗一致,徽州的人生礼俗有分娩习俗,诞生、命名习俗,洗三朝、满月礼、百日礼和周岁礼,婚礼,寿诞礼和葬礼以及徽俗宴席礼仪等其他人生礼俗。

徽州是一个移民地,从唐末到两宋之际,接收了三次规模较大的移民,中

---

[1] 绩溪县地方志编撰委员会编:《绩溪县志》,黄山书社1998年版,第1039页。

原的世家大族在这里聚族而居形成一个个以族姓命名的村落。为了有别于他族,加强内部管理体系,制定族规家法、修订族谱、祭祀祖先,强化族人的经济势力和统治地位,提倡封建伦理道德、敦本睦族、教育族人、传播家族文化成了徽州宗法制度的重要部分,也派生出了众多人生礼俗。这些礼俗反映了徽州社会在儒家思想的熏陶下,在待人接物、生老病死、婚嫁等方面所表现出的浓浓习俗,生动地展现了古徽州重教育、倡文风、讲礼俗的良好传统,一定程度上折射了古徽州社会的文明程度。很多习俗传承至今,虽然程序简化,但在徽州当今社会中还在沿用。

在传统时代,民间称种痘为"放神痘"。由于天花关乎孩童的生死,故而徽州民间对于儿童种痘极为重视。梓里麻痘灯是歙县杞梓里依托儿童地戏开展的灯会活动,参与活动的主体是儿童,祈保儿童一年不出麻出痘。把所有地戏人物的战马、兵器、道具、旗幡杆顶灯扎成纸灯,每年正月十二开始,正月十九收灯。起演地戏,灯队游村结束后,转"起五猖"。

正月十五送花灯是流传于谭家桥镇罗村一带的习俗,明朝罗氏家族为求晚辈兴旺发达、婚姻美满而兴起的。受赠对象是头年新婚夫妻,第二年正月十五白天由当地戏班子唱大戏,夜晚时分由送花等队伍一同前往新婚夫妇家祝辞。

4. 岁时节日民俗

岁时节日民俗积淀了深厚的民族智慧,反映了先民自远古以来与天地自然和谐共处的独特理念。徽州地处皖南山区,历史上经历了三次大移民,随着中原文化的融入,形成了既具全国普遍性,又有徽州地域特色的岁时节日民俗。

徽州是以农业和林业为主要经济基础的地区,其岁时节日习俗与农事活动密切相关。除了除夕封岁、春节、元宵闹花灯、中秋吃月饼、端午吃粽子赛龙舟等汉民族的传统庆贺性节日习俗,徽州还有极具当地特色的农事性节日习俗,如春社、秋社、"二月二,炒虫窠""庆熟节""七月半做茶徽"等。

古代祭祀社神,立春后五戊日春社,立秋后五戊日秋社。黟县上九都屏山村春、秋两季举行社祭,又叫"九都做社",除了祭祀土地神,保佑来年风调雨顺、大丰收之外,还有聚集宗族、弘扬祖训、振兴氏族的意义。歙县桂林摆供是春社祭祀活动的组成部分,成为歙县东乡有名的四大神祷社会活动之一,每年正月十五举行。

歙县普遍存在"二月二,炒虫窠"的习俗,从农历二月初二开始农忙,家家户户要"炒虫窠",用虫窠(一种米粉发酵做成的米粿)和米粳汤祭拜土地神,希望掌管春耕生产的土地神能够保佑大家春耕生产顺利,农作物不受虫害;夏至之后,全部农作物的种子都种下地,由村里的地理先生择一个双日作为安苗日期,家家户户做形式各异的米粿去土地庙里请愿,希望土地神保佑庄稼顺顺利利出苗生长;"保熟节(庆熟节)"流行于歙县东乡,每年秋收季节,四邻八村,一连七天,为庆贺丰收,同喜同乐,互相拜访,吃粽子、尝蒸糕、摆酒席、舞龙灯、嬉鲤鱼,欢庆当年的好收成,祈盼来年风调雨顺,五谷丰登。歙县橙阳,秋报之日,明月高悬之时,"农民演傀儡于社坛,用报秋成,沿为乡例"[1]。自明代开始,休宁回溪一带流传四月初八吃乌饭的习俗,又称"浴佛节"。

徽州的岁时节日民俗与当地历史上的自然、灵魂与祖先崇拜,以及各种巫术、禁忌有关。徽州在春秋战国时期隶属巫术盛行的吴越和楚国,因而徽州岁时节日民俗具有了楚越之风。嘉靖《徽州府志》这样记载九月节日民俗:"九月,获姜,霜早降,杀白苧、黑荞。祁、婺之乡占雨,休、歙之地占晴……重阳日占微雨。是月也,苞姜种,剥桐实。"除此之外,在如今的岁时节日民俗中还能发现山越先民岁时节日习俗的痕迹,如徽州七月十五日的盂兰会"烧盂兰盆于寺中,设伊蒲塞之馔,是皆故越好巫之俗。迩年女郎益喜讽咀,斋熏以祈祷云。"[2] "祭祀性节日在整个节日民俗中具有极其重要的地位,几乎大部分传统节日都含有祭祀性活动的成分。从春节时的祭祀祖先、二月二日的祭祀土地神、清明节的扫墓挂纸,到五月初一的五猖庙会祭祀五猖、端午节的祭祀屈原,再到腊月二十三或二十四日的小年祭祀灶神,等等,祭祀性内容几乎渗透于徽州各大传统节日中。"[3] 此外,在汪华等民间诸神诞辰日举办活动在徽州也很普遍。

由岁时节令民俗演变而来的民间舞蹈也不在少数,祭祀性歌舞如傩舞、跳钟馗、游太阳,欢乐庆贺性歌舞如叶村叠罗汉等。民国《歙县志》卷一之二

[1][清]江登云辑,江绍莲续编,康健校注:《橙阳散志》,安徽师范大学出版社2018年版,第128页。

[2][清]丁廷楗、卢询修,赵吉士等纂:《徽州府志》卷二《舆地志下·风俗》,黄山书社2010年版,第70页。

[3]卞利:《徽州民俗》,安徽人民出版社2005年版,第202页。

《舆地志风土》记载了跳钟馗的由来:"岁时礼俗……端午,门插蒲艾,户粘桃符,并制角黍醇饼为食,且以雄黄和酒,分饮家人,谓之辟邪……城关一带好事者,更以钟馗偶像架诸肩,团团旋转于市衢,金鼓随之……"歙县雄村、堨田跳钟馗历史最久,各具特色。

傩舞是中国远古时腊月里驱鬼逐疫的一种祭仪,后逐步演变为驱邪扶正、祭祀祖先、祈福求安、祝祷丰收等意愿。徽州傩以祭祀性舞蹈为主,源自徽州土著山越人对于洪涝干旱、野兽侵袭、瘟疫等各种自然现象的惶恐,因而寄希望于巫,祈求神灵庇护和保佑。中原移民迁入徽州后,中原文化与山越文化融合,傩舞便在徽州进一步发展。徽州的傩戏出自各地的迎神赛会,人们戴上各式神鬼面具,表演娱神活动。傩舞在祁门、歙县、黟县和婺源等地盛行。

三、徽州民俗的特点

(一)地域突出,特色鲜明

徽州民俗本身就是一种地域性民俗,其地域性特征最为显著。一方面,徽州很多民俗是其他地区所没有的,如民俗信仰神麻的复杂性与多样性,既有汪华、程灵洗等乡土英雄信仰,又有张巡、许远等外神信仰,徽州所辖区域每个地方的民俗信仰都很相似,但侧重点又有不同。另一方面,有些民俗是全国各地共有的,但在徽州的表现形式不同,如徽州的岁时节令习俗既普遍又独特,凸显了各地特色;徽州传统戏曲的发展、传统舞蹈的兴盛与民俗信仰关系密切。庙会的多样,戏曲的盛行,每逢庙会、祭祀、迎春,徽州民间均有唱戏、傩舞演出,宣布禁约要演戏,违反禁令要演戏,得子嗣要捐戏,都折射出徽州民俗在当地巨大的影响力和辐射力。

(二)品种众多,门类齐全

徽州是个相对独立的区域性社会,一以贯之的农耕社会赋予了徽州民俗多样性和延续性;徽州的自然环境、社会结构和商业的兴盛又给徽州民俗增加了更多的可能性。

根据2008年黄山市非物质文化遗产普查资料,黄山市非物质文化遗产共计14类1305项。主要门类分布比例如下：民间文学占72.26%，民间美术占1.76%，民间音乐占1.23%，民间舞蹈占2.3%，戏曲占0.38%，民间杂技占0.77%，民间手工技艺占4.06%，生产商贸习俗占1.53%，消费习俗占2.3%，人生礼俗占2.84%，岁时节令占3.83%，民间信仰占5.52%，民间知识占0.84%，游艺、传统体育与竞技占0.38%。而民俗项目有197项，其中民间舞蹈类共21项，生产商贸习俗类共17项，消费习俗类共28项，人生礼俗类共34项，岁时节令类共31项，民间信仰类共66项。尽管各个地方在普查中重视程度不一样，项目普查存在不全面、不完整的问题，但是这些数据还是能够反映出徽州民俗的一个大致情况。

(三)儒家思想，影响广泛

在理学盛行的徽州，不管是民间信仰还是人生礼俗，都被深深地烙上了儒化的印记。徽州民间信仰的神灵具有儒化特色，"为民御灾捍患则祀之"是徽州人对人物崇拜信仰的标准，"这些儒神是徽州好儒之风盛行的大环境所致，是徽商'贾而好儒'所反映的一个侧面。"[1]明万历《歙志》概括了明代歙县"祠祀"的四种情况"邑有祠祀，大都四端：崇德以淑士者，先师先儒也；报功以保民者，忠壮忠烈也；祭赛以祈年者，社稷山川风云雷雨也；褒美以劝俗者，孝子尚贤也。城隍犹之社稷也，东岳犹之山川也，蔺将军犹之二忠也，孚惠王犹之孝子也，睢阳忠武几遍齐州矣……"。"徽州的民间信仰主要表现为全宗族共同参与信仰、制定共同遵守的族规、形成宗族化的信仰习俗。具体体现在宗族化祭祀、宗族化迎神与信仰活动等方面，由此形成徽州民间信仰之宗族化特色。"[2]经与理学糅合起来的徽州宗族组织制度化，要求处处讲究礼仪，造就了徽州各种复杂多样、成系列的求子习俗、诞生礼俗、成年礼俗、结婚礼俗和丧葬礼俗等。

(四)传承有序，注重实用

不管是对神灵的信仰，还是对祖先的祭拜，徽州民众将民俗和世俗生活紧密联系起来，实现了精神层次上的危机功能和行为层次上的使用功能的结

---

[1]陶明选：《明清以来徽州信仰与民众日常生活研究》，光明日报出版社2014年版，第48页。

[2]陶明选：《明清以来徽州信仰与民众日常生活研究》，光明日报出版社2014年版，第80页。

合,体现了民俗的实用目的。信仰神灵不仅是为了求安,而且欲以求福利,举办庙会是为了酬神,后演变为娱神又娱人,达到神人共欢的目的,既让民众收到了认同祖先、敬畏神明的心理效应,又达到了凝聚民心的社会效应。诸如跳钟馗之类的民间舞蹈、徽剧之类的民间戏曲,都是从祭祀神灵或祖先的信仰活动中派生出来的。

四、徽州民俗的现状与问题

(一)生存土壤正在复苏,但还有很大提升空间

"村落的消失便意味着一种不可复制的文化生态与形态的消失。"[1]徽州民俗与徽州村落文化传统相互依存。由于历史原因和社会曾经对城镇化理解的偏差,徽州普遍存在民俗逐渐弱化的现象,众多民俗逐渐淡出村民的日常生活,只有少数保护意识强的村落将本村独具特色的民俗项目断断续续保存至今。十八大以来,随着新型城镇化战略的提出,徽州文化生态保护区工作的推进,整体性保护思路的推行,尤其是黄山市启动"百村千幢"古民居保护利用工程以来,依托古民居保护传承当地民俗已经成为一种特色和趋势。通过对古民居、古祠堂、古戏台等建筑的修复,为徽州祠祭、目连戏等民俗项目的生存提供了载体,修复了文化生态,更重要的是提升了当地民众对文化的认同感,激发了民间保护的积极性。一些民俗项目逐渐恢复,成为当地的文化亮点,经常受邀参加省内外活动,也带动了周边村落挖掘、整理和恢复民俗项目的热情,丰富了村民的文化生活。

(二)传承模式还在维持,但传统文化价值淡化

如今现代化、城市化的发展冲淡了村落文化传统,许多传统性、标志性的事物发生流变或式微,徽州民俗也是如此。徽州的人生礼俗受观念和生活方式的影响有所改变,仪式不如过去繁琐和隆重,但由于婚礼、葬礼文化在徽州民间深入人心,一些基本的礼节还在沿用,维持着一个简单的传承模式。徽

---

[1] 乔晓光:《村社文化是民族文化传承的命脉》,《中国社会科学报》2013年9月16日。

州的岁时节日民俗都与农业生产相关,寄予了对丰收的祈求,随着劳动方式的改变,节日里包含的传统信仰观念及其仪式在淡化,节日的娱乐成分愈加浓厚,而由节日而生的歙县清明节吃清明粿、绩溪的"赛琼碗"等消费习俗还在徽州民间延续。徽州传统的庙会多为民间自发组织,主题表现为宗教信仰与现实经济活动相结合;如今以政府主办为主,主题表现也更多的是商业活动和娱乐。目前幸存下来的庙会少之又少;每年如期举办、有一定影响力的当属岩寺的上九庙会,每年都由政府主办,以物资交流为主,庙会上的文化元素仅是简单的民俗节目展演。

(三)保护方式正在探索,但还未形成一定的模式

田青说:"把它特色性的东西保护住,宁可让它小众化。"[1]遵循这一原则,近年来,在政府的宣传和引导下,各地民间组织的民俗活动络绎不绝,各种民俗活动相继恢复。祁门县被文化和旅游部认定为春节文化特色地区,闪里镇桃源村徽州祠祭活动被选为春节特色文化活动。2015年7月,应香港康文署邀请,由安徽省文化厅、黄山市文化委组织栗木村、历溪村民间目连戏剧团赴港参加"中国戏剧节"进行专场演出。歙县三阳叠罗汉在省内外多次演出中获多项殊荣,三阳镇被评为2021—2023年度"中国民间文化艺术之乡"。歙县璜田乡璜田村一直延续着从正月初一起连续数日上演由当地农民剧团演出徽剧的习俗。2014年歙县许村村民集资自发组织了大刀灯游街活动,让这一中断了近50年的民俗活动重获新生。从2014年起连续三年,歙县水竹坑90后大学生组织村民恢复演出舞神狮,并在他们所在学校的校园网和各自的微信、微博以及优酷网等新媒体上进行宣传。2015年休宁县榆村乡添灯组恢复停止了30余年的龙灯会,与榆村板龙、藏溪滚龙一起祈愿平安、风调雨顺,榆村乡重现一河两岸三龙狂舞的壮观场面。如何实现徽州民俗的当代价值,使其融入村民的生活,是其当下和未来生存发展的方向,也是政府和民间正在探索的方向。

---

[1]田青:《田青文集》(第五卷),文化艺术出版社2018年版,第257页。

五、徽州民俗的思考

习近平总书记提出,"深入挖掘和阐发中华优秀传统文化讲仁爱、重民本、守诚信、崇正义、尚和合、求大同的时代价值,使中华优秀传统文化成为涵养社会主义核心价值观的重要源泉。"徽州民俗作为徽州传统文化的重要组成部分,如今需要传承和发扬,就必须深入了解其内涵和本质,寻找适合其持续发展与创新的内容和方式,使其顺应时代特征,重新焕发光彩。

(一)客观诠释民俗文化的内涵和意义

随着生产生活方式的改变,徽州民俗在人们现代生活中的地位有所下降,意义有所减弱,生存的空间也有所缩小,尤其是一些被误认为是迷信色彩的民俗信仰,在青少年的心目中已逐渐淡化或是全然不知。政府部门应当汲取徽州民俗文化精华,深入挖掘、准确阐释徽州民俗文化的内涵和意义,尤其是对千百年来传承下来的民间信仰习俗的表现形态及其深厚的文化内涵要给予科学论证,还原其历史的本来面貌,完整呈现徽州民俗文化,使民众更理性更深刻地认知民俗文化的历史渊源,增强对当地文化的认同感和自豪感。

(二)积极探索民俗文化的传承载体模式

一是注重实体建设。政府积极筹建徽州民俗综合性展示馆,为徽州民俗的展示、交流提供一个平台。在此基础上,鼓励民间成立徽州民俗各类专题博物馆,以多样的主题、丰富的实物陈列,多层次地展示徽州民俗文化的发展脉络和特点,以语言、音乐、生活实景等形式全方面复原和呈现徽州民俗文化,以录音、录像等现代视听设施设备辅助介绍徽州民俗文化。与此同时,拓展展示馆、博物馆功能,使其成为既是学术研究的重要场所,又是普及传统文化的生动课堂,定期策划主题召开学术会议和民众体验活动,开展国内外交流,与相关大学协作培养学生,增强民众对徽州民俗的认知,促使徽州民俗保护形成综合性展示馆和专题博物馆相辅相成的保护模式。二是注重网络载体搭建。徽州民俗的发展要和当今时代新媒体相融合,探索徽州民俗与新媒体的融合方式。充分立足当下微信、微博的影响力,以政府为主导,建立官方微信公众号平台和微博账号,实现互联网资源和徽州民俗文化的无缝对接,对重要时间节点和大事件进行宣传,增强与受众的互动性,从而对徽州民俗文化进行全面推广。

（三）努力修复传统文化的传承和传播机制

让文化生态整体保护与非物质文化遗产的"活态"保护相结合。让各式各样不定期的非遗活态展演或定点博览,陆陆续续都能够达到自然而然地回归民间,融入既传统又现代化的日常生活,赋予它们新的生命力。自觉维护徽州传统节庆,复苏春节搭台唱戏、宗族祠祭的习俗,诠释美好乡村的新内涵,依托民俗原生态环境,鼓励民间举办传统民俗活动。近年来,春节期间徽州民间自发组织的民俗活动络绎不绝,各种民俗活动相继恢复。种种探索性地恢复民俗生存土壤的举动,都为徽州民俗的再次生根开花给予了经验和信心。陈勤建在《我国传统年节传承保护的世界意义》中说:"任何一个国家现代化的发展,根基必须深深扎根于自己民族的文化土壤之中,努力地按照本民族的特色来发展自己。"[1]徽州民俗发展亦然。

---

[1]陈勤建:《我国传统年节传承保护的世界意义》,《中国文化报》2015年5月8日。

第二章　歙县民俗

歙县位于安徽省南部,北倚世界著名风景区黄山,东邻浙江杭州,南连千岛湖,是黄金旅游线上的一颗璀璨明珠。歙县历史悠久,文风昌盛。秦始皇二十六年(前221),置歙县,属会稽郡,后属鄣郡。歙县是徽州文化的主要发祥地和集中展示地,是在明清两代曾辉煌数百年的徽商故里。

根据当地对民间文化资源的普查,歙县非物质文化遗产大致分为13大类,共397项,涉及民间文学(口头文学)、民间舞蹈、民间戏曲、人生礼俗、岁时节令、民间信仰、民间知识、游艺、传统体育与竞技等。

歙县渔梁跳钟馗、汪满田"鱼灯"等民间舞蹈来源于生活,蕴含了地域文化元素,在表演手法上纯朴、自然,歌颂了真善美,鞭挞假丑恶,表达了人们祈求盛世太平、风调雨顺的美好心愿。三阳打秋千中的民间音乐不仅描绘了古歙人民耕种劳作之余淳厚、纯朴的地域风情,同时也刻画了歙县人民对美好生活、美好爱情的追求。叶村叠罗汉始于明末,古称"踏肩",有一定的历史文化背景和浓郁的宗教传奇色彩。璜蔚村唱徽戏,徽戏是京剧的前身。

叶村叠罗汉

叠罗汉,古称"踏肩",是百戏的一种。这里的"戏"只是一种泛指,说的是杂技类,或者说是一种体育民俗。叶村叠罗汉源于傩祭,村里老人回忆,据口口相传,其起源于明末清初,已有三百多年历史[1]。叶村叠罗汉集古代杂技、娱乐、健身为一体,动作变化多样,表演浑朴粗犷,演出形式奇特,展现了叶村人的英勇无畏。几百年来从未改变的"罗汉"情结,是叶村人对传统的敬意,更是对文化的传承。作为徽州民间艺术重要组成部分,叶村叠罗汉也是我国现存最完整的民间杂技之一。

一、叶村洪氏源流

叶村是歙县三阳镇境内古村落之一,地处皖浙交界处天目山脉,古时属王干里,习称王干叶村,在叶姓居住之前,还有俞氏等其他姓氏居住。唐显庆年间,蓝田村叶孟之长孙叶烹(字子美)和叶村俞氏结婚,生七子,在叶村衍族的主要是叶烹的长子叶仁的后裔。叶氏族旺后,以姓名村,名叶村,将村落建成树叶形,纵贯东西的主街为"叶"之主脉,南北走向的三条主街巷为"叶"之支脉,叶氏居住在上花园,洪氏居住在后花园。

徽州的洪姓有二派,一为炎帝之后,其来源可追溯到上古时期的"共工氏"。"共工"乃水官名,是一种官职,后来成了家族之姓氏,在上古时期是一个地位非常高的家族。据《史记·五帝本纪》记载,共工是尧的大臣,后因荒淫怠事,被舜放逐幽州,这片地方就成了其家族最早繁衍之地。据《元和姓纂》一书记载:"洪,共工氏之后,本姓共,后推本水德之绪,加水于左。"这说明共工氏被流放到幽州后,在家族的繁衍过程中,曾把自己家族的姓氏省略为"共"氏。共工氏之后、洪氏前身的共氏,在秦朝末年就出过一位大将共敖,由于军功彪炳,被项羽立为临江王。东汉灵帝时有一世居敦煌叫共普的人,以祖治

[1]《中华舞蹈志》编辑委员会编:《中华舞蹈志·安徽卷》,学林出版社2014年版,第203页。

水有功,遂在原来姓氏旁加上三点水,使之形成了"洪"这个姓氏,一直流传至今。一为毗陵郡洪氏,是春秋时卫国大夫弘演的后代。据民国歙县《飞山洪氏宗谱·序》说:"溯吾洪氏,实出夏禹之后,世居敦煌。春秋之世,演公事卫,以忠尽著,始姓弘氏,徙居毗陵。下逮察公事唐为监察御史,避帝讳改氏曰洪。"这改姓最早的洪察其人在《元和姓纂》中亦有记载:"毗陵监察御史洪察,本姓弘也,避讳改姓洪氏,生子舆,起居舍人;生经纶,谏议大夫。后世居丹阳,为望族。"

以上两派支系都于唐代迁入徽州。据宋乾道戊子年(1168)学士文安公洪遵、淳祐进士洪震老在序"洪氏宗谱"时,曾明确指出:"丹阳之洪,为弘演其胄也,非共工之后。"桂林洪氏奉洪经纶为"新安洪氏之始祖",洪经纶为洪察即弘察之后,所以桂林洪氏系毗陵郡洪氏后裔。

毗陵洪氏迁入徽州是在唐代。柯灵权《古徽州村族礼教钩沉》一书中记载,洪经纶乃毗陵洪氏首次迁入徽州,被洪氏后人尊为该派之新安始祖。据叶村《洪氏宗谱》记载:"大唐有讳经纶者,乃御史察公之孙、著作郎子舆公之子,……擢进士,第官谏议大夫,德宗朝拜河北黜陟使,左迁宣歙观察使,是为徽之寓贤,按志可知也,其子若孙因居婺源之官源,嗣胤浩大,如徽之六邑饶之三洪皆本于此。"该宗谱记载:"经纶公七世孙曰朝一名绍字继宗……生八子,幼子曰铉,因五季之乱,兵兴岁馑,议立谱图,授梓刷印八幅,将板即毁,兄弟每带一幅于身,各相散居,以为他日子孙会宗之验。铉寻迁歙邑之王干叶村居焉。生子曰靖,孙曰裕,乃日渐蕃盛。"宗谱提到的王干叶村即现在的歙县三阳乡叶村,故洪铉乃为歙县叶村洪氏之始祖。洪氏衍盛后,称为"叶下红(洪)",叶村的叶姓,后来因商因婚外迁浙、苏、淮等地者颇多,到民国时期,叶姓在叶村只剩下上花园遗址,叶村至今暂无叶姓人居住,但村名仍沿用叶村。《洪氏宗谱》诗云:"试将本里溯根源,叶姓开基号叶村,欲向夕阳寻故道,迄今唯有两花园。"

叶村洪氏宗祠始建于明太祖年间,后由洪氏后人洪敏启率族众于明天启七年(1627)重建,也就是现在的洪氏宗祠叙伦堂。叙伦堂为三进、两天井、五开间,有正门、侧门,有形态各异、寓意深刻的砖木石雕,集中反映了徽州的山地特征、风水意愿和地域美饰倾向,融古雅、简洁、富丽于一身。

二、叠罗汉的起源与程式

叠罗汉,古称"踏肩",是中国古代百戏的一种,现藏日本的唐代漆绘《弓背百戏图》中的五人四层踏肩图可为证。明代传入古徽州后,作为乡傩的活动流行,至今已有五百多年历史。晚清(另说民国)时歙北旧宅村叠罗汉的失传,说明叠罗汉在歙县历史上并非个例。明末风行的徽州目连戏里有"打堆罗汉"情节,其中一些造型与叶村叠罗汉相似。据叶村艺人介绍,当年"打罗汉",都要演徽戏。晚清时,徽州有"夜不动胡"之说,即白天演用胡琴伴奏的徽戏,夜里演用锣鼓管乐节制的目连戏,不动胡琴。以此推论,虽不能认定叶村叠罗汉源于目连戏,但两者存在渊源关系则无疑。

歙县叶村叠罗汉表演

据说叶村叠罗汉肇始与一个和尚有关。相传明末有个叫惠安的和尚,来叶村村外和尚寺挂单,爱环境清幽驻锡为住持。适逢乡试,惠安和尚想起自己当年屡考不中、受人讥笑的往事,心有不甘,遂顶俗名应乡试,竟中头名解元。朝廷欲封他为官,他却上表自承欺君罪。皇帝念其心诚不罪,反赐"解元寺"匾,令其回叶村仍为住持,该寺自此称解元寺。乡人将子弟送入寺中,日习文夜习武,僧俗结下许多善缘。据说某年盗寇掠村,乡人避入寺中,惠安带领僧俗子弟奋起御寇。强盗攻寺,久攻不下,放火烧毁。惠安与众子弟搭人梯帮助乡人翻墙脱险,结果寺焚,惠安等罹难,乡人叠罗汉以纪念之,此后遂成习俗。另一说是某年解元寺失火,乡人往救,叠人梯向庙顶泼水灭火,之后和尚便仿人梯叠罗汉,纪念火灾教训和乡人救火之德。几种说法虽均未实证,但叠罗汉出于镇邪消灾纳福的活动动机则毋庸置疑[1]。柯灵权在《歙县民间艺术》中说,经过多年发展,叶村叠罗汉渐渐自民间百戏、乡傩、目连戏中剥离出来,成为有六十六套程式的独立民间艺术门

---

[1] 歙县文化局编纂委员会编:《歙县民间艺术》,安徽人民出版社2006年版,第4页。

类,在古徽州民俗史上有着极其深远的意义。

《罗汉谱》有六十六套程式,寓意"六六大顺",是数代叶村罗汉们不断总结、完善、创新的艺术结晶。"文革"期间叠罗汉活动中断,《罗汉谱》部分程式失传。1986年后,三阳乡人民政府积极组织叶村艺人对《罗汉谱》已失传的部分程式进行了挖掘、整理,终于补全了六十六套程式,兹录如下:

> 小一柱牌楼,大一柱牌楼,二柱牌楼,三柱牌楼,小四柱牌楼,大四柱牌楼,五柱牌楼,六柱牌楼,七仙山,八柱牌楼,童子拜观音,金鸡飞,耸长人,宝塔连,过仙人桥,普陀崖,莲花座,滚灯,树荷花,地荷花,单牛蜢,双牛蜢,锅阁,单洞桥,双洞桥,观音井栏,石猴出洞,太师椅,刘海戏金蟾,五凤楼,旗杆,解元寺,麒麟送子,秤砣,净瓶,单戟,双戟,大四洞桥亭,凉亭,水阁,如来打坐,观音下凡,金鞭转托靴,单烛钎,双烛钎,钵盂,锡杖,秋千架,独角兽,童子朝普陀,龙驹马,铜锣架,蜂窠,兔儿望月,笔架,摆渡,观音岩,饮酒侍宴,大春笋,大角旗,香炉花瓶,大元宝,三脚蟾,三宝印,三洞桥亭,三尊大佛。

叠罗汉的叠,不仅仅是站肩、骑脖等简单地往上叠垒,还有伏、仰、卧、拉、撑、支等组合造型姿势,变化多端且妙趣横生。有些造型姿势惊险得让人咋舌,有些套路精巧得让人鼓掌,凸显出山里人的粗犷、阳刚之美,有着极强的艺术感染力,令人叹为观止! 我们可以通过下面这张节目单窥知一二。

叠罗汉"童子拜佛"

2017年11月18日歙县第十二届民俗文化节叶村叠罗汉节目单

第一式　　净瓶

第二式　　摆渡

第三式　　小一柱牌楼转一柱牌楼

第四式　　单牛蜢

第五式　　大鹏鸟

第六式　　三柱牌楼转太师椅

第七式　　仙人打坐

第八式　　大元宝

第九式　　三尊大佛

第十式　　石猴出洞

第十一式　　大六柱牌楼

第十二式　　龙驹马

这次节目单上的"仙人打坐""大元宝"和"三尊大佛"是很多年都没有上演过的罗汉谱式，在这次文化节上亮相，给观众一种耳目一新的感觉，也是叶村人对叠罗汉谱式的又一次挖掘和传承，以便叶村叠罗汉程式更趋丰富。

三、叶村叠罗汉的组织与人员

叶村叠罗汉表演依大小年有不同要求。大年即闰年（农历闰月的年份），所有叠罗汉程式套路要分两夜演完，旅居在外的族人要尽可能赶回村参加活动。小年活动套路可略减，旅外族人不要求回乡参加活动。

叶村叠罗汉活动由罗汉班组织。罗汉班最初由洪氏30岁至70岁男性族人组成，5—7人不等，自行推举罗汉头一人主持叠罗汉事务。若干年里，罗汉头人选相对稳定，罗汉班成员则不断变化。每年岁末，罗汉班在宗祠集议新年叠罗汉有关事务，拟出一份推荐参加叠罗汉族人名单。罗汉头根据罗汉班的决议，确定来年叠罗汉活动的规模，如叠哪些程式、选多少罗汉等。同时，对罗汉班的推荐名单进行年龄、力气、体重、灵敏度等各方面考虑，每年确定入选罗汉25—35人不等。入选罗汉将分别收到《罗汉帖》，接到《罗汉帖》的男丁将帖供于堂屋案桌正中。

叠罗汉的系列活动，一般从每年的正月初六开始，正月十八结束，为期十三天，其中排练九天，请神、送神各一天，正式演出两天。正月初六傍晚，罗汉头领着罗汉们敲锣鼓、放爆竹，去解元寺接罗汉老郎牌位。罗汉们焚香礼拜后，罗汉头取下牌位，交由"金顶"（叠牌坊最顶端的小罗汉，以化妆金色脸而名，亦称"尖顶"）捧着，敲锣打鼓回村。村人执烛捧香在村口夹道迎接，簇拥着将牌位安置在祠堂排练处案桌上，谓老郎坐镇排练，供奉至本年叠罗汉活动结束。当晚,罗汉头带领赤膊赤脚的罗汉们"练谱"。

罗汉的化妆,主要依"下架""二架""三架""尖顶"四个类型开脸。"下架"(最下一层)多为年长壮实者,以红、白、黑三色绘大块脸;"二架"(二层)多为年纪稍长者,加蓝、绿二色,绘五色碎脸;三架(三层)为年轻者,亦绘五色碎脸;"尖顶"为年幼者,绘金脸,故又称"金顶"。化妆毕,罗汉各手执一灯绕台三圈,谓走台。此时,锣鼓声与僧侣法器音乐声迭相鸣奏,热闹非凡。

正月十四晚上,将菩萨整理清洗,梳妆打扮完毕,依次许愿。正月十五夜,罗汉队伍要先进行游村,队伍依次为捧罗汉老郎排位的"尖顶"、锣鼓队、钟鼓楼形灯、滚灯、五兽灯、动物灯、人物灯、十二生肖灯、花草虫鱼灯、罗汉队伍、锣鼓队。这支队伍从洪氏宗祠叙伦堂出发向东到朱氏祠堂,接出五兽灯,再折回叙伦堂祭拜始祖,然后到洪氏支祠敦本堂拜汪公,拜支祖。大队伍再沿麒麟街向东上马路,继续向东到关桥,然后折回向西沿徽杭公路到与中村交界处狮头岭,再折回进入叶村村末滨河大道前埂一路,到洪氏支祠敬本堂祭拜支祖,从小巷进入麒麟街向西折向坝首巷,再向西折向古存亭小巷,从典当巷出来沿滨河大道向东进入古戏台巷,向西从主坛庙巷出来过友谊桥桥头祭拜观音,返回友谊桥继续向东到泉洞,向西到麟进堂巷进入麒麟街,向西进入洪学文屋旁小巷,从方金来户小巷出来,向西进入徽杭公路,直到把叶村所有有名字的无名字的大街小巷全部走遍,祖祠寺庙全部驱邪祈福到位,游村仪式基本结束。

游村结束后到叙伦堂才是真正的叠罗汉驱邪祈福表演开始。动作从简单到复杂,难度逐渐递增,一层层推进,由最初的"一连四起式",到"六柱牌楼",人数也从最开始的四位罗汉增加到最后的十九位罗汉。"六柱牌楼"的叠落变化甚快,重叠之巧妙,令人惊讶不已,每叠好一层都会在台上旋转一圈,惊险不已,直至金顶小罗汉双手合十,为大家祈福保佑。接着表演"钵盂"。最后再以"龙驹马"收尾。至此,大年元宵节的叠罗汉节目结束,但是精彩的每一瞬间早已深深地印在了观众的脑海中。每一次成功上演的罗汉阵式都使观众席上的人震撼不已,惊呼不断,回味无穷。落下帷幕的时候,观众离场,罗汉会最后礼拜罗汉老郎的牌位,此为收台。收台结束之后,恭送老郎牌位回解元寺。在这整个高潮迭起的叠罗汉过程中,罗汉们用他们精湛的技巧、无畏的精神和过人的胆识,向人们展示了叠罗汉这枚古拙淳朴的真正的民间艺术瑰宝。

正月十六的晚上,嬉五兽灯活动开始。嬉灯结束后,灯组人员在洪氏宗祠叙伦堂给菩萨脱下新衣换上旧衣,收拾好太子身上的所有饰品。正月十七继续嬉五兽灯。嬉灯结束后,在洪氏宗祠叙伦堂吃半夜餐,然后灯组人员将五兽灯推到狮头岭,把五兽灯外面的所有彩衣撕下烧毁,名曰“送信”。五兽灯的头部一律朝向狮头岭,所有成员一律不许讲话,不许吸烟,要快速地偷偷把五兽灯架放回洪氏宗祠,各自偷偷回家,叶村大年的驱邪祈福活动到此圆满收场。

叶村罗汉组自创始至清末,头人主要由洪氏族人担任,但年代已久,无从考证。民国之后,头人在全村中选出,1925年以后的每届罗汉头姓名与罗汉组导演名单如下:

罗汉头姓名

1925—1930年,吕遂

1931—1937年,罗有元

1938—1949年,洪瑞元

1950—1956年,王明藻

1957—1964年,王明藻、洪道奎

1965—1977年,“文化大革命”禁演

1978—1986年,吕寿宝、洪道奎

1987—2008年,洪允忠、洪灶有

2009—2013年,洪允忠、洪灶有、洪声齐

2014年以后,洪允忠、洪声齐

罗汉组导演名单

1925—1930年,吕遂

1931—1937年,罗有元

1938—1949年,洪瑞元

1950—1956年,王明藻

1957—1964年,王明藻、洪道奎

1965—1977年,“文化大革命”禁演

1978—1986年,吕寿宝、洪道奎、洪允文

1987—2002年,王经水、洪允文

2003 年以后,洪灶生、洪允文

四、叶村叠罗汉现状

叶村叠罗汉在漫漫历史长河中得以流传至今,与其传承模式息息相关。叶村叠罗汉是叶村村民自发组织的一种民俗活动,参加者主要是该村洪姓村民。叶村罗汉班有组织,但不固定组织成员,以罗汉头为管理中心制;有祠堂作为议事机关和排练场所,却不排斥外姓人入祠;参演罗汉也不固定,有众多罗汉可供挑选,是个特殊灵活的组合体。长期以来,叠罗汉都在民间开展,尽管在 2004 年经歙县文化部门同意,在叶村组建了"歙县叶村叠罗汉艺术团",但它只是民间组织,只在农闲或者有节庆活动任务时才进行排练,沿袭的仍是罗汉间"以老带新"的传统,缺乏正规、系统的理论指导,因此存在一定弊端,不利于这一民俗体育项目向着科学化、国际化方向发展。随着现代传媒信息、现代生活方式不断冲击,加上叠罗汉动作本身又有一定的危险性,其传承还是遇到了一定的困难。

叶村叠罗汉自 1986 年在歙县首届民间艺术节上亮相,受到上下普遍关注。此后,在歙县枇杷节、徽州古城民俗文化节、黄山国际旅游文化节、首届安徽文化节、第一届徽商大会等盛大节庆频频献演,获各类奖项七个(其中金奖五个),赢得中外观众广泛赞赏和高度评价,并被收入《中国民间舞蹈集成·安徽卷》。叶村叠罗汉还先后登上《人民日报》《新闻联播》《金土地》等,其艺术资料被中国台湾《民俗曲艺》转载。

自 1992 年始,歙县三阳乡人民政府将叠罗汉艺术保护工作列入议事日程。1998 年歙县人民政府在徽杭公路线上设立"文化长廊",命名三阳乡为"民间艺术之乡",之后又命名叶村为"叠罗汉之乡",进一步通过确定叠罗汉原生态保护区加以保护。

三阳打秋千

歙县三阳镇三阳村始建于南宋,至明万历年间已初具规模。三阳村地处皖南边陲,与浙江省接壤,是古徽州对外连接的旱路要道。三阳村先祖们为祈求年年风调雨顺、四季平安、五谷丰登、万事如意,每逢春节、元宵节都举行祭祀和民俗活动,包括打秋千、扮地戏、跳加官、走五猖等,在明清时期达到鼎盛。后来打秋千逐步发展成为三阳村一项具有地方特色的民俗活动。

一、三阳打秋千的历史源流

位于歙南清凉峰脚下的歙县三阳镇一直流传着这样一句谚语:"叶村罗汉中村灯,三阳秋千传万村。"轻吟浅唱的三阳打秋千,当年曾有过"上到徽州府城下到昌化县,四面八方都来观看"的盛况。三阳坑,位于昌源河畔北侧与梅溪河沿岸,雅称阳川,俗称梅溪,居民多为洪姓。传说古代有个牧羊人,来到一个满是梅花的溪边放牧,临走时有三只山羊死活不肯离开,第二年再来时,看到羊群满山坡,牧羊人便定居于此,以"三阳(羊)开泰"之兆得名。据明万历《歙志》,清乾隆、道光和民国《歙县志》载:三阳坑宋时叫王干,设有王干巡检司,后设有胡干铺递;明清时期曾叫山羊、山阳,清末民国称三阳坑,一度曾称梅溪、灵隐。这里是徽州与外界联系的主要交通要道之一。

据三阳洪氏族谱载,洪氏经纶公八世祖铉公于五代十国的后晋天福年间,曾任严州教谕,面对兵兴岁饥,兄弟八人各相散居。公任满回乡,途经歙南王干叶村(今属三阳镇),见其山水清雅,乃从遂安木莲村迁居叶村,为叶村洪氏之祖[1]。后一支迁慈坑,二百年后洪福生公再迁三阳。福生公乃三阳洪氏始祖,他生于明天顺元年(1457),从慈坑村迁此定居。据此估算,三阳村至今已有五百余年历史。

打秋千是依据体育活动中的秋千发展演变成的艺术形式,原是民间的一

---

[1] 王经一编著:《歙县三阳村志》,黄山书社2018年版,第96页。

种体育健身运动,后成为徽州民间观音会祭祀活动的组成部分,一般在正月社祭活动之一的花灯会上表演。不过,各地农事安排习俗不同,打秋千的举办时间、形制、程式等也不尽相同。

歙县三阳村20世纪50年代的秋千姑

据民间口口相传,三阳打秋千起源于明末,盛于清,至今已有近四百年的历史。明崇祯十二年(1639),徽州曾发生大面积旱荒,庄稼颗粒无收,鸡犬绝声,炊烟断缕,一片"万户萧疏鬼唱歌"的凄凉景象,三阳村村民靠吃"观音豆腐""观音粉""观音石耳"逃过劫难。此后每逢农历闰二月,当地村民在三阳村洪氏宗祠、水口庙观音阁及全村主要街道,载歌载舞举行打秋千、扮地戏、跳加官、走五猖等民俗活动,祈求年年风调雨顺、五谷丰登。

据该项目省级代表性传承人洪孝廉以及村中老艺人介绍:打秋千活动在歙县三阳、许村、深渡周围一带都有举办,并持续至20世纪50年代,历史上该村最后一次演出为1962年,之后中断;近年在当地政府和村民的共同努力下,终于在2010年2月9日歙县首届农民体育大会上亮相,中断近半个世纪的打秋千活动得以恢复。三阳打秋千活动被中央电视台、安徽电视台等各大新闻媒体争相报道,为推动徽州民俗体育文化发展提供了良好的榜样。2010年,三阳打秋千被评为省级非物质文化遗产代表性项目,三阳镇也被文化和旅游部命名为"中国民间文化艺术之乡"。

二、三阳打秋千活动相关程序

(一)秋千制作

三阳的打秋千,有别于中国传统意义上认为的荡秋千。徽州的秋千有"磨形秋千"和"车形秋千"两种,三阳的秋千是"车形秋千"。先用硬木制一圆形横轴,长约三尺,两端分别十字交叉,在对称位置上安装两根各四尺八寸长的木棍。顶端用红绸系好坐板，形似纺车，四块秋千板中有一块是铁板，用于停止转动时起稳定作用。下有木制底盘架，在底盘下安四木轮，便于推行。底盘架四边再插入细竹撑起彩篷，遮于十字架上方，形似亭子。横轴两端放在木架的轴承里，木架再装在制作考究、雕刻精细、装点华丽的亭子里，亭子两边各有一根长木杠，可用于抬行。秋千的架子油漆成红色，雕刻花纹图案油漆成彩色。亭子顶部有彩球、彩花、彩绸装饰。

秋千架

秋千架高丈余，四个女孩子扮作"秋千姑"端坐在秋千架上。四位"秋千姑"象征着春、夏、秋、冬，寓意着一年四季风调雨顺，国泰民安。四位"秋千姑"都是八九岁的女孩子（在20世纪50年代以前都是男童扮演），是从三阳村的女孩子中挑选出来的，相貌端庄甜美。四名女孩，分别穿白、红、绿、紫色衣服；发际插钗戴花，头顶心披一道与衣裙同色的彩绸，并饰有彩绒花一朵。穿白色衣服的为观音，其余为观音侍女。观音及其侍女分坐在秋千架上的秋千板上，腰间彩带固定在吊板索上。坐悬铁板的对端为扮观音者的座位，十字架转动停止时，以铁板的重量下坠，使观音保持居高临下的姿态。

（二）秋千姑选拔

三阳打秋千的主角是"秋千姑"，演员的选拔也有很多讲究：要从村中东南西北四个方向的人家挑选四至五名八九岁体重相似、嗓音清脆的儿童扮演，情况差不多不能选定时，采用抽签的方式决定。四个孩子分别穿白、红、绿、紫色衣服，发际插钗戴花，头顶心披一道与衣裙同色的彩绸，并饰有彩绒花一朵，脸涂胭脂花粉打扮成美丽、优雅的仙女模样。

据说，她们各穿绿、紫、红、白四色衣裙，象征着春夏秋冬，寓意着一年四季风调雨顺，国泰民安。穿白色衣裙的"秋千姑"代表观音，接受一个村子男女老幼的朝拜与祝福。

"打秋千"是大型高架活动，需许多大人配合、照料，因此选上"秋千姑"

之家还需破费助资,或雇人帮忙。户主都为自家孩子被选上"秋千姑"而自豪,不惜花费资金为孩子制作服装、买首饰,尽可能打扮得漂亮些。未选上"秋千姑"的孩子也不会闲着,十至十五岁的孩子参加地戏班(地戏就是由十至十五岁的孩子穿上戏衣,扮成戏曲中的人物,不演不唱,只是做一些简单而又经典的动作);八至九岁的孩子参加站肩戏班(穿戏剧服装,站于大人肩头);二至四岁的孩子参加行香班,手拿竹制棒香,由大人抱着走。

(三)秋千队伍踩街

打秋千队伍需环绕三阳村一圈,当地村民称之为"踩街"。踩街时,游艺活动队伍序列为:行香班在前,站肩戏班、地戏班随后。鸣锣开道,万花开台,一人扮玉皇大帝,手执"云雾"道具或五地开台,一人扮土地爷,手执"朝徽"道具。站肩戏班紧随其后,驮孩子的大人行进时双手抱孩子双脚,另有一人撑红盖伞,一人执月牙形木叉跟随。队伍停下时,以木叉斜撑孩子的胸腰,供他休息。地戏班队伍随后,扮演的均是传统戏曲中的人物,如《龙凤呈祥》《西游记》《三国》等剧目中的主要人物。

接下来是一人挑着货郎担,前篓放备用的胡琴、笛子,后篓放板鼓和小鼓各一支,供后面打秋千的指挥者用,俗称"点鼓板"。其后是秋千架,"四名秋千姑分坐在秋千板上,腰间彩带固定在吊板索上,坐悬铁板对端为扮观音者的座位,停止转动时,以铁板的重量下坠,使观音保持居高临下的姿态。行进时,以锣鼓助威,众人簇拥在二腰杠边,或拉或推,驱动秋千架前进,平路边行进边转动十字架,拐弯或上路阶,改推拉为人抬。"[1]而后是文武场乐队。最后是四个壮汉用抬阁抬着观音菩萨塑像。观音菩萨塑像从观音阁中接出,表演结束后随秋千架抬进祠堂供奉。待到稻谷快成熟之时还要抬到田畈中去巡视,意为观音菩萨保佑五谷丰登,而后用锣鼓欢送放回观音阁,但不再演打秋千,名曰"武接文送"。

(四)载歌载舞

一路走来,在洪氏宗祠、水口庙观音阁及全村主要街道开阔平坦处就停下秋千架,奏响管弦乐,观音和侍女开始演唱昆腔、徽调时曲,载歌载舞举行

---

[1] 歙县文化局编纂委员会编:《歙县民间艺术》,安徽人民出版社2006年版,第9页。

打秋千、扮地戏、跳加官、走五猖等民俗活动。"秋千姑"分别坐在四个坐板上，两手紧抓红绸开始演唱。秋千架两旁各有一人，轮流用力推动转轮，使其由后向前、上上下下有韵律地转动，秋千姑在竹笛和唢呐的伴奏中，在转轮的忽起忽落中，用一口呢喃婉转的三阳方言含笑齐唱《普陀庵》《八仙会》《人间美景胜天堂》《采莲》《赏荷》《采桑》等昆腔、徽调时曲。一曲接一曲，

歙县三阳村打秋千

循环往复，从天上唱到人间，曲调通俗易懂，唱出百姓的美好心愿。

打秋千队伍颇为壮观，整个队伍近200人。前为鸣锣开道，紧接乐队、秋千架、小锣鼓队、地戏队、腰鼓队、彩旗队及大锣鼓。在打秋千队伍中有一群身穿古装，脸戴彩妆的称为"地戏队"，扮演各种戏剧中的人物，如有秦香莲、陈世美、包公、王丞相、张龙、赵虎、王朝、马汉等。全村的老百姓纷纷走出家门，跟着"秋千姑"行进，队伍浩浩荡荡，把三阳村的大街小巷挤得水泄不通，热闹非凡。

附：秋千曲2首

八仙会

八仙聚会齐来到，护驾蟠桃哇，咿尔呀得咿哟，护驾蟠桃哇。果老骑驴走赵桥，何仙姑，曹国舅，湘子吹玉箫。咿尔呀得咿哟，吹玉箫。

八仙聚会齐来到，护驾蟠桃哇，咿尔呀得咿哟，护驾蟠桃哇。采和手捧花篮巧，铁拐李，吕洞宾，钟离把扇摇。咿尔呀得咿哟，把扇摇。

人间美景胜天堂

凉庭高阁爽，鲜花百草香，小鸟枝头叫，蜂儿采蜜忙，杨柳池边挂，荷花开满塘。喜的是人间美景胜天堂，喜的是人间美景胜天堂。[1]

---

［1］王经一编著：《歙县三阳村志》，黄山书社2018年版，第554—555页。

三、保护三阳打秋千的意义

俗话说"十里不同风,百里不同俗",地域性是民俗体育在空间上所显示出来的特征。三阳镇历史悠久、景色宜人、人杰地灵,是徽杭线上闻名的民俗文化之乡。正是受到三阳村社会风俗、民间信仰、生产劳动、生活习惯等因素的影响,三阳打秋千的形成、发展和传承自然会彰显出一定的地域性。

三阳打秋千活动已经与现代文化相融合,并且相互间产生互动。从内涵角度看,三阳打秋千的诞生与发展是三阳村民在长期的生活积累与创造中蓄积提炼而成的,具备特定的民俗体育文化和民族精神,同时也充分说明了徽州村民的生活信仰与价值追求;从主体参与方面看,三阳打秋千活动的丰富文化内涵主要掌控在徽州三阳村的民间艺人手中,它的发展与保护必须依赖传承主体的实际参与,因此,三阳打秋千只能依附"活态"流传和承载。打秋千作为三阳村民传承和发展的一项特殊的民俗体育活动,它在时间上是可以被世代延续的一种文化,在空间上也是可以传播和扩展的。

三阳打秋千的初衷是祈求年年风调雨顺、五谷丰登。在科学技术落后的蛮荒年代人们对于自然界的认识不足,对大自然往往怀有敬畏之情,三阳村民通过打秋千活动,寄希望于神灵,希望能祛邪纳福,达到民富村安的目的,暗含了三阳村民的合理想象和美好愿望。虽然打秋千活动在其起源之初并不是为了娱乐,带有某种宗教的、劳动的或其他某种实在的意义,只是发展到现代社会后,脱离宗教的羁绊,其娱乐性的特征才逐渐被凸显出来。三阳打秋千活动在传承中,经村民不断提炼、加工,使得该项活动更具娱乐性和科学性。可以说三阳打秋千以其丰富多彩的内涵、生动活泼的形式以及浓厚的地方特色,已经成为三阳村民在春节期间的一项重要的娱乐活动。

三阳打秋千作为一项徽州民俗活动,它本身沉淀了不少徽州传统文化的精髓,它主要依靠当地老一辈村民的言传身教得以流传,通过具体而生动的游街活动使当地村民找到一种亲切感和归属感,从而使得这一古朴厚重的民俗文化得以传承和发展。三阳打秋千不仅让徽州这一传统民俗得以展示,而且将徽州这一传统民俗活动的形式和内容作为一个整体予以传承和弘扬。

渔梁跳钟馗

徽州人在端午节跳(嬉)钟馗是个普遍习俗,县内蓝田、溪头、雄村、夏坑、柘林、西溪、义成、洪岭、瀹坑、竭田、棠樾、上朱等地在端午节皆要跳(嬉)钟馗。渔梁商铺众多,繁华堪比县城,为驱邪纳福,无论是本地人跳(嬉),还是外地人来跳(嬉),端午节跳(嬉)钟馗的名目定是少不了的。

一、渔梁坝,徽商扬帆起航的地方

渔梁位于歙县城南1.5公里,处练江畔,北枕来龙问政山,面朝龙井山。扬之、布射、富资、丰乐诸水汇为练江,至此陡泻而下,无所停蓄。隋义宁年间,汪华将郡治从休宁县万岁山迁至歙县,其后易以石梁。时民居在石梁之下,故称其地为梁下。后有余氏居住,以姓名居曰余梁,余姓衰落,当地人大多以渔业为生,遂改称渔梁。2005年9月16日,国家住房建设部与国家文物局批准渔梁为第二批中国历史文化名村。

唐代有施姓居住,建有施氏桥,因筑于狮形石崖之上,后谐音为"狮子桥"。约宋治平年间,余靖自遂安温恭乡桂林里师湍(亦称珠水)迁居。元代,巴仲德从郡城河西迁居;至正末年,深渡姚琏结庐于渔梁,生有五子,二子思义、四子思德居渔梁,后族裔繁衍,为村中大族,分为上、下门。元末,又有曹贵三、贵四兄弟从徽城迁居。明末清初,胡兆明从芳塘迁居。清光绪初年,张祥美从横坑下村迁居。又有杨、李、朱、江、高、阮、毛、汪等姓迁居。旧时居民多以撑船、搬运为业,有"世世代代草鞋兵"之谚。

渔梁村状若卧鱼,古街蜿蜒起伏,犹如鱼脊,巷弄为鱼鳍。街道由鹅卵石铺就,两里多长的长街店铺林立,老字号依稀可辨。民国时有米、布、豆腐、花炮、纸香、百货、茶行、盐行、轿行、过载转运行、船行等店铺106家。两侧巷弄幽深,重楼叠宇,徽派建筑风貌十足。

渔梁为徽州水路总枢纽,公路未建之前,输出土特产品,输入生活资料,均在此地集散,全赖舟楫载运。坝下舟筏直通浙江杭州。坝上小船,上溯岩寺,北抵上丰,东至绩溪县临溪镇,坝下至琳村。沿河船只密集,以数百计,商业之盛,不亚于城区。临江有盐埠、姚江巷、上埠头、乌龟石、百步阶级、马家坞口等泊船埠。渔梁素以撑筏为生,载货极少,姚宏魁造舟以装载,渔梁船业得以发达。姚宏源擅雕金石,能以核桃雕八仙、寿仙等。渔梁所存古迹颇多,渔梁坝为新安江上游最古老、规模最大的古代拦河坝,古建专家郑孝燮誉之"可与都江堰相媲美",2001年6月26日,被国务院公布为第五批全国重点文物保护名单。

作为古徽州最大的码头,其民俗与各地略有不同,惜皆不流传。今作为黄山市非物质文化遗产,渔梁跳钟馗曾在景区为游客进行表演,多次参加市、县民俗文化节表演,并被邀请到合肥、芜湖、休宁等地演出,为歙县特有的民俗文化。

二、徽州跳钟馗的由来

钟馗,传说为唐初终南山人,生得豹头环眼,铁面虬髯,相貌奇丑,但才高八斗,心怀浩然正气,无惧邪恶。据《历代神仙通鉴》载:钟馗赴京应试,因相貌丑陋落选,愤而撞死殿阶。唐高祖听闻,赐以红官袍安葬。到了天宝年间,唐明皇李隆基偶患脾病,久治不愈。夜梦一相貌奇伟之大汉捉住一小鬼,剜出眼珠后将他吃掉,声称自己为"殿试不中进士钟馗"。唐明皇梦醒,即刻病愈。于是,命吴道子按梦境绘成《钟馗赐福镇宅图》,封钟馗为"赐福镇宅圣君",诏告天下,一年四季遍悬钟馗像,以祛邪魅保平安。

唐咸通十三年(872)进士周繇撰《梦舞钟馗赋》则说唐明皇梦见的是演员所扮的钟馗。黄幡引着钟馗来舞蹈,唐明皇看后,病就好了,于是诏吴道子绘钟馗图。可见,钟馗在唐朝已作为宫廷的傩仪之一,用以驱除邪恶,保平安。

朱润民在《义成千年古村落民俗考》一书中描述了徽州跳钟馗驱鬼的习俗:义成先民认为人上吊死后,会变成为吊死鬼,必须找替身才能转世投胎。为了防止吊死鬼害人,谁家有人吊死后,就要雇请程家道士班子,在这天深更半夜,由一人扮成吊死鬼,身穿白衣,口吐长舌,披散头发,其他道士则扮成钟馗、五猖菩萨、阎罗王和手拿钢叉的众小鬼。钟馗手握利剑,在吊死鬼吊死的地方,用力向地上砸饭碗或盘子,发出响亮的破碎声,紧接着由手拿铁铜的五猖菩萨用力往桌子上"啪"的一拍,吊死鬼吓得快速向大门外逃跑。紧接着鞭炮齐鸣,锣鼓喧天,众小鬼一齐摇响钢叉,钟馗等紧跟着追赶,一直把吊死鬼赶出五猖庙外,赶出义成村。可见,徽州跳钟馗之习俗由来已久。

民国《歙县志》卷一《舆地志·风土》载:"端午,门插蒲艾,户粘桃符,并制角黍醛饼为食,且以雄黄和酒分饮家人,谓可辟邪。而茧虎香囊,竞奇炫巧,尤属闺闺韵事。城关一带好事者,更以钟馗偶像架诸肩,团团旋转于市衢,金鼓随之,旁人亦燃放爆竹、掷五色小纸块纷飞空中以助兴。"

万历十年(1582)徽州祁门人郑之珍新编、歙邑黄铤刊刻的《目连救母劝善戏文》卷下《八殿寻母》中,钟馗作为主要角色有半场戏。目连僧寻母至八殿,因禅杖为佛祖所赐,具无边法力,使得地狱震开,逃出无数饿鬼。狱官只得请钟馗将鬼收回。净扮钟馗,登场一段舞蹈,气度逼人。接着钟馗在台上"舞剑、步诀介",收脱逃出的各路鬼犯,按条发落,威风凛凛。刊本前还印有蝙蝠传讯、钟馗持剑收服众鬼插图一帧,为台本增色不少。

清乾隆年间吴梅颠《徽城竹枝词》:"儿童谁不喜端午,要带花花红包肚。雄黄涂脸跳钟馗,髻扎红绳摇玺虎"。过去,徽州端午节习俗是饮雄黄酒,吃端午粽、发酵面饼、茶叶蛋、腌鸭子、绿豆糕和鲜猪肉烧大蒜等。这一天,家家户户大扫除,大门、房门插艾蒿、水菖蒲,贴端午符。符有多种,大门、耳门和后门贴钟馗像符,大门贴财神送宝符,屋角落贴五毒符,水缸脚、锅台脚和屋柱脚贴蜈蚣符,房门贴麒麟送子符。孩子胸前佩戴樟脑香囊和蒜头囊、菱角彩,谓"端午锦",歙东用茧壳剪"王"字贴于童额,歙南则直接在额上用雄黄酒粉写"王"字。水缸内要更换新的雄黄石,歙南俗称"鸡冠石"。正午时,各家以艾叶蘸雄黄酒洒于屋内各处,边洒边赞:"端午时,端午节,牛蚣八脚远处歇,石榴开花送尔去,石柱开花再来接;端午时,午时辰,牛蚣八脚远处行,今朝端午送尔去,天寒地冻迎尔来。"[1]有些地方还要将石灰撒于屋脚除五毒。下午进行嬉钟馗活动。

三、渔梁码头跳钟馗

端午节素有跳钟馗、去五毒的习俗。关于"五毒",《武林旧事》卷三《端

[1]歙县地方志编纂委员会编:《歙县志》,中华书局1995年版,第630页。

午》载："蜈蚣、蛇、蝎、蜥蜴等，谓之毒虫。"《客座赘语》卷四《桃符画鸡蒜头五毒等仪》载："彩帛、通草制五毒虫，虎、蛇、蝎、蜘蛛、蜈蚣，蟠缀于大艾叶上，悬于门。又以桃核人物佩之，盖用汉五月五日之遗法也。"徽州在端午节跳钟馗是个普遍习俗，如2010年版《歙县志》载蓝田、溪头、雄村、夏坑、柘林、西溪、义成、洪岭、瀹坑、竭田、棠樾、上朱等地在端午节皆要跳钟馗。洪岭跳钟馗，五月初一就将钟馗请出，由一壮夫将钟馗木像扛在双肩上，光着脚板在瀹源上下巡游，随行队伍中不断有人点燃小鞭炮抛于其身前，使其不停地勾脚跳跃躲避，形态引人发噱。钟馗有文武装饰：前数天钟馗穿长袍，手持花朵以示慈祥；末几天身穿战袍，手持钢剑驱魔赶鬼。嬉钟馗的天数根据大家兴趣高低而定，一般半个月，有时村民还到邻村去嬉钟馗。洪岭、瀹坑、夏坑三村毗邻，端午节皆嬉钟馗，或者皆曾到渔梁嬉过也未定。

渔梁在明清时属西关二图，即所谓"城关一带"，端午节有嬉钟馗的习俗。清乾隆年间，郡城、歙城端午节游神活动四月份就开始了，各村落关隅的亦先后奉神像进城游行，用以驱逐瘟疫，保佑平安。如清乾隆《歙县志》卷一《舆地志·风土》载："四月，郡邑奉各神像遍巡坊市，钲铙震天，各乡落厢隅以次至，逾月而罢，曰善会。"乾隆年间歙县江村江登云辑，江绍莲续编《橙阳散志》载："四月，城中奉诸神像，遍巡街衢巷，钲铙震天，各厢隅村落以次而及，逾月乃罢，曰游神，用驱疠疫也。"所奉神像之中用以驱毒保平安的钟馗当不可缺少，而渔梁属西关，亦当安排日子进城游神嬉钟馗。

据渔梁狮子桥边居民方荣寿说，渔梁端午嬉钟馗前后有一个星期的时间，初五为正日，义成村也会驮着钟馗前来一同嬉戏。渔梁村村北有忠护庙，供奉汪华及其第九子，袝祀财神、痘神；村南的新安关上有亭，亭后有周王庙，附供钟馗、关羽。初四白天，董事们要到庙中用香纸祭拜各尊神，将九相公、财神、周王、钟馗、关羽等神像从座椅中请出，换上蟒袍，放进特制的菩萨架中，并牢牢地捆绑在一起。菩萨架形如座椅，高约一米，神像放进去，约高两米。一般神像连架共重六十斤左右，九相公神像稍重，有七十多斤。吃过晚饭，爆竹声响，村人向忠护庙前的三角亭开阔处涌去。村中壮汉各自将装有神像的菩萨架放上肩膀，每座神像边各跟随着五六个壮汉，以便嬉累时轮流换肩休息；又各配有大鼓一面、大铜锣一面、钹一副，两只火篮。火篮用铁打成，方形，长宽各20厘米，高20厘米，里面燃烧着松脂。火篮外接有木棍，方便擎举。从二角亭到新安关近两里的路程,商铺林立。壮汉们把菩萨架在肩上,在街道上边走边嬉,不停地转着圈。锣鼓震响,火龙烛天,人群喧闹。当钟馗嬉到商铺门口时,店主就开始燃放爆竹,燃放得越多,生意就越兴隆,还能驱邪保平安,有的店主甚至准备了能燃放半个小时的爆竹,这家还没放完,另一家已炸开了,轰鸣之声,震天动地,纸片硝屑,飘飘扬扬。嬉到新安关,九点多钟,就算结束了。

据渔梁坝边程爱讲,渔梁端午节嬉钟馗是夏坑人应渔梁街商铺之请前来的。商铺为了生意兴隆,驱邪保平安,将附近村落夏坑嬉钟馗班子邀请而来,并提供食宿。钟馗穿龙袍,脸漆紫色,绑在菩萨椅上。一个壮汉驮着,数十人跟随着,轮流换肩休息,锣鼓震天,爆竹声声。从夏坑到渔梁途中,每至一村落,皆要嬉耍一番。五月初一到渔梁,初五结束。夏坑人将钟馗神像交给渔梁壮汉驮着嬉闹,如没人嬉时,他们就自己驮着嬉。街上人山人海。人们把彩纸片撒向钟馗头上,漫天飘扬,又把鞭炮甩向驮钟馗的壮汉脚下,壮汉跳着、跺着,引得大家发笑。渔梁坝边的江金花,娘家在小梅口。她说夏坑人到小梅口嬉钟馗,除钟馗神像外,有时还带上钟馗妹妹的神像。

四、歙县各地跳钟馗的差异

歙县各地钟馗扮相基本相同,浓眉环眼,头戴乌纱帽,身着紫或蓝袍,腰系玉带,脚穿草鞋,身背宝剑,手执朝笏,大肚凸臀。配角有蝙蝠使者,打伞、打扇鬼卒,鬼婆,挑酒坛、捧酒杯鬼差,五毒鬼卒及钟馗妹妹等。县内各地配角人物及表演套路稍有不同。歙东溪头一带,没有引钟馗的蝙蝠使者,出嫁的钟馗小妹不骑毛驴,而是袭用戏剧道具——画轮车,由一车夫"推"着走,旁随二使女,行进中合唱《十二月花名》《采莲》《赏荷》等对曲,且白天不演晚上演;有鬼卒而不饰五毒,钟馗在跳跃舞蹈中做虚拟斩鬼动作。雄村、义成一带亦只有鬼卒而没有五毒,义成尚有喷火鬼,表演中,钟馗只有喝酒醉舞,而无驱鬼之舞,也没有嫁妹情节。上朱、揭田一带,有蝙蝠、五毒和嫁妹情节。其妹骑毛驴,上朱骑纸扎毛驴,揭田骑真毛驴,钟馗有高台表演套路。

叶丽昌《蓝田村族志》载:歙东蓝田在每年端午期间举行,初四、初六只跳日场,初五跳日、夜两场。分钟馗捉鬼和钟馗嫁妹两个程式,在全村街道、空坦处巡游舞蹈。钟馗捉鬼,在前流窜的是四个"判官小鬼",其中二人合拉一副铁链,另二人各拖一块木板,称"屁股板",意即逢人便锁住乱打屁股。钟馗在后紧追不舍。钟馗头戴乌纱,面如红枣,齐胸红髯,身着蓝袍,足蹬朝靴,大腹便便,臀突如篮。一手持宝剑,一手捋须,侧身跳跃,且行且舞,酒保滚坛前引。民国初期,酒坛道具为陶制,后改用纸扎。家童打伞紧随。每到空旷场地,钟馗、酒保、打伞家童就穿插迂回起舞。钟馗舞蹈踩民歌《四季歌》节拍。随行有一鼓、三锣、三钹助兴。钟馗嫁妹,钟馗之妹乘车殿后,与钟馗间隔数十余步,冉冉而行。钟馗之妹由一男童扮演,由一车夫在后推"车",且舞且行。"车"为两根竹竿各糊一方形纸块,纸块上画状似车轮的圆圈,钟馗之妹与车夫双手各执竹竿一端。后有四个"伴娘"相随,且有一支小锣鼓队助兴。

《义成千年古村落民俗考》载:歙南义成钟馗戴状元帽,穿大红袍,挺着大肚子,颠着高屁股,打着赤脚,右手夹蝴蝶,左手握宝剑。钟馗周围有持纸扎蝴蝶的,有挑酒坛的酒保,有双手捧纸扎大酒杯的酒保,有打破伞的,有手拿芭蕉扇的,有一帮披散头发、手握钢叉的小鬼,有青面獠牙手拿油壶喷油吐焰的,有赤膊上阵的,等等。钟馗跳到人家门口,户主燃放鞭炮,表示欢迎,放的鞭炮越多,钟馗跳的时间就越长。有生病卧床不起的人家,户主还要特别邀请钟馗进家驱妖赶鬼,以保平安。跳到朱氏宗祠前,跳钟馗达到最高潮。在广场上,人们用八仙桌叠上六层。锣鼓震天,鞭炮齐鸣,吆喝声四起。钟馗在大蝴蝶的导引下,一层一层往上跳,一直跳上第六层,立在桌子中间,左手握宝剑,怒视前方,用力向四方刺去,意为刺杀四方恶鬼。这时台下的众小鬼舞动钢叉,喷吐火焰,大翻跟斗。台上的钟馗挥舞宝剑,刺斩妖魔鬼怪。只听见钟馗大喊一声:"妖怪哪里去!"紧接着腾空一跃,一个真空大跟斗从六层八仙桌子上翻下地面,持纸扎蝴蝶的也跟着一个真空大跟斗从六层的八仙桌子上翻下地面。这时,酒保忙着给钟馗递酒,打伞的给钟馗遮头,打扇的向钟馗扇个不停,喷油吐焰施展着法术。围观群众拍手大叫"好!"。正当群情振奋之时,持纸扎蝴蝶的抖动着手中的大纸蝴蝶,将钟馗引出场地,表演结束。

雄村跳钟馗与义成大致相同。义成的钟馗红脸红胡子,拿朝笏,两串大纸钱从头上垂下来。雄村的钟馗紫酱色的脸,红须,紫袍,画一双环眼,两道浓眉,额间画一只蜘蛛。头戴四个罗翅乌纱帽,腰系玉带,脚穿草鞋,大肚凸臀,手捧朝笏。摇蝙蝠灯的头扎包巾、穿箭衣,下套甲胄。蝙蝠灯挂在一根四五尺长的细竹竿上,颤颤悠悠跃动不已。执酒杯灯、执酒坛鬼差各一人,一黑脸,一白脸,箭衣、头巾色如其面。打伞、打扇鬼卒各一人,画鬼脸,扎包巾,颈挂索钱。打伞的撑破伞,伞骨上吊一小灯笼。打扇的装成彩旦,脸面两团胭脂,上身穿女大褂。扮演鬼卒者若干人,画鬼脸,头扎包巾,颈挂索钱,两人扛"进士及第"牌,一人扛"肃静"牌,一人扛"回避"牌,其余执钢叉、铁链,不时耍得"嚓嚓"作响。还有火把,也由鬼卒驮、举。

五、跳钟馗角色装扮

明万历年间,为了祭钟馗驱五毒,免得大肚病(血吸虫病),堨田于端午时节跳钟馗。从柯灵权在《歙县民间艺术》中的介绍来看,歙西上朱村跳钟馗与堨田基本相同,有五毒,有钟馗嫁妹情节,其角色如下:

钟馗,上朱村是全红脸,额头与鼻梁加金粉;头戴蓝纱帽,扎大红花,戴红口面;身着蓝官袍、红彩裤,腰系玉带,足蹬平底靴;大肚凸臀;手执青锋剑或朝笏。堨田村钟馗的脸是三块瓦式的红、黑相间脸,额、眼两边用黑色,眼圈画白色。

歙县府衙广场跳钟馗

蝙蝠,上朱村俊扮,武小生模样,头戴花球额子,额前插茨菰英雄箭,身着红褂子、绿彩裤,手执长杆蝙蝠。堨田村则用简单脸谱画浓眉,右脸颊画一"S"形,曰"一笔钩",身穿红背心、红彩裤,围绣花坎肩,穿绣花百凑鞋。

打伞者,两村基本相同,丑扮,头扎红巾、稻草辫,衣服只穿一只袖,另一只手臂外露,身背艾叶、菖蒲(日间加背宝剑),手旋转着破旧纸伞,紧跟着钟馗。

酒坛侍者，丑扮，头扎稻草辫，身穿黑对襟褂、红彩裤，挑一担纸扎酒坛，上书标签"绍兴老酒"。堨田村的则头戴毡帽，店小二打扮，着红背心，系花围裙。

小妹，上朱村古装千金小姐打扮，披红绸，戴头花，着对襟大红婚褂、便裤，腰系纸扎毛驴头、尾（总长1.2米），似骑状。堨田村则为近代姑娘打扮，披红绸，戴墨镜，着花衬衣，围大红裙，骑真驴。

丑婆，均男扮，上朱村彩旦装扮，两颊各画一团胭脂红加白圈，白鼻红唇，脸上有七痣八疤，头戴蚌壳两块帽，后脑拖一羊角翘辫，两耳挂蛋壳，身穿大襟雪青褂、红裙，赤脚，手执蒲扇、长杆大烟袋。堨田村化妆稍简。

五毒，两村大致相同。脸部画蜈蚣、蜘蛛、蛇、壁虎、癞蛤蟆。上朱村头扎稻草辫，身穿黑色对襟褂，手执钢叉。堨田村的则戴瓜皮帽，穿黄背心，围截肩，手执钢叉。

六、渔梁跳钟馗——一道独特的风景线

2001年，歙县旅游局为开发渔梁景区旅游项目，请文化局范劲松创作编排跳钟馗作为常态旅游表演节目。钟馗扮演者张俊杰为渔梁人，1958年进入安徽省徽剧团，1962年调歙县徽剧团，擅演武生。又于当地招收青年进行为期两个月的动作、鼓点训练。跳钟馗在歙县民间非常普遍，有嫁妹、出巡、捉鬼、驱五毒、纳福等一系列情节，但都是以游街形式表现的。范劲松参考比较县内各地跳钟馗的服饰、道具、人物、套路、程式，改编出钟馗驱五毒纳福舞台剧。演出有大鼓、大铜锣、小铜锣各1面，钹1副。演员服装戏剧化，钟馗紫酱色脸，画两道浓眉，一双环眼，头戴乌纱帽，口面有黑、红两副，随意更换。身穿大红官衣，腰系玉带，脚套白粉高底乌靴。官衣里肚子上系一个莆篮，腰上系一个畚箕，就地取材，将钟馗大肚凸臀的形象表现出来。手执宝剑，威武庄严，凛凛生气。摇蝙蝠者武生俊扮，头扎英雄巾，手执一根四五尺长的细竹竿，上面挂着纸扎蝙蝠，长约6米，不时摇晃抖动，前引钟馗，寓"福到（蝠到）""迎福（迎蝠）""祝福（逐蝠）"之意。打伞差役丑扮，戴头巾，手持破纸伞，紧随钟馗左右，并不停转动纸伞，为钟馗遮盖。酒保似店小二打扮，戴绸布帽，

挑一担酒坛,紧随钟馗左右。媒婆彩旦装扮,头扎莲瓣包袱,脸面画两团胭脂,两鬓插花,脸上点有媒婆痣,着彩衣绸裤,左手持长杆旱烟筒,右手持蒲扇,忸怩作态,扭动腰肢,插科打诨,逗人发笑,不离钟馗左右。五毒鬼卒五人,脸上各画毒蛇、蜈蚣、蜘蛛、壁虎、蟾蜍以表示身份,头扎稻草辫,各按角色分配持刀枪剑戟、钢叉铁链等兵器,在钟馗前后左右作跳跃翻滚、躲避逃遁等动作。

渔梁跳钟馗以娱乐游客为主,适合常态演出,省去仪牌旗匾及部分金鼓,服饰上也有很大的改变。出场以雄村跳钟馗的次序,依次是蝙蝠、钟馗、打伞、酒保、媒婆,最后是五毒。雄村没有五毒,歙县堨田、上朱村五毒最先出场,渔梁放在最后。上朱村五毒皆拿钢叉,歙县蓝田鬼卒拿铁链,范劲松各按角色所需,作了分配。在咚咚咚的锣鼓声中,摇蝙蝠者忽高忽低地执着蝙蝠出场引路,钟馗手执宝剑,迈着方步,时而随蝙蝠跃动,旋身舞蹈,时而辅以耸肩、踮步等动作。打伞差役、挑酒坛的酒保、媒婆扭着身子紧随钟馗。五毒鬼卒最后出场,把刀枪剑戟、钢叉铁链耍得"嚓嚓"响。每到空阔地带或热闹场所,则要进行一番丰富多彩的表演。蝙蝠在使者的引导下,上下翻飞,左右盘旋;五毒小鬼挥动钢叉狂跳穿梭,四面乱窜;钟馗撩袍提腿,气冲霄汉,对妖魔愤怒之极,以跳跃、翻身、旋转等舞步追逐,五毒"打飞千"(虎跳)、翻躬头逃窜;酒保挑着酒坛,颤悠悠地来回走动;侍者始终在钟馗身后,或左或右旋转着破伞;丑婆手执蒲扇、旱烟筒,扭着身子走来走去。钟馗将五毒驱走后,媒婆扭着身子招来酒保。酒保刚把酒坛放下,钟馗一个箭步向前,两手抓起,仰天大喝。媒婆则扭着身子傍着钟馗,一只手扯扯钟馗上衣,用蒲扇摇摇,又蹲下身扯扯钟馗的裤子,用扇子摇摇。摇蝙蝠者在钟馗身边抖动着蝙蝠,忽高忽低。被打败的五毒站在旁边闻到酒香,一个个地凑到钟馗身边去,有的用手捧着从酒坛里、钟馗嘴边流出的酒使劲地往嘴里送,有的则把嘴凑到坛口,馋相毕露。有的因喝不到酒,便用刀枪钢叉等兵器向钟馗刺去。钟馗将酒坛喝个底朝天,归还给酒保后,醉态毕现,东摇西摆,见五毒缠身,以剑愤指,怒目圆睁,展现出一种不除妖魔誓不罢休的气势,抖擞精神,与五毒战斗,将他们一个一个地消灭掉。收场以蝙蝠于台心晃动,示为赐福。

渔梁跳钟馗为渔梁景区的品牌旅游项目,曾于黄山市在休宁举办的民俗文化节上获二等奖,并前往苏州、上海、杭州等地参加表演,获得一致好评。

市级非遗代表性项目跳钟馗传承人刘铭德、刘福华、朱文瑞皆在渔梁坝表演过。2010年,因渔梁景区经营不善,缺乏经费,被迫遣散。2012年,由徽城镇政府牵头组织,于黄山市在徽州府衙广场举办的民俗文化节上作过精彩表演。据钟馗扮演者渔梁张俊杰说,现在渔梁跳钟馗原班人员多已外出打工,如再组织表演,有一定的难度,需要政府的大力支持。

许村接汪公菩萨

一、箬岭忠烈庙与汪公菩萨

汪公菩萨,即汪华(586—649),号英发,出生于今绩溪县瀛洲汪村。隋末,因其平婺源,拓箬岭,保六州而为百姓所拥戴。唐贞观二十三年(649),卒于长安。汪华去世以后,"以安国有功,封为六州总管"。徽州一府六县,相继建立了许多汪王(公)庙。宋时累封至"昭忠广仁武神英圣王"。宋政和四年(1114)正式钦定建庙,赐匾额"忠显",后改"忠烈"。元顺帝改封"昭忠广仁武烈灵显王",明太祖"颁给榜文,特昭崇敬"。据2019年《箬岭村志》记载,洪武年间歙州建汪公总庙,名忠烈庙,今尚残存于海拔997米的箬岭。从现存的嘉靖甲寅(1554)所刻的《题庙碑记》来看,汪公总庙曾于1534年重修。该次重修捐款的人士除了本县的许村、西坑、富堨、稠墅、沙溪、徐村、张塘、舍头等地的人士外,尚有太平、淳安、休宁等县的人士。在许村的捐款人中,当时的名士许岩保、许应登、许天恩、许文才等皆碑上有名。嘉靖壬子年(1552)孟冬,庙又重修。"忠烈庙"的石门额上刻有两行小字:右侧为"皇明嘉靖壬子(1552)岁孟冬月吉旦立",左侧为"募缘人:许文璨、汪长福、汪长隆、僧人理瑞重造"。

总庙为一进,坐北朝南,东侧有厨房一间,厨房后有水井一口。整个建筑的墙壁全为凿平的花岗岩石块砌成,顶盖大青瓦,八字门,青石门楣上刻有"忠烈庙"三字。庙内神龛的上方挂一横匾,上书"六州屏翰",两侧悬挂的对联为"自昔州闾资圣护,于今稼穑沐神功"。之所以将总庙建在箬岭,除了纪念箬岭这个徽州北门要塞是汪公开通的之外,还因这里是一块风水宝地,人称"二龙戏珠""老鹰扑地"。让汪公拥有一块风水宝地,既镇守了要塞,又保了徽州平安,这当然是理想的选择。总庙建成以后,规定凡汪华生日(二月十五日),取一百零八社,各地派出戏班艺人,祭拜汪公。汪华生九子,均有赐封,即所谓的"一二三太子,四五六诸侯,七八九相公"。故各地又陆续建有

"太子庙"一同祭祀,许村至今仍残存"太子阁"遗址。

到中华人民共和国成立前,许村五大房的各个社屋都供奉有汪公菩萨。这是从什么时候开始的呢? 从现有的资料来看,许村最早记载有供奉汪公是在元代。因时局动荡,许洪寿捐金建忠烈庙于登堂。而社屋里供奉汪公的最早记载是咸丰二年(1852),在《富溪大社支用账》中记为"支钱五百文,汪公神靴"。这年的八月太平军即入许村。徽州有"时乱即思汪王保境"的传统。《越国汪公祠墓志续刊》之《咸丰七年钦奉恩旨加封全卷》中就这样载道:"兹查徽治深在万山,地气高寒,神多灵验。故自咸丰五年二月十三日……迄今三载,战凡数十,无不随时击退者。据拿获奸细及被掳民人供称……每与我兵接仗之际,惊传辄见白衣神人,身长丈余,手挥巨刃,兵马拥护,出自城中。……众见之,顿觉失措,故多败走……盖郡城乌聊山有汪王庙,其神最灵,每值示现,多著白衣。……所见神兵出自城中,定系邀王助佑。"这是太平军退出徽州后,京畿道监察御史许琪等上奏朝廷为汪公加封的一份呈词中所说的话。汪公显灵,保境安民的神功,徽州百姓是深信不疑的。元末,许洪寿即有"时乱即思汪王保境"之说;清末,又有白衣神兵助阵大败太平军。可见,"时乱即思汪王保境"在徽州已成传统。结合这一传统,许村五大房的各社屋都供奉汪公菩萨,应是在咸丰初年陆续兴起的。

人们平常要接请的汪公菩萨是特指供奉在箬岭忠烈庙的汪公,为便于与其他社屋里的汪公菩萨相区分,人们习惯上称它为"老汪公"。该菩萨为整根檀木雕成,呈坐姿,通高约为1.8米。头戴冠冕,珠帘遮面。身雕龙袍,饰以彩绘,衣漆红色,黄色镶边,领、袖口漆黑色。面为红色,以马尾制髯须,挂至腰间。双手捧朝笏置于胸前。菩萨脚前还立有一块高至膝盖的牌位,上书"汪公大帝之位"。汪公菩萨长年坐于轿中。该轿通高约为2.8米,长、宽各约为2米,通体红色,雕刻精美。因菩萨和轿身过高,为了降低重心,增强稳定性,轿底铺上了厚重的地砖。轿杆长约8米,直径达2米。该轿为四人大轿,四抬四扶,两组轮换。"老汪公"永不离轿,各处接请汪公都是连轿一起供奉。

过去人们相信,汪公菩萨除了有保境安民之功外,还有"水旱疫疠,有祷辄应"的神奇效力。许村接汪公菩萨分为两种情况:一是新春祈福,一是安苗祛灾。新春祈福是在每年正月举行,从正月初三开始,一直到正月十八结束。每年春、夏季,邻近四乡遭遇旱虫之灾时,人们就要接汪公去保护禾苗。

二、接汪公新春祈福

箬岭忠烈庙的汪公菩萨平常并不是供奉在箬岭的忠烈庙内,而是供奉在相距二十五里的许氏统宗祠(俗称"总祠")内。相传,如果汪公菩萨在箬岭庙内待了三天还不移动的话,附近的茶坦村就会鸡不啼,狗不叫;如果三年不动的话,汪公菩萨就会开口说话,整个徽州都要发人瘟。所以,一年的大多数时间里,汪公菩萨都是被供奉在许村的总祠内。

过去到了每年农历的十二月二十四(一说是冬至抬上箬岭,春分抬至宗祠),金村人就要把汪公送上箬岭去过年。正月初一,茶坦人要把汪公接到村里来供奉。正月初二,正岭人要步行十五里到茶坦把汪公接到他们的村里供奉。正月初三,金村人要到五里外的正岭把汪公接到惇睦堂供奉。汪公菩萨进金村,村口第一户就要准备好新脸盆、新脸布为汪公洗脸,称为"开面"。"开面"以后,再将汪公轿换上新龙帐(即轿帘),楣为红色,上用黄丝线绣上"保障六州",帐楣两侧各垂一黄飘带,一书"五谷丰登",一书"六畜兴旺"。帐门为黄纱制成,用两红绸将帐门挽起,以免遮住汪公。为了保证每年制作新龙帐有资金来源,金村特设了半亩田的龙帐会,以田租收入作为制帐资金,这程式完成后,就有两人跑在前面,边打锣边喊:"家家户户接汪公喽!"后面轿帘就是五色彩上绣有龙、虎、狮等图案,鼓乐鞭炮,前呼后拥地将汪公请入惇睦堂,轿后是交叉撑着的"日月掌扇",轿前摆两排供桌(每排由四张八仙桌拼成),桌上的祭菜达一百多碗。山珍海味、干果水果、鸡鸭鱼肉、寿桃寿面、豆腐米馃等一应俱全,还有一碗年饭是必不可少的。年饭是大米加赤豆煮成,在碗中堆成山头状,并在上面插上柏枝、天竺叶,寄寓满福满寿,四季吉祥。当头还负责检查祭品,变质的祭菜或生虫的干果是不允许摆上供桌的。祭仪与社祭相当,起先是奏乐,礼生晋爵,宣读祭文,最后众人行跪拜礼。主祭宣读祭文后,村民们用香纸祭拜完汪公。接下来是"过昭关"。"昭关"设在轿的右前侧,它是两张八仙桌重叠而成。村中凡十一岁以下的孩童都要从桌底下爬过,是为"过昭关",过了"昭关"就意味着孩子这一年可以脱险祛邪,平安成长。轿的左前侧设一唱灯棚的台,供演员们白天演唱。

初三、初四两天,汪公在这里接受村民们的朝拜。晚上,还在祠堂前的广场上搭台唱两本大戏,曲目有《玉堂春》《狸猫换太子》等。

初六是环泉接汪公姑爷到老屋堂(环里门)供奉。为什么汪公又成为环泉的女婿呢?相传,有一年,环泉接汪公,当汪公菩萨经过一户人家时,这家的小女儿看到汪公后,就对姐姐(也有传为嫂嫂)说:我将来要是能嫁一个像汪公这么漂亮的男人就好了,姐姐就接了一句说:"那你就找一个长得像汪公一样的男人就是了。"没想到,姐姐这句话刚说完,她家的屋瓦就哗啦啦落了一地。当晚这个小女儿就得了重病。大家都觉得非常奇怪。人们联想到她白天说的话,以及屋瓦垮塌的怪象,都认为是汪公来娶她了。于是这户人家就请雕匠来家中雕一个像小女儿一样的人像来献给汪公,以解女儿之病。哪晓得,雕匠把女儿的模样雕到哪里,她的身体就死到哪里。最后,脸部的眼睛雕好,她就闭了眼仙逝了。人们想她一定是嫁给汪公,当六夫人去了。这样环泉就出了一位汪公夫人,汪公也就成了环泉的女婿。于是人们在老屋堂的西侧建了一个夫人庙,把雕好的如真人一般大小的夫人像供奉在那里。夫人庙坐南朝北,宽约6米,深约4米,歇山顶,门楣上方刻有"夫人庙"三字。头部发髻上横穿一发簪,圆胖脸,透着一股憨憨的福气。体态丰腴,平时身穿白粗布和尚结,过年换穿杏黄绣花袍。

初七汪公被送回金村供奉(另有一说是初七送回箬岭庙中),一直到正月十八和他的儿子一起看完花灯会后,再被送回箬岭。这段时间汪公每天都会受人朝拜。正月十二,金村人就要到太子阁来接太子菩萨上金村供奉。太子阁位于东升村,是一座三间一天井楼房,门楣上方刻有"太子阁"三字,今仍残存。有人说这里供奉的是汪公的三太子。

太子阁中的太子菩萨为木雕,呈坐姿,神龛为一交椅。菩萨头戴大夫帽(沿竖帽前,沿高帽低,中间横穿一发簪),双手交叉置于胸前,平时被供奉在太子阁的楼上。

正月十一,金村就要派一批人来到太子阁前,首先要把阁前一根宋代的银杏树的树丫给斫去;其次要细心地拣阁前场子上的小石子,并把石子扔到银杏树的树洞中去。这棵要四人才能合抱的大树,底部已烂出了一个能容一个小孩的大洞。相传洞中还住着一个邋遢相。谁扔得准,扔得多,谁就能把邋遢相给镇住,可保一年平安心想事成。所以被派来的人都十分卖力,把地上的石子拣得一个也不剩。其实这是为了保证第二天接神活动能够顺利进行。

正月十二清晨,惇睦堂的长老及首事要一起来为太子"开面"穿衣。菩萨衣为黑色,用金丝线在前襟绣团龙,两袖绣游龙。"开面"穿衣后,一礼生扛菩萨,一礼生扛交椅下楼。在楼下的堂上,先把轿杠绑好,再将太子菩萨安牢在椅上。一切准备妥当,敲锣打鼓,燃鞭放炮,热热闹闹把太子接到惇睦堂供奉,排场一如其父。其行走路线是从太子阁出发,经过前溪的墙院下,到塘头桥头,沿河上,经中间屋上大路,直到金村。因菩萨较小,轿子较轻,两人抬着相当轻松,所以抬太子菩萨必须是踩着鼓点,抖轿前行。远远望去,坐在轿上的太子菩萨就像一个调皮的孩子,伴随着乐曲在椅子上一起一伏地跳跃着,随行的众人中也有人随着节奏手舞足蹈,气氛是相当的活跃。当日还要将社公菩萨从金村的上升社请出,一起接到惇睦堂供奉。每天装香点烛,受人朝拜,直到正月十八看完花灯后,再被送回各自的庙宇。

新春接汪公都由金村人负责接送,除了初六环泉门老屋堂可以接来供奉一天之外,其他时间都被供奉在惇睦堂。剩下的东西十六门及外村信众则只能是到惇睦堂去上香祭拜,所以,过去每年的正月十二到正月十八,整个金村都是人来人往,热闹非凡。

三、接汪公安苗祛灾

汪公正月里被送回箬岭庙中以后,要到每年农历五月再被请回许村,人们称之为"接汪公菩萨"。这次之后就被供奉在总祠,直到十二月二十四再被送上箬岭。

五月"接汪公"的目的是护佑禾苗,俗称"安苗"。因为每到这个时节,水田开始插秧,请汪公来田间巡视一番,就能保证禾苗苗壮成长。这次还是由金村人负责,汪公菩萨被接来后,先在金村的田间绕行一周,其阵式是开锣、启事(即"肃静""回避"、龙虎牌)上前,汪公轿居中,后随细乐爆竹。绕行一周后,再被送到总祠供奉。有需要"安苗"的村落再到总祠来接请。历史上这一活动兴盛的时候东南西北乡都要来接请,最远的甚至要到绩溪的余川。因许村经茶坦到绩溪上庄仅九十里,所以,绩溪岭北的上庄、余川一带也有到许村来接汪公的习俗。

　　汪公为什么要供奉在许氏总祠呢？这里还有一段传说。原先汪公是被供奉在金村惇睦堂。有一年江南大旱，上丰人就将汪公接去求雨，结果上丰人如愿以偿，汪公所到之处，天即降大雨。如此灵验的善菩萨，一时名扬徽州，传遍江南。于是，汪公就被东村接，西村抢，汪公走到哪里，甘霖即降到哪里。就这样，许村的汪公菩萨就一直被传到了杭州。这么灵验的菩萨，杭州人当然想让他长期留在灵隐寺，于是杭州人就造了一百个与汪公一模一样的菩萨，将他们摆放在一起。心想即使你徽州人来认领，也未必能认出哪个是真的。时间就这样一天天地过去了，杭州人倒是越来越放心，而远在二百多里外的许村人却越来越着急了。因为眼看着十二月二十四就要到了，该准备送汪公上箬岭去过年了，可菩萨现在到底在哪里还不知道。正当许村人急得无可奈何之时，有一天夜里，汪公托梦给宗祠首事，说他在杭州的灵隐寺，有一百个一模一样的菩萨和他在一起，但他处在最里边的位置，脸上还有颗黑痣。第二天一大早，许氏宗祠即召集了一百多个后生，奔杭州而去。到了灵隐寺，果真有一百个一模一样的菩萨摆放在一起。大家就细心地寻找起来，可就是没有发现一个脸上有黑痣的菩萨。不过最里边的那个菩萨脸上倒是有一只苍蝇停在那里，赶也赶不走。首事这时恍然大悟，原来汪公是用这只苍蝇来提醒自己，这个菩萨才是他的真身。于是，许村人将他抬起来就走。杭州人的如意算盘打空了，但他们也很佩服，说徽州人了不起，居然能把真汪公给找出来，可他们并不知道这是汪公托梦的结果。

　　汪公菩萨被找回来后。为了保证今后不再发生类似的情况，许村五大房东西十八门于许氏总祠召开董事会，商议接汪公的规矩。最后议定：汪公菩萨自"安苗"之时起均供奉于总祠；今后凡接汪公菩萨一律要下"订书"，明确接送日期；"订书"一式两份，批明接送日子后，双方各执一份；五大房轮流当头，负责接"订书"、排行程，并将行程安排结果公示于总祠的水板之上；上一接请方无权将菩萨直接交于下一接请方，必须送回许村，再由下一接请方来接请；接汪公的时间不得超过三天，到了规定期限必须将汪公送回，风雨无阻。从此以后，接汪公善萨就纳入了许氏统宗祠的管理范畴。这个规矩一直延续到民国末年，许村最后管理统宗祠事务的是种福厅的许子华和许荫亭。每到遭灾的年份，东、南、北、西四乡都会到许村来接汪公菩萨去祛灾。

四、接汪公保禾苗程序

接请汪公保禾苗的时间一般在每年农历的四月底和五月初。接请的第一步就是要下订书,俗称"下书"。许荫亭的侄儿许世达至今还记得当年邻村来"下书"的情形:"下书"需两人前往,将黄表纸写就的订书呈上,言明事由。如果是保禾苗,一般都是写:"汪公大帝,保养禾苗;五谷丰登,大有丰年",或者是"汪公大帝,保养禾苗;五谷丰登,年丰岁稔",商定日子后,再由其伯父用朱笔直接将日期批明到订书上,双方各收一纸。然后,其伯父再将这份订书的主要内容写到水板上:"某村,某日接,某日送。"按先来后到的顺序将各村的接送日程公示于众。下订书有时要付定金,据一份可能是咸同年间的收支账上就记载有"支钱650文,定福"。如果逾期不送还,就会受到罚款的处罚。

"下书"后,就是接汪公了。到了规定的日期,所接村落就会派十人来许村迎接。其分工是四人抬轿,四人扶轿,两组轮换;另两人在轿前鸣锣开道。来者焚香纸祭拜后,方可将汪公接走。

到村以后,全村出动,双响爆竹迎接汪公的到来。先将汪公迎至村中的祠堂或社屋内,摆上供桌,桌上铺上红桌帷,或者红纸。然后在桌上点起三斤重的红烛一对,官香一炷,焚正对(香)一把,正古(水纸)一刀,锡箔二把(一千张)。并当场宰猪一头来祭祀汪公菩萨,以祈求汪公保养禾苗,五谷丰登。整个祭祀结束后,才由刀手将生猪肉等分给所有的入股者。其间,各户都要带上供品来祭拜,供品为素面一结、煎豆腐三块、猪肉三块、白米饭一碗、水酒一杯。上香三炷,焚纸码一卷。所谓的纸码是用两张水纸卷起三个锡箔元宝,并用一个红纸箍套在水纸卷起的圆筒中间而制成的。这就是俗话所说的"三个金银两张纸,祖宗菩萨都欢喜"。如果有人要还愿的话,再加上一对红蜡烛即可。

祭拜结束后,就是请汪公去巡视田地。如是发虫,先摘一束发虫稻穗或树枝插到汪公的手指间,然后将汪公请到受灾的山场田地去巡视。其阵式相当热闹:前为大锣大鼓打不停,中为汪公大轿,后是由几十人甚至几百人组成的爆竹队,每人手提一爆竹篮,篮内装满爆竹。汪公的大轿抬到哪里,爆竹就放到哪里,中间不能有丝毫的停歇,响亮的爆竹声震得地动山摇。发虫田地的四周都被浓浓的烟雾所笼罩,并充满着浓烈的硝磺味。据说这种方式很有效果,只要汪公行走到的地方,虫灾就会消除。更神奇的是,有一年,东山有户人家的桐子树发了虫灾,他个人出面请来汪公菩萨去祛虫,不久,他家树上的虫子就消失了。而与之仅上下坝之隔的另一片桐子树上则照样是虫灾肆虐。今天看来,在那个没有农药的时代,浓烈的硝磺味可能就是最好的杀虫剂。当汪公巡视回来后,村里人还要把汪公请进祠堂或社屋,摆上供品,焚香纸祭拜答谢。

五、接汪公活动的相关费用

较为隆重的接请仪式,不但在汪公巡视回来后要焚香跪拜,还要在汪公菩萨的左侧搭一低台来唱灯棚,以表达对汪公的谢意。咸同年间还将"渡孤"结合在一起进行。下面借一份手抄的记账单,来了解接汪公的概貌及其开支情况。

接汪公收支账

收小桃毛猪一口,六十七斤。余肉三斤半,共计洋十一元六角八分四厘。四月二十八日。

五月初八付钱五千二百零六十。总共计人丁227人。

支钱210文,正对一把。支钱90文,正古一刀。支钱240文,龙帐一付。支钱50文,彩市。支钱16文,红书一本。支钱12文,捧香二把。支钱10文,红纸五张。支钱136文,百边二挂。支钱56文,二两双(响)一仝。支钱104文,亥手福。支钱864文,红烛三斤。支钱300文,烧茶用。支钱7200文,四本灯朋。支钱20文,买红纸。支钱1000文,买双响、边炮。支钱420文,付驮旗、鼓具。支钱80文,腐干16块。支钱242文,定酒二斤,拆台收家伙。支钱40文,渡孤草鞋。支钱90文,渡孤水纸十刀。支钱70文,口尊(经)钱。支钱630文,渡孤正对三把。支钱12文,棒香。支钱130文,白米一升三仝。支钱20文,水腐十块。支钱40文,素菜。支钱20文,红烛。支钱16文,官香。共收丁口钱14360文,总共支钱12127文。除支净存钱2233文。[1]

---

[1]《许村志》编纂委员会:《许村志》(下册),黄山书社2015年版,第721页。

　　因这份材料的首页缺失,故其具体的年份已不可知。我们将之与另一本从光绪二十六年(1900)记到民国三十七年(1948)的《汪公会簿》上人名进行比较,发现该资料上的入股人员名单中仅有四人在光绪二十六年的《汪公会簿》的入股名单中出现,可见这两份资料之间相差的年份起码在三十年以上。该资料后还有一份"合村保人口清吉"账单。结合太平军于咸同年间在许村有四次进出的经历,据此推断,该资料可能属于咸同年间。

　　再将一份光绪二十六年五月的开支账与上面进行比较。

　　光绪二十六年五月

　　前溪合村全年迎接汪公大帝保养禾苗

　　计邀开列于左:

　　会员名单(略),共计68人。

　　光绪二十六年五月二十四日计开用账

　　宰本村张灶福猪一口计重八十五斤,计钱9044文。

　　支钱9文,官香、棒香。支钱48文,红烛三对。支钱60文,二两双一全,一百边(鞭)二卜。支钱140文,五百箔一把。支钱31文,水酒、剔破纸、红纸。支钱86文,上料纸、皮纸订簿。支钱120文,分肉刀手,共计钱9538文。

　　本年53股,每股出钱190文,共收10070文。除支净仍钱532文。又出抵串钱16文。[1]

　　从所记内容来看,两者的相同点有:都要祭会猪;都要使用香、烛、纸、箔,鞭炮;都有分肉刀手费,《接汪公收支账》中的"亥手福",即分肉刀手费。两者的区别有以下几方面:光绪二十六年的少了"渡孤"的内容,咸同年间祭祀用品多出了龙帐、彩市纸、红书。红书是指登记入股人员及收支情况的账册,因其写在红纸之上,故名"红书",正对(香),正古(水纸),与纸、箔同为祭拜用品;咸同年间除祭祀用品的支出外,还有许多杂项开支,如茶水费、灯棚费、驮旗费、鼓具费、收拾器用费;参与的人数也有很大的差别,咸同年间有227人入股,而光绪二十六年仅有会员68人,入股的只有53人。

　　[1]《许村志》编纂委员会:《许村志》(下册),黄山书社2015年版,第721—722页。

六、接汪公的其他活动

(一)渡孤

在接汪公的仪式中加有"渡孤",这应当是咸同年间最大的特色,《汪公会簿》所记的从光绪二十六年到民国三十七年这四十八年间却没有出现过"渡孤"。据老一辈人介绍,民国时期,许村的"渡孤"都是在每年农历的十月十五。十月十五的"渡孤"是否有从接汪公的祭仪中单独演化出来的可能?民国时期"渡孤"的基本程式是:先在三盆路口处,按坐北朝南方向摆上一张供桌。将一只草鞋挂在供桌的桌档上,桌上摆香炉烛台。桌上的供品是水豆腐一方(四块)、米馃三个、猪肉三块、饭一盆(用三升三合米煮),上插柏枝和天竺叶,请道士来念经,焚纸箔草鞋,超度孤魂野鬼。将米饭撒向四方后,将其他供品作为礼金送与道士。咸同年间所记载的物品有:草鞋、水纸、口尊钱、正对、棒香、白米、水腐、素菜、红烛、官香。从上面记载的"渡孤"所需的供品来看,与民国时期基本是一致的。略有不同的是,民国时期用猪肉,而咸同年间是用素菜;民国时期以供品作为道士的礼金,而咸同年间是给口尊钱作为报酬。

从诸多的不同点中,我们可以发现咸同年间的祭仪要隆重得多,不仅要"渡孤",而且还要唱四本灯棚。光绪二十六年的则要简约得多,除了应有的祭品以外,几乎没有杂项开支。所以两者的支出相差也很大。咸同年间不包括"会猪"的支出为12127文,再加上"会猪"洋11.684元,按1:1500折钱,两项总计为29653文。而光绪二十六年的总支出为9538文,两者相差20115文。造成这么大差距的主要原因是多出以下几项支出:"会猪"的支出比光绪二十六年多8482文,四本灯棚多7200文,"渡孤"多1068文,鞭炮多100文,其他杂项总共多2365文。

(二)求雨

求雨保苗仪式一般是在每年的六七月间举行,其程式与保养禾苗大体相同,最大的区别是求雨时不祭活猪。我们也可以通过比较咸同年间与光绪二十六年的账目来了解它们的异同。

咸同年间的记为:"六月廿九日接汪公大帝。支钱140文,汪公神衣。支钱190文买棉衣棉鞋。支钱150文,买拜汉(盒)。支钱1743文,正对八把。"[1]光绪二十六年的记为:"七月初六日迎接二回。汪公大帝保养禾苗开支。支钱17文,索香一子,抚红四张。支线52文,足雨烛二对,拜烛四对。支钱30文,破纸(锡箔)三刀。支钱42文,边炮三卜。支钱36文,二两双一仝。支钱10文,黄旗两面。支钱26文,油腐水酒。支钱35文,五百箔二把二方。共支钱548文,比讫。交下首胡仲黄、何五富、吴廷陆、□□□、何恒高、□□□。"[2]

除了都不祭"会猪"以外,其他方面的差别还是较大。咸同年间除了正对八把、礼盒一个以外,其他则都是送给汪公整套的衣服,而且特别指出是"棉衣棉鞋",这显然是为汪公过冬而准备的。五月份的那次则没有服装的支出。当然这些衣物都是纸制的,最后通过焚烧的方式送给汪公。而光绪二十六年的则没有衣物的记载。光绪二十六年五、七两个月所用的祭品大体相同,都是以香烛纸箔及鞭炮为主。不同的是七月的祭品多出"足雨烛二对""黄旗两面"及油煎豆腐。足雨烛、黄旗及油煎豆腐这三大件,从光绪年间以来一直是求雨的必供品。尤其是三角形的黄旗,一面画着龙,一面写着"风顺雨足"四字,它是求雨的标志。

除求雨外,久雨不晴,则要祈晴。遇到严重的旱灾或水灾,地方首长要亲自祈求。《汪氏通宗谱》(乾隆四十年刻本)中详细记载了各类祈、谢文。

(三)保人口清吉

汪公除了保五谷外,还保人丁,保六畜。每当发生鸡、猪、牛瘟,甚至是人瘟(流行病发作)的时候,人们也要请汪公去祛病消灾。其程式大致相当。下面引用的这份咸同年间的《合村保人口清吉》账目,从账目中的"支钱650文,定福"来看,当时请汪公保人口非常盛行,因为一般许村人接请汪公是不用付定金的。从光绪二十六年到民国三十七年这四十八年中,前溪村每年接两次,总共接九十六次,但却没有一次付定金的记录,并且同一账本上的另两次保禾苗的账目中也没有定金这一项。这里将这份支用账目单开列如下:

[1]《许村志》编纂委员会:《许村志》下册,黄山书社2015年版,第722页。
[2]《许村志》编纂委员会:《许村志》下册,黄山书社2015年版,第722页。

合村保人口清吉

总共丁口227名,每丁出钱60文,共收13620文。

支钱□□□□,香纸箔。支钱350文,龙头帐一付。支钱220文,正对一把。支钱100文,汪公衣。支钱200文,烧茶。支钱287文,正对□□。支钱100文,正古。支钱53文,坛香、棒香、官香。支钱50文,素表一刀。支钱100文,冥衣冥鞋一付。支钱40文,草鞋一付。支钱40文,白煎豆腐。支钱100文,白米。支钱10文,水酒。支钱70文,口经。支钱650文,定福。净支无存。[1]

把它与前面保禾、求雨的支用账目情况作比较,就会发现,祭拜的大部分用品都是相同的。焚烧的有香、纸、箔、正对、正古、汪公衣。供品有煎豆腐、白米饭、水酒。从"支钱70文,口经"来看,它与《接汪公收支账》中的"支钱70文,口尊钱"是同一项开支,属于请道士来念经的支出。这里面最大的不同点是保人口除了用到了"龙头帐"和"汪公衣"以外,还有"冥衣冥鞋一付""草鞋一付"。这两件东西到底是送给汪公还是要给其他神灵,从上面账目所列的开支来看已不得而知了,除有缺失的一项外,其他的总支出为2370文。就算香纸箔的开支为1000文,其总支出也只有3360文,明显与总收入13620文有很大差距,面账尾却记着"净支无存",这里存在"会猪"的账没有记录的可能。

(四)汪公会

各村时常都要接汪公菩萨,而许村占地利之便,几乎每年都要接汪公,且为一年两次。为了便于管理,各村都设有汪公会,会员可自由出入。汪公会的管理也是采用轮首制,每年一轮。下面以前溪村的汪公会为例,对汪公会的情况作些简介。前溪村汪公会的成员全由本村村民组成,其姓氏构成主要有吴、何、胡、陈、许、张。咸同年间成员达227人,至民国三十七年仍有成员36人。

因咸同年间的资料是个残本,所以《合村保人口清吉》中的数据是不完全统计。原簿中没有反映出名姓人等的职业身份,但这里面大多数是农民,且入股的情况也要视所耕种的田地是不是在这个村的范围之内。许姓在这个

---

[1]《许村志》编纂委员会:《许村志》(下册),黄山书社2015年版,723—724页。

村有两个支祠,一为塘头门,一为会川,但参与的人数不是很多。尤其是咸同年间的那次,从人数上来看,应当是全村大多数都入股参与了。因为男丁的人数达227人,再按1:1的比例,把女性也算在内,全村人口总数约为500人。歙县档案馆有一份1949年的人口统计,当时称为金溪村,它包括金村和前溪村,人口总数为541人。1997年前溪村共计136户,409人。其中许姓149人,占36.4%;吴姓95人,占23.2%。推测咸同年间前溪村的人口规模与20世纪90年代大致相当。另据乾隆到咸丰年间的花灯会的姓氏统计,当时许姓每年都有7户参与花灯会,占33.3%,这与1997年统计所占的比例大体相当。而咸同年间的汪公会许姓仅一户参与,仅占0.44%。其他姓氏中以吴、何、胡、陈、张五姓为主,尤其是吴姓,这一时期占有绝对的优势。从统计的数据来看,吴姓一姓即占到总数的30.8%;其次是何姓,占9.3%;再次是胡姓,占7.9%;许姓仅占6.6%。这显然不合情理。能作出合理解释的是在一个以许姓为主的村落,许姓有自己的祠堂来组织这类的活动,所以很多人就没有参与到村落组织的这类活动中来。

轮首制是民间会社最常见的管理制度。前溪村汪公会也是采用轮首制,每年一轮,一年由六人当首。当首是以抽签的方式产生的。《汪公大帝会序》中这样记道:"于正月十八日午时前焚香告祝,拈阄以订下年为首任事,又订祭品仪则,各名列清。"例如,光绪二十七年(1901)的轮首名单为:吴集祥、吴灶秋、鲍冬苟、吴有盛、张金元。民国十八年(1929)的轮首名单是:程金发、何招林、吴治寿、吴遂发、何玉松、胡三和。这样安排是为了尽量保障会务安排上的合理性,这就从制度上保证了会社的健康发展,有效地防止了流弊的产生。

除了制度的保障之外,过去的会社还常用神力来对轮首者进行约束。《汪公大帝会序》规定:"但会项账目当香案前眼同公算。俱凡清澈,送神归殿。"汪公会上记录财务收支的红书要和供品一起摆放在汪公菩萨的面前。这既是将账目公之于众,又是让神来鉴别当头者是否存在营私舞弊的现象。这就从心理和道德上给当首者以约束,以保证财务上的公开与透明。

《汪公会簿》主要是记录会社收支的一本账册。其基本内容分成七部分:成员名册;首次支出明细账;首次结算;每股摊派金额;二次接汪公支出账;二次结算,移交给下首;开列下首名单。

首次支出明细账又包括以下内容:迎接汪公的日期和事由,如光绪二十八年(1902)的就记为:"光绪廿八年五月十五日,迎接汪公大帝保养禾苗";宰"会猪"的支出,因此项为汪公会最大的支出,所以每年都将之列为支出的第一项,光绪二十七年的就记为:"收何土连猪一口,计重六十五斤半,按九五折算为六十二斤二两五,计钱六千四百七十四文";其他小项支出及小项总额,每年基本上都是七项支出,前已列出。汪公会每年都是以支出来摊派股金。每年的第一次接汪公的支出账目明确以后,第二次的支出也基本上就固定了。所以,第一次接汪公结束后,可以根据首次支出的情况来摊派股金。光绪二十八年的就记为:"共廿五股,每股出钱一百三十六文。仍熟肉六斤二两,作钱五十文,共收钱七千九百三十八文。除支净,仍钱五百四十六文。二次开支。"

七、送汪公菩萨

当人们为保禾苗、求雨、保人口而接汪公的仪式结束之后,接下来的就是送汪公了。接汪公很简单,两面锣八个人即可,可送汪公则很讲排场。各村都会倾其所有,组织最浩荡的送行队伍,把村中最好的仪仗队,最精彩的节目拿出来,一路吹吹打打,前呼后拥地把汪公送回许村。在送回之前,各村必须要准备一副新龙帐,挂到汪公轿上。红色帐上可根据所求的情况写上"五谷丰登""六畜兴旺""屏翰六州"等。

其送行阵式大致是这样的:(1)由五色彩绸(或布或纸,视村财力而定)编成丝缨,挂在两米高的竹竿上,作为长钱(与过年的铜钱状的长钱不同)引路。(2)"开锣启事",即前有人鸣锣开道,后跟"肃静""回避"虎头牌。(3)为五色狮虎旗、蜈蚣幡、三角旗和各色大彩方旗。(4)珠灯、地戏及各村的特色方阵。比如,祁家巷是全新锡头红漆柄的十八般兵器。东乡溪头是全新的纱马旱船,还有六本地戏。凤凰是抬阁。(5)背锣抬鼓,背锣的竹弓上还要插上一面小黄旗。(6)汪公轿前是四个童男执提炉(提炉是一红漆柄前端用一链挂锡制香炉,内燃檀香),四个童女执拂尘。(7)汪公菩萨大轿,轿后为两把"日月掌扇",再跟笙、箫、管、笛等细乐队。(8)最后是火铳、地炮、爆竹队分为前中后三部分,穿插在队伍当中。大的村落有几百人参与送行,队伍绵延数百米。

当外村送行的队伍走到许村村口的世德桥时,就要敲锣打鼓放鞭炮。许村人听到锣鼓鞭炮声时,就要跑到世德桥去迎接。谁第一个接到,引路长钱就归谁所有,请回家中就可以"隔钱"(即避邪)。接到后,大家又随着送神大队一起当街而上。到种福厅前的空坦上,如有村民要求,地戏跑马还要略作表演,然后直到高阳桥西头的天灯下(即今高阳街出口处)。到天灯下,又有两件事要做:一是轿调头,一是抢龙帐。到天灯下,大轿必须调头,让菩萨的脸朝外,倒着将汪公冲入总祠。当听到"掉头"的号令时,人们就可以去抢汪公轿上的那副龙帐了,谁先抢到就归谁。这副龙帐本应归当头所有,在这种情况下,当头也无法控制局面,只好听之任之。可是这样往往会把龙帐撕得七零八落。后来,就规定由当头来分配。需要者事先登记,再由当头视情况而定,家遭灾难者、小孩避邪者优先。传说用这样的龙帐给小孩制件衣服,或挂在家中,就能起到祛灾避邪的作用。当龙帐的归属确定以后,就是冲轿了。大家扶轿的扶轿,抬轿杠的抬轿杠,只要有机会插上一只手,都要尽力插上一只手。从天灯下到总祠内有近一百米的距离,中间还有两道台阶,一道门槛。在人多手杂的情况下,要一口气飞快地将菩萨冲入祠堂,且不能发生轿子倾翻的意外,也不是一件容易的事。首事一声令下,鼓乐齐鸣,喧天的锣鼓,夹杂着人们的呐喊声,欢呼声,大家一气呵成将大轿冲入祠堂。

当轿子停稳之后,接汪公的一方再次到菩萨轿前焚香叩谢,整个过程至此结束。

许村大刀灯

嬉大刀灯是歙县北部许村镇最具特色的民俗活动——许村花灯会的内容之一,何时兴起已无从考证,但从清同治初年重兴并加入正月祭祀活动以来,流传至今。许村镇金村许姓是许村"十八门派"之一,对许村花灯会的描述,村子里传诵着这样一段民谚:"金村刀,湾里龙,塘头花,六份虫。"历史上金村大刀灯的地位可见一斑。

一、许村源流

许村,南朝梁之前为富资里,梁天监年间,因新安太守任昉隐居于此更名昉溪、任公村。程尚宽在《新安名族志》前卷介绍,任昉"出守新安,尝行春,爱富资山水之胜,遂家焉,后名其居曰昉村、昉溪"[1]。其为官清廉、喜好结交、乐于济贫,留下千古流传的美名,为纪念他,当地的山川、地名、建筑都以他的名字命名,《富昇大社碑记》载:"太守讳昉,字彦昇,故社稷以'富昇'名,亦犹寺曰'任公',川曰'任公',钓矶曰'任公'。"唐末许姓徙居于此,最初有杨、

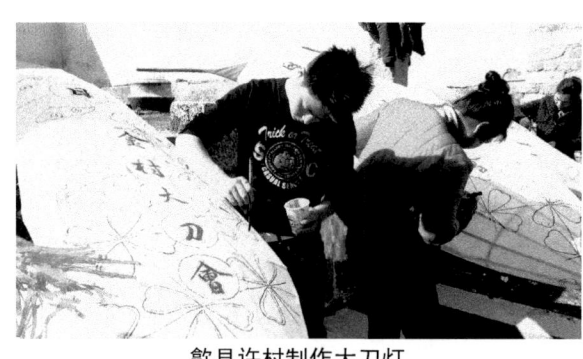

歙县许村制作大刀灯

汪、颜、詹、任、石等姓杂居一处,后因"许氏日盛",遂反客为主,改名"许村"。从宋经元到明初,徽州社会、经济、文化稳定发展,许村顺势而起,文风昌盛,代有官宦,多素封之家,村中保留至今的标志性建筑几乎都由处于这一时期的当地富商资助而建。北宋时期,为抗击金兵入侵,富商许克复捐助边饷,宋钦宗赐名"大宅世家","大宅门"因此得名。清代编订的《许氏东支敦

---

[1][明]戴廷明、程尚宽等撰,朱万曙等校点,余国庆审订:《新安名族志》,黄山书社2004年版,第254页。

本堂谱·许村山川形势说》载:"故以烟村十里,甲第联翩。王季唐、宋、元、明及国朝(清),家声无替,族望新安。"许氏宗谱《序言》也提道:"徽州六邑,而称富庶,歙之最。歙之名乡虑数十,昉溪为最。"许村的繁华与箬岭古道有着密切的联系。明弘治《徽州府志》记载,箬岭在徽州府歙"县北八十里,黄山之东,上多箬竹,唐越国公汪华在隋末起兵时,开其路达太平县,今为通衢"。许村凭着这条连接徽州府和安庆府的重要驿道成为歙北要塞,重要的物资转运集散地。

许村的宗谱将周朝的诸侯国许国之首任国君许文叔作为许氏始祖,以唐右相许敬宗"高阳"郡望为堂号,奉浙江海宁盐官人、唐睢阳太守许远为正宗。以许儒为一世祖,今已传四十六世。"朱梁则许儒,义不肯仕,入于江南,终身不出。"[1]许儒为睢阳太守许远五世孙,自雍州迁居黄墩,生四子知柔、知稠、知善、知节,分别卜居饶州乐平洛口、歙北昉源、休宁董源、婺源杨村。自南宋九世祖宾公起,许氏分为东西两支:长子理公为东支始祖,居东升村;次子璙公为西支始祖,居环泉村。以后不断分支,明初许氏东支分出六份,俗称"大六份",后世即以"六份"泛指东支。至中华人民共和国成立前,许村东支六份分出十门(邦伯门、邦伯门上下二分、墙里门、邦宪门、郡伯门、塘头门、瓦窑门、东山门、上门、四义祠),西支三份分出十门(环里门、金川门、大宅门、上田门、西沙堤门、青山门、泉泽门、东沙堤门、大公门、环里东门),总称二十门。因以环泉为中心,析成金村、河前、东升、前溪、高阳、楼下、古山下、青山头、东沙塍、西沙塍等11个自然村,沿溪呈带状分布十余里,又称"十里许"。

二、大刀灯历史渊源

"徽州春节的高潮继除夕和正月初一之后,是元宵节即上元节前后的灯会和游烛活动。"[2]和徽州的其他村落一样,许村在元宵节也会举办灯会,而大刀灯却只有许村有。关于大刀灯的起源,民间有不同的版本,流传最广的有三种。

第一种说法是为了纪念许村先祖,唐代的忠义公许远。"对双忠的信仰与

[1][明]张涛、谢陞撰,张艳红、王径一点校,张艳红注释,胡武林审定:明万历《歙志》,黄山书社2013年版,第87页。

[2]卞利:《徽州民俗》,安徽人民出版社2005年版,第204—205页。

崇拜,在徽州既是对战神等英雄的信仰与崇拜,也是张姓和许姓的祖先神灵崇拜。"[1]据《旧唐书·忠义传》记载,许远智勇双全,精通兵法,并自创了一套"许家刀法",刀握手中,便虎虎生威,出神入化。安史之乱爆发,许多节度使和太守非降即逃,时任睢阳太守的许远,在安禄山、史思明23万叛军压境的危急关头,与援军主帅张巡一道,同心协力,誓死守城。许远凭着令叛军闻之胆寒的超群刀法,义无反顾,冲锋陷阵,只身杀敌千余人,终因粮绝援断,以身殉国。许儒南迁,许氏定居许村,繁衍生息,家族日渐兴旺。为缅怀忠烈,教育后人,继承"许家刀法"神韵,许氏后人遂定下每年的正月十五为忠义公许远的纪念日。当天晚上,许氏所有宗祠得派出一支舞刀队,擎着两丈高的大刀,走上十里长街,来回舞个通宵。

第二种说法是古时有一种怪兽名叫长脚鹿,常于夜晚坐在许村大街小巷拐弯处的屋顶上,身材高大、双脚垂墙,可以将脖子伸过马头墙吓唬行人,村中百姓惶惶不可终日。有一晚,一对新人住在临街二楼,新娘子将一盆水向外倒出时,惊动了长脚鹿,它把头从小窗户伸进去,将一对新人活活吓死。村里的人忍无可忍,决定要想尽办法除去这个怪兽。有人想到定制一把能超过马头墙高度的加长大刀,只要长脚鹿一伸头就能将它的头砍去。此后,长脚鹿再也不敢出来害人了。于是,许村人就在每年的正月十五舞大刀,并将大刀灯与传统的龙灯、长钱灯、花灯、伞灯、旱船、秋千等活动组合起来,以此震慑长脚鹿,确保一年平安。只是到了太平天国时期,许村遭受战乱,只有种福厅(郡伯门)派尚能坚持年年嬉刀,故而同治年间重兴刀会,尊种福厅的大刀为"天王刀"。

第三种说法是清道光年间,升溪发大水,将河前的古富昇大社冲毁了,挂于社屋中的大刀被冲入溪中,漂到种福厅才被人捞起。因富昇大社是许村的祖社,社之刀当然是祖刀。后因古富昇大社没有重建,村人为褒奖种福厅人打捞祖刀之功,众议将此刀归种福厅保管,并尊奉为"天王刀"。

三、嬉大刀灯活动流程

徽州人举办灯会的目的是娱神,会期的安排往往和对社神、汪公及其儿

---

[1] 卞利:《徽州民俗》,安徽人民出版社2005年版,第234页。

子的祭祀活动结合在一起。乾隆《歙县志》载:"元夕并前后二日为灯节,乡落游烛龙于社,为汪越国公寿,亦有燃蜡百斤为巨烛,以奉程忠壮公者。"著名民俗学家钟敬文说:"敬神还须娱神,娱神也是自娱。敬神的活动既包括虔诚、严肃的祭拜,还包括轻松、活泼的民间杂艺。"[1]许村正月社祭活动历期五天:正月十三烧福(祈祷社神新年赐福百姓),正月十四素祭(用素食祭祀社神),

正月十五请神(请汪公和其子下神龛),正月十五夜游烛(花灯会),正月十六游神("菩萨出行"),正月十七还福。许村花灯会是正月社祭活动的重要组成部分,大刀灯因其别具一格的大刀形花灯和舞刀时的壮观而出名,也是每年正月社祭活动的高潮,一般在正月十五、十六夜举行。

歙县许村大刀灯表演

从正月十二起,各祠各户就开始着手筹备扎灯、清道(对嬉大刀有影响的沿途枝丫要提前砍掉)、人员分工等前期准备工作。许村花灯会所嬉的花灯品种有十三种之多:大刀、小刀、排灯龙、花、明角灯、长钱、天星灯、荷花、鲤鱼、三尾鱼(金鱼)、元宝定、扁福、饼锭。除了长钱、大刀、花灯等必不可少外,其他灯品并不是每年都有,要视具体情况而定。其中,大刀灯有大、中、小三种:大号刀长二十四尺,内点四十八支蜡烛;中号刀长十八尺,内点三十六支蜡烛;小号十四或十二尺,内点二十四支蜡烛。最大的刀有两把,分属楼下的大宅门和山下坦的东山门。最多的当属金村的金川门,有大、中、小十三把,号称"十三太保"。《徽州大姓》中描述说:"刀用整根大毛竹破开轧制而成,以特制棉纸糊面,彩绘各种图案,内点蜡烛数十支,走街串巷,灯火通明,声威万种。"

许村上下十里,大小刀会、龙会、灯会共十八个,各会出灯的品种、数量各不相同,但出灯的顺序有严格的规定。周边小村为了有时间去看许村的灯会,便把本村的灯会时间提前。古山下就安排在正月十二、十三两夜,东西沙则在正月十四、十五两夜进行。许村五大方即北方的金村、南方的沙塍、东方

---

[1] 钟敬文主编:《民俗学概论》(第二版),高等教育出版社2010年版,第99页。

的东升、西方的环泉、中央的高阳，经公议后，对出烛作出统一规定。环泉村是许氏东西二支的发祥地，故先出头烛，然后按村落由上而下依次是金村、塘头（前溪）、东支六份，最后是大宅门。

正月十五黄昏，锣响三遍，环泉村出头烛，随后，金村、塘头出烛，东支六份都到东支的官厅（邦伯门）集中，等天王刀到位，活动才能正式开始。打头的是旗锣方阵。由村中两位德高望重、夫妻双全、子孙满堂的长者，身着青布衣，敲着开山鼓在前面引路，十多面清道旗、三角龙旗、大彩旗紧随其后；其次是长钱方阵。三个后生撑着长钱灯，顶上挂着柏枝、天竺叶，寓意"四季常青"；而后是花灯方阵。各户自己准备的大花灯、小花灯参与其中，有荷花、桃花等花形，有石榴、南瓜等果形，有牛、羊等动物形，还有宫灯等；第四个出场的是大刀方阵。大刀方阵是队伍中最有气势的，天王刀为首，金村刀殿后，各家各门的刀置于中间，以各个门派为代表的子方阵都在两竿高灯上写着门第名号作为标志。领头的是种福厅的天王刀方阵，四人背锣边走边打，开道鸣示（锣直径在70厘米左右，背锣人腰间绑上一根竹弓）；其次是两竿方形高灯，灯上写着"大郡伯第"四个大字。东山门和大宅门的刀最大，金村的刀最多。紧随其后的是伞灯方阵和舞蹈方阵。在排龙灯方阵出场前，要举行一个请龙头仪式，以猪首三牲，点官香一炷，焚锡纸，洒酒祭龙头，龙头起身放鞭炮一挂。压轴的是种福厅的双排亮轿，六菱形的轿身通高近3米，直径达2米，造型宏阔，雕刻精美。

花灯队从官厅出发，沿街下，穿五马坊、大观亭、双寿承恩坊、高阳桥，到总祠前的广场上擂鼓，放爆竹，盘龙，表演节目。然后再到善德桥，到大小庙前略作表演后，从楼下街而上依次到土地庙、果木桥、东升大社，演大刀结束。这一过程结束，已是半夜三更。

一路上，最精彩的就是大刀方阵经过五马坊、大观亭、高阳桥舞大刀的时刻，这三者不在一条直线上，既考验舞刀者的水平，也是各门派展现技艺的好场所。舞大刀是个既讲人数又讲技巧的力气活。不仅大刀刀身太高太重，难以掌控，一把大刀要十人伺候，一组五人，两组轮换，两人扛柢，两人撑杆，一人拉纤索。而且整个过程要快捷迅速，需要多人动作协调一致，不然稍有不慎，蜡烛就会燃着纸糊的灯面。一声"放刀"，五位撑刀者必须干脆利落地把刀放平，然后迅速抬刀穿过五马坊、大观亭、高阳桥。旁观者们都屏住呼吸，看各高手尽显风采，一刀过关，喝彩不断。行至东升大社（东十门的总社屋）前的麦田，大刀又要嬉起来，撑柢的两人必须用力将刀柄按牢在地，撑竿的两人将刀放平，然后迅速以刀柢为圆心，在麦田中顺画三圈反画三圈，将刀竖起。倘若此时真的把刀烧着了，大家也会以"烧发、烧发"来自解。

除此之外，花灯会上还有地戏、杂耍、打秋千等文艺表演参与其中。正月十六照常再嬉一夜。

许村各门派对花灯会非常重视，这不仅是一项娱乐活动，也是各门派人力、物力、财力的展示，更是对新年的一份祈祷。

四、现状与思考

许村大刀灯因"威武、壮观、神奇、惊险"的特点在歙县众多民俗活动中独树一帜、影响深远。"民国三十五年（1946）正月十五为庆祝抗战胜利，村中扎起了彩牌楼，全村进行了最齐备的演出。那次演出也成了绝响。1962年又恢复过一次，至此，传统民间意义上的花灯会彻底退出历史舞台。"[1]1979年、1986年和2006年，许村的大刀灯作为民俗特色节目，由政府出面组织演出，2014年、2015年连续两年金村村民集资自发组织了大刀灯。在一定程度上，许村大刀灯得到了恢复，但从意义和规模而言都已不能同日而语。

半个多世纪以来，因历史原因，一些民俗活动逐渐退出历史舞台，致使先后有两代人或多或少地失去对传统文化记忆的传承。近年来，随着非物质文化遗产保护工作在全国的开展，政府扶持力度的加大，村民自觉意识的增强，各类民俗活动渐渐呈现复苏的态势，但如何使当地民众"想得起、说得清、记得住"这些属于自己的民俗活动，仍然值得进一步探索。我国著名的民俗学家乌丙安先生对民俗文化遗产进行文化修复和维护提出了五个目标，其中"文化素材传承出现了丢失或遗忘，必须积极寻找原有的元素和可复原的种种素材""文化萎缩造成的知识缺失，必须导入相关的认知"和"文化替代造成的不协调、不适应或错位，应当作出合理的复原、调整或选择"[2]这三个目标对于许村大刀灯的恢复具有指导意义。在停止了几十年后，大刀灯逐渐丧失

---

[1] 许骥：《徽州传统村落社会——许村》，复旦大学出版社2013年版，第452页。
[2] 乌丙安：《民俗文化遗产亟待修复与维护》，《中国文化报》2014年11月7日。

了其生存的文化生态环境,政府或者有关部门要开展挖掘采录工作,运用所有调查研究的方法和技术手段,尊重民间老艺人的记忆、知识和技能,尽可能地从他们那里采集大刀灯所蕴含的独具特色的文化细节,汇聚所有原真性的文化素材,再现民俗遗产清晰的整体形态。更要尊重历史,摒弃主观臆断的改造、创新,合理地修复民俗。原先在轧制大刀时,刀两面的主体内容以《三国演义》里的英雄人物为主,也有钟馗、天官、寿星等,刀鼻处两面写着"风调雨顺""国泰民安"等祈祷语,但如今为了增添氛围却变成了关公等耳熟能详的人物,虽然众人皆知了,但却背离了活动的原有初衷。

非物质文化遗产的产生、发展是一个漫长的过程,一旦消亡就很难重现,尤其是民俗类项目。民族民俗文化所承载的社会教育功能是使人惊异的,它对于一个族群的凝聚力甚至生存都有至关重要的影响[1]。"努力修复传统文化的传承机制、传播机制,让文化生态整体保护与非物质文化遗产的'活态'保护相结合,逐渐从各式各样不定期的非遗活态展演或定点博览,陆陆续续都能够达到自然而然地回归民间,融入既传统又现代化的日常生活,这才是真正救活了遗产,给予他们以新的生命。"[2]而这也是许村大刀灯重获新生的最终目标。

---

[1] 董晓萍:《用民族民俗文化教育民众》,《中国社会科学报》2014年12月5日。
[2] 乌丙安:《民俗文化遗产亟待修复与维护》,《中国文化报》2014年11月7日。

璜蔚村唱徽戏

在歙县璜田乡的一座古戏台上，一群平均年龄70岁的戏剧爱好者连演八场徽戏。从乾隆年间建立徐新春班起，璜蔚村的徽剧断断续续却从未停止，一直传唱至今，从当初的组班社到如今民间自发组建业余剧团，璜蔚人血液里爱唱戏的因子始终未变。都说徽剧是京剧之母，却很少有人懂得徽戏在璜蔚人心中的分量……

一、璜蔚徽戏情未了

璜蔚旧时隶属街源，与浙江淳安、遂安交界，离街口水陆码头只有30里。早在唐高宗总章年间就有燕氏、李氏、苏氏等先人在这片土地上繁衍生息。南宋绍兴十四年（1144）璜田胡氏迁入，此后有程、毕诸姓迁入，明代时这里已有多个姓氏，今以胡氏为盛。明清时期，璜蔚成为街源及浙江淳安县的鸠坑源、遂安县的郭村等上百个村落的集市贸易中心。上海正记茶行、天津正兴德茶行等茶商在璜蔚常年设点收购茶叶和加工茶叶。茶行收购茶叶的伙计走遍街源大小山村，从深渡一直到淳安，璜蔚成了"江南第一茶市"。当时，皖浙来往人员甚多，尤其在茶市，以及做斋、做会活动时，两边的街道人山人海，故称璜蔚为街源"小屯溪"。民间有关璜蔚口来历的故事也从侧面印证了璜蔚昔日的辉煌。传说原先璜蔚口筹建时，大源是璜田、长陔、长标、王村等地进出街口过河的必经之路，来璜蔚收购茶叶的人成千上万，货物运载量大，为解决过河难的问题，人们通过政府拨付、外地商贩赞助、本地村民出资的方式筹措资金造桥。桥造好命名时，都出资了的长标人、璜田人、璜蔚人争执不休，为此上诉衙门。璜蔚人认为璜蔚口系街川出水之口，并有胡氏居里图为证，府衙审官随即判定为"璜蔚口"。繁盛的经济态势，为戏曲班社的生存提供了土壤。

都说街源是"戏窝"，璜蔚与戏曲的渊源也由来已久。在元朝时璜蔚村就有"苏氏（万六）曾写过不少杂剧"，明宣德十年（1435），毕尚忠就"好戏文曲破"，"所编《七国志》并《红笺记》，梨园弟子广为传之"。朱万曙这样描述街源一带与徽戏的关系："随着徽调在徽州的传播，艺人队伍里逐渐出现了徽州人。特别是在咸丰前后，歙县街源的一批艺人传承了徽调。"[1]刁均宁在《安徽徽班派系之探索》中这样说："徽州徽班中期艺人已转为来自歙县街口为主。"徽戏"早期艺人，大多来自石牌，或组织以石牌艺人为主角的班社"。从徽州流出，又由安庆艺人将徽调带到徽州，继而徽州的艺人（特别是歙县街源的艺人）将其传承下来，其时间跨度从道光年间一直到民国中期。歙县人、戏曲理论家潘之恒曾在《舞媚娘传》中言，明万历二十八年（1600），在徽州府举行的一次迎春赛会上，搭了三十六座戏台，十五岁张姓姑娘（艺名舞媚娘）夺魁，"腰纤姿媚多妖艳，字正腔圆声遏云"。由此可见，此时的徽班已从"征丽于吴"转向培养本土演员。早期的徽州人"学而优则仕"的观念根深蒂固，对于倡优乐户持有偏见，直到明后期，资本主义萌芽，戏曲领域思想逐步解放，出现了"诸生诵法孔子，所在有祠；佛老氏弟子各有其祠。清源师号为得道，弟子盈天下，不减二氏，而无祠者，岂非非乐之徒，以其道为戏相诟病耶"[2]，阐述了戏曲与受人尊敬的儒释道有着同样的社会意义的观点，戏曲逐步繁荣。至清代，徽班中陆续加入了徽州艺伶，自当班主或兼当演员屡见不鲜。

徽戏在徽州民间的盛行，且数百年长盛不衰，这不是偶然。早在明代或是更早些时候，"徽人最喜搭台唱戏"就已成为大家的共识。嘉靖中叶，徽州形成了比较严密的统宗睦族的宗法制度：重祠祭，重血统，重修谱，重门第尊卑。重祠祭又派生出结社赛会之风气，民间戏剧被列入社戏，成为普遍的神酬社会活动的重要组成部分。潘之恒曾对徽州府的一场"迎春赛会"赞叹道："从来迎春之盛，海内无匹，即新安亦仅见也。"

旧时，街源各村落的大家族，一般都要建宗祠、祠庙，每年根据不同宗祠和村落的习俗择日开展作斋等民俗活动，或请道士做道场、法事，或是请戏班唱上三天三夜抑或是七天七夜的戏。此时的戏多为以鼓腔锣鼓帮人腔，烘托气氛。璜蔚胡氏开展宗祠活动，本祠人丁参与，举办保安庙会、菩萨换衣等民俗活动时，各姓一起参加。徽州村落主姓一般都排斥外姓，而璜蔚胡氏主姓从不排斥外姓。

---

[1] 朱万曙：《徽州戏曲》，安徽人民出版社2005年版，第191页。

[2] 汤显祖：《汤显祖集》（二），上海人民出版社1973年版，第1128页。

璜蔚因庙宇多,民俗活动形式多样。胡氏为使各庙会的活动不冲突而有序进行,成立了义合大社,辖有八个庙会。璜蔚村十年一轮的做斋、做会、菩萨换衣和每年四月十五日九老爷生日、冬戏、春节,都必须举行大活动。锣鼓队、唢呐队是必备的,因此所在地每个自然村都有锣鼓队、唢呐队,一代传一代,冬闲时学锣鼓、唢呐蔚然成风。一批以姚静周为代表的鼓师和琴师赫赫有名。明清时,徽商称雄天下,富商大贾豢养家班、乐仆成为时尚,使民间戏剧活动更趋频繁,璜蔚徽班也应运而生。

二、最接地气的"鬼火班"

《中国徽班》中提到,所谓徽商介入戏曲,不仅指徽商以雄厚的财力把家班办得出类拔萃,也包括对民间戏曲班社演出活动的组织和支持。徽调本是从徽州流向石牌,后续随着发展,在外的大官大商又从外地把徽班引回徽州。首开纪录的是歙县雄村人,官至户部尚书的曹文埴,于乾隆五十二年(1787),请准归养时,路过扬州,带回一批童伶,组织了"华廉科班",先学昆,后改徽,并延聘名角,正式成立"庆升班"。据包世臣《艺舟双辑》记载,曹文埴曾于乾隆庚戌秋,奉诏带班进宫演出徽剧,深得赞赏。由此更使徽戏名声大振、徽班大兴于徽州,乾隆皇帝八十大寿时"四大徽班"(三庆、四喜、春台、和春)的进京,出现了"戏庄演剧必徽班。戏园之大者,如广德楼、广和楼、三庆园、庆乐园,亦必徽班为主"的盛景。

四大徽班进京后,徽剧与汉调等合流,演变出京剧,红极一时。但是进京的徽班毕竟只是徽剧班社的一部分,徽剧在南方照常演出,依旧受到欢迎。留在南方的徽剧,仍以"扎根民间""博采众长"的特点在江、浙、皖、赣等地流传。在安徽境内大致分为江北派、江南派和徽州派(即徽路徽戏)。徽路徽戏主要活动于徽属六县及邻省的淳安、昌化等地。歙县街口的朱瑞堂、朱正元、王顺田等开始纷纷组班,徽州民间戏班兴起。徽路徽班在徽商的扶植下,进入黄金时代,徽班林立,出现了庆升、彩庆、同庆、阳春"京外四大徽班"。据《歙县徽剧志》统计,1949年前建立的有规模的徽州班社有59个,街源占36个。这些班社又分正规班和半正规班,正规班一般是职业性的大班,多活动于城镇和大庙会,半正规班俗称"鬼火班",时聚时散,农忙时在家干活,农闲时聚伙唱戏，一般只活动于农村。

瑛蔚村的民间班社也很活跃，清代就组建了徐新春班、同庆班、新阳春、德路班等，同庆班的班主朱瑞堂"批注点圈剧本，精确到位，演员演唱方便，在徽州享有盛名"。民国年间，瑛蔚先后创办了两个徽班，其中"鬼火班"由于名角荟萃，常在歙南各处及浙江淳安、遂安等地流动演出，声名远扬。

1912—1930年，原新阳春、德路班成员，"歙南第一花脸"胡广荣招募邻近的名演员组建新庆班，演职员50余人，名伶云集，后因班主家中诸事不顺停办。1937年，胡宏桂做东，请石门坑王进通等师傅执教一年，大部分出师后加入长春班。1937—1949年，胡康泰（又名春寿），招募原新庆班的部分演职员和新出师的演职员组建长春班，全班演职员80余人，名角有方妙桂、胡文根、方贤仿、程发全等。这些戏班常年在徽浙各地演出，唯瑛蔚演出时必归，且不收取分文。徽路徽班经过大繁荣之后，在民国十五年（1926）前后，由于京沪等地强大的京剧浪潮的影响，也纷纷改弦易辙，致使徽班逐渐衰落。民国末，徽剧在徽州已留存甚少，只存歙县南乡街源一带盛演，长陔、南源、长标、石川（石门坑）、瑛田、姚家坦、贤源、瑛蔚、街口、巨川等村仍在组班演徽剧，并多巡演淳安、遂安一带山村。之后几十年，虽然瑛蔚的徽剧演出从未间断，但也再没组建过班社。直至1980年，长春班的部分演员和新增演员组建瑛蔚业余剧团，2014年7月沿袭清曹氏家班"庆升"之名，正式登记注册为"歙县庆升徽剧团"。

三、瑛蔚徽戏班戏规

（一）学戏"七要"

据朱祝新主编的《徽州古村落——瑛蔚志》记载，旧时学戏有"七要"，一是上官书。官书即封面上写有"指日高升"和某年某月某日立的花名册。所有学戏者必须在花名册上签名，谓之"上官书"。学戏要缴学费，其实是筹集请师傅、买纸张灯油之经费。请师傅立老郎牌位，牌位上写"张、鲁两班先师，何、叶二氏夫人"。

二是偷鸡。先经得被偷户男主人同意，且要选主妇悍泼的。择日派人将鸡"偷来"。发现鸡被偷,该主妇一定会大骂一阵的,谓之"越骂越发"。

三是起老郎。学戏者齐集老郎前。师傅坐老郎左侧,宰杀"偷来"的鸡。将鸡血先滴在老郎牌位上,师傅高呼:"老郎先师即位,众人礼拜。"再将鸡血滴入一盛有酒的大碗内。全体向老郎焚香顿首礼拜,焚烧金银纸。

四是举手盟誓:"同班是兄弟,学戏学到底;尊师如尊父,事事依规矩;中途若退学,必遭严规处。皇天后土,弟子虔诚,师傅明鉴"等。

五是饮鸡血酒。誓毕,按顺序每人喝一口鸡血酒。这时师傅大声说:"烧了老郎纸,不认哥兄弟;喝了鸡血酒,脸皮三尺厚。"意即演戏时,儿子或弟弟扮演的角色名分大(如皇帝),而父或兄扮演的角色名分小(如臣子),父或兄也只得向儿子或弟弟下拜,演戏时更不能害羞。

六是讲规矩。师傅接着宣读写在"官书"上的要文(即纪律),大意为尊师如尊父,行当由师傅按材取料,个人不得争执;不得无故缺席;不得半途而废,如彩排演出时拒不参演,要罚缴全堂学费等。

七是兴头人(即组织者)。安排学戏者轮流供饭(即请师傅吃饭),供饭者每天还要打扫卫生,在老郎前上香礼拜、上灯油,烧开水为师傅泡茶,冬天要烧火盆给师傅烤火等事项。每天入堂学戏时,必须先拜老郎,后见师傅。在师傅的安排下开始学戏。学业结束,彩排演出,所学剧目都得上演,天数不限。演完后的第二天,送老郎。送老郎时要化装成八仙,敲锣打鼓,放爆竹,全体人员参加,将老郎牌位送往水口外与金银纸一同焚烧。派人(大多是师傅高足)送师傅回家。

(二)破台

凡新建舞台首次演戏,都必须破台(即祭台)。首场演出日,全体演员及文武场都要早早地吃过晚饭,带上要用的服装、盔头、道具、锣鼓、化妆品到野外化装成八仙、加官、财神、魁星、三花脸(即丑角)等人物。天将黑,三花脸右手执一单刀,左手执一红扎(即红口或红胡子)领头,武场师傅敲锣打鼓,全体列队,走向舞台。从下场门台口上台,在锣鼓点中走圆场,拜四门。这时爆竹鸣放,在上场门台口上香,并火烧金银纸等。演员由下场门入后台。三花脸将刀扎在后台大边台柱上,将红扎挂在刀上,然后开笔。其他演员开始化妆。武场师傅开始打闹台(一种锣鼓经)。戏演至最后一场结束时,必须要进行关公收妖,即一演员化装成关公,手执青龙刀上场,有锣鼓点配合,另一演员用黑褶子罩住全身,饰一妖怪样趴于下场门台口。关公舞刀,高潮时向黑衣人砍一刀,表示将妖斩首,即关公收妖。之后迅速将台中木板抽去一块,谓之"抽台板",意即全场演出结束。

(三)戏班的班规

1.上公堂

演职员入戏班后,不得私自跳槽,不得触犯班规,否则要上公堂。上公堂,即在板下(演员的住地)设公堂,像舞台上升堂一样,鼓师戴官帽,穿官衣坐堂断案。另有两人化装成押差,将当事人押入公堂,令其跪下。鼓师宣布事由、处罚方法。处罚轻则扣除当月戏金(即月工资),重则打板子(打多少下由鼓师按规定定数),严重者要抽脚筋。鼓师宣布打板子多少下,由伙头师傅用竹扁担打当事人屁股。若伙头师傅心软卖私,鼓师要判打伙头师傅屁股。但当事人若中途醒悟回头,只要双脚踏上台板,且立即到后台老郎箱前跪下,便不再处罚,可照常在该班演戏。不过,要罚当日全班人的供养经费。

2.开笔

戏开演前,三花脸(即丑角)先从下场门台口上台,入后台开笔,即三花脸手握化妆笔向老郎箱拜三拜,然后在墙壁上写成品字形的三个刀字,谓之开笔。其他演员随后上台,每人一踏上台板,必须向九龙口(即上场门旁,文武场师傅坐此处)抱手作一揖,表示对文武场师傅的尊敬,请文武场照顾配合,然后由下场门入后台化妆。

3.座箱禁忌

在后台化妆,演员不得乱坐衣箱、盔箱,三花脸可随便坐。据说唐明皇时宫内演戏,三花无人肯演,唐明皇就亲自扮演,从此戏班内以三花脸为大,上台由其先上,化妆由其开笔。大花脸可坐大衣箱,二花脸可坐二衣箱,其余人员只有杂箱可坐,且旦行因为是扮演女性角色的,所有箱子都不准坐,若有板凳则可坐,否则只有站着。

4.喜郎

又称老郎子,即一木制小孩。不用时一定要放在老郎箱箱底,不得随便翻动。用时,由管大衣箱的人员取出,掀开红布包袱,置于老郎箱上,演员朝其拜后方可抱起出场。

5.文武不当面

盔头(即戏帽)起箱上架时,文堂和武堂(戏帽名称)不得同时起出上架。

6.其他班规

吃饭用的竹筷要叫挑子,吃完饭,不准放在碗上(寓意演员演戏时不能搁戏或曰搁浅。浅就是演员间对不上词,不好收场);饭锅巴不准吃,由老板带回家;开玩笑不能中伤老郎,否则要开堂受罚;吃苞芦粉或面粉团子(即餜来),不能说"吃餜来",要说吃汤圆或圆子,因为演员演出时对不上词叫"吃餜来"。[1]

四、璜蔚徽戏的主要剧目和表演世家

新庆班(1912—1930),班主胡广荣。该班演出《二进宫》《探皇陵》《大保国》《长春》《万花》《八仙》《齐天乐》《五子夺魁》《水淹七军》《昭君出塞》《贵妃醉酒》《关公显圣》等100余出戏。常年在歙县、淳安、遂安(今并入淳安)等地演出。

该班曾赴浙江威坪唱对台戏,实力雄厚,载誉凯旋,从此红遍徽、浙两地。后因班主家事不顺而解散。民国二十六年(1937),由胡宏桂做东,请石门坑王进通、王山丁、程祖黄等师傅执教一年,学习《黄鹤楼》《广太庄》《快活岭》《天水关》《满春园》《丁甲山》《失空斩》《乌盆记》《定军山》《水淹七军》和《渭水河》等十几

歙县璜蔚徽剧团演出

个剧目。参加学戏的人员有胡文峰、胡彩源、胡绍庭、胡玉南、胡尚金、胡仲习、胡仲勋、胡文治、胡义因、胡育芝、胡林和、胡康泰、胡文岳、胡有根、胡天顺、胡在章、胡义株、胡德金、胡义新等数十人,这些人学成后大部分加入长春班。

---

[1]朱祝新主编:《徽州古村落——璜蔚志》,黄山市委机关印刷厂2007年印,第96—97页。

长春班（1937—1949），班主胡康泰（又名春寿），在皖浙交界各地演出。演出剧目有《黄鹤楼》《群英会》《失空斩》《定军山》《献西川》《文武昭关》《一剑仇》《汴凉图》《大劈棺》《九更天》《三岔口》《满春园》《广太庄》《快活岭》《天水关》《乌盆记》《水淹七军》《渭水河》《三盗九龙杯》《白蛇传》《蝴蝶梦》《莲花庵》《泗州城》和《关公显圣》等120余出戏。1949年后，该班解散[1]。

徽班中的传艺，有家传、拜师两种。街源戏班中，有许多祖传的戏曲世家。璜蔚村戏班中有"四代周瑜"的胡彩源之家，有"梨园世家"之称的胡志鹏家族，有"文武兄妹"之称的胡则胜姐妹俩，还有"三代三花，四代唱戏"的胡在璜之家等。璜田村有胡尚发家族的"三代花旦，四代唱戏"，胡文荣家族的"四代武生"。韶坑村的家族班徐新和春班名声远扬。《中国徽班》中所记载的徽班名伶中，歙县人不少于80人，名师有徽州名丑王正同，文武不挡、唱做俱佳的老生程发全、程松顺，扮相俊美、会踩跷功的花旦方妙桂，文武小生王明贵等，他们均为街源人，不含曾在街源出生习艺后外迁的。1956年安徽省成立徽剧团时，多数名师如方妙桂、程发全、王进通、程松顺、王明贵，还有徽州地区与歙县的徽剧团中的名师程祖煌、方顺仂、潘德荣、曹云奎、小眼师（史进宝）等均出自街源的璜田、长陔、街口。现如今歙县庆升徽剧团中73岁的汪鸿养出生在一个徽戏之家，是胡广荣的外孙，父亲则是班子里的乐师，从9岁就开始学戏，刚开始学的是旦行，后拜胡志鹏为师，又学起了武生，生旦净末丑样样都能来。

五、璜蔚徽戏中的行当

徽剧中的角色行当由生、旦、净、丑四行发展形成了较细的分工。根据不同的腔调、时期、地方，角色分工各不同。"四大徽班"进京时的徽剧行当有生、小生、外、旦、贴、夫、净、末、丑等九行，到了徽州的徽班时期角色行当有老生、武老生、正生、小生、武小生、正旦（青衣）、花旦、武旦、大花（铜锤）、二花（架子）、跌打二花（武花脸）、三花（丑）、武三花等十四行。

伴奏乐器多以徽胡、笛、唢呐为主。徽胡又称科胡，木杆、丝弦，琴筒内直径为二指，用短弓弓法，配以揉、滑等指法，有独特风味。另有一种乐器，称

---

[1] 王振忠编：《歙县的宗族、经济与民俗》，复旦大学出版社2016年版，第251页。

为"先锋",亦叫"挑子""虾须",喇叭形,长五尺,铜制,分三截,可伸缩,用于出将、法场、出鬼怪。打击乐器有单皮鼓、牙板、大堂鼓、云鼓、徽锣、大钹、小锣、小钹、云锣等。

徽剧传统的服装包括蟒、靠、褶、盔帽、靴鞋等,又名戏衣,俗称行头,人物的冠带即称盔头。过去徽班有"江湖行头""内班行头""私房行头"与"官中行头"之分。戏鞋分为靴、鞋两类,靴可以分为厚底、薄底和方头三种。戏服的穿戴规制,早在宋元时期已有"披秉""素扮""道扮""蓝扮"等。明后期,由于上演的剧目不断更新,表演艺术的发展,使歌与舞有了进一步的综合,演员行当的分工更加具体明确,加之戏班经济条件改善,从而在舞台美术方面出现了戏衣、盔帽、化妆、装置等全面发展的新气象。虽然传统的徽剧服饰成型于清代,但其规格式样基本上是以明代服饰为基础,并参酌唐、宋、元、清等代服饰之典型,加以综合与美化创造的。

徽剧服装具有很浓烈的民族性与服饰性。它在设计中充分运用和体现了中国传统的色彩学和工艺美术的绘画诸原则。服装用色有五种,分别为红、黄、蓝(绿)、白、黑。其官衣、褶子用蓝色不用绿色,蟒、靠、龙套用绿色不用蓝色,绣花以龙纹居多,线条较粗。后来受到其他剧种的影响,有所变化。

徽剧脸谱中,"草脸"为通用脸谱,其余的专用脸谱都富有寓意。如包拯的前额上画有一粉红色肉包,因传说他幼年时曾被恶嫂陷害,推入枯井所致;张飞的前额上画有一个大桃,象征着"桃园结义";魏延的印堂上画有三条反骨,表明其造反等。

徽剧多以演武戏为主,多用大小唢呐伴奏,配以大锣大鼓,气势宏伟。吹腔以笛和小唢呐为主要伴奏乐器,有曲牌、板式变化加曲牌体、板式变化体等三类唱腔结构体制。拨子以枣木梆击节,初用弹拨乐器伴奏,与吹腔结合后改用唢呐、笛和徽胡。二簧除老二簧用唢呐伴奏外,其他都以徽胡为主,分男女宫,有导板、原板、回龙、哭板、散板、流水等板式。西皮也以徽胡为主要伴奏乐器,有文武导板、散板、摇板、二六(亦称慢垛子)、流水(亦称紧垛子)、原板、叠板、哭板等板式,分男女宫,有西皮、反西皮两类。

徽剧的文场曲牌也丰富多样,青阳腔和徽戏各有一套锣鼓经,打击乐音色低沉、浑厚,并常以大钹和大鼓闷击,造成独特效果。

六、徽戏——中国戏曲的活化石

徽戏从产生到现在已有 400 多年历史。一个戏曲剧种的形成,是一个渐进的过程,其声腔也是由比较单一到逐渐丰富。尽管对于徽戏的起源,戏曲史论界持不同的看法,但《中国徽班》有过这样中肯的定义:虽然"徽剧"这个名称到 20 世纪 50 年代中期才开始出现,但它实际上却是一个相当古老的戏曲剧种。它继承发展并融合了明清两代流行于我国各地的优秀戏曲艺术,在安徽南部的徽州、池州、太平、安庆一带逐渐成为一个极具影响的多声腔剧种。陆小秋、王锦琦在《徽剧声腔的三个发展阶段》中也写道:"徽戏的诸种声腔,先后继承或吸收了余姚腔、弋阳腔、昆山腔、西秦腔等古老戏曲声腔,结合当地的土语音调,渐渐演变而成。"南邻弋阳腔、乐平腔兴盛的流行区赣东,东靠昆山腔、余姚腔的发祥地江苏、浙江,北近盛行秦腔的中原,徽州便利的地理位置为徽戏的发展提供了条件。徽戏的声腔从起源到演变、发展,经历了徽池雅调,四平腔和昆弋腔,吹腔、拨子、二簧三个阶段。至清代中叶,特别是"四大徽班"进京前后,徽戏的声腔即已形成比较完整的体系。

徽戏经过长时间的发展,在艺术上有着丰厚的积累。与进京后的徽班不同,流传于徽州民间的徽戏面向百姓,除保存了古朴的徽腔、徽调外,艺术特色也很鲜明,重排场、擅武功,风格朴实、粗犷,徽班艺人称之为"九顶网巾唱闹台"。徽戏以排场巨大、富丽堂皇著称。每次演出,动辄上百人、三四十只戏箱,浩浩荡荡,气派非凡。每到一处总是先演《采莲》《回朝》一类剧目,以示全班的面貌、演员阵容以及富丽堂皇的行头服饰,因为这类戏上场角色多,行头华丽;接着演《七擒孟获》《八阵图》等戏,以展示做功及昆曲的底子;最后往往演火爆炽热的武戏如《英雄义》《四杰村》等,以显示翻滚扑打及高台跌窜的武技。与此同时,徽班与徽班之间,常常在大的庙会期间演"并台戏"或"对台戏"。各班在戏码、阵容、唱、做、翻、打及行头服饰方面,都尽力做到排场体面、精益求精,各不服输。演出时,讲究"三十六顶网巾、会面",舞台上十蟒十靠,令人眼花缭乱。

徽班演出还有一个十分突出的特色,即武艺高超。徽州最早的居民是好武尚勇的山越人,随后南迁的中原人士为躲避战乱迁徙进山,为求自保,继承了山越人的尚武精神并代代相传。《歙事闲谭》记载:"武劲之风,盛于梁、陈、隋间。"明清时期,大户人家训练数量相当的佃仆作为看家护院的家兵,或外出经商时的保镖。这些人被称为"拳斗户""郎户""庄",平时习武,冬季农闲时节还要进行专门的武术训练。抑或是,商品转运,旅途凶险,手握巨资,担心多有不测,徽商不得不提倡尚武精神。徽戏的翻、打、扑、跌十分精湛,不仅有"平台"技艺、"高台"技艺,还有从目连戏和民间杂耍中吸收来的特技和绝技,其中"十耍"(耍盘子、耍鞭子、耍髯口、耍帽翅、耍翎子等)、"十跳"(跳财神、跳僵尸、跳盘管、跳土地、跳大头鬼、跳小头鬼等),以及"变脸""变衣"等数十种特技、绝技,让观众看得目瞪口呆、喝彩连连。璜蔚地处歙南万山间,自古就有习文练武的传统,孕育了不少技艺精湛的武旦。方妙桂以"三寸金莲假脚在河内挑满担水"的轻功令人叹服,他的假脚不仅能翻能打,还能从三张八仙桌上翻身而下,落地时轻如絮飘。胡志鹏是璜蔚村中从小随班外演的武生名角,擅演猴戏。胡志鹏小时候就能在大堂鼓上连翻46个小翻,在上海京剧院与盖叫天、王少楼一样同属武生高手,被称"草上飞""南猴王"。1983年,胡志鹏父子还组织上海京剧院的演员一行十七人来璜蔚演出,上万人次前来观看。

有人说"戏曲剧种的兴与衰,总是多渠道的流来,又多渠道的流去。"回顾璜蔚徽戏,与其说是追根溯源,更多的是一种情怀与希冀。如果说是徽商缔造了徽班,那么徽州民间就成就了徽戏。如今,璜蔚村就是一部徽戏的发展史,徽班的足迹,名伶的一招一式,不仅留在了璜蔚古戏台上,也融入了璜蔚人的唱念做打中。

汪满田"鱼灯"

南宋《新安志》这么描述徽州,"山限壤隔,民不染他俗"。自古以来,徽州地区封闭且偏居一隅的地理位置特征决定了这里的民俗别具一格。即便是在今天的徽州山区,往往也只是翻过一两个山头,乡音和风俗就会有明显差异。虽然在现代文明冲击下,徽州许多地方的传统年俗已渐失传,但在这块相对保存完好的地域文化中,依旧有一些鲜活纯真的民俗活动传承于千村万户之中。如歙县汪满田村传统的鱼灯年俗活动,肇始于清光绪初年,至今已有140多年历史。

一、汪满田汪氏的渊源

"汪满田,不见田"。在汪满田村无法看见大片田地。对于每个外乡人来说都会疑惑,这样的地理位置和生活背景,怎么会诞生"嬉鱼"这么一项长盛不衰的闹元宵习俗?

过去的汪满田村漫山遍野都是古松树,最早迁入此地的程姓居民在山间林中建造屋舍,将这里命名为"松源",如今村口的"松源桥"可兹证明。

歙县汪满田村鱼灯表演

汪满田族系出爽公派婺源道安支。大道安公唐大中元年(847)补衙前兵马指挥使,乾符元年(874)领兵攻克婺源并驻守之,自歙携眷卜居婺源大田。汪氏首迁祖为婺源大畈十四世亨,贸易江湖遭难失事,年几半百,归乡不得,约南宋绍定三年(1230)辗转流落歙东松源,依附村中程姓。相处半年,程姓主人见其虽落魄,依然表正形端,辞严法肃,便以女嫁之,生诚让、诚正二子,后世建祠"竹林堂"。其后或迁他乡,或数代单传,迨至太平天国,族人又遭兵燹,族元气一直未能复振[1]。

二迁祖是大畈十七世奴,又名应奴。其父润一官泉川,奴随宦。时值"海贼叛作,遭难散逸,潜归新安"。据《汪氏通宗世谱》记载:"公因元季之乱,隐居不仕。"[2]元大德四年(1300),奴自婺源大畈来投松源同宗亨族,结茅佣工度日。临终遗训"不愿名标金榜,只愿义满门庭"。其子伯二在松源延族,子孙繁衍。到伯二七世孙其叶时,开始聚七世同居。明隆庆三年(1569),官府给予"百忍余风""彰义""七世同居"匾额表彰,家族因此荣耀,成为今日汪满田之主体,改村名松源为汪满田,后世建总祠"雍睦堂"[3]。

三迁祖是金锅岭上门支派汪宏富,曾承桃梓坑叶氏娘舅,因在叶祠梁头暗刻了一个"汪"字,被责令驱赶回宗。但他羞于归里,于明嘉靖二十五年(1546)迁入汪满田,借住一过间楼下,后人遂称"楼下派"。开族后,子孙代渐兴旺,建祠"德庆堂"[4]。明清时,又有四支叶氏迁入汪满田开族,故汪满田素有"三汪四叶一程人"之说。

汪应奴定居松源后,一直恪守祖训,善待友邻。为维持族人间的团结,汪应奴第八世孙汪其叶定下了"子孙不分居,同锅吃饭"的家规。汪应奴这一支逐渐壮大后,买下诸多山田,新建屋舍分子孙居住,并以婺源大畈大田祖宅之名,称子孙共居之所为"汪满田"。

二、汪满田村嬉鱼灯习俗

徽州嬉鱼灯有着悠久的历史。歙县瞻淇村在宋理宗时,人丁兴旺,代代有官,以北京兵马总司汪曙、江苏县令汪鸿藻、江西九江府府台汪作霖为代表,在村里兴起元宵节花灯。在明代,办有庙会,怀念祖先。每年正月初八会打扫忠烈祖庙,百姓在庙内各配备36碗36盘各类祭品,初九庙内上灯,外界备各种花灯,有竹马、蛤壳厘、树灯、猴儿舞棍、鱼,直到正月十八、十九收会。正月初八时,各种大红鲤鱼在大街上轻摆身躯前俯后仰跌宕起伏转圈子,每

---

[1] 歙县地方志编纂委员会:《歙县志》卷二十八《氏族》,黄山书社2010年版,第1343页。

[2] [清]汪玑编:《汪氏通宗世谱》,转引自柯灵权《古徽州村族礼教钩沉》,中国文史出版社2003年版,第87页。

[3] 歙县地方志编纂委员会:《歙县志》卷二十八《氏族》,黄山书社2010年版,第1343页。

[4] 歙县地方志编纂委员会:《歙县志》卷二十八《氏族》,黄山书社2010年版,第1344页。

嬉到一户人家,都会放慢脚步,踩踏着鞭炮的粉屑起舞腾跃,伴着热烈的鼓声把幸福吉祥送入百姓家门。瞻淇村至今还有嬉鱼灯的习俗。

徽州木雕中的鱼灯

鱼灯会是汪满田村每年最隆重的民俗活动。这里的村民相信,嬉鱼灯能给家族和村庄带来一年的平安和幸运,是每年春节不能缺少的祈福活动。关于汪满田嬉鱼灯习俗的兴起没有明确的文献记载,民间传说在明代就有嬉鱼灯活动,说是明朝建立,百姓为欢庆太平乐业,兴起鱼灯会,祈愿"年年有余",鱼又多子,亦祈子孙兴旺。

另外一种说法是肇始于清光绪初年,汪满田村是木架屋,徽派建筑以木质结构为主,四围虽是砖砌,屋里却是木梁架构特别忌火。冬天的徽州农村有木炭生火取暖的传统习惯,导致火灾时有发生。而汪满田村地处狭谷,房屋一幢挨一幢,易造成一家着火几家遭殃的局面,增添了火患的风险。迷信风水的满川田的先祖们于是求助于风水先生。风水先生要求要嬉鱼灯,取意鱼儿离不开水,水乃火之克星。于是汪满田以宗族的支堂房派为单位,兴起鱼灯会五个;近些年又以村民小组划分,有了六个鱼灯会。每年正月十三至十六晚,以鱼灯游村,"滩花戏水",当地人称为"嬉鱼"。因地理环境的特殊性而形成了汪满田鱼灯是黄山市民俗类非物质文化遗产。

三、"鱼头"须待年年选

汪满田鱼灯会于每年春节正月初八就开始筹备。这时农村亲戚走得差不多了,灯会便开始选牵头人,村民俗称"选鱼头"。起初,鱼灯会由成年人全权操办,由有威望的四五十岁成人担任鱼头,孩童只可玩自家小灯。

近十几年,因村里的青壮年外出打工等原因,过年期间在家的时间有限,很多人等不到过元宵节就得外出,村里参与鱼灯会、扎鱼灯的大多是老人与孩子,由于缺少劳动力,鱼灯会常常中断。后来村民决定将操持嬉鱼的灯会任务交给青少年,一方面保证鱼灯能够长期稳定地传承下去,另一方面也能锻炼青少年的"办事"能力。最近几年,随着鱼灯会越来越受欢迎,新生力量苗壮成长,呈现出"小鬼当家"的势头。这种由青少年当"鱼头"的薪火相传的良好态势,受到了很多徽学专家认可。

现在灯会的"鱼头"有三种产生方式:一是各支鱼会有比较热心能干的人自告奋勇站出来承担;二是在无竞争时,大人直接指定"鱼头";三是在众多孩子主动提出想做"鱼头"时选"鱼头"。

每个支祠的孩子们先选出自己队伍的小"鱼头",然后这六个小"鱼头"会聚到村中的汪氏宗祠,从中再选出当年鱼灯会的总"鱼头"。总"鱼头"的权力和责任都很大,除了要安排好自己支祠鱼灯队的活动,还要负责协调指挥整个鱼灯会的通告、出灯、祭祀等各个环节的工作,遇到一些重大决策时,总"鱼头"还要组织"鱼头"班子在一起共同商讨决定。

"鱼头"确定后,进行职能分工,接下来挨家挨户收取嬉鱼的费用。鱼灯活动一般开支在三千元左右,全由村民捐助。各农户看情况自愿捐钱。也有讨新妇之家,冀生贵子,自愿承担本支堂鱼灯的烛火开支,并设宴招待抬灯人。从贴告示、收钱、扎灯、出游到结算剩余资金,参加者都是义务劳动,听从"鱼头"派遣。鱼灯会账目将各户捐款情况用毛笔誊写在大红纸上,在正月十六贴在村中主干道旁的屋墙上,公开账目,童叟无欺。若有余钱,累计作为第二年的鱼灯会筹办资金。

四、齐心协力扎鱼灯

鱼灯会收齐嬉鱼费用后,开始召集会内扎鱼能手动手扎"鱼"。所谓的"鱼",是用大毛竹剖成竹片扎架而成,竹片为络,头节、中节腹部置有纵木,用以扛抬。节与节之间上下以绳扣其一点相连,可保鱼身摆动灵活。整个鱼架分鱼头、鱼身、鱼尾三个部分。扎好的鱼架糊上绵纸,彩绘鱼头的嘴巴、眼睛、鱼鳍,鱼身画上大鳞片,鱼尾画上小鳞片和尾巴。有些鱼的额头上还写有硕大的"王"字。金色的鱼眼鼓起,鱼嘴上唇画有两根翘八字鱼须,鱼嘴下唇画有流星喷管。

全村六个鱼灯会每年按顺序轮值,负责宗祠鱼王灯的制作和嬉游。鱼王灯又叫鲤鱼化龙灯,龙头、鱼身,别致非常,意谓鲤鱼刚跳过龙门,即将化龙飞去。扎好鱼架画好鱼鳞，一只活灵活现、满是节庆气氛的巨型鱼灯诞生了。这些鱼灯，大的分三节，长约七米，高三米多，内点蜡烛百余支，需二十多人撑抬；小的分三节，七八个人可撑起。再小一点的一米长，一个人可以自由转动。裱糊好的鱼灯，静静地靠在墙边，等待着闹灯时节的到来。

鱼鳞的颜色，有黑色、青色、红色三种，每盏鱼灯选画一种。鱼架里面搭建了几行几列的框架，架子上每隔一段距离，设有供插红蜡烛用的小钉。嬉鱼的时候，点亮蜡烛，透过绵纸，整条鱼亮澄澄的，在墨黑的初春夜空，伴以绚丽的焰火和红彤彤的火把，将整个村庄渲染得如天上的街市。村民各家还会自制一些小鱼灯，由儿童提游。

白天，村中的祠堂里会有很多孩子忙于鱼灯会的准备，一些有经验的大人们也会穿插其中，帮助插烛描灯以及嬉灯练习，负责完成自己传帮带的任务。

鱼灯会的队伍一般以支祠为单位组成，汪满田村共有六个支祠，所以每年的鱼灯会都会有六支鱼灯队共同参与。大人们最多就是帮着孩子们打打下手，干干粗活，不会参与活动的讨论决策。汪满田鱼灯能被完好的传承至今，这与它激发后人、不拘一格的举办形式有着重要关系。

五、万人空巷嬉鱼灯

徽州的灯事，大多数与纪念汪华有关，灯会一般到正月十八汪华生日结束。而汪满田的鱼灯会历史上都是从正月十三开始，到正月十六结束。正月十三是初演，实际上是彩排，催促那些没扎好灯的人，要加快速度了。正月十四到各自祠堂接老祖宗看灯。正月十五鱼灯返回到各个祠堂，恭送老祖宗上位。正月十六的路线最长，内容也最丰富，气氛最热闹。

发灯时间、行走路线、发灯人员都由年轻的"鱼头"来安排。发灯人员的选择是有讲究的，如执掌旗灯的要选辈分最小的一支，且要父母儿女双全，品德行为端庄，以示走得正，发得快。鱼灯的顺序并非论资排辈，过去是拳头打出"头"的，现在乡村和谐不"打"了，经协商大致有个固定的排序。

晚上七点三十分，锣鼓声起，分布在村中各处的鱼灯会开始燃放爆竹烟花，安静的村落顿时沸腾起来。鱼灯队伍打头的往往是龙头鱼身的"鱼化龙"，属于总祠。位于村尾的田街鱼灯会首先动身，一路邀约，集合柏枝园、里村、祠堂桥等四个鱼灯会，来到村头的上六家鱼灯会。六家鱼灯会聚齐后，由上六家鱼灯会的薄刀旗(又叫开路先锋旗)打头，旗上分别写着"五谷丰登""风调雨顺""国泰民安""万民乐业"等吉祥语。各鱼灯会的鱼王灯纷涌至村中晒坦。鱼王灯汇聚晒坦后就开始嬉耍，或鱼贯游动，或口喷星花，或摆头甩尾，气势恢宏。

各支鱼灯队伍在晒坦上嬉了约半个时辰，开始列队巡游。每个鱼灯会的鱼灯前由松明照亮，一盏大扁灯在前开路，领着长长的嬉鱼队伍开始全村嬉游。紧跟着是花灯、鱼灯、五谷灯，每条鱼王灯后皆有细锣细鼓助威，最后是各式动物形象的小灯和花灯跟随。

嬉鱼的路线是按照长幼尊卑的顺序固定的。鱼灯游到宗祠门口，要朝宗祠点头三次，向祠堂中的列祖列宗拜年，告之先灵汪满田村风调雨顺，家族年年有余。灯队来到村田干广场，大鱼灯开始绕场尽情飞跑，杂灯则排成彩色的一圈。鱼灯跑，谓之"戏水滩花"，冀兆鱼生子，宗族丁旺。这个时候，锣鼓喧天、爆竹齐鸣，特别是十几个粗大的杉树火把上的松明烧起来啪啪作响，火光映红了山村，真是个"火树银花不夜天"，让观者无不心旌摇荡。

传统上，撑抬大鱼灯的均为男丁。近些年，由于人员外流厉害，召集撑鱼灯的人越来越困难，鱼灯的规模比20世纪80年代缩小了不少。鱼群之后，各个鱼灯会还会扎不少花灯花篮跟随。这些花灯花篮，是用从山上砍来的小棵常绿杂木做成，枝干上挂起绵纸糊扎涂色而成的花朵、辣椒及其他果蔬。各色瓜果夹挂在碧绿鲜活的刚从山上斫来的常绿树枝中，煞是好看，因为有一定重量，通常由青年女子撑持。红颜绿树，在寒冷的元宵时节，掩映在烛光映照的夜晚，估计天上的风景也莫过于此了。

在花灯花篮的后面，跟随着一些小鱼灯及其他各类动物形象的小花灯。一些半大的孩子(其中有些是到村里来走亲戚的外村娃)，跟在嬉鱼队伍后面撑着一只只半米或一米来长的鱼灯、兔灯、花篮，甚至还有活灵活现的孙悟空灯。这支殿后的队伍，是各家比拼扎花灯水平的舞台。动物花灯虽然只有三四个晚上的生命力，闹过元宵，孩子会将花灯收拾妥帖，但等来年春节元宵时，再把花灯取下擦净，重新裱画，等到闹鱼灯那几晚，仍旧撑着它走进嬉鱼的队伍。

嬉鱼闹元宵是全村人的节日,鱼儿需要嬉游到村庄的各个角落,哪怕再狭窄难过的小巷,再崎岖不平的小径,在这几晚,都要一一走到。鱼灯每过一户人家,主人都会在门口点燃鞭炮以示欢迎,灯队则驻足嬉闹,领头的鱼灯作出摆尾吐水的姿态,报以祝福感谢。

正月十六晚上,鱼灯上山到"虎头宅"。"虎头宅"是村中茶园中的一处高坡,这里有满田汪氏始祖应奴公坟,几十米的鱼灯队伍行进在高山古道上,爆竹声声,鱼灯如繁星点点,有"疑是银河落九天"之势。大小鱼灯在拜台前游上几圈,然后所有鱼头对准"火镜",摇头摆尾,腾风起浪,呼啸声呐喊声,鞭炮锣鼓齐鸣,嬉鱼灯会达到最高峰,这种波澜壮阔而带神奇色彩的场面令人久久流连忘返。鱼灯下山后,再到祠堂拜别祖宗,灭了蜡烛,然后出村拜神庙,在水口将鱼鳞脱下烧掉,等待来年再游起这山村中的"狂欢节"。

过去嬉鱼结束后,村里的戏台便锣鼓响起、演戏酬神了。参演的演员是本村村民,演的是目连戏,戏台设在村大会堂。柯灵权主编的《歙县民间艺术》中说,鱼灯"返回祠堂灭烛,戏台上的酬神戏已经开台"。村民汪在郎说,在清光绪末为配合元宵节闹鱼灯和社祭,村里兴办了剧团,有演员50多人,演出《打金枝》《黄鹤楼》《空城计》等剧目二十多出。20世纪60年代后增演黄梅戏、现代戏,到了20世纪90年代以后就再也没有演出了。现在汪在郎家里还保存着剧团的快板锣鼓与唱词本。

汪满田鱼灯已经成为徽州地区最令人神往的年俗活动,每年举办鱼灯会时都有大量的人前往观看,这一极具乡间特色的民俗风情已成为令人印象深刻的乡村民俗记忆。

汪满田鱼灯让我们认识到以下几点:一是互联网的兴起,加速了人们对嬉鱼这种传统习俗的认知。汪满田鱼灯引起山外人关注的直接原因就是媒体的传播,他们用直播的方式让更多都市里的人感受徽州民间真正的过年气氛。为了观看鱼灯,一些人不远千里,不惮山路,来到这个地处深山老林的山村,让汪满田水街两边挤满了天南地北的看灯人。

二是汪满田村近年来大力推崇青少年操办灯会,大大增强了这项传统节日的生命力。随着鱼灯会越来越受欢迎,新生力量茁壮成长,呈现出"小鬼当家"的势头。这种由青少年当"鱼头"的薪火相传现象,受到了很多非遗专家和徽学研究者的认可。

　　三是近年来,汪满田鱼灯在对外展演的安排上存在不足。如同其他非遗项目一样,因为汪满田鱼灯名声响了,外出表演机会多了起来,甚至上了中央电视台。因外出表演安排不尽合理,有的鱼灯会外出表演的多,有的鱼灯会外出表演的少,甚至连一次也没有,这样慢慢地就产生了矛盾。没有外出表演的鱼灯会成员对办鱼灯会有抵触情绪,到了新年甚至出现不参与、不配合的现象。

第三章　休宁县民俗

　　休宁县位于今安徽省最南端,与浙、赣两省交界,县城距黄山市中心城区18公里,皖赣铁路、屯黄公路、205国道和慈张公路穿境而过,是前往黄山、皖南古村落宏村与西递、婺源江湾等著名景区的重要通道。

　　休宁自东汉建安十三年(208)建县,距今已有1800年历史。县名为隋文帝钦定,取休阳、海宁各一字,含"吉庆平宁"之意。作为古徽州的"一府六县"之一,自古以来,休宁便以山水之美、林茶之富、商贾之多、文风之盛而名闻遐迩。"徽墨""日规"等手工艺品驰名中外,万安罗盘曾获1915年巴拿马万国博览会金奖。

　　休宁县境内山清水秀,风光旖旎,有"休宁山色横江水,回首依依勒马看"的赞誉。全国四大道教圣地之一的齐云山,因"一石插天,直入云霄"而得名,被乾隆皇帝誉为"天下无双胜境,江南第一名山"。

　　休宁县非物质文化遗产所包含的门类极广,全县普查成果共计25类122项。休宁万安罗盘制作技艺、齐云山道教音乐被列入国家级非物质文化遗产名录。以道教圣地齐云山为中心,产生了诸多与道教文化相关的非遗项目,主要有神话、传说、故事等以及道教特有的齐云山道教音乐、齐云山道场等。随着齐云山旅游事业的飞快发展,流传1200余年的齐云山道教音乐作为一种道教文化和民间音乐,深受国内外游客的喜爱,并引起文艺界、音乐界专家学者的关注。黎阳(今属黄山市屯溪区黎阳镇)仗鼓通过凯旋战鼓乐讴歌了唐代的张巡舍身抗敌、为国捐躯的盖世功名;右龙板凳龙舞、茗洲村祈雨习俗活动,则生动地反映了脸朝黄土背朝天的农民,渴求一年四季风调雨顺、六畜兴旺、护佑桑梓的美好愿望。

黎阳仗鼓

黎阳仗鼓,流传于黎阳、隆阜、蟾川、海阳、临溪、榆村、五城一带。黎阳仗鼓历史悠久,独具地方特色。传说公元7世纪初(隋末)保境安民的英雄汪华血战沙场时,就用仗鼓以壮军威,得胜之日也用仗鼓欢庆胜利。因此,仗鼓又叫战鼓,也称得胜鼓。在民间,黎阳仗鼓一直被视为"神祇"一般,平时不得轻易擂响,只有在祭神、祀祖、庙会等隆重庄严的场合才能组织队伍演奏。明清时期的官衙,在重大节庆典礼或迎接重要官员时也借用仗鼓以作仪仗。

一、黎阳仗鼓的渊源

秦汉之前,古徽州是山越人的居住之地,他们在这里栖息繁衍,安居乐业。山越人多居住在崇山峻岭间,他们"屯聚为堡,称之为'坞'"。山越人有着自己的部落,酋长和宗族制度,有着自己的风俗习惯,说着汉人听不懂的语言。汉桓帝时,丹阳人杭徐做宣城长时就有"悉移深林远薮椎髻鸟语之人置于县下"的记载。山越人所居之处多为川谷崎岖之地,隔山相望,常常"呼许之歌,一唱十和"。绕行则需数十里之遥,日常传递信息以击鼓为号,天长日久,便有了击鼓之举,习以为俗,这便是仗鼓的原始胚胎。由此可见,仗鼓初时只用于传递信号,击鼓自娱,后来演变成用于战争时擂鼓助威,欢迎凯旋。当仗鼓这种民间娱乐形式渐成气候之后,民间用它来祭奠先祖,祈求神灵。从此,黎阳仗鼓成为庙会上一个不可缺少的重要内容。

黎阳庙会与黎阳仗鼓所祭奉的是越国公汪华。汪华,字国辅,隋末唐初地方领袖,他先后攻下宣州、杭州、婺州、饶州、睦州等地。为稳定人心,汪华建号为吴王,把郡府从黟县迁往休宁的万寿山(休宁万寿山有汪华宫遗址),后又迁往歙县的乌聊山。江南六州在汪华掌权的十几年里,政治清明,境内安定太平。唐高祖李渊称帝,秦王李世民率师南下,唐武德四年(621),汪华上表归附唐朝,唐高祖下诏特封他为"越国公"。"靖阳节"是黎阳汪氏村民祭祀先祖越国公汪华的传统庙会。正日是农历八月,会期前后长达半个月。届时,上下黎阳要请两个戏班打擂台,连唱三天三夜娱神戏。黎阳家家户户张灯结彩,喜庆气氛十分浓烈。"老爷出游"是整个庙会的重头戏,八月十二日夜间,汪公庙和九相公庙的十一尊"老爷"神像依次被请出,或骑马,或坐轿,列队摆出全副仪仗"出游"。火牌、火把、火流星开道,五色蜈蚣旗、三角旗、黄罗伞猎猎如林,数不尽的彩灯和众多的民间游艺参

屯溪黎阳仗鼓表演

与助兴。此时黎阳仗鼓作为"老爷出游"的重头戏就隆重登场了。一色的青壮年,身穿一色的服装:头戴红顶帽,身穿白衬衣、黄马褂,下穿黑彩裤,脚蹬薄底鞋。一时间,唢呐欢快,曲笛悠扬,仗鼓咚咚,加上土铳轰鸣,爆竹震天,汇成了一阵排山倒海的声潮音浪,其场面十分壮观。

黎阳仗鼓的发源地在现在屯溪的黎阳镇。千百年前,古徽州地处万山丛中,山高林密,山越人祖祖辈辈在这里生活居住,繁衍生息。东汉建安十三年(208),吴国大将贺齐奉孙权之命,率兵进入黟、歙收服山越,并在这里设黎阳县。古代,黎阳镇一直是县治之所在(屯溪原归黎阳所辖)。黎阳境内山峦起伏,江河纵横,山明水秀,生态极佳。率水与横江在黎阳的土地上穿境而过,髙山与小龙山峰林秀丽,香烟缭绕,它不仅有名胜古迹,也是人们休闲观光的好去处。

二、徽州仗鼓的流布区域

徽州仗鼓流布于黎阳、隆阜、蟾川、海阳、临溪、榆村、五城一带。仗鼓出游均与庙会相关,黎阳的庙会时间为每年的农历八月,屯溪的蟾川庙会时间是农历二月初八,海阳的庙会时间是农历五月十三日,临溪的庙会时间是农历九月初九,五城庙会时间为农历七月二十四日。打仗鼓成为上述地区祭祀活动中的一项重要内容。

仗鼓出游的时间和缘由各有说法,即使只是几里之遥也差别甚远。即便如此,各地仗鼓出游均与庙会息息相关,随之各种传说也在民间演化。

休宁五城的庙会时间是农历七月二十四日，他们祭奉的是唐代大将军张巡。唐天宝十四年(755)冬，安禄山以诛杨国忠为名，在范阳(今北京)起兵叛乱，击败唐军，攻下洛阳，次年称帝，攻下长安，这就是历史上著名的"安史之乱"。"安史之乱"期间，唐将张巡先奉命守雍丘(今河南杞县)，后移守睢阳(今河南商丘)。他与许远等浴血睢阳，与叛军决一死战。传说，叛军多次攻城未能得逞，便将城池团团围住，致使城内弹尽粮绝。张巡、许远最后自刎于城头，慷慨就义。使得睢阳黎民免遭涂炭。

五城黄氏祖籍江夏郡，相传江夏郡黄氏不堪"安史之乱"造成的兵燹之苦，举家迁徙到篁墩，后又分出一支定居五城河西的西涌山坞中。随着五城成为徽州府治南部重镇，五城黄氏逐渐成为五城的名门望族，军户门、霞天门、正三门、古储门、和祥门成为最有名望的五大分支。每门分立一宗谱，修建一大厅，大厅临街均建一大门楼，从上街到下街，五座大门楼，酷似五座城门，五城之名由此而来。五城历史悠久，宋《新安志》称："五城村，古之大镇。"

唐安史之乱，张巡、许远率兵固守睢阳，最后慷慨就义，使得睢阳黎民免遭涂炭。由此，身为睢阳移民的五城黄氏举办庙会祭奉唐代大将军张巡。镇中老街尚存有"江夏门宗"遗址，镇河西暮山下建有将军殿，殿中供奉着张巡的塑像。农历七月二十四日是张巡蒙难的日子，每逢此时，百姓们就以"得胜鼓"开道，开展请"将军"出游，恭迎"将军"开启庙会，供奉"将军"回殿等一系列祭祀活动。历时三日，热闹非凡，鼓乐铿锵，阵容威武，场面宏大，吸引着八方游人，整个五城老街人头攒动、川流不息。仗鼓从击鼓助威，迎接凯旋，逐渐走进庙堂，到了清末民初，仗鼓不仅仅是一种用于祭祷祈神的工具，它已经演变成一种来自民间的自娱自乐的表演形式。鼓声震天动地，重现了当时将士班师回朝的场面，气势壮阔，百姓对将士抗击安禄山叛军得胜后击鼓欢庆、笑容满面的喜悦之情不言而喻。

农历八月十八日，黎阳庙会如期而至，"靖阳节"是黎阳汪氏村民祭祀先祖越国公汪华的传统庙会。上下黎阳要请两个戏班打擂台，连唱三天三夜娱神戏，家家户户张灯结彩。"老爷出游"是整个庙会的重头戏。在休宁黎阳，上黎阳有汪公庙，供奉汪公和他的部将；下黎阳有九相公庙，供奉第九子献。从八月初一开始，村里有几个年轻人夜夜打"仗鼓"，奏笛击鼓，走遍上下黎阳。

十一日清晨，有村民扛着"清道旗"，敲着"游逻"，通知各户打扫街道，准备迎神。下午，以每尊神像为一班，由"游逻"、蜈蚣旗、三角旗、三眼镜、亮伞、仗鼓组成的队伍开始"出游"。

十二日，九相公要游到阜上村粮店买些黄豆返回。当晚，所有菩萨按先锋、任元帅、程元帅、赵元帅、钱将军、二相公、八大帝、九相公、新关帝、老关帝、汪公姥的秩序列队到小龙山祭坛集中，受群众祭拜、烧纸马等。汪公庙和九相公庙的十一尊"老爷"神像依次被请出，或骑马，或坐轿，列队摆出全副仪仗"出游"。火牌、火把、火流星开道，五色蜈蚣旗、三角旗、黄罗伞猎猎如林，数不尽的彩灯和众多的民间游艺参与助兴。此时黎阳仗鼓作为"老爷出游"的重头戏就隆重登场了。

十三日下午，所有神像都被请出来，有的坐轿、有的骑马，先在上下黎阳游一圈，然后集中到汪公庙前的戏台下。汪公和两位坐轿的神像放在当中，骑马的则要绕圈跑，是为"跑马"，也叫"磨豆腐"，一共要跑九个圈；每跑一圈，九相公都要换一件衣服。

据《陶甓公牍》卷十二记载：隆阜庙会祭祀的是杨三舍人。隆阜一带现存有民国二十七年（1938）置办的仗鼓，正面写有"杨三舍人"，反面写有"隆川神会"的字样。杨三舍人据民间传说仍是灌口二郎神，又叫三教搜神菩萨。二郎神即翼宿星君，是南北朝的音乐歌舞之神。

屯溪西郊的蟾川庙会兴于清代中叶，原为纪念黑面老爷周孝侯王。当年，信众在蟾川马鞍山建庙，祈求保佑风调雨顺，五谷丰登，每年的农历二月初八周围数十里的百姓都要来这里朝拜"黑面老爷"。老爷出游，仗鼓开道，成为蟾川庙会一项不变的习俗。

农历五月十三日是关老爷磨刀日，这一天海阳镇要做"关帝会"。据传，三国时期，居住在海阳一带的人抗击东吴孙权兵丁的侵扰，依山阻敌，击战鼓，鸣号角，鼓舞士气，震慑敌军。后因人少势孤失败，多为东吴兵所俘。人

休宁县榆村黎阳仗鼓表演

们思念战死和被俘的亲人，便借祭祀"关圣帝"为名，击鼓随乐，从此沿以

成俗。

榆村的仗鼓与临溪的仗鼓都与九月重阳的庙会相关。传说临溪本无庙会,榆村黄坑寺十七处供奉着一位红面菩萨周王老爷,有求必应,香火旺盛。临溪人集资建起了七座周王庙,每年接黄坑寺的周王老爷做庙会,九月初八这天组织二百多人的仪仗队,四面金锣开道,中间是十六面仗鼓助威。礼炮齐鸣,仗鼓铿锵,旌旗猎猎,浩浩荡荡。周王老爷坐在八人抬的大轿里,头顶华盖,一路前呼后拥,煞是威风凛凛。榆村留存的仗鼓上面写有"周宣灵王"的字样。

三、黎阳仗鼓的演出形式

黎阳仗鼓是一种以祭神、祭祖、庙会等活动为主体的民俗表演形式,也是一种民间音乐与民间舞蹈相结合的民间艺术。通常它以四鼓、两笛、一云锣为一班。班数越多,则场面越大,气势就越恢宏。有时也增加了唢呐的伴奏。

仗鼓以杂木作围,用牛皮蒙双面,上下鼓边镶嵌着两圈密集的铜钉包;鼓呈扁圆形,直径约40厘米,高约20厘米,样式极为古朴。击打时,一人一鼓用红缎带斜背于身前,左手持鼓环,右手执鼓槌,一般庆典不得少于一班。场面越大,庆典越隆重,启用的仗鼓班数就越多。

黎阳仗鼓在古徽州久负盛名。为了祭祀先祖,黎阳人每年都要在汪华当年秋操练兵的八月隆重举办大型庙会,叫作"八月靖阳"。是时,"打仗鼓""跑马""磨豆腐"等传统民俗游艺活动就红红火火地闹开了。先是每天四鼓二笛一锣为一班,轮流上阵,夜夜击鼓奏乐,走遍黎阳的大街小巷。在"咚咚咚"的仗鼓声中,村民们扫村落、接亲友、筹庙会,喜庆的气氛日益浓郁。到了庙会的前一夜菩萨出游时,竟有二十四位武士打扮的后生同时上街"打仗鼓"出游。那雄壮威武的鼓点,缓时声声如雷、九天回响,急时排山倒海、气势如虹。再加上悠扬的曲笛、清脆的云锣,大有当年汪华"沙场秋点兵"的遗韵。仗鼓在演奏时可以无限反复,仗鼓的击法有单击、双击、前后左右绕边击等多种,配以曲笛、云锣等民族乐器伴奏,所产生的艺术效果极其强烈。民间流传着"听见仗鼓响,就往黎阳赶"的民谚。

仗鼓的魅力不仅体现在演奏与敲打上,在舞蹈方面也有一定的要求。鼓手用鼓槌在鼓面与鼓边上交替敲打,动作整齐,节奏鲜明。上下单击,左右双击,鼓声要响,边声要脆。在一边击鼓一边行进中,鼓手们要以踏步、弓步、前进步、后退步、十字步等动作为主,在广场表演时还增加了圆场、穿越等队形变化。鼓手们步伐矫健,动作干净有力,表现出一种古代武士们英勇威武的气魄和攻无不克、战无不胜的精神力量。仗鼓在休宁五城称作"得胜鼓"。它没有乐曲伴奏,却增加了一种大夹板的碰击,清脆的夹板与激越的鼓声一起敲击,形成了"夹,咚咚……夹,咚呼……"的独特交响,声音动听,响彻云霄,听来别有一番韵味。

黎阳仗鼓有乐队曲,它是以中国传统的工尺谱的记谱法记述的。仗鼓曲雄浑、威严、有力,具有浓厚的地方色彩和鲜明的民族风格。仗鼓的工尺谱为:五六尺尺,五六尺尺,工尺工上,工尺六上,尺上六五工六五,六五尺上六五工,五六上六,上尺上六,六上五工工工,六上五工工工,工六五,上六五,六五尺上六五工六五,六五尺上六五工。"鱼六七七,鱼六七七,七七下鱼六,鱼六工工工"(屯溪方言的谐音)的曲调遍及屯溪、休宁的街头巷尾,真可谓家喻户晓,妇孺皆知。

得胜鼓流传至黎阳一带,称作仗鼓,形式大同小异。五城的得胜鼓以夹板碰击节奏,伴以鼓声,声音清脆。黎阳等地的仗鼓侧重于竹笛、唢呐的吹奏,夹以云锣、大钹,鼓乐悠扬。仗鼓队一般由击鼓者和击板者组成。仗鼓队少则数十人,多则百余人。击鼓者为武士打扮,短打紧身,十字披红,颈挎扁形鼓,木框高约五寸,两面蒙皮,面径约一尺三寸,木框漆成黑色。击夹板者服饰不限,两手各握一片木板的下端,用力使木板相互拍击。夹板长三尺,宽两寸许,上端稍窄,穿洞用红绸系起。牛角号一声长鸣,一面杏黄大纛,引出四面牙边风火旗,四只大灯笼开道,紧跟而出的是手执夹板者与身背仗鼓的鼓手。武士们敲击着鼓面与鼓边,抖动着手中的键铃,和着夹板声与音乐声,不时变换着队形、步伐、舞姿,以强有力的节奏,热情饱满的情绪,将气氛推向高潮。

古时,除了民间自发组织的仗鼓队,还有由寺庙、县衙掌管的仗鼓队。寺庙掌管的鼓队作为庙会祭神时用,所使用的服装和道具都由寺庙出资购置,或由还愿的信徒、较大的氏族捐赠。县衙掌管的仗鼓队专做迎送、祭奠仪式用,其费用向群众摊派。夹板的表演,只有在民间组织的演出时才有,由大的村庄和氏族负责组织,表演者多为农民,所用夹板也都是表演者个人或村民就地取材,自行制作。

得胜鼓从击鼓助威、迎接凯旋,逐渐走进庙堂,又回归乡野田间。兜兜转转一圈,它不再只是一种祭祷祈神的工具,不再只是人神共享的节日,更是今人与古人对话的介质。

四、黎阳仗鼓具有鲜明的地方特色

黎阳仗鼓以明清时期最为兴盛,至清末民初,仗鼓就不仅是限于庙会祭祀的工具,它以自身的艺术性、娱乐性从庙堂走到民间,成为村民用于村头广场、街头巷尾的一项自娱自乐的民俗表演活动。

黎阳仗鼓地域特征明显,它植根于黎阳这片古老的土地上,经过千百年的流传,具有深厚的群众基础。老一辈的群众说起当年黎阳仗鼓出游演出的盛况,依然津津乐道,意趣无穷。黎阳仗鼓具有完整性。它出演时,既有乐曲演奏,又有仗鼓敲击,两者能做到珠联璧合,相得益彰。加上鼓手们的舞蹈化表演,节目引人入胜,表现形式较为完整,易于掌握和传播。由于仗鼓曲调简易明快,鼓点节奏性较强,便于群众学习与掌握,只要有民间的艺人传帮带,后来者就能一代一代地传下去,具有广泛的自娱性。黎阳仗鼓来自民间,群众较为喜爱,在一些现代的、外来的娱乐形式广泛普及的现代社会,恢复民间传统的艺术形式是一项十分有益的工作。

黎阳仗鼓的起源来自古徽州山越民族的击鼓鸣号、传递信息,之后演变成用于战争的击鼓助威、恭迎凯旋,再后来又成为庙会上用以祭神、祭祖、祈求四季平安、五谷丰登的一种民俗表现形式,故而它对于研究徽州文化、徽州民间习俗都有着直观的具象的功能。黎阳仗鼓作为徽州文化中民俗文化的一个组成部分,它的民族性、地域性较强。黎阳仗鼓有着其它民间活动不可替代的作用,它的乐曲部分原用工尺谱记述,对于研究中国民间记谱法是一个范本。它的击鼓部分节奏明快,样式多种,不单调不呆板,整体表演艺术性较强,而且实践证明,经过加工整理后的仗鼓已成为一个舞台艺术精品,得到专家学者们的一致好评。

古徽州祭祀神灵均以宗族为主,外姓不得参与,故而在黎阳以及仗鼓的流传地,各大宗祠都设立仗鼓演奏的班底。它们不是徽剧、目连戏那样的常设戏班,而是一种松散的组织形式,平时在家务农做活,临到节日前,再统一组织起来训练。因为仗鼓曲调相对简单,鼓点明快易学,只要不长的学习时间就能参与演奏及表演。20世纪50年代中期,屯溪文艺工作者把黎阳仗鼓乐曲整理成音乐演奏的形式搬上舞台,在当地演出,并参加地区民间文艺汇演。1987年,在编撰《中国民间舞蹈集成·安徽卷》的资料搜集整理过程中,当地文化部门对黎阳仗鼓与得胜鼓进行挖掘、整理、加工、完善,在打击乐上,把鼓、夹板、键铃融为一体,在吹奏上不仅有竹笛,还增加了唢呐与笙。

五、黎阳仗鼓是重要的旅游资源

仗鼓曾先后参加皖浙赣三边艺术节,徽州地区首届群众文艺调演,它还参加了安徽省首届艺术节的演出,获得创作一等奖、演出一等奖、服装设计奖等多项大奖。仗鼓还参加了世界著名导演伊文思在屯溪老街采景的大型纪录片《风》的拍摄。该片拍摄之后,摄制组在给黄山市的组织者来函致谢中,对仗鼓作了这样的评价:"其后,是民间挖掘的仗鼓压阵,这个节目由30多名身穿古代戏装的乐手组成,装束古雅,器乐奇特,舞乐新颖,气势壮阔,不仅外国的摄影师兴奋叫绝,北京的同志,省里的同志也称大饱眼福,节目气氛非凡。"

2004年,黄山市屯溪区文化部门会同黎阳镇文化工作者对民间原始的仗鼓进行了挖掘整理,具有乡村气息和民间风格的仗鼓又以它原有的面貌出现在观众面前。参加第九届黄山国际旅游节暨徽文化节和第六届国际民间文化节的开幕式演出时,获得了广大观众与中外艺术家们的一致好评。黎阳仗鼓以老艺人身传口授的方式,一代一代地传承下来。目前黎阳仗鼓的传承单位主要是屯溪区黎阳社区,主要代表性传承人为吕美娟。吕美娟从小就喜欢民间舞蹈艺术,仗鼓表演的步法和动作被她牢牢记在心里。2004年,吕美娟参与仗鼓的挖掘整理工作,在动作上作了大胆的创新,使它成为一个舞台演出的精品民俗节目。

黄山旅游事业蓬勃发展,自然景观与人文景观非常丰富,黄山各地景点每年接待大量的游客。但是,黄山市各大景点缺少动态的具有一定地方特色的民间民俗文化活动,游客能参与的项目很少,如能将黎阳仗鼓的表演与旅游结合起来,既能丰富景点的旅游项目,又能吸引游客参与其中,提高黄山市旅游景点的文化品位。黎阳仗鼓是一项不可多得的旅游资源。

由于从20世纪50年代初开始,仗鼓一直被人们视为是与迷信活动有关的一项活动,它逐渐在民间消失,一直到1987年整理中国民间舞蹈的专家学者们开始研究仗鼓,仗鼓才得到人们重新的认识和开发,这中间相隔四十多年,我们要在仗鼓的发源地及流传地大力宣传这项民俗活动的存在价值,引起人们更广泛的重视。正因为相隔时间久远,无论是器乐演奏者还是鼓手均出现断代现象,急需培养一批热爱这项活动的演奏者及鼓手,在民间起骨干作用,带动一部分群众热爱民间艺术。如遇节庆活动,这项民俗活动的队伍能拉得出、演得好,就能起到丰富群众文化生活的作用。

屯溪区文化部门与黎阳的文化工作者在2004年挖掘整理的仗鼓,虽然获得一定的好评,但是除了几名笛子与唢呐演奏者是男子外,鼓手均为女子,还没有从男青年中培养一批对这项活动有兴趣的人。经过加工整理的仗鼓虽然好看,能在各种调演与大赛中获奖,但是它只能是少数专业团体可以表演,如要千秋万代永远流传,还需要回归到民间去,让它在民间流传,这样才能长盛不衰,永葆民俗文化生命之树常绿。

齐云山登封桥"踏桥"

古代,桥梁建成时要举行首通仪式,类似今日的竣工剪彩,然后庆祝队伍踏步从桥上走过,称为"踏桥"。这是流行于我国各地的一种民俗活动,有的地方叫"踩桥"。徽州地域的"踏桥"习俗带有浓郁的徽文化特色。

一、"踏桥"民俗渊源

徽州地处山区,河流溪涧上架有很多古桥,其结构形制,多彩多姿,绝大多数是就地取材,利用山区出产的坚固耐久的花岗岩或青石建成石拱桥或石梁桥。建筑石拱桥的最后一套工序是平整桥面,铺上石板。按照传统设计,桥面中央用条石构筑一个正方形石框,俗称"豆腐枷"(好似制作豆腐的木模框),到桥梁完成铺面的最后时刻,将准备好的一块正方形石板安置入框内,称为"煞榨"。此石板称"煞榨石",又叫"鲁班石"。"煞榨"仪式隆重,事先择定良辰吉日,举行祭祀仪式。东家准备供仪24馔,即小块正方形薄片肥猪肉和薄片豆腐各24片,上面插上一枝小麻秆棒,称为"馔",置于扑篮(竹匾)内,备大"三牲"(猪头、整鸡、整鱼)一副、水酒三樽、大公鸡一只。仪式由石匠老师傅主持,焚香,点烛,烧纸钱,祭拜鲁班先师和桥神。三声爆竹后,杀公鸡,将鸡血滴在"鲁班石"上,老师傅高唱祝辞:"鲁班师驾临,鲁班师保佑,大吉大利,大富大贵!""鲁班石"合榨入框,宣告桥梁竣工。接着,在鼓乐声、鞭炮声中,"踏桥"开始。石梁桥不用"煞榨",桥建成后,同样祭拜鲁班师和桥神,然后举行"踏桥"仪式。

"踏桥"仪式隆重热烈,一般敦请官府要员或推选德高望重、福寿双全的长者或由捐资最多的慈善家领头踏桥,称"踏头桥"。"踏桥"习俗经久远流传,已经成为一种民俗文化,演绎出许多故事。

二、登封桥的历史

登封桥坐落在休宁县齐云山北麓岩前镇的横江之上,为登中国四大道教名山之一齐云山的必经之地。桥亦因此成为吉祥之地,俗谚称:"登封桥上望一眼,高瞻远瞩福不浅;登封桥上走一走,延年益寿九十九。"

登封桥八墩九孔,桥墩船形,拱孔间距 14 米,桥长 147 米,宽 8 米,高 9.5 米,两端引桥各长 16 米,全以青石砌成。桥面平铺条石,两边立有 0.9 米高的石栏杆,拱圈为半圆形固端拱。桥上昔有亭、庙,今已毁。桥南端有二柱冲天式石牌坊,上书"登封桥"三个大字。

自明嘉靖后,齐云山道教发展达到了巅峰,史载"香客日达三千之多"。这三千人过横江除了摆渡之外,则只能绕道,十分不便。明万历十五年(1587),时任徽州知府的古之贤体察民情,发出"修桥"倡议。经过民间募资和政府配套投入,历时一年大桥建成,桥成之日,古知府前来祝贺。然而,就在竣工典礼上,准备揭牌的时候,皇帝圣旨到了,因古之贤政绩突出,擢升为广东按察司副使。真是大喜事一件,正当人们在想着用何种方式祝贺古知府升迁之喜时,有位乡贤提了个建议说:"不如在桥名上做文章,把山峰的峰字改成封官的封,以祝古知府步步登高,如何?"话音刚落,在场的人都连声称道。于是,便有了"登封桥"名。从此登封桥不仅是一条登齐云山的交通要道,更是人们心目中的吉祥之地。于是就有了俗谚:"登封桥上望一眼,高瞻远瞩福不浅;登封桥上走一走,延年益寿九十九。"对于仕途中人意义则更为重大,来登封桥则暗喻着"平步青云、步步登高"。万历十六年(1588),由兵部左侍郎汪道昆撰文,著名书法家詹景凤书丹,勒石立碑于桥头,后碑为洪水所毁。

始建登封桥碑记

明祀百神奥主玄帝,成祖大治玄岳帝畴,侈于七十二君,爰乃世宗作宫白岳,即齐云山也。概诸神奇壮丽,曾不能十一之。要以经牛斗,当匐服之。南控三天子都,表群望岱衡之际,此其神皋;以故祝史祠官,冠盖相望,自邦畿以及万国,自卿相以及齐民,毂击肩摩,率以乞灵,而至不惮千里,有如朝

宗,何所趋之?趋枵蚕耳。山麓则官道,襟黟水带渐江。先是伐木为杠,水
溢俱梗,至则望中流若天堑,即狂夫何敢凭重以御置,稽程行旅病涉,其不便
何可胜数。铎者徇于路,愿募数千缗,凳石为梁,方之内,率若弗闻也者;过
之,卒无应者。太守古公入境,居人以状闻,公领之未发也。既而叩诸耆旧,
耆旧之言曰:此中虽慕义不以啖徇者之无餍;第上之人,声义先鸣,若伐悬鼓
而群应之矣。畴昔,徐君侯有事完缮,得为植者十人,不日告成,民不知役此
十人者力也。公曰:"善。"则以叩县大夫,乃召义士黄侃、丁湧、查杰、朱模、
金源濂以下若而人,礼之如三老。公首语侃等,悉以义声振四方,往独力梁
古城,则应高使君之命。今兹之役,宁讵倚办一人,尔第先雁行,诸父老翩翩
旅进矣。既又誓诸有众守者,非作无益历民而渎于神,顾尊帝政以庇民,其
何敢后。且也,先公守一,逢披尝倾橐梁津。人言有开必先,余小子由兹崛
起,诸父老善自求福,夫非不召自来者哉。于时度地分工,相与戮力,庀事材
必中,度工必中,程龃蠡者斥之,罔或不饬,其年淫雨害麦,岁大侵,倍价者
三,境内有莩,公以岁之不易,亟寝力作,以纾吾民。诸父老言,丁夫受工犹
得以糊口,寝则夺其糈也,无宁寓赈于工。公第曰徐徐,诸父老唯唯。暑涨,
一息闰月,望工更兴,迄于七月下旬工始毕,会五马西驾调太素宫。工告成,
适都使奉驿书至,公擢广东按察司副使,治兵南韶;诸父老闻之,幸公落成于
吾境,假令迟以时日,不敏将何辞此!上帝之宠灵,圣天子之贶也。吾侪第
建祠事,奉公衣冠而俎豆之,即路车乘桥而西,祠在即公在矣。公力谢不可,
顷之不岁,罪我之由,诸父老幸一洗吾过;又从而杓之俎豆之间,颜何厚也。
惜余行急,不遑勒之石以张尔劳,亟寝祠事。诸父老不得请,则以告县大夫,
县大夫为公宣,言母方命,第就桥之阳筑馆舍,将令至者斋祓,行者税车,此
其芃若甘棠,视尸祝贤矣。国之大事必信而征,尔曹第请司马氏题桥立石,
以纪成事。不佞谓是役也,裨国典,壮帝居,袤赢而阴赈饥,承尊而亟用命。
揆诸勿亟,居然子来民易使矣。本之说以使民,民忘其劳,则上好义而风动
之也。帝王升中之迹,万古具存,后之视今,亦犹今之视昔,特书华表,署曰:
登封且系之铭,以扬明德。古公名之贤,起家梁山,举乙丑进士;县大夫丁应
泰氏,起家武昌,举癸未进士,法得书铭,曰:赫赫玄武,明威下土。左右成
祖,太岳巍巍,明堂总章,太和洋洋,亘于南斗。中和作薮,五丁始剖。肃皇
中兴,白岳效灵。禅若云亭,其趾川逝。不揭则厉,稽天曷济。太守入疆,经
始皇皇。伐石为梁,乃谋诸野。贤豪长者,其合如瓦。扔袵赴工,不鼓而骈。

万夫之雄,东南艰食。恫瘝是恤,勿殚民力。民不其然,枵腹待廪。无庸息肩,百工仡仡。三时底绩,砥平矢直。帝念民功,监我粤东。绣斧以庸。其曰:帝赐良二千石。美成不日,祖龙无谋。驱后瀛洲,徒作神羞。明明天子,受兹帝祉。屡丰伊始,相被虹骞。介福自天、天子万年。

　　万历十六年汪道昆撰[1]

　　登封桥建成后,历经四度修葺,到了清乾隆五十三年(1788),又被山洪冲得片石不存。而这时的登封桥,不仅是登临齐云山的必经之路,而且"路当七省通衢,负担舆马往来,日以千百计",桥塌,给人们带来极大不便。地方官司三年中屡议未果。乾隆五十六年(1791),黟县富绅胡学梓愿"独力捐建",得到知县应允。胡即采购上等石料,延请匠工,"卜是肇工"。两年后,胡病故,其子尚熷、尚焘"继志成之",历经4年建成,且"石厚堑深,栏周址固,制逾于旧",全用青石砌成,大桥上建有亭、庙,桥南桥北各竖四柱冲天式9米半高的石坊各一座,上书"登封桥"。翰林院学士歙人曹振镛省亲路过岩脚村,其时登封桥重建落成已三年,加之他又与胡学梓为儿女亲家,遂应请作了一篇《重建登封桥记》,用黟县青石料刻就立于桥垛。后清代徽州府又立"峻示"碑一块,保护大桥。禁碑全文为:"严禁推车晒打,毋许煨曝秽污,栏石不许磨刀,桥脚禁止戳鱼,倘敢故违有犯,定行拿究不饶。"如今,仅存桥南石坊和禁碑了。

重建登封桥记

　　休东港白鹤溪水,发源黟之吉阳山,经渔亭,由白岳山下,过蓝渡,至落石,合夹源水东流至屯溪,与南港会入新安江。

　　白岳奇峰萃崒,四面盘错,其下溪流迅急,惊涛跳沫,危险特甚。而路当七省通衢,负担舆马往来,日以千百计;昔故有登封桥者,行旅便之。乾隆戊申夏,蛟水冲塌,不备片石,病涉既久,官斯土者屡议榷材鸠工未就,而黟绅胡通议学梓,请独力捐建,郡县大夫嘉其意,许之,乃卜日肇工。石惟其坚,匠惟其良,越二年,通议遽卒,其子尚熷、尚焘等继志成之,为洞者九,高四丈,长四十有四丈,广二丈四尺,石厚堑深,栏周址固,制逾于旧。计经始于辛亥之冬,告成于乙卯之春。郡县大夫,上其事于书制军朱中丞、周方伯

　　[1] 汪道昆著,胡益民、余国庆校:《太函集》,黄山书社2004年版,第1571—1573页。

赐额嘉奖焉。予惟徒杠舆梁，王政綦重，固守土者所有事。吾郡驾石济渡，横亘千尺，多历年所，大都尚义者解囊为之，然需众力而成，与独力而成，其难易则有间矣。今通议慨然不惜重资，独兴大利，自兹以往，行者得免厉揭之苦，而安之若素，其可不知所自哉！桥成之三年，予典湖北乡试，旋督学粤东，奉道经白岳山下，亲见其跨川如虹，卧波如龙者，又由休而黟而祁，路皆甃石，无泥泞患者，几百有余里，讯之，为通议之力居多。呜呼！通议诚好义也哉！通议季子元熙为子婿，因其请而为之记。[1]

三、徽州尚义建古梁

在徽州，明清徽商鼎盛，但"驾石济渡"的义举，皆为"众力而成"，唯胡学梓开"不惜重资，独兴大利"之先河。府县长官报请于省，省制军朱中丞、周方伯特颁匾额嘉奖。其实，胡学梓捐资建桥，确非一笔小数目，而且，通往登封桥上齐云山的官道也多是他捐资修的，登封桥因齐云山而建，又为齐云山添上一景。远远望去，登封桥"跨川如虹，卧波如龙"，山、水、桥三者组合成一幅绝妙的风景画，人在桥上过，竹筏桥下漂，鸟在天空飞，鱼在水中游，远处，空中缆车上下穿梭，近前，步行游客来来往往。站在桥上，有看不完的山影、水影、花影、树影，抒不完的诗情、画意。水光潋滟，山色迷离，山上山下，古老文明与现代文明交织成一首诗、一首曲、一幅画，桥上站久了，仿佛便会进入一种忘我境界。同时，"登封"又被附会成登上桥就会受封，因而，这座古老的石桥总是吸引着海内外游客。

绩溪伏岭镇西山下至横形头村的乡道中间，胡家村流来的小河口上有一座单孔石拱桥，相传是很早以前一位和尚募捐修建的，人称"和尚桥"，也叫"河上桥"。当地流传着一首民谣："和尚桥，桥河上。和尚踩河上，和尚不登样！"（"不登样"即"不成样子"）这首民谣引发出一个关于和尚造桥"踏桥"的传说。

从前，河口上没有桥，附近某寺的一位和尚常行经此处，来往不便，便四处化缘，捐资在此建了一座石拱桥。桥梁建成要举行"踏桥"仪式，和尚当仁

---

[1] 何应松主修：道光《休宁县志》卷二十二《艺文·纪述》，《中国地方志集成·安徽府县志辑52》，江苏古籍出版社1998年版，第644—645页。

不让,自己充当主角。那天,他穿着新袈裟、新鞋,兴高采烈"踏头桥",引起了轰动。人们纷纷议论:"和尚造桥当然是好事,但他是出家人,四大皆空,不应以名利为重。""他募的钱是众人所捐,应当归功于众,何必贪天之功出此风头!""和尚'踏头桥',从来没见过,有点不登样!"更有知情人指他的脊梁骨:"这个风流和尚,在河那边的村里有相好,为了便于自家私会才造桥,拿别人的钱来做大指头,真是不登样!"这传说是真是假难以查考,但"和尚踏桥不登样"的民谣一直流传至今。

绩溪县伏岭下村东的登源河上原有一座十多节的高架木桥,是通往河东田畈和上碓(舂谷磨麦的水碓)必经之桥,名"上碓桥",来往的人很多。改革开放后,随着社会经济发展,木桥已不适应形势。1984年,伏上行政村的离休干部邵之根倡议,行政村干部主持,县政府资助,村民义务劳动,将木桥改建成钢筋水泥板梁桥,桥长72米,8孔,高4米,面宽2米。从此,农民可以拉板车、开拖拉机过桥往田间劳作,既省了力又安全便捷。造成新桥算是村中一大喜事。

桥梁竣工,举办首通仪式。这一回没有敦请政府要员或名人剪彩,邵之根出了主意,举办一次别开生面的竣工典礼:让村中徽剧童子班的小演员们装扮成"八仙",在彩旗飘扬、锣鼓喧天、喇叭合奏、鞭炮齐鸣的欢快声中,徐步走在前列,庞大的欢庆队伍依次踏过新桥。如此风光场景,引得七八十岁的老人们交口称赞:"八仙'踏桥',仙人保佑,风调雨顺,国泰民安。好吉兆!"这又是一次新颖别致的"踏桥"!

右龙村板凳龙

右龙村位于今皖赣交界处新安江源头的休宁县鹤城乡。右龙村舞板龙堪称古徽州一绝,始于宋朝,寓意保佑,右龙村名也由此而得名。板龙由一节节木板连接而成,龙头龙尾过去由族长负责制作,现在由村集体装扮,龙身由每家每户装扮,一户一节,每节1米多长,上装3盏红灯笼。板龙龙首高大,龙身最长的由100多条板凳串起来,可达150米。舞板凳龙以锣鼓伴奏,锣鼓打得慢就舞得慢,打得快就舞得快,舞起来气势恢宏,激情四射,令人大开眼界。按照传统习俗,每到节日各家的板凳龙身全部在村头的"右龙山庙"集合,然后在村主任的口令下,村民们点燃希望的烛光,舞动一个延续了多年的动人传说,为来年祈福。

休宁县右龙村板凳龙表演

一、右龙深山里的秘境

休宁县右龙村古称磻溪,后称右龙,唐僖宗乾符六年(879),张舟十一公由浙江富阳迁徙来此定居,从此繁衍生息逾千年。

右龙村呈鱼形状,似一叶扁舟栖于山水之间。村内街巷与徽州古道衔接,与周边山水相连,将山、水、村合为一体,空间格局循自然之理,呈相生相融之态。右龙现有300多户人家,1000多名村民。村民十分珍惜周边环境,自古即定下规矩,不得乱砍滥伐。在徽州,要想了解一个村子有多古老,不妨到村口的水口林去看老树。右龙村内树木繁多,银杏、香榧树、枫树、红豆杉、皂角、鹅掌楸等约有1200株,水口一株2000年树龄的银杏更是堪称古村落发展的活化石。

由村头到老虎降隘口这一段古道,保存非常完好,村里定期派人将青石板上的落叶枯枝清扫干净,虽然走的人不多,但村人对古道依然有很深的感情。20年前,通往浮梁的公路还没有修,古道是联系两地的唯一路径,每天人来人往,村民张金宝,年轻时常走这条古道,挑着茶叶、香菇、木耳等山货,在两地间奔波叫卖。

如今,通往山外的路早就修好,交通的改善为右龙带来了更多的发展机遇,近些年,右龙正着力打造有机茶、有机茶油、有机香榧生产基地,已经远近闻名,成为深山里的一块宝地。古道、凉亭、老桥、石拱门、石栏杆、旧祠堂,这些历史的遗存在右龙并没有随着时光老去,而是依然发挥着功能,并陪伴着村人,守住心里的那份从容和安宁。

千百年来,这个偏僻的山村日出而作日落而息,保留了很多古老的世俗传统,比如,每年元宵节,他们仍然会家家户户一起耍板凳龙。村民王小好介绍说,过年时,在外谋生的都回来了,村人聚得最全,到了元宵节晚上,每家都会拿出特制的一条板凳,板凳两头凿出眼,里面穿一根木杆,可以将板凳高高举起,板凳上插三个红纸糊着的竹制灯笼,里面点上红蜡烛,然后将每一家的板凳连起来,再装上龙头龙尾,一条别样的长龙就在村子里活了起来。村里人回忆说,最热闹的一次,共有100多条板凳连在一起,足足有150米长。右龙村小而简朴,就连白天也非常安静。村里老人围坐在凉亭里,喜欢说陈年往事。

二、板龙祈求来年风调雨顺

徽州是一个传统的宗族社会,宗族组织是乡村事务的实际管理机构,因此,右龙村的板凳龙活动的组织和领导,一般是由本村德高望重的族长担当,族长负责板凳龙活动人员的组织,落实每个人的角色和职责,负责布置板凳龙巡游的路线、活动的经费收支,等等。过去活动经费由村中祠堂公出,不足的部分由村民捐款。

每年的元宵节是舞板凳龙的日子。一阵锣声响起,紧接着,穿着鲜红色中式衣裤、戴着红头巾的村人,扛着龙头,从祠堂里出来了。而后是更多的村人,穿着统一的红衣红裤,戴着红头巾,排着长龙,朝村外涌去。按照传统习俗,各家的板凳龙身全部在村头的"右龙山庙"集合,在龙头的口令下,人们从祭台上引来火种,点上灯笼,把板凳全部接起来,在鞭炮齐鸣中,一条红光闪闪的板凳龙就沿着山径舞动开了。

浩浩荡荡的队伍从"右龙山庙"走向村中心的张氏祠堂。然后再走村串巷,挨家送福。每到一家,燃放鞭炮,鼓乐迎接,上香求安,消灾避邪,共同祈福当年风调雨顺、国泰民安。板凳龙进村时,家家户户都点燃灯笼,一些主妇们准备好鞭炮迎接,为了让龙头在自己家多待一下,他们还会包红包给舞龙的人,一是表示对舞龙人的尊重,二是期望板凳龙能给人们带来风调雨顺的好年景。

夜幕降临,长龙在山谷中逆溪而上,龙行之处烟花爆竹,震天动地,威武壮观,气势恢宏。长龙绕村中石板路而行,把风调雨顺、五谷丰登、吉祥平安捎到千家万户。最壮观的是板凳龙游到村中的大操场,村民前呼后拥,人声鼎沸,焰火满天,使得地处皖赣交界处的这个小山村热闹非凡,把过元宵佳节的火热气氛推到了高潮。

三、右龙板凳龙的制作与表演

板凳龙的制作大体上分为龙头、龙身、龙尾三个部分,板龙龙首、龙尾现在大都由村民集资,采购七色彩纸装扮。龙头的制作相对另外两个部分要复杂一些,先用木条做成龙头骨架,再用篾编成框架,外形糊上色彩纸。其中龙首剪纸有"夜明珠""龙角""威风鞭""胜利铜铃""祥云""龙甲"等装扮。龙头长240厘米,高100厘米,直径70厘米,须长60厘米,触须长100厘米,眼长10厘米,眼直径6厘米,耳高30厘米,背外弯60厘米,内弯50厘米,舞龙的手柄长度150厘米。龙头的身体底色为白色、红色,弯曲部分的鳞片以金黄色为主,头部底色为白色,纹饰为红、黄、蓝、绿色,龙头的嘴、脸、耳为红、蓝、黄、绿色,眼底为白色,瞳孔为黑色,背鳍为彩色,龙须为绿色。

龙身由一张张的特殊板凳组成,龙身的节数以参加的家庭多少而定。每张板凳上分别安装3个灯笼,灯笼用篾编成,高25厘米,直径12厘米,外面糊上红纸,灯笼里面点燃蜡烛。龙尾也是用篾编成,长250厘米,高100厘米,尾端有分叉。

右龙板凳龙队由前锣鼓队、后锣鼓队、烟花爆竹队、引路人(指挥人)等组成,阵容庞大。龙首、龙尾各近3米长,由六个身强体壮的男青年在引路人(指挥人)的引领下翻腾起舞,龙身由每家每户自备一节长1.5米的厚实木板,木板两头约15厘米处开一圆孔(直径约8厘米),方便邻家接头,每板配置1米长木杆一根,上有插销锁住,便于连接各户的板凳,起舞时气势蓬勃,威不可挡。

板凳龙在村中舞好后,最后要举行盘龙。盘龙是整个板凳龙表演中最精彩的一部分,过去一般在村中平坦处表演,或者是在大田里表演,现在是在广场上表演。这时烟花升腾着,天空被染得五彩缤纷,鞭炮鼓乐齐鸣,板凳龙也舞出了绰约风姿,巨龙时而翻滚,时而盘曲,一忽儿成"8"字形,一忽儿成"9"字形。盘龙表演开始,龙头领先,龙身、龙尾紧随其后,盘旋的速度随着鼓乐由缓到急,人们举着龙身模仿着龙摆动的姿态盘旋着,龙身越盘越紧,舞龙人的脚步也越来越快,到了最后几乎是在狂奔。

舞板凳龙活动是右龙村男性村民的"狂欢节",也是右龙村实力的展示。如果要舞好板凳龙,村里没有一定的人口,根本组织不起来舞龙的队伍。右龙村的板凳龙有100多节,加上龙头、龙尾、锣鼓队等,至少要120多个成年人才能顺利完成舞板凳龙的活动,其场面之大在当时徽州乡村也是罕见的。因此,这也足以显示右龙村的人丁兴旺,村富民强。2021年5月,右龙板凳龙入选国家级第五批非物质文化遗产代表性项目名录。如今,右龙板凳龙已经走出深山,进入人们的视野,成为当地民俗表演的一项重要内容,吸引了四面八方的摄影爱好者和游客前来观看。

同样在休宁县田里村,每年农历八月十四日到十六日晚,村民也有舞板凳龙的习俗,以表达邻里间团结友爱之情和庆祝丰收的喜悦之情。该习俗规定由六户村民做东,负责装扮龙头和龙尾,并且龙头、龙尾也由做东的六户人员掌舞,其他每户一节板凳,连接成长长的龙身,每节板凳上固定三瓣南瓜,再插上点燃的香火。最近几年田里板凳龙每次都超过100节板凳,有150多米长,场景蔚为壮观。

四、"板凳龙"守住右龙村的乡愁

板凳龙是第一批被列入国家级非物质文化遗产的民俗舞蹈,在我国重庆、广州等地也十分兴盛。右龙村自宋代起就舞起了板凳龙。为了使这一珍贵的文化传统得以传承,右龙村人可谓煞费苦心:一户一条板凳地保护着"龙身",每年的几大节日,都有舞龙活动,家家户户扛着板凳,穿着盛装出席。

美好乡村建设,要让居民望得见山、看得见水、留得住乡愁。乡愁要有具体的载体,右龙村便很好地保留了这个载体,即板凳龙。千百年来,这个偏僻的山村日出而作日落而息,保留了很多古老的世俗传统。村民王小好介绍说,过年时,在外谋生的都回来了,村人聚得最全,元宵节晚上是右龙村的"狂欢节"。

右龙村不仅有得天独厚的自然景观,更有自古沿袭的不得乱砍滥伐的乡规民约。正是这种严格的约束,使右龙村保住了苍茫林海,保住了珍稀树种。留住乡愁,体现的不仅是对诗意生活的守望,更是人与自然和谐相处理念的积极实践。右龙村因地制宜发挥自身生态优势,打造优质农产品,推动乡村旅游,体现尊重自然、顺应自然的理念。

右龙村守着那些竹海茶园,那些参天古树,还有板凳龙。不过村民说,村里外出打工的多了,舞龙的人越来越少了,年纪大的村民都舞不动了。为了不让右龙的板凳龙消失,村中新安源有机茶老总方国强让乡亲们种茶叶、磨茶油,让他们在家门口就能打工挣钱,他甚至给舞龙的村民发放补贴。方国强在带着乡亲们种茶致富的同时,还守护着右龙的古树、古亭、古道,让右龙的板凳龙年年舞起来。

齐云山道教音乐

中国早期道教的法事活动是对古代巫觋祭神仪式的承袭与发展，最初诵经为直诵，并没有发现有使用音乐的记载。道乐的使用大约开始于南北朝时期。传说北魏神瑞二年（415），寇谦之在嵩山遇到太上老君，授其天师之位，并赐《云中音诵新科经戒》，制定了《乐章诵戒新法》，于是产生了《华夏颂》《步虚辞》等最初的道乐音韵。道乐音韵大多是对神仙的颂赞之词，一般是五言、七言的诗歌词，一般根据法事的需要而定。

唐代是道教音乐发展的鼎盛时期之一。唐高宗曾令宫内乐工制作道调。唐玄宗也曾命道士、大臣献道曲，并亲自研作和教授道乐，著名的道乐作品《霓裳羽衣曲》就是这一时期的作品。唐玄宗还诏道士作了很多道乐道曲，他自己还作了《降真召仙之曲》《紫微送仙之曲》等道曲。唐末五代时期，道士杜光庭集前代道教斋醮科仪之大成，编辑了《道门科范大全集》，从而使得道教的斋醮仪式得以进一步规范。这时的道乐已由单纯的打击乐器钟、磬、鼓等，增加了吹管和弹拨乐器。

宋徽宗时期对道教斋醮仪式进行了修改、增补，并颁布了《金篆灵宝道场仪轨》426部，还选全国宫观道士进京学习道乐。我国现存最早的一部道乐总集《玉音法事》就是在北宋时编纂的，它用"曲线谱"的形式收录了南北朝、隋唐以来的词章和宋真宗、宋徽宗所制的赞颂50首。此时，丝弦乐已加入了道乐的行列，使得道乐的伴奏乐器日趋完备。

明初，朱元璋设玄教院统辖全国道教，下令清整道教，命道士编制斋醮仪范，建神乐观，置提点、知观等职，隶属太常寺，掌管宫廷祭祀活动和乐舞生，由精通乐舞的道士主领，乐舞生由征集的道童充任。

到了清代，道教音乐已包含有较丰富的地方戏曲、曲艺音乐的色彩，道教音乐向戏曲、曲艺倾斜的现象更为明显，更为随习俗近人情了。在明代道乐的基础上进一步流于世俗化的清代道乐，从总体而言，已由明代趋于规范而强化起来的共性因素，逐渐转向了各宫观道院道教音乐的个性化，呈现出道教音乐各具地方色彩的态势。

历史上还出现了《声无哀乐论》(嵇康著)、《乐论篇》(阮籍著)等具有道家思想的音乐理论,以及一些很优秀的道教音乐作品,如汉代的大曲《黄老弹》,唐代的法曲《霓裳羽衣曲》,明代收录的宋、元、明古琴曲《庄周梦蝶》《羽化登仙》《逍遥游》《八公操》等。

身为中国本土的宗教,道教至今已有一千八百多年历史,道教音乐是道教仪式举行时不可或缺的工具,用来烘托道教仪式氛围,使道教信众更加崇拜向往神灵。道教音乐萌芽于周代之前,是古巫觋祭神仪式中的迎神降神歌舞,从这个意义上来讲,道教音乐的萌芽远早于道教成立的时间,具有悠久的历史及研究价值。齐云山道教音乐因地域环境和历史发展因素影响,有着独特的徽州地域特色,探明齐云山道教音乐的地域特色,对中国道教文化研究有着重大意义。

一、齐云山道教音乐

安徽齐云山又称白岳,位于徽州盆地,黄山脚下,隶属黄山市休宁县,因其"一石插天,与碧云齐",故名齐云山。历史上有"黄山白岳甲江南"之称,是一处山光水色兼备、人文与自然相融的山岳风景名胜。齐云山地貌呈现典型的丹霞地貌特征,是与福建武夷山,广东丹霞山、金鸡岭齐名的丹霞风景奇观。明代大旅行家徐霞客曾两次游览齐云山,著有《游白岳山记》;清代乾隆皇帝巡游江南时盛赞齐云山"天下无双胜境,江南第一名山"。齐云山除了天开神秀的美艳景色,更拥有丰厚充盈的文化底蕴,它和江西龙虎山、四川青城山、湖北武当山并称中国四大道教名山。

齐云山道教始于唐乾元二年(759),道士龚栖霞从江宁云游到此,顿时被齐云山奇特山势景观所倾倒,决意留驻于此,成为齐云山道教开山鼻祖。南宋宝庆年间,道士余道元创建佑圣真武祠,供奉真武大帝。相传真武大帝云游四海,遍访名山,最后相中了齐云,要受这方香火。后来白鹤仙子知其心思引百鸟衔泥,塑成了玄帝神像,特别灵验,因而香火日盛,故有"玄帝香火,在均州曰武当,在徽州曰齐云"之说。明嘉靖以前,齐云山受湖北武当山影响较大,宫殿建筑、道规道制均仿效武当,有"江南小武当"之称。这时的道士为全真道士,提倡保元守一,不娶家室、不沾荤腥,又称清修道士。明嘉靖十一年

（1532），明世宗派江西龙虎山"正一嗣教真人"张天师到齐云山"建醮求子"，果然灵验，从此获得御赐山名并敕建"玄天太素宫"。自此以后，正一派逐渐成为齐云山道教的主流。正一派道士注重画符念咒，降福驱鬼，道士可以结婚，非斋期不忌酒肉，所以称火居道士。万历年间，天师弟子张国祥驻山焚修，代代沿袭，道业大振，道士队伍庞大至一百多人，每年法事150余场，常年不绝。后来，随着道教的衰落以及兵祸，齐云山香火凋零，民国初年国民政府曾一度整修齐云山，先后修复宫祠20余座，道院12座。中华人民共和国成立后，在"文革"期间，齐云山古建筑、文物等受到毁坏。1979年后，开始修复工作，直到现在。

与其他地区的道教音乐相比，齐云山道教音乐具有明显的地域特色，在其表现形式上更加符合徽州地区信众的审美标准，且在音乐内容上大量引入徽州地域文化，具有很高的研究价值。齐云山道教音乐是道教仪式中用来烘托气氛渲染教义的工具，根据道场活动仪式内容的不同，使用不同效果的音乐。齐云山道教在做武场法事时，配以锣鼓作为乐器，全体道士们在主坛法师的带领下，一边走着八卦步一边诵经祈福，整场气氛处于铿锵有力的节奏中；在做文场法事时，则配以锣鼓、唢呐、弦等乐器，道士站立在两旁，由主坛法师领唱，其他法师跟随轻和。

齐云山道教音乐内容繁多，二十五种活动科目每种都有与之相配的音乐，演奏的乐器也较为丰富，有锣鼓、木鱼、琵琶、琴、弦、唢呐等。隶属于弋阳高腔体系的安徽齐云山道家音乐，尤具有浓重的地域特色。这是由于齐云山道士多是徽州婺源人，所以齐云山道教音乐是传统道教音乐、婺源方言、徽剧曲调相结合的产物，随着齐云山道教的发展，不断补充完善，成为今天我们所听到的具有浓重地方色彩的齐云山道教音乐。

二、齐云山道教音乐的主要内容

历史上，齐云山道教先后经历了全真和正一两派，后来以侧重斋醮、符箓的正一派为主。齐云山道众一直以来不断对原有道乐曲谱进行整理补充，深入休宁、婺源等地农村采集整理散失部分。现如今，齐云山道场音乐主要由经韵音乐和曲牌音乐两部分组成。经韵名目繁多，主要有祝愿亡夫在阴曹地府平安无灾的《诸天科》，为超度产妇亡魂而做的《血湖科》，为儿女体弱多病祈求解除结（劫）难的《解结科》，求神保佑免遭火灾的《禳火科》，为亡父母灵魂祈求升天的《超七科》，为儿女祈求易长易成渡过难关的《过关科》，为求避免水火两灾难愿为善积德的《炼度科》，祈求神灵多生贵子的《百子科》，为新丧阴魂祈求十殿阎君舍罪解脱地狱之苦的《十王科》，为报答父母祖先恩德的《度人经》，广度水陆各路一切幽灵的《水陆科》以及秉承帝王敕命为沙场捐躯和天灾大难中众多牺牲者超度而举行的《罗天大醮》等二十五种，而正一派祖庭江西龙虎山据统计只有《清水安龙奠土科》《请圣科》《三朝科》《召亡科》等十四个科目。齐云山道教的曲牌音乐有《步虚韵》（含高步虚、绕坛三步虚）、《主云飞》《送饭》《送赦》《真香初炷》《大开门》等，虽然所占比例不大，但对其的运用却十分频繁。

和其他地方的道教音乐一样，齐云山道教音乐也由声乐和器乐两部分组成。声乐可以分"阴韵"和"阳韵"："阴韵"多用于户外或在斋主家中举行的科范仪式中唱诵，其对象包括信众和看斋的一般民众；"阳韵"一般在殿堂内部唱诵，其对象主要是持修道教徒及天灵地祇和各界神明。

声乐的形态也可以分为很多种，有吟诵、念唱、咏唱等。"吟诵"专用于诵念咒语，旋律性较弱，一个字对一个音，音域相对比较狭窄。"念唱"多在道士每天早晚课中，这种唱法音乐起伏曲折不大，音调平稳，旋律十分简单，没有什么拖腔，听起来似念似唱。"咏唱"则具有很强的歌唱性，旋律性最强，往往有法器、乐器伴奏。

器乐则可分为正曲和耍曲。正曲是由乐器或法器演奏的器乐曲，主要用于内坛阳事（祈福）斋醮科仪及外坛阴事（超度）斋醮科仪程序进行的中间，在转坛的时候演奏。耍曲的曲牌是吸收民间音乐发展而成，主要用于为俗民做道场，在开坛之前和收坛之后演奏，带有很强的娱乐性。使用的乐器包括锣、鼓、磬、木鱼等打击乐，笛、箫、唢呐等吹管乐，二胡、板胡等弹拨乐。

道乐的曲式结构也比较丰富多样，有短小的单乐段，也有较大较为复杂的单二、单三甚至多乐段，还有用不同曲牌联结的套曲。所用旋律都是以五声调式为主，旋律比较平稳，音域较窄，大多没有什么起伏。例如《步虚韵》首先是简单的鼓点，笛子在高音上由羽音滑到徵，随后是人声围绕角音清唱，归韵到宫，紧接着是所有乐器以及人声，旋律大都围绕宫、商、角这三个音，用锣、鼓等打击乐规范节奏,吹管乐器、拨弦乐器为伴奏,中间穿插单唱和齐唱,有一部分,先由一人唱,然后众人相和,就好像一问一答一样。整首曲子歌词并不多,念词用的是徽州方言,在旋律的带领下拖韵,波音夹杂其中,听起来似言似唱,清新典雅,庄严肃穆,让人仿佛进入一种飘飘欲仙的境地。

齐云山道乐历史悠久,有很多古谱,都是使用原始的"工尺谱"记载,比如道乐曲牌《三虎拜》:"六五乙工尺,工六工六尺,工尺上尺,五乙五六工,六六工六,五乙五六工……"在这一曲牌中,工尺五六就是该曲的动机,即中心旋律,以这一动机为中心,运用重复、发展、添加装饰音等手段,对其进行加工扩充,形成现在的曲牌。

正所谓道场音乐,道乐和道场是分不开的,齐云山道士将"做道场"称为"做事业"。在道场中担任较高职务的称为"高功""都讲",他们分别拿着降妖剑和柏枝仙水,其他表演者身着红、黄、绿、青、白(代表金、木、水、火、土和东、西、南、北、中)五色道袍。参与做道场的人数多则十四五人,少则七八人。

如《炼度科》中的"水火炼度",这是一种独舞形式的科仪,一般在庙宇、道院中做,或者在大户人家的大厅里进行。首先,道士们会对场地进行布置,厅堂上方要摆上东岳大帝神像,两旁挂着"君率群神五千九百人,掌管人间生死百鬼惊"对联,厅堂的中央放上一个火盆,称为"火兰"。火兰中点燃火焰,由一名道士漫步踱出,手里拿着五色彩纸,肩背松木宝剑,口中念念有词,围着火兰转。音乐以鼓为主,锣声附和、横笛、唢呐夹杂其中,小云锣不时衬托在其间。道士随着节奏逐渐加快速度,由转火兰转变为抛彩纸,跳火兰,边跳边唱,身体随着步伐左右摆动,口中时而高声大唱,时而高诵经文咒语。鼓点越快,道士神情越兴奋,动作越激烈,如醉如狂,动作粗犷有力。其他道众则在厅堂四周围坐念诵经文,贯穿于仪式始终。

齐云山道教在音乐中对锣鼓的频繁运用,甚至有些法事中只使用锣鼓配合着法器进行是其一大特点,这和当地音乐风格是分不开的。徽州音乐除地方小调外最具代表的就是锣鼓乐,这是为了适应婚丧、祭祀典礼等场合的需要。一些地方现今还保存的婚俗套曲中的曲牌《小开门》,在齐云山道乐曲牌中也有,而在操办红白喜事演奏的音乐之中,或多或少有机地糅合了一些道乐片段,使得音乐听起来有种超凡脱俗的感觉。科仪《破血湖》中融入源于佛教传说的徽州地方戏剧《目连救母》戏文,由道士分别扮作目连和刘金蟾母子,刘氏蹲在用纸糊成的血湖池畔,号啕哭唱徽州地方俗曲《十月怀胎苦》,目连则手持锡杖,口诵超度解罪经,围绕血湖池转圈。身着五色道袍的道士扮演五位灵官掌剑随后,锣鼓伴奏,经声唱和。最后,灵官挥剑毁坏血湖池,解救目连母刘氏,破地狱门,释放孤魂野鬼。这些都很好地体现了道教正一派音乐的地域性、民众性等特点。

三、齐云山道教音乐的基本特征

齐云山道教音乐在形成与发展的过程中经历了无数次的改革和演变,在原始道教音乐的基础上,还吸收了儒家与佛家思想,并结合徽州地区方言、民俗及地方戏曲,最终形成独具特色的齐云山道教音乐。对安徽齐云山道教音乐形态基本特征的解析,可以丰富我国道教音乐理论,为我国传统音乐研究增添新的亮点。

一是齐云山道教音乐的节奏特征。音乐的节奏是音乐形态的构成骨架,音乐在跳跃过程中音的长短强弱的不同构成了音乐的节奏。"在我国传统古典音乐中,一般将节奏称为'板眼','板'是指音乐运动过程中强拍,'眼'是指音乐运动过程中

休宁齐云山道教仪式

的弱拍……甚至中国由此产生一句成语:'一板一眼'。由此可见,节奏在音乐形态构成中的重要地位。"[1]

齐云山道教音乐既有传统道教音乐的音韵,又有着浓郁的徽州韵味,尤其是徽州戏曲的融入对齐云山道教音乐形态的构成产生了很大影响。齐云山道教音乐主要由声乐和器乐两部分构成,在音乐节奏上有着明显区别于其他地区道教音乐的特殊性。齐云山道教音乐在表演时频繁使用法器和锣鼓,这与徽州地区戏曲小调的影响有很大的关系。法器与锣鼓的使用既体现了中国传统道教文化,又体现了齐云山道教音乐节奏的特殊性。锣鼓乐的节奏

---

[1] 周善美:《齐云山道教音乐形态及地域特色探究》,《铜陵学院学报》2016年第1期,第101页。

特征是齐云山道教音乐节奏形态的最大特征,我们对齐云山道教音乐节奏的研究探讨,对我国传统古典音乐研究有着重要意义。

二是齐云山道教音乐的旋律特征。"旋律又被称为曲调,是建立在音乐节奏的基础上,对构成乐音的音高、时值和音量进行逻辑性的排列,由此构成有节奏、有组织的旋律。旋律是表达音乐情感的主要方法,人们通过音乐旋律可以达到音乐所要产生的效果,所以有理论说,旋律是音乐的灵魂。齐云山道教音乐曲牌最主要的是《步虚韵》,这个韵律是中国传统道教音乐流传下来的,至今仍然被广泛运用。但齐云山道教音乐在旋律上又有着自己的特色,齐云山道教教义更注重于'入世',所以融入了徽州地区的地方戏曲和小调,民俗性与多样性的齐云山道教音乐更加符合徽州地区信众的审美,由此也产生了区别于传统道教音乐曲牌的《大开门》《真香初炫》等韵律。"[1]

根据道场仪式活动的不同,以及在抑扬顿挫的旋律中不同的情感,无论是上扬、下扬还是平行等旋律的出现,齐云山道教音乐都呈现出神秘的宗教音乐色彩,给听众一种清新优雅古典大气的渲染力。音乐旋律是齐云山道教音乐的灵魂,通过道教音乐的感染与渲染力,增加了信众对神仙的崇敬与向往。同时,齐云山道教音乐旋律也丰富了中国道教音乐理论,推动了中国宗教艺术文化的发展。

齐云山道教音乐有着浓郁的地域特色,这与齐云山道教的发展,皖南地域文化及民俗风情有着非常紧密的联系。齐云山道教音乐一千多年的历史演变,是在传统道教音乐的基础上,集儒道释文化思想精华于一体,又吸收徽州地区地方音乐发展而来的。现在的齐云山道教音乐与其他地区道教音乐有着截然不同的音乐风格,其主要成因可归纳为以下三个方面:

一是道教内部教派的共融。在齐云山成为中国四大道教名山之一之前,这一地域的人民就信赖神仙方术,道教的传入使这一地域的人民很快接受。明朝,齐云山道教一度成为中国华东地区道教传教中心,由此可见,齐云山道教在历史上的繁荣盛况。明嘉靖之前,齐云山道教主要主修全真派,明嘉靖时期江西龙虎山正一派传入齐云山,至此,正一派取代了全真派,成为齐云山道教主要修行的派别。因齐云山道教在发展的过程中经历过道教的两大教派,所以齐云山道教可以说是这两大教派相融合的产物,所以在道教音乐内

[1] 周善美:《齐云山道教音乐形态及地域特色探究》,《铜陵学院学报》2016年第1期,第101页。

容上也集合了这两大教派的特色。

二是徽州地区民俗风情的影响。偏重于正一派的齐云山道教,扎根于徽州地区,更偏重于道教理念中的入世,主要为齐云山地区周围的俗民做道,所以在道教音乐韵律上吸收了徽州戏曲和地方小调,更加符合徽州信众的审美,相比于传统道教音乐更具有娱乐性质。婺源原是徽州一府六县之一,齐云山居住的道士多为婺源人,所以齐云山道家音乐用婺源俚语来演唱。

三是徽州地区传统文化的影响。徽州地区不仅有道教文化,儒家及佛家文化也在这一地区有着广泛的影响。齐云山最早的人类文化活动就是唐代中叶佛教文化的传入,刺史韦绶在齐云山设立的石门寺揭开了徽州地区佛教发展的帷幕,自此佛教文化开始渗入齐云山地区。儒家文化是中国传统文化,明朝时期,儒家文化发展达到鼎盛,主要是受以朱熹为代表的程朱理学的影响,徽州地区作为朱熹的故里,儒家文化已深深印入徽州人的脑海之中。齐云山道教音乐立足于徽州地区,在音乐内容上深受儒家及佛家的影响。

齐云山道教音乐地域特色最重要的表现就是音乐的俗乐化,锣鼓乐的使用使齐云山道教音乐具有浓郁的皖南特色。锣鼓乐是安徽传统民俗音乐,根据不同场合的使用编制不同的曲牌风格。齐云山道教音乐一般都使用锣鼓乐,在音乐创作中,根据道场仪式的不同,在传统道教音乐的基础上吸收地方曲调的精髓,如婚庆法事中就融入了锣鼓乐中的曲牌《小开门》。齐云山道教音乐集儒道释于一体,又结合徽州当地的戏曲,形成了独特的地域风格,同时体现了徽州地域文化特色,是徽州地域的文化瑰宝之一。

四、齐云山道教音乐与徽州文化

齐云山道教音乐现今仍然完整保留的曲牌已经不多,主要有《步虚韵》《大开门》《真香初炫》等。《步虚韵》起源于魏晋南北朝时期,既是中国古代祭祀参拜时用的音乐,也是宫廷乐曲的重要组成部分,是道教音乐最早的音韵体系。齐云山道教音乐采用传统的"工尺谱"曲调进行表演,神韵清幽,美妙非常,给道教信众强烈的渲染力、感染力,增加信众对仙境的向往与崇拜感,具有浓烈的宗教色彩的同时,也给中国古典音乐提供了重要素材。

自唐兴起的齐云山道教音乐是中华民族的文化瑰宝。但随着道教的衰落,齐云山道教音乐逐步失传。20世纪90年代安徽省道教协会詹达礼道长为了重塑道教音乐,专门去婺源聘请人到齐云山传道,整理道教音乐文化,道教音乐至此重新回归齐云山,并且在2008年列入第二批国家级非物质文化遗产。"齐云山的道教在道场活动方面非常完善,几乎可以满足信徒的所有祈求愿望,据统计齐云山道场活动科目多达二十五种,比如'诸天科'可以保佑信众亲属在阴曹地府顺遂安康,'解结科'可以给信众提供解除灾难的办法,'百子科'可以保佑信众早生贵子、多子多福,'过关科'可以保佑儿女安全度过病痛难关,'十五科'可以保佑新丧阴魂不受地狱之苦。"[1]

此外还有求神保佑永远平安的"报恩科""上帝科""祖师科",保佑父母长者生前福禄永寿、死后早超生的"慈悲科""超七科""救苦科"等。齐云山道士做道教法事时,根据法事内容的不同,吟诵经文及法事音乐,边唱边跳,整场法事似舞台剧一般。齐云山道教法事不仅是祈祷仪式的表演,更是对中国道教文化的传承与弘扬[2]。

齐云山道教音乐从特殊的角度反映了徽州当地的民间风俗、文化艺术,特别是音乐文化等,对徽州文化的研究有一定的参考和借鉴价值。齐云山正一派道教音乐经过一千多年的历史演变、传承发展,不断进行补充完善,已经成为我国传统文化的一个重要组成部分。道教发源于中国,历史悠久,其音乐在中国宗教音乐中占有重要地位。道教音乐与中国传统音乐也有很深的关系,对民间音乐的发展有一定的影响。

综上研究发现,齐云山道教音乐在传统道教音乐基础上吸收了儒家、佛家的思想精华,又结合徽州婺源俚语和地方民间小调戏曲,最终形成了地域特色浓郁的齐云山道教音乐风格。研究齐云山道教音乐对丰富中国道教音乐理论,拓展中国传统古典音乐研究有着重要意义,对当前中国音乐发展也有着借鉴价值。这朵深藏山野民间的音乐之花正在向着俗乐方向发展,更加符合普通大众的欣赏习惯。然而,随着市场经济体制改革不断加快,齐云山音乐传承的特殊性以及其他方面的原因,事实上已经造成许多道曲经韵曲牌失传。保护传承齐云山道教音乐,一方面需要齐云山道教音乐自身与时俱

[1] 周善美:《齐云山道教音乐形态及地域特色探究》,《铜陵学院学报》2016年第1期,第100页。

[2] 周善美:《齐云山道教音乐形态及地域特色探究》,《铜陵学院学报》2016年第1期,第100—101页。

进、改革创新;另一方面要积极做好与各学科各领域间跨界融合,实现传统音乐元素与现代审美意识深度融通,特别是将地方音乐元素与现代作曲手法技术融合,各派音乐融合以及民间艺术与市场经济融合。同时,也需要地方政府遵循国家保护非物质文遗产工作方针与基本思路加以重视和扶持。这将有利于理论与实践相结合,在传统与现代之间找准市场切入点,改良、创作出符合市场审美需求的齐云山道教音乐。惟其如此,齐云山道教音乐必将得到进一步开放繁荣发展[1]。

[1] 黄山市文化局编:《黄山民间器乐曲集》,1993年油印本,第65—66页。

隆阜抬阁

隆阜抬阁是徽州屯溪具有民间特色的传统民俗舞蹈,距今已有400多年的历史。隆阜抬阁经过几百年的流传,具有深厚的群众基础。

一、徽州抬阁的渊源

抬阁是旧时民间迎神赛会中的一种游艺项目。在木制的四方形小阁里有两三个人扮饰戏曲故事中的人物,由别人抬着游行。清二石生《十洲春语·掆余》:"郡城于四月望赛元帅会……更以行院姣女,饰之绣绦画茧,绿缞红兜,扮演故事,谓之抬阁。"鲁迅《朝花夕拾·五猖会》:"其次是所谓'高跷''抬阁''马头'了;还有扮犯人的,红衣枷锁,内中也有孩子。"

抬阁最早的雏形是在民间的祭神活动中,用家用的方桌两边绑上1丈多长、3寸粗的两根木制抬杆,抬杆的两梢头部位再绑上3尺多长、2寸粗的横桄,横桄的中部再绑上抬杆,方桌上立着的神灵牌位和猪、羊、香炉、蜡烛等祭品,由4个人抬着,沿街庆贺,以还凤愿。随着时代的发展,经济的繁荣,民众感觉到用原来的办法显得单调且没有气派,也不合时宜,便改制成有专用抬阁底座。底座似方桌式样,但比方桌大,它的边长约4尺,高约3尺,四角有4根3寸粗的底座腿子,底座上面还设置了古建筑式样的过厅造型,在过厅里塑有神像,神像两旁站立两个手持拂尘的侍童侍女,神像前摆放着猪、羊、香炉和蜡烛等祭品。抬阁底座两边绑有两根长约1丈、粗约3寸的木制抬杆,抬杆两梢头绑有长4尺多、约3寸粗的木制横桄,横桄的两头部位绑着抬杆,这时抬"抬阁"的人已增至8人。在活动时,抬阁前面还配置了唢呐吹奏和锣鼓队伴奏,这时的抬阁比过去的走阁在形式编排上已有了民间文艺的特征,已接近现时抬阁的规模和样式。

徽州抬阁的渊源大概可以追溯到明清时期。当时徽商鼎盛,民俗活动格外热闹,徽州百姓想着法子活跃大小节日气氛,徽州抬阁应运而生。加之古徽州的地方戏曲徽剧历史悠久,剧目丰富,家喻户晓,为徽州抬阁的表演提供了生动的参照,所以古时徽州抬阁也被称作"抬戏"。徽州抬阁有点类似于游行队伍中的人物造型彩车,但"抬阁"之"抬"名副其实,它是用人抬着行进的,因此上边的人物造型所独具的颤颤悠悠的律动美感则是彩车所无法比拟的。"抬阁"的"阁"指的是民间工匠精心设计制造的木质框架,以规模及剧情不同分为二层阁和三层阁两种,阁体外面按剧情需要彩饰成亭台楼阁、石桥彩虹、山川、渔船、云端或花卉等,虽层层叠叠,但却浑然一体、相得益彰。各层阁体上均有柔性支柱,巧妙地隐立于阁体彩物间,装扮成各种戏剧人物的孩童,或站或坐或悬空于这些支柱上,彩服则巧妙地将支柱遮掩起来,孩童便有亭亭玉立之感。常见的徽州抬阁戏曲人物造型有《白蛇传》里的"水漫金山寺",《西游记》里的"孙悟空三打白骨精",还有"桃园三结义""打渔杀家"等。近些年来,随着黄山市旅游事业的发展和旅游资源的挖掘,也有将戴震、朱熹、陶行知、黄宾虹等徽州历史名人用作人物造型的,可谓徽州抬阁的推陈出新之举了。

二、昔日繁荣的隆阜码头

屯溪西北郊的隆阜村是一个有近两千年历史的徽州古村,它位于黎阳镇。这里历史悠久,207年设犁阳县,晋改犁阳为黎阳。"两江交汇,三省通衢"的地理位置,使黎阳千年来成为皖浙赣边陲商业中心之一和新安江的码头重镇,有"明清的屯溪,唐宋的黎阳"之说。

隆阜村北临横江,南傍茅山,田畴沃野,交通便捷。凭紧靠徽州商业重镇屯溪之便利,又位于新安江上游两大支流之一的横江水运航线"屯渔线"(屯溪至黟县渔亭)必经之地,早在宋代这里就商业隆盛,民生富裕。至明清时期更是店铺林立,临江而建、石板路面的"隆阜街"(今称"隆阜老街")十分热闹。当年的隆阜古街首先是一条热闹繁华的商业街,从隆阜东边村头开始,依次分为隆阜下街、隆阜中街、隆阜上街,沿街店铺一家连一家。

过去婺源、祁门、黟县,从江西方向过来前往苏杭上海的,或者从苏杭上海方向回来的旅客商人都要从隆阜正街上经过,所以这里原来店铺作坊鳞次栉比,来往客商或在这里歇脚聊天,或在这里饮茶吃饭,或在这里等船住宿。隆阜的街道还有一个特色,就是亭子很多,每隔一段路就有一个亭子,功能之一是为了让旅客歇脚避雨。村民们茶余饭后也可以在这里聚会聊天,冬天晒太阳,夏天乘凉避暑。这些亭子有一个特点,每个亭子都有门,入夜之后,门都会关闭。一个个亭子就成了一道道关卡,这是为了防盗。在上、下街,各有巷弄石阶通往横江船运码头。每个埠头和街口之间,竟有两层石库门,每一个门洞都有门,入夜也能关闭。遗存至今的坚实的麻石台阶,仍可让人想见当年的繁忙景象。虽然现在一个亭子也见不着了,但中街的码头通道台阶上,则还保留了当年过街楼的痕迹,现在还能看见埠头门洞为装门插、门轴以及门闩留下的凹坑。

传说隆阜得名就是因这里地气昌隆,势高如阜之故。戴、吴两家世代聚族而居此地,还有江氏、曹氏、罗氏等姓氏。隆阜村历史上外出经商者很多,其中不乏富商大贾,都在故里建有豪宅深院。"曹家花园""大铁门""七房厅""太和堂"等著名的明清徽派古民居,虽然经过漫长岁

屯溪隆阜抬阁

月的兴衰更替,有的已名存实亡,有的已破败不堪,却还在向人们透露出昔日隆阜古村的鼎盛辉煌,并永远烙印在人们的家乡记忆之中。

隆阜是徽州戴氏的祖源地之一,"隆阜戴"最为兴旺发达,代出闻人,子孙后裔遍布海内外,成为声势显赫的"新安望族"。隆阜地灵人杰,历代名人辈出,仅明清两代就有17个进士,其中有状元、榜眼各一人,仅清代就有丹青名家戴省、戴文英、戴思望等。迁居江西的隆阜人戴衢亨官至兵部尚书,与父、叔、兄相继入翰林,为乾隆、嘉庆年间朝廷重臣。乾嘉学派代表人物戴震,更是中国历史上的著名思想家。古街上辟有"戴震纪念馆",现为安徽省重点文物保护单位。另有戴震读书处、洗砚池、戴氏祖祠等遗迹。

三、隆阜抬阁久负盛名

抬阁,又称抬角,流行于休宁、屯溪等地。隆阜抬阁的渊源大概可以追溯到明清时期,清初赵吉士《寄园寄所寄》、清嘉庆《休宁碎事》《休宁地方志》

《屯溪地方志》对隆阜抬阁当时出游的盛况都有记载。《寄园寄所寄》记载："明万历二十七年,休宁迎春,共台戏一百零九座。邑东隆阜戴姓更甚,戏场奇巧壮丽,人马斗舞亦然。"清嘉庆《休宁碎事》记载:"万历二十七年,休宁迎春,共台戏一百零九座,台戏用童子扮故事,饰以金珠缯彩,竞斗靡丽美观也。"当时盛况由此可窥一斑。这里说的台戏,不是今天传统意义上的台戏,而是指自宋元以来,流传于徽州地区的一种传统民俗艺术——抬阁,尤以戴震故里黎阳隆阜的抬阁最负盛名。

隆阜抬阁经过几百年的流传,具有深厚的群众基础。老一辈的说起当年出游演出的盛况,依然津津乐道,意趣无穷。出演时,既有锣鼓伴奏,又有小演员们结合所扮演的角色和人物特点做出多种表情,活灵活现。两者做到珠联璧合,相得益彰。节目引人入胜,表现形式较为完整,观赏性极强。

抬角就是抬着戏剧角色,抬阁则是抬着小戏楼。现在制作抬阁时先制一个直径4尺的六边形桌面,桌面下装4根高2尺多的桌腿,桌面上再装6根2米高的柱子,柱子上制6根横梁,将6柱互相连接,上面再制作有出檐、挑角、瓦棱、兽头的六角形凉亭,底盘部(桌面)周围制作高1尺多的栏杆将底盘边沿围起。底盘两边绑2根长1.5丈的抬杆,抬杆两头绑上横桄,然后再拴上抬杆。抬阁共分上、中、下三层,将俊俏儿童装扮成一出出戏剧故事造型,安置在三层抬阁上,底盘由四至八名彪形大汉抬着。抬阁的四周用彩纸扎成龙、凤、鹤、祥云、水花等彩灯,巡游时彩灯内点燃蜡烛,映衬着穿着鲜艳服装的儿童的生动面容,显得妙趣横生,远远望去,又似仙童下凡。抬阁上的人物不演不唱,但鼓乐开路,锣钹断后,一拨人马浩浩荡荡,热闹非凡。抬阁一般为四架抬阁,多时达六架、八架。

隆阜抬阁由于造型特殊,一般挑选六七岁男女儿童当演员,抬阁由一架一米见方的木制平台为基座,用铁架作为演员的空中二、三层立足点。隆阜抬阁惊而不险的关键有三个。一是支撑儿童的铁架不仅坚固,还轻巧,满足不同造型要求。同时利用道具和表演者的衣服饰品等遮掩架子,铁架一头固定在抬阁上,另一头绑在孩子一条腿的内侧;铁架到裤裆处有一小坐垫,可骑在上面,再往上铁架则弯成了一道弧形,正好围住小孩子的腰部。这样,扮演各种戏剧角色的小孩就稳稳妥妥地在铁架上,万无一失。观看者看不到架身,如同表演者真的站在空中一样。二是在抬阁阁体的底层空间里,堆放着一块块大小不等的石头。正是这些石头对高大的抬阁起到稳定和平衡作用。巧妙安置石头的位置和数量,成了检验一个抬阁制作师傅水平高低的标准。三是在"阁"旁,随行者手持长叉,这些长叉除为表演者传递道具外,也用于维持架子平衡。

徽州抬阁是由4个或更多青年汉子肩抬杠子前行,前、后各二人,头扎白羊肚头巾,身穿白布内褂,外罩黄色背心,精气神儿十足。抬阁左右侧另有两位同样装扮的青年汉子,他们既是抬阁手的替换者,又是抬阁的护卫者和开路者。他们往往手执长长的钢叉,以便随时挑开沿途低垂的横幅或拨开路旁大树斜伸的枝丫,使高高的抬阁不至于受阻或损坏;在休息时还可以给在上面的孩子借力,减轻他们的疲劳。

担任抬阁人物造型的孩童都是在全乡全村精心挑选出来的,既要扮相俊秀,又要体形轻巧,还得有吃苦耐劳的精神。即便条件如此苛刻,每次选人时家家户户仍是十分踊跃。

徽州抬阁常常是一连出动四五座,鱼贯缓行,招摇过市,加之每座抬阁前边都有一班鼓乐吹吹打打,营造着与抬阁上戏曲故事相一致的气氛,固定的抬阁造型立即在人们脑海中活化成戏文故事,如此流动着的露天舞台之美妙享受,实在是只可意会不可言传。

隆阜抬阁原是农村群众性的文化娱乐活动,中华人民共和国成立前是由隆阜老艺人组成一个抬阁会,有抬阁八架套,到1959年还保存了六架套,服装、道具、行头共有六大箱。隆阜抬阁以它自身的艺术性、娱乐性成为村民用于村头广场、街头巷尾的一项自娱自乐的民俗表演活动。隆阜抬阁以老艺人身传口授的方式,一代一代地传承下来。隆阜抬阁参加过第一届中国山水节、第九届黄山国际旅游节暨徽文化节和第六届国际民间文化节的开幕式演出,获得了广大观众与中外艺术家们的一致好评。演出的保留节目有《西天取经》《哪吒闹海》《梁山伯与祝英台》等。目前隆阜抬阁的传承单位主要是屯溪区隆阜村,主要代表性传承人为余明发。20世纪80年代中期,隆阜退休教师余明发联系一批老艺人利用业余时间,回忆原来抬阁的样式,并设计抬阁的尺寸及各种戏剧人物,为黎阳抬阁的延续发展做出了贡献。

四、隆阜抬阁——一项不可多得的旅游资源

隆阜抬阁经过几百年的流传,具有深厚的群众基础。隆阜抬阁集历史故事、神话传奇于一体,融绘画、戏曲、彩扎、纸塑、杂技等艺术于一身,充分展示了徽州地区汉族民间艺术丰富多彩的态势,技巧与难度并重。老一辈的群众说起当年出游演出的盛况,依然津津乐道,意趣无穷。隆阜抬阁的表演技巧简洁,便于学习与掌握,只要有民间的艺人传帮带,后来者就能一代一代地传下去。隆阜抬阁来自民间,具有广泛的自娱性,群众较为喜爱,在一些现代的、外来的娱乐形式广泛普及的现代社会,恢复民间的传统的艺术形式是一项十分有益的工作。

隆阜抬阁集传统文化与现代文化于一体,利用表演摆出的不同造型,反映当时的文化精神,体现了徽州文化的博大精深。隆阜抬阁传统造型剧目有《西游记》《白蛇传》《梁山伯与祝英台》《哪吒闹海》等,近年又创作了《戴震还乡》以纪念一代宗师。这些演出的剧目陶冶着人们的情操,给人们以精神愉悦。隆阜抬阁内容丰富、形式多样,具有重要的艺术价值和研究价值。黄山旅游事业蓬勃发展,自然景观与人文景观非常丰富,黄山各地景点每年接待大量的游客。但是,各大景点缺少动态的具有一定地方特色的民间民俗文化活动,如能将隆阜抬阁的表演与旅游结合起来,既能丰富景点的旅游项目,又能吸引游客参与其中,提高黄山市旅游景点的文化品位。隆阜抬阁是一项不可多得的旅游资源。

第四章　婺源县民俗

　　婺源县原隶属徽州,现隶属于江西省上饶市。唐开元二十八年(740),析休宁县回玉乡和乐平县怀金乡之地,建立婺源县,治清华,隶属歙州。元和七年(812),又划乐平县丹阳乡归婺源,汉长沙王吴芮墓时亦随石老山(今名"鸡山")移入婺源版图。天复元年(901),婺源县治由清华移至蚺城。民国二十三年(1934)划入江西省第五行政区。民国三十六年(1947)划回安徽省第七行政区。1949年5月1日,复由安徽划归江西上饶管辖。有景婺黄、景婺常两条高速公路穿境而过,京福高铁纵贯南北,九景衢铁路横亘东西。婺源县属于国家级徽州文化生态保护区,先后获得中国旅游强县称号。

　　虽然从地域上来说,婺源县已归属江西省,但从民俗渊源和呈现方式来看,它的源头始终是徽州一脉。全县非物质文化遗产项目有国家级5项,省级12项,市级16项,县级40项。徽州很多民俗活动都与汪华有着千丝万缕的联系,婺源县也不例外,比如"虹关板龙灯""段莘十八祭祀汪华""坑头十八抬汪公"都与汪华有关。又如"甲路抬阁"的戏剧场景,牵涉到徽剧的音乐文武场、唱腔曲牌、服装行头、生旦净末丑造型等戏剧所有行当与内容,多为群众喜闻乐见的戏剧场景,百姓以此了解了古代忠奸美丑、善恶报应的故事。这些对于人的教化,对维护社会和谐稳定,有着不可估量的潜移默化的作用。

虹关板龙灯

在中国,元宵节迎灯是最常见的过节方式。仅婺源一邑,元宵节迎灯的村落至少得有百八十个,而婺源虹关村元宵节的"板龙灯"在徽州乡村民俗活动中却独具一格。

一、虹关板龙灯的时间及制作

(一)虹关板龙灯的时间

虹关板龙灯从正月十三开始,持续六天,到正月十八晚上结束,板龙灯要迎舞三场。正月十三开始舞龙,称"起灯",正月十五迎舞第二场,至正月十八晚上为最后一场,称为"圆灯"。元宵节迎灯是婺源虹关的大事,全村每户都要参加,每户一板。有出门在外不能赶回家的,或者临时有事参加不了的,需要出钱请青壮年男子代替,否则就被认为是"绝户"。

(二)虹关板龙灯制作工序

虹关板龙灯的制作工序比较复杂、繁琐、细致,现就其龙头的"扎架""裱糊"两大部分数道工序作一简述:

一是"对篾"与龙头、龙尾。扎制龙头、龙尾的竹篾有经篾、纬篾,粗篾、细篾之分。先用粗篾做龙骨扎好龙头、龙尾的大致形状——龙头、龙尾架,然后再用细篾扎制完成。考究的是:扎制时要用同一竹片上取下的两片篾(俗称"对篾"),分扎在龙头、龙尾左右两边的相同部位,这样才能使龙头、龙尾左右对称、威武。完成一副好的龙头架、龙尾架,至少得3个人费时两个月。

扎好的龙头必须高耸翘起,前额有一个凸起的"王"字,并且龙头要有平服而微鼓的龙面颊。龙嘴要求上下颌能微微上下活动。龙嘴中衔一彩球,彩球由大、中、小三种篾圈交叉扎就,自然形成36片柳叶状部位。所有柳叶状部位要用36片白纸裱糊,并绘36种不同的动物与植物。龙头"前钗"(两大触须)要扎成横截面为正三角,展开长丈余,且径面由小到大再由大到小,并相拱在"龙头"上颌之上,且尖端相交。龙角在龙头后脑勺连接,呈大致圆柱状,从大到小、斜向后弯曲伸出。龙冠、龙眉毛、龙嘴角毛都得细致扎好。此外,还得扎好龙头上颌前端倒挂的蝙蝠,用于"戏球"的灯笼,和衔在龙嘴中的圆球,以及挂在眼眶中两个圆柱状灯笼——龙睛。龙睛是横挂着的两个红色圆柱体灯笼,里面点有蜡烛,行走时龙睛转动自如,炯炯有神。

二是开"火门"的裱糊。龙灯的裱糊是精熟的裱糊技术、装饰艺术、绘画手法和剪纸技能的综合性工程,需3个人花费半个月以上的时间才能完成。首先在龙头、龙尾正身糊上透光性能好的白纸。龙面颊则用深绿色的纸按其形状裁好、剪空,贴上专门绘制的大小面颊、祥云图案再裱糊。龙头、龙尾的其余部分及各个部件,均用相应的红、橙、黄、绿、蓝、黑各种有色纸糊裱。要在龙头、龙尾的棱角部位贴金边,在贴白纸部分绘龙鳞、祥云等图案。待开好点蜡烛的"火门"后,龙头、龙尾扎制方告竣工。

三是龙头、龙尾的修饰。庞大的龙头、龙尾可寄托人们的美好愿望。表现手法或寓意、或暗示、或直白,有造型、有绘画、有剪纸。龙额上两支威武的龙骢直指前方,交叉处结一盛开牡丹纸花,代表富贵。鼻头停留一竹制纸饰蝙蝠,两翅伸向额头,代表福到。四个尖锐的龙齿上分别写一草书"虎"字,以增其威武。龙面颊两侧绘有四幅精美的水彩工笔画,内容分别是"双凤朝阳""鸳鸯戏莲""喜鹊登梅""加官晋爵",其寓意不言自明。龙的上下龙唇分别用香头灼出八仙所用"八宝"图,承载着人们对吉祥长寿的向往。龙面颊上

婺源县板凳龙道具

方、龙角下方绘有两只佛手、两只寿桃,寓意福寿双全。龙角伸向后方,末端圆圈分别剪贴"日""月"两字。龙嘴中含有一个用28个大小不等的篾圈缚成的竹球,球上写有"四季平安"或"五谷丰登"等吉祥语句,其意自明。此外,龙嘴上颌前端的蝙蝠灯,龙嘴下颌唇边的"八仙宝贝"刺孔及用红、黄、蓝、绿、黑

五色蜡光纸贴的龙须、龙头后身及龙尾上的龙冠、龙鳞、祥云等图案无不精彩。

二、虹关板龙灯活动程序

迎舞板龙灯是对扎制龙灯质量的检验。

(一)催灯催半天

所谓催灯,就是催促全村各户做好迎灯准备。催灯要进行三轮,时间分别在未时(一点)、申时(三点)、酉时(五点)。用过中饭,开始催灯。催灯时两人用一根系有红布的木棍扛着两面直径约二尺的大锣,手执一柄大布锤敲锣。三轮催灯,均以玉堂仙吏大厅屋为起点,向上沿虹关里路到村头,接着沿虹关外路(即徽饶古道)向下,到村末经"永济茶亭"到虹关詹氏宗祠(惇彝祠)大门前休息片刻,接着沿虹关中路向上经"万安水池"转至虹关里路回到玉堂仙吏大厅屋结束一轮。

三次催灯敲锣声的频率是不一样的:第一次,催灯人每十步敲一声锣;第二次,催灯人每五步敲一声锣;第三次,催灯人一步一敲锣。

(二)龙灯连接规则

第三次催灯锣响过,时间已近傍晚六点。各家板灯均放在厅堂八仙桌后沿,点燃一斤重的大蜡烛放入灯笼中,祭拜祖宗后扛灯出家门去连接龙灯。各户板灯均按自己抽阄的次序依次连接,接灯时将自家灯板前端放在前面一家灯板尾端下方,后端放在后面一家灯板前端上方。自古一句"扛着别人的灯,照看自家的灯",将连接龙灯的规则讲得一清二楚。

自古婺源县春节期间的灯会便是十分热闹的,理坑村"天官上卿第"门口道路上,有道光二十七年(1847)正月刻立的衍庆堂示碑,内容就与春节期间的灯会有关。碑刻为青石镌刻,虽然这块碑铺了石板路,但是石质坚硬,除了少量字迹磨损以外,碑文比较完整。现将碑文整理如下:

衍庆堂示

为祖酬神等事。缘村递年于二正月十一、十三、十五等夜三大房兴灯敬祖，嗣于十六、十七、十八等夜各会演戏酬神，旧例相沿由来已久。惟是二事日期相近，各家每于十五夜灯事未毕，辄行搬搭凳桌预备观戏，有碍灯行。今集四大房公议，嗣后每年元宵灯事以前，毋许预搭凳桌，必俟十六日天明后方准凳桌入祠。如违除毁碎外，仍行罚，倘有横不遵，公同呈究不贷。

道光二十七年正月　日

四大房支众：绮卿、赞贤、寿维、瑞符

仲辉、士希、逢照、可贞

万蕊、春田、成五、兴□

新孝、□□、肃夫、□□[1]

原来这是一块关于春节期间嬉灯唱戏维持秩序的碑刻。现在村中还有两块衍庆堂示禁的碑刻。由此可见，衍庆堂是宗族社会统治者的一个管理机构，是一种权力的中心和权力的象征。

当地人告诉我们，1972年衍庆堂拆除做了小学。这块衍庆堂示碑说的是理坑这个地方在道光年间，每年的正月都要嬉灯唱戏以敬祖酬神，规定正月十一、十三、十五等夜三大房兴灯敬祖，然后于十六、十七、十八等夜各会演戏酬神，这种民俗相沿由来已久，只是这两件事情日期相近，一些人家每每为了抢占好的位置，在十五夜灯事还没有结束，就搬搭凳桌，预备观戏，这样有碍灯事进行。为了维护良好的社会秩序，使春节民俗活动有条不紊地进行，宗族集合四大房在一起商议决定，从今以后每年元宵灯事以前，不准许预先搬搭凳桌，必须到了正月十六天明以后才能准许凳桌入祠，如果故意违犯除了毁碎以外，还要进行惩罚，如有恃横不遵一定共同严惩不贷，并有四大房的绮卿、寿维、仲辉、万蕊16名代表签名立碑。这块碑刻可以说是我们研究徽州春节民俗活动一个很好的历史资料。

（三）祭龙头后再起灯

在各户连接灯板时，玉堂仙吏大厅屋前坦上四角洞门内外已热闹非凡，

---

[1] 陈琪：《徽州戏曲文化研究——以历溪为例》，合肥工业大学出版社2017年版，第113页。

此时正在进行祭龙头仪式。仪式开始,主持人简短讲话,并介绍本村两位高龄老人的名字。接着请他俩主祭龙头,点龙睛。祭龙头仪式结束,龙尾便迅速向后,去连接处在最后的一板灯。片刻,三声"天地炮"响起,主持人高喊"起灯",舞龙头的三个壮汉便猛地将龙头向上撑起,将龙头对着厅屋正门三拜,便起身小心翼翼穿过洞门,沿虹关里路向上,迎灯开始。

(四)绝妙功夫耍球灯

戏逗龙头的球灯,是用大小不同的100多个篾箍扎成。其中形成的十个圆面,除上下两圆穿置灯笼夹板,其余的八个圆面分别贴有用在白纸上画的牡丹、芙蓉、鸡冠、玫瑰等大型花朵的吉祥图案。其他部位则配用红、绿、蓝、紫纸。球灯通体透亮,色彩缤纷。球灯是迎灯队伍的先导,舞这个球灯的人要练就一手绝妙功夫,手执球杆不断上、下、左、右翻滚,夜色中不见球杆只见球,真是漂亮。

(五)两支乐队伴龙行

球灯之前,是一个大灯笼照着的锣鼓队。锣鼓队由四人扛的两面大锣、二人扛的一只大鼓、一副脸盆般大的大钹,及小锣、小钹和小鼓组成,一路上高亢的锣鼓声响彻云天。龙尾后跟着另一支锣鼓队。球灯之前的锣鼓队,讲究的是锣声亮鼓声响;龙尾后的锣鼓队,讲究的是演奏清脆悦耳的曲牌。

(六)迎灯变舞龙

当龙灯到达水龙庙前的下沙丘田边时,球灯便一溜烟冲入下沙丘田,并

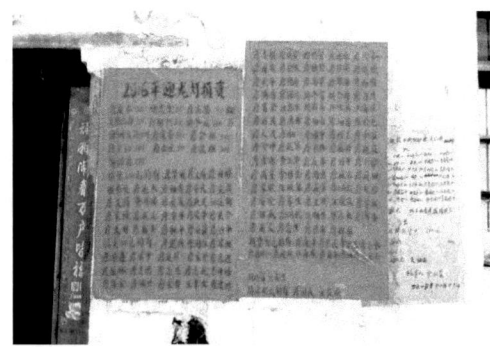

从远处翻滚戏逗而来。龙头也随之进入下沙丘田,由球灯引导,进行第一次打旋(盘龙)。龙灯在田里盘旋六七圈后,龙头位于整条龙的中心,龙尾在外围紧靠龙身。当龙头正对龙尾时,龙灯停下(虹关龙灯有一规定,龙灯必须在盘旋后方可歇下,每次歇下时,龙头

舞龙收支账目公示

必须对着龙尾，即所谓"龙头搭龙尾"，寓意有头有尾的圆满）。这时给龙头、龙尾换蜡烛。换烛完毕后，只见球灯又高高飘起，龙头随之舞动，在球灯引导下反向从中间旋出（俗称"反翻蛇皮"）。此时只见一圈一圈的板灯一圈向左，一圈向右，交错移动，煞是壮观。加之此时锣鼓齐鸣、爆竹冲天，响声不绝，观灯者簇拥在田边、街边，小孩子手中提着家中自备的兔灯、腰鼓灯、五星灯骑在父辈肩上，人山人海，叫好声不断，热闹程度到达顶点。突然龙头又掉转方向插入圈中再一次"翻蛇皮"（俗称"正翻蛇皮"），直到龙头旋入一圈圈龙灯的中间，龙尾在最外层。当"龙头搭龙尾"时，再次歇下。片刻后，龙头舞动再一次翻出，等龙头到最外层、龙尾灯在最内层后，球灯将龙头引上街，继续沿虹关外路向下行进。龙灯每到一处，各家各户都在门口放爆竹接龙，自是一番家家喜气洋洋的盛景。

三、虹关板龙灯的祭祀活动

（一）迎灯途中拜汪华

龙灯出村经村头至周王庙、清泉庵，向虹关人的老祖居地宋村行进。出村后的这段路，所有迎灯的人不得大声讲话，不打响子，不放爆竹，不打锣鼓，整条龙灯缓缓而行，显得庄严肃穆。当龙灯从宋村村头一条横道出来，龙头正对着虹关村对面白头翁尖山头时，龙头便向白头翁尖叩拜三下。据传，白头翁尖是越国公汪华的出山之地。朝拜完毕，龙灯沿大道回村。此时与来时的肃穆气氛截然不同，只见龙灯行进速度加快，显得精神抖擞、意气昂扬。一路上鞭炮齐鸣，锣鼓声大作，迎灯人的响子声此起彼伏。

（二）"绕祠堂屋柱脚"拜祖宗

虹关迎灯的又一个重要仪式，是龙灯在詹氏宗祠的朝拜。这时的虹关詹氏宗祠各处灯火辉煌，龙灯在球灯引导下缓缓进入祠堂正门。如果板龙灯为108板，则从石板大道右边行进，依次穿过下堂、正堂、后堂，然后从左边穿过正堂、下堂到达宗祠正门前，此时龙尾刚从祠堂正门进入到达下堂台阶，正好龙头搭着龙尾；如果板龙灯为120板时，龙头就须绕过正门右边罗汉树进入祠堂,从正门左边绕过桂花树回宗祠石板大道,刚好也在下堂台阶前搭着龙尾。此时板龙灯歇下,龙头、龙尾第二次换蜡烛。换蜡烛后,龙头向着祠堂安放祖先牌位的寝堂行三拜礼。拜毕,龙灯掉头缓缓走出祠堂正门。这一仪式,虹关人称"绕祠堂屋柱脚",寓意告慰祖先:人丁兴旺,子孙绕膝。

"绕祠堂屋柱脚"后出祠堂,板龙灯朝西沿石板路行进,经汪帝庙前门到社公坛,再经汪帝庙、庵堂后边小路回到虹关中路,并在玉映堂左边的"麦禾田"(地名)中再次盘龙。又经两次正、反"翻蛇皮"后驰上虹关中路。此时要求所有人保持肃静,不放鞭炮、不敲锣鼓,龙灯缓缓地、静静地从虹关中路上行,经万安水池转虹关里路慢慢地进入玉堂仙吏大厅屋,进行最后一个仪式——拆灯。

据84岁高龄的虹关村詹庆德老先生说,虹关元宵节"板龙灯"曾经轰动上海。当时,婺源人在上海的墨业生意红红火火,尤其是善于此道的虹关詹氏墨号,更是财源茂盛。这年,由虹关詹方寰、詹大有等墨号老板倡议,在上海举办一场虹关板龙灯表演,所有虹关墨业老板们都热烈响应,并成立了临时灯会。他们不但出人、出物、出资,还出面,与詹大有墨号老板一道,就秩序维护等细节,同上海衙门积极沟通……

各墨号以虹关传统定式制作了灯笼、灯板,临时灯会不仅制作了龙头、龙尾和球灯,还为各墨号制作了统一的灯牌,灯牌上有"××墨号祝国泰民安""××墨号祝沪上繁荣昌盛""××墨号祝阿拉上海人丰衣足食"等祝福语。这些灯牌与街头各式店铺招牌相映衬,由于灯牌是游动的,因而灯牌上的祝福语比店铺招牌更醒目。

正月十五夜,欢乐洋溢在每个婺源人的脸上。那些迎舞板龙灯的,都是婺源的老板和员工,他们怀着自豪的心情在上海展示家乡风物,舞在上海大街小巷中,按照各自老家的规矩,龙灯经过家门时,放着鞭炮夹道相迎以求吉兆,激起了移民型市民们的乡愁。其喜庆热闹的"街头艺术"轰动了整个上海。日后,上海知县王伭还赐一匹红绸,赏婺源虹关墨业给这年上海元宵节带来的欢乐祥和。

婺源甲路抬阁

甲路,位于婺源县偏西部。甲路村原为甲路乡政府驻地,2006年随甲路乡撤销并入赋春镇。

据甲路《张氏宗谱》记载:唐乾符丁酉(877),张徹(《张氏宗谱》称"大三公")与父保望为避黄巢之乱,迁歙县黄(篁)墩。广明庚子(880),张徹转迁星源甲道,为婺源张氏始祖。古代的甲路,因地处徽饶要道,而名甲道,俗称甲路。

1949年2月之前,甲路村隶属信义乡。甲路还是婺源的红色根据地,1933年,婺源县苏区在此成立了甲路区苏维埃政权,并组织了区武装工作队,留下许多可歌可泣的革命斗争故事。1949年2月,婺源县人民政府在甲路村宣布成立。

甲路村在建村伊始就着重规划,因地势平坦,较为开阔,村落头东尾西两头尖,呈船形,上街头原建有一座石桥,风水学上把它作为系船的大桩。甲路街长约2公里,船头为上街,船尾为下街,村中街巷布局按纵向一条正街、横向数条小巷设计。

建村1140多年的甲路村,有相当丰富的诗、词、联、灯彩、古建筑等文化遗存。仅古建筑就有甲路张姓女婿马廷鸾的丞相府第、马家花园,岳飞题诗的花桥,张氏崇本祠,明代建筑仙人桥,纪念明代儒医、甲路人张温的药井、太医祠,等等。

一、甲路抬阁的历史轨迹

(一)婺源抬阁的几种来源说

第一种说法。传说春秋战国时期,孔子平息了安阳曲沟一带干戈,百姓们为表谢意,在孔子离别时,用鼓乐相送,又挑聪明伶俐并会歌舞的童男童女,由众人抬到高桌上,边行边唱,让已远去的孔子能回望到高桌上的歌舞。

抬阁在徽州之所以流行,缘于隋朝末年歙州人汪华起兵据郡,捍卫了宣、杭、睦、婺、饶、歙六郡平安。在徽州人心目中,汪华与孔子一样,也是平息干戈的英雄,把他奉为汪帝菩萨。为了表示对汪华的顶礼膜拜,同时祈求汪华每年能保一方平安,婺源每年举办抬阁活动时,前面要抬着一个"香亭",里面坐着汪帝看抬阁,既娱神又娱人。

第二种说法。据老人口传,明末时由一位在村里开店的商人从杭州引进。其时,有位在甲路老街开布店的张姓老板,在甲路与杭州两地贸易纸伞与杭州丝绸。这位张老板平生喜爱文艺,在杭州看见抬阁,觉得很是稀奇,于是就偷偷观察。回家后试验,没弄懂的地方,又趁去杭州采购时偷学。他还结合当地徽剧内容,请教戏师傅协助,创新了表现手法。功夫不负有心人,张老板成功了。因抬阁来之不易,为防止被外人偷学,严格规定每次绑扎抬阁时,必须关门闭户,不让外人看见。又规定抬阁只父传子,不传外人,这既保持了外人对抬阁的神秘感,又确保了传承的延续性。

第三种说法。传说明朝万历皇帝时,婺源沱川有个理坑村,余氏在朝中做京官的有好几个。余姓族人自恃有势力,打听到清华下街桥竹林边有块绝好的"天子地",并欲占有。清华人巧用一名6—7岁孩子的计策,挫败了理坑余氏欲占"天子地"的图谋。从此,民间传开清华出了神童。据说后来这位神童的墓地就埋在这里。至今,在清华彩虹桥的畈田中,还有块地名叫"神童地"。为了纪念这位用智慧保住清华风水宝地的神童,清华人用6—7岁的孩子扮演抬阁中的角色。

(二)甲路抬阁的历史成因

1. 独特而封闭的地理环境

徽州,是一个特定的历史地理概念,也是一个特定的地域文化空间概念。纵观历史,任何一种传统文化的产生都必须具备一定的客观条件。对于徽州文化而言亦不例外,从某种意义上来说,古徽州独特的历史地理环境正是其文化民俗形成的温床。

古徽州所辖区域多为丘陵山地,向有"八山半水半分田,一分道路和庄园"之称。境内气候温润,奇绝名山列峰竞秀,清淑丽水注流争媚,独特的自然地理环境,使其成为我国江南史前文明发祥地之一。从自然地理和历史文化区域分布状况看,婺源有婺水(星江)水系西注鄱阳湖入长江,故此属于"吴头楚尾"的"吴楚分源"之地,亦即江南吴越文化区域和楚文化区域的接合部。境内腹部丘陵广连、河谷纵横,山环水绕,谷地盆地被穿割围合,形成一块块既彼此独立又有孔道相联的空间,从而构成婺源县之境域。

由于自然屏障堵塞,陆路交通不便,环境相对封闭,婺源民众能世代安居、生息繁衍,过上较稳定的生活。物质丰足后的民众进而追求精神的享受,抬阁于是应运而生。

2. 厚重的历史积淀

据《江西省婺源县地名志》载,商周时期相传属"扬州之域";春秋属吴、越;战国属楚;秦属鄣郡;汉属丹阳郡歙县地;三国吴属新都郡休阳县地;晋属新安郡海阳(海宁)县地;隋属歙州休宁县地;唐开元二十八年(740)正月初八,析休宁之回玉乡和乐平之怀金乡,纵横二百余里,立婺源县,以地当婺水源头而名,治设清华,隶于歙州。天复元年(901),县治由清华迁移到弦高镇(今紫阳镇);宋宣和三年(1121)隶属徽州;元属徽州路,元贞元年(1295)升为婺源州;明属徽州府,洪武二年(1369)降州为县;清仍袭明制。1934年从安徽划江西,隶第五行政区。1947年划回安徽,隶第七行政区。1949年5月1日婺源解放,复划江西,隶乐平专区。1950年改属浮梁专区。1952年起隶属上饶地区(2000年上饶撤地设市)至今。

县城紫阳镇有"文公阙里"遗址和朱熹题名的"廉泉",有虹井一口,现存"瑞虹门"古城门一座;文公山有朱熹手植、树龄逾八百年的杉树16棵。浙岭脊上,耸立着"吴楚分源"古碑。沱川理坑村有明清官邸建筑群,思溪延村有清代商宅建筑群。厚重的历史催生了形式多样、精彩纷呈的文化艺术。这其中,也包括了抬阁艺术。

3. 婺源徽商的雄起

因山多田少的特殊状况,古徽州婺源田贫地瘠,所产至薄,农人终年劳作,往往用力过倍而所入不当他郡之半。南宋以后,人多地少缺粮的矛盾愈益突出。生存环境的现实压力,迫使许多婺源人步入商途。婺源的商人从而成为徽商的一支劲旅,并在古徽州的文明演变史上称雄三四百年,写就了一页辉煌篇章。

徽商的成功带来了良好的物质生活,走南闯北见多识广、自小受过良好文化教育的徽商,积极吸收各地精华的文化与艺术,带回故土试验改造,抬阁便是其中之成功一例。

4. 文化教育的繁荣

南迁徽州避乱的中原世家士族,聚族而居,在求得一方平安之后,纷纷重视子孙教育,各个村落宗族均设有义学。处于徽州府西南一角的婺源,民国之前,境内除有规模较大的紫阳、福山书院和县学、医学外,社学、私塾遍布乡里,"读书风气甚浓,十家之村,不废诵读","山间茅屋书声响"。在乡村社学饱读诗书的学子,背上包袱和纸伞,沿着通往江南徽州府的山岭,沿着科举取士的阶梯,一步一步踏上仕途,登上人生的巅峰。自宋及清,婺源人才辈出,代有名流。共有进士552人,历代仕宦2665人,历代文人留下3100多部著作,其中选入《四库全书》的有172部,故婺源素有"书乡"之称。南宋文学家朱弁,哲学家、教育家朱熹,明篆刻家何震,清经学家、音韵学家江永,科学家齐彦槐,铁路工程师詹天佑,现代医学家程门雪等名彪史册,熠熠生辉。未能有幸考取科举功名的学子,或从商或行医,在经商或行医的同时,著书立说,故历代徽商亦称儒商,医者称儒医。

饱受徽州浓厚文化气息熏陶的婺源子弟,在闯荡江湖的同时,在为官、业商、行医之余,兼蓄各地民间文化,然后在故乡这片实验田里或照搬,或创新,使得婺源民间文化艺术花开百朵,繁荣四处。

5. 民间文化活动的活跃

婺源古属徽州,具有悠久历史的徽剧曾流行于我国南方各地,在中国戏曲发展史上具有重要的地位。婺源人,民风淳朴,勤劳善良,"徽俗最喜搭台看戏",旧时城乡演出活动非常活跃,专供演出的各式戏台曾遍布各地,如今婺源一些乡村仍有较完整的古戏台。由于明清时期徽商鼎盛,民俗活动分外热闹,婺源抬阁应运而生。加之徽州的地方戏曲徽剧历史悠久,剧目丰富,家喻户晓,为婺源抬阁的表演提供了生动的参照。

6. 百姓感恩、辟邪、祈丰的心理需要

由于古时战争频仍,瘟疫流行,医药短缺,造成人口增长缓慢。笃信宗教的婺源乡民为求平安和人丁兴旺,认为抬阁武戏中的人物、兵器能镇邪驱疫。

婺源多山少田的地理条件,落后的农业种植技术,偶获丰收的民众便喜形于色。每年中秋节,用抬阁这种热闹的形式来庆贺丰收、感恩神话人物的

保佑,既表达了丰收的喜悦,又反映了为来年祈丰的心愿。

二、甲路抬阁的表现内容与形式

(一)表现内容

甲路村抬阁的表现内容以古装戏剧场景为主,兼以传说故事为辅,主要戏剧目有《铁弓缘》《长坂坡》《西游记》《水浒传》《穆柯寨》《铡美案》《秦香莲告状》《三打白骨精》《花木兰》《过三关》《打渔杀家》《穆桂英挂帅》《梁山伯与祝英台》《大登殿》《白蛇传》《李逵救母》《武松杀嫂》《苏三起解》《时迁偷鸡》《黑风炮》《四郎探母》《春草闯堂》《梁山伯赶考》《小放牛》《卖油郎》《七品芝麻官》《牛郎织女》《火焰山》《孙悟空借芭蕉扇》《哪吒闹海》《林冲刺配沧州》《李逵大闹忠义堂》《捉放曹》《借东风》《吕布戏貂婵》,以及《红灯记》《沙家浜》《杜鹃山》《洪湖赤卫队》《智取威虎山》等革命样板戏计40多出。

(二)表现形式

甲路抬阁就是一个抬着游走的小戏台。

戏台由基阁、中盘架和上盘架三部分组成,约有二平方米大小,周围有雕栏,挂上青纱帐幔,饰以龙、凤、鹤、祥云、水花等彩灯。基阁左右各有铁环二个,以长木穿过,四人或八人扛抬。上盘架是装扮成各种不同戏剧人物、故事造型的孩童。巡游时彩灯内点燃蜡烛,映衬着穿着鲜艳服装儿童的生动面容,远远望去,如一尊尊雕塑矗立,个个似仙童下凡。抬阁上的人物不演不唱,但鼓乐开路,锣钹断后,一路鞭炮不断,浩浩荡荡,热闹非凡。

(三)人员、行头、音乐

1.人员

每组需8人(小孩演员2人、抬杠师傅4人、护卫2人)。此外,还有负责服装、化妆、演奏等后勤人员若干人。

2.服装

服装与表现内容相匹配。以《穆桂英挂帅》为例,需戏服2套(穆桂英1

套、杨宗保1套),行头若干。

3.道具及器具

甲路抬阁每次演出一般由多组剧目组成。以任一组抬阁为例:4根8米高的方柱,10根方档,2根2米长的横杠(抬架用),2根2米长的"T"字杠(支撑小孩,起防护作用),1根3米长的铁尺(上端扁形,下端钩形),2根1.2米长的护杠(杂木做成,扁形,与铁尺绑在一起,夹住铁尺,起固定作用),1根5米长的棕绳(民间俗称"皮笤索"),4只铁扣(左右两边每边两个,用于抬杠)。

器具以武戏的刀、枪、棒、棍、剑、戟等十八般武器为主。

4.音乐

甲路抬阁出行,一般由十番锣鼓伴奏,俗称"文武场"。其中文场器乐有唢呐2支、胡琴1把、笛子2支。武场器乐有大钹、小钹、大锣、小锣、鼓(猪皮豹鼓,牛皮红鼓)、节板。

伴奏曲目:起点(急急风)—急火炮—四锤头(收),急急风—走马锤—急火炮(收),加关锤(复打三次)—(收之后),红鼓起点—文场吹跑马令(复吹2次)—豹鼓起点—(吹)枫入松—(转)大开门—尾声(收),红鼓急急风(转)—梦鼓3次—(起点)小底鱼—铳头(收)。

三、甲路抬阁传承关系

(一)传承谱系

从抬阁艺人口传或民间日记中得知,甲路的张志生、汪口的俞晋升、庆源的詹有时、清华的胡瑰宝、理坑的余自省、凤山的查观社、中云的王纯州、蚺城的董礼成,都是宋代至民国的抬阁"大师傅"。

据婺源县文广局群文股股长洪玄发考证:甲路抬阁第30代传人为张年根。老艺人张欣阳,是甲路抬阁第31代传人。2011年6月,甲路抬阁总导演、32代传人张文和(62岁),副导演、33代传人张保元(50岁)二人,入选江西省非物质文化遗产婺源抬阁代表性传承人之列。

（二）抬阁艺人（2008年演出）

第一组：

演员：何民生　张炳书　张发元　张德法

抬：张月开　张德良　吕忠辉　江青其　施熊华　张冬芬　张其法
　　洪周旺

第二组：

演员：张焰南　张荣熊　张淦元　张芬熊

抬：张焰尧　戴好田　张卫华　张任生　张柏青　潘兴福　汪万泉
　　江新祥

第三组：

演员：张志阳　张保元　张金阳　张金元

抬：张炎盛　施财元　张根法　张国顺　张往来　张水淦　张顺元
　　张五其

第四组：

演员：张海林　张红茂　张民福　张卫林

抬：张天中　张海红　张年保　张根元　张中林　张喜保　程根荣
　　张德旺

第五组：

演员：张文和　张欣阳　张石林　戴金水

抬：程淦明　王根旺　张石阳　张祖坤　张桂生　张生祥　查根兴
　　张五喜

（三）演员挑选

抬阁一般有三层，高3—5米。儿童体态轻盈，可减轻抬阁者的负担，观众大多喜欢小孩的天真，换上戏装的俊美儿童更招人喜爱。因此，甲路村大人大多希望自己小孩能上阁扮演，当地有句俗语："女孩上过妆，婆家不用相；男孩上过妆，媳妇随便相。"但上抬阁扮戏的儿童一般年龄限定在4—6岁之间，面相容貌以出众的为佳，且小孩胆气要大。家长要热情支持，且能协助帮忙，如"上丁"（人上抬阁）、绑扳胸时要在场；表演结束"下丁"（人下抬阁）时家长要在场，及时照应、领回小孩。

（四）甲路抬阁相关文化现象

因为抬阁，甲路村派生出许多与之相关的文化现象。

1. 灯彩

每出抬阁的前后都有"百子灯"相映衬。百子灯用竹青搭架，外裱糊花纸，内点蜡烛。现在，一般用买来可折叠的宫灯，挂在"T"字形的木杆两头，上插人造纸花或塑料花装饰。

2. 绘画

每出抬阁的基架用红绸布装扮。绸布上绘有戏剧剧情，有时会随意发挥，或仕女，或花草，既遮掩了木质基架，又起到装饰美观之效。

3. 戏剧

在婺源，抬阁的戏剧场景牵涉到徽剧的音乐文武场、唱腔曲牌、服装行头、生旦净末丑造型等戏剧所有行当与内容。这对于婺源保持徽剧传统，有着不可磨灭的功劳。据调查，中华人民共和国成立之初婺源恢复徽剧团时，教戏的大师傅中就有两位是甲路村的。

4. 书法

每出抬阁的基架上插一块红底黑字的标牌，标示每出抬阁内容。标牌字以繁体字为主，多为村内书法出众者所书。因而许多人为能写标牌而暗中苦练书法。

5. 锣鼓

一堂抬阁的演出，要用到多方面人才。无论是演员、扛抬者、灯彩艺人，还是水墨、丹青高手，讲解戏曲故事的快嘴，都有露脸的机会。学会打锣鼓，照样能露脸而引起人们注意。

6. 亲情

婺源是个亲情社会，每次演出抬阁，都是村中一大盛事。每个家长在开演前2—3天，就要给大姑小姨、外甥娘舅发出看抬阁邀请，呼唤亲戚，曰之看抬阁，实则希望亲朋能目睹自家孩子的英豪形象。家里备好酒水饭菜，打扫房间床铺，迎接亲友光临。当然也有不请自到的。这种现象，有时是暖心的，有时则成了贫困人家的经济负担。

四、甲路抬阁的主要价值

甲路抬阁有民俗学价值、艺术价值,是传统文化的传承平台,体现了婺源百姓的艺术才能、审美观念与工艺水平。

(一)民俗学价值

甲路抬阁体现了当地人"感恩"崇拜和社祭文化。婺源长期的耕读历史和相对稳定的人文环境,使大量原始祭祀礼仪、娱乐方式,在抬阁活动中被保留下来。通过娱神形式祭祀恩人,成为婺源传统文化得以保持和延续的重要因素。除耕读、祭祀和感恩外,甲路抬阁的文化内涵中还传递着当地人对和谐社会的极大关注。

(二)艺术价值

甲路抬阁实际上是当地民间文化的大荟萃,是民间各种灯彩、水墨、丹青、戏曲、音乐、化妆、造型艺术的大展演,充分展示了婺源民间艺术的丰富多彩与成就。

(三)传承价值

甲路抬阁在时间上和空间上都是个稳定的民间文化活动。在长期发展过程中,它所包含的化妆、造型、音乐艺术不仅形成了自己特有的固定模式,而且通过活动本身使技能得到了不断发展和提高。由于其在民间文化生活中的重要影响,因此成为婺源民间艺人进行技艺交流和传承的重要平台。通过抬阁活动,婺源的化妆、造型艺术,灯彩、音乐技艺,以整体形象展现,并被较为完整地保留下来,传承下去。

(四)体现艺能、审美观与工艺水平

甲路抬阁的化妆、造型、音乐独具特色,极尽标新立异之能事。透过服装掩饰,使观众难以识破人物悬空倒立等高难度动作的秘诀。甲路抬阁充分体现了婺源人的聪明才智、高超的技巧和创作才能,保存了婺源人化妆、造型、

音乐的形成、发展历史,折射出深厚的乡土文化内涵。

五、存在的问题与建议

婺源抬阁分布很广。清末民初时,抬阁遍布婺源的乡、里、都、村。甲路、汪口、庆源、中云、理坑、清华、凤山、虹关、蚺城等地抬阁"高至5层逾屋檐"。

目前,婺源抬阁的前景不容乐观,主要存在以下三个问题。一是传承人青黄不接。为谋生,青年人长年在外打工,不能待在家中习艺抬阁。目前抬阁艺人都已是五六十岁的人,再不培养将面临失传的危险。

二是经费严重不足。因经费紧张,已多年未更新服装道具,现有的已破旧不堪。

三是技艺创新跟不上。在广东番禺等抬阁(当地人称抬阁为"飘色")传承发展较好的区域,因为有雄厚财力作后盾,抬阁技艺不断创新,装扮抬阁用上了声、光、电等现代科技,抬阁已高达六七层。

但婺源抬阁的发展前景并不悲观:在国家建设文化软实力的大环境中,各级文化行政部门更加重视抬阁等民俗。到2011年12月止,婺源已将抬阁成功申报为省级非物质文化遗产代表性项目,并有多名抬阁艺人获县级以上非物质文化遗产代表性传承人。2011年10月,县文化广电局还在甲路设立了甲路抬阁展示厅;2012年婺源县文化广电局组织编撰了"婺源非物质文化遗产"丛书,收录了甲路抬阁的相关内容。

段莘十八祭祀汪华

　　"段莘十八"指的是婺源段莘村每年正月十八期间祭祀汪华的盛典。"段莘十八"的祭祀历时整整10天,起于正月十三夜,止于正月二十三。正月十八是汪华诞辰纪念日,祭祀盛典在这一天举行,因而"十八"是最隆重的"正日",继而有了"段莘十八"的名头称谓。

一、一个段莘半婺源

　　古代有民谣唱道:

> 段莘是个好地方,
> 村头村尾桥过江,
> 请神拜佛不出乡,
> 走路没有烂泥浆。

　　段莘,在婺源北部,古称莘源,地势开阔平坦,昔日是"婺北"人烟稠密的最大古村,曾经有"一个段莘半婺源"的俗语来形容其规模之大。村内巷道是大块青石板铺成,潺潺溪水沿着村边一条小河泄向水口,河上除了木桥、石桥,还架有竹桥。段莘村的四周,东有槐花,西有桫椤(蕨类植物门桫椤科,木本,国家一级保护植物),南有玉带(瀑布),北有七星墩(相传七颗星落在稻田中,形成七星状土丘)。村水口更有绝佳的文峰塔(七层)、石刻巨型弥勒佛、大木桥、大池塘,有五层楼高的文昌阁、文昌庙等人工建筑,还有"流水仓"、观音踏泥(石头上的足迹)等自然景观。

　　段莘村,往北翻过山就是休宁县。隋唐时期,举义旗在休宁万岁山安营扎寨的汪华,来往于六州之一的饶州时,一定多次或徒步,或跃马经过段莘。他在那里筹粮款,招新兵,歇脚食宿,与当地人结下了深厚的情谊。

　　关于汪华,其英名早在唐太宗赐其"忠烈"谥号前,就在"六州"家喻户晓。后来,宋徽宗、元世祖、明太祖、乾隆帝等帝王多次下诏,把他作为忠君爱国、勤政安民、维护华夏统一的典范来表彰;历朝文臣武将,如李纲、赵普、苏辙、朱熹、岳飞、文天祥等人的赋诗题词,也把他作为千秋楷模来赞颂。

汪华卒于贞观二十三年(649),徽州人祭祀汪华的仪典应在其死后才逐渐兴起。段莘十八祭祀地点最初应该只是局限于祠堂,或围绕着祠堂进行。此后的千余年里,婺源民间与徽州各地一样,一代一代地使得汪华更加神化。汪华的塑像,曾经遍布婺源每个行祠社屋,婺源纪念汪华的形式也不下十几种,如江湾镇大畈村的祭十八、打十八锣,浙源乡凤山村正月十八的汪帝会,中云镇坑头村的迎十八、寄世汪帝,溪头乡下溪村的十八迎神,沱川乡篁村正月十八在"红庙"(越国公祠)祭汪公,理坑村抬汪帝看傩舞,等等。这些全民性的祭祀活动使大家感到每个人都在承蒙汪华的护佑。在这些名目不一、祭祀对象专一的纪念活动中,"段莘十八"名气很大。

祭祀是中国人期冀与祖先对话的通道,其乡土味貌似被随意地抽象表达。其实,这种乡土味可以定义一个乡村的人文属性,可以烙印出那里的风土人情。

二、段莘十八,全靠猪大

段莘祭祀汪华的十八是什么样的呢? 有民间高人编出几句顺口溜予以高度概括:"段莘十八,全靠猪大;什么祭碗,腌鸡板鸭;什么功名,一堂捐纳。"

"十八"中奇特有趣的是供猪。早在头年八月中秋后,汪姓祠众就拨出大量租谷,邀请户主集会,通过抓阄确定四户,每户供养一头祭祖大猪。由于租谷丰厚,有利可图,各户都乐于供养,而且都想养口大猪,争取插上头牌金花,图个吉利,以表对先祖的虔诚之心。由此可见,供养大猪是"段莘十八"的一大特色。

养猪户抓到胜阄,立即选购二百来斤的大猪进栏。当时只有乐平乌猪长得快,养得大,其他猪种都不行。大猪从进栏这一天起,就一律改呼"老大",不准以"猪"相称。"老大"从进栏到出栏,只能供养一百五十来天,平均每天要长一斤多膘才够格。所以这四户人家都得使出浑身解数,催膘育肥,丝毫不敢怠慢。"老大"吃的是掺和大米、玉米、红薯、南瓜或萝卜熬成的粥,有时还添加几块咸猪油,起锅时香气四溢。每逢"老大"吃食,要为它搔痒,以刺激其食欲。猪栏要天天打扫,天暖时还挂上帐子,防止蚊蝇叮咬。出栏前的一两天,更是辛勤侍候,煮鸡蛋,包馃粽,做糕饼,千方百计撑饱"老大"肚子,以增加重量。直到祭祖在即,祠众给"老大"过了秤,够上四五百斤,养猪户才算卸下千斤重担。这种喂猪习惯,在全国可能是绝无仅有的。

宰杀后的"老大"经过一番精心装扮抬上祭场,最重的头插金花,脚戴金镯,次重的戴银花银镯,较轻的戴绿色的翡翠花镯。花、镯虽然是彩纸剪制,却也五彩缤纷,十分耀眼。

祭碗中有两类是抓阄确定的。一类为插碗。插碗比较讲究,是以大花钵装进粟米,然后插上用铁钎和彩纸做成的梁山英雄像。人头是用凝冻的猪油膏捏成,画有不同脸谱,俗称"猪油笑"。插像有三四尺高,个个神态各异,栩栩如生,一字排列,甚为壮观。另一类是散阄。抓到散阄的就要用甘蔗、荸荠等隆冬食物,雕刻成杨梅、桃子等四季果品,并按实物原色着色后陈列于祭台。还有一类是没有抓到阄的户,都要用腌鸡板鸭做成祭碗,与"猪油笑""四季果品"一同摆上祭台。

段莘十八的祭碗,家家户户都拿出绝活一展厨艺,相当于绩溪等地纪念汪华的赛琼碗活动,称得上是民间徽菜博览会。

摆祭,从正月十八开始,持续三天。这既是祭祖的一项仪式,也是段莘汪姓财富势力的一种炫耀形式。摆祭仪式在"崇义堂"举行。堂上的一切活动统由一些有功名的"礼生"张罗。所谓功名,有真有假,真的少假的多,大多是一些财主用钱捐来的。顺口溜中"什么功名,一堂捐纳"有讥讽之意。

婺源话的方言语音保留了大量古汉语语音,这可以追溯到婺源唐朝遗民的唐代音系。用婺源话读唐诗可以让人体会到普通话读不出的韵律美感,比如李白的《将进酒》中"君不见黄河之水天上来,奔流到海不复回"这两句,若用普通话念,平、仄不押韵。"段莘十八,全靠猪大;什么祭碗,腌鸡板鸭;什么功名,一堂捐纳"这顺口溜用普通话念有点拗口,而改用婺源乡音念,平、仄都押韵:"段莘十八(八,婺源乡音:拨 bō),全靠猪大(大,婺源乡音:托 tuō);什么祭碗,腌鸡板鸭(鸭,婺源乡音:饿 è);什么功名,一堂捐纳(纳,婺源乡音:啰 luō)。"

三、段莘十八祭祀热闹场面

在婺源民间纪念、祭祀汪华的众多活动中,段莘十八之所以最有名,除了"全靠猪大"这一噱头外,还有两点:

一是祭祀场面宏大。从正月十八开始,连续三天在汪氏宗祠"崇义堂"举行祭祖仪式。

祭堂的陈设,除了堪称绝活的祭碗,还有更丰富的仪容、牌位、仪仗、兵器与珍稀古董。据86岁高龄的詹瑞祥老人回忆:上堂正中是汪氏先祖的坐像,坐像之下安放着覆盖虎皮毯的太师椅,汪帝位牌立于椅上。上堂两侧廊道边,矗立全副锡制銮驾,有百叶凉伞,有刀矛锤钺等十二件古代兵器和"回避""肃静"高脚牌等。厅堂横梁挂一帧"六州屏障"锦绣和各式玛瑙宫灯。

大祠堂收藏的一些珍品,如两面翠屏(现存婺源县博物馆)和一人高的一对人物花瓶也同时摆上祭堂。据介绍,这对花瓶上画有《水浒》一百零八将。整个祭祖场面威严,隆重热烈,多趣多彩,人入其中,会莫名产生既肃穆又兴奋的崇拜心理。

二是祭祀场外热闹。请戏酬神,是段莘十八必不可少的程序。这使得汪公庙会从内容到形式都起了极大的变化,节日喜庆气氛愈发热闹。

演戏是段莘十八的主要娱乐活动。演出场所在段莘大祠堂——崇义堂。戏班大多是从歙县请来的(后期本地的民间业余徽剧团、目连班也参与演出),从正月十三夜戏开锣,到正月二十三送班出村,整整演出十天。每天演日戏十出,夜戏十出。十出戏中六出是连台本戏,四出是小戏杂曲,还注意文武戏搭配,以满足不同层次观众的喜爱。

为体现段莘十八"旺人丁"的意愿,规定一日为保寿戏,这天不演杀人戏,祈老人多福多寿;一日保痘戏,这天不演花脸戏,求孩童麻痘稀疏。

十天中,还穿插正月十五元宵灯会。这一天先将段莘村上社、下社,通天社等各路社公菩萨前呼后拥抬出庙堂,请菩萨"观灯";然后由三十二房汪姓后裔敲打三十二面铜锣催灯。入夜,三条龙灯和无数散灯游街串巷,整个村庄烛光通明,笑声不绝,一片欢腾。

四、段莘十八——一个渐行渐远民俗活动

这种经年积累的酬神请戏活动,既让汪华这个地方神的地位更加巩固,又在偏僻山村普及了历史知识,还培养锻炼了一批批戏迷与民间艺人,对徽剧的产生和发展,起到了积极的推动作用,也激发了徽州婆源人的文化热忱,对徽州文化的发展产生了不可估量的作用。一本由段莘旅台汪氏后裔编写的史料,对段莘十八作了较为清晰的阐述:"乡村南近郊汪氏大祠堂所供奉的先祖,系隋唐封太子少保越国公汪华。"

旅居外地徽商与业余戏班的参与,使段莘十八这种原本单调的祭祀,在形式上有了很大改观,逐渐形成了类似庙会的人气与场景。庙会,是汉族一种复杂、古老而又年年新鲜,世代延续、传承,历久不衰的民俗活动与社会文化现象。段莘十八就是一种庙会文化。然而,在婆源民俗"词典"里,貌似没有庙会这一说。段莘人的精明之处,是借祭祀汪华的典礼,搭建了一个展示有虔诚、有欢乐,人神共娱的乡土文化、乡俗民风的大舞台。年复一年,这样的大舞台总是在刺激着人们的视觉、听觉、味觉神经元,名气自然最大。

在当今婆源的菜品中,皮酥肉嫩的清炖"段莘蹄包"十分有名,这与段莘十八有很大关联。原来,祭祀活动结束后,作为奖赏,每户养大猪的人家都会获赠祭猪的一条后腿。为了表示对家族的敬意,这户人家会准备一桌以蹄包为主菜的精美宴席,宴请本房派里德高望重的长辈。可以说这是一次"烹饪大赛",当然,每年的参赛者只有四人,也就是养大猪人家的主妇。在日后相当长的时日里,因养大猪与清炖蹄包,这四名昔日默默无闻的家庭主妇别提有多光彩了。但也有遭遇"老大"中途不幸瘟死的人家。若摊上这种多年难遇一次的不幸,全家都愁眉苦脸,主妇更是一把鼻涕一把眼泪,到处求情还债,愁苦而又尴尬。

段莘十八这种祭祀盛典,如今只剩下零星的记忆。新一代的祭祀,多半已走样。我们今天的祖先祭祀只是祭祀碎片的集合,勉强拼凑起祭祀的模样而已。通过"拼凑"古代繁复祭祀过程中一些突出而简练的场景,来支撑我们对祖先的崇拜仪程。

如今人们站在段莘水库坝上,远处五龙山空蒙,眼前水库湖水清澈。段

莘,这个曾经店铺林立,极为繁华的古村落,它的人工建筑、自然景观,以及段莘十八等许许多多的人文历史,都淹没在1967年始建的人工水库之下,时间和湖水已经淹没了有关段莘这个古老村落的记忆。本书给出段莘十八的历史信息只是些碎片,不能刻画出其原貌,更勾勒不出"一个段莘半婺源"的宏大……

坑头十八抬汪公

　　祭祀,是国人期冀与先人对话的通道。若在徽州以外的他乡,"正月十八"就是一个很普通的日子。但是在坑头村,乃至整个婺源,整个徽州,正月十八是一个节日,是祭祀徽州无人不知的地方神汪华的节日。

　　正月十八,婺源民间将汪华的塑像请进每个行祠社屋,乡土味很浓的汪华崇拜亦不下十几种,如坑头村抬汪公,下溪村迎神,篁村"红庙"祭汪公,凤山村汪帝会,理坑村抬汪帝看傩舞,大畈村祭十八、打十八锣,更有各个村落的寄世汪帝等祭祀活动。这些名目不一,貌似抽象表达的祭祀活动,都在祈使汪华对每个人的护佑。

一、坑头村潘氏源流

　　在徽州千年史中,婺源只有"坑头迎十八"艰难传承、走到今天,能勾勒出昔日婺源乡村如火如荼的汪华崇拜、祭祀盛景……

　　坑头又名潘村、桃溪。《婺源桃溪潘氏宗谱》载,宋咸平至乾兴间(998—1022),歙县篁墩潘逢辰建村。在婺源,称小溪为坑,坑头即小溪的尽头;潘村,以始迁祖潘逢辰姓氏而名;桃溪,则由于潘逢辰建村时沿坑(溪)植桃树得名。

　　坑头,在龙山北偏西10公里的山坞尽头,婺源县中云镇坑头村委会驻地,新中国成立前隶豸峰乡第六、七保。1949年属中云区豸峰乡,1950年划入六区龙山乡,1958年为中云公社坑头大队,1961年改属龙山公社,1963年仍归中云公社,1972年重隶龙山公社,2005年3月改属中云镇至今。

　　历史上坑头村名人很多,坑头村有"进士满街走,秀才多如狗"的说法。此话虽然不雅,然而与史实接近。村中"尚书故居"曾有联:"一门九进士,六部四尚书",说的是潘璜祖孙三代里出了九位进士,潘璜一人就先后任过吏、刑、工、兵四部尚书的史实。兵部尚书潘鉴,工部尚书潘旦等,都是坑头人。到了清初,潘姓子弟中举者还有二十余人。当代,著名红学家潘重规便是该村后裔。为了表彰学子们的业绩，明以降，凡村内有秀才中举或登进士第的年份，春节期间要舞"梅花灯"庆贺，以示喜鹊登梅之幸。

坑头的"坑"，来自鹅峰山的九股源头水汇流成溪，潺潺入村。从上水口眺望坑头，只见溪水潺潺不见其源出何地，所谓"天门开"；从下水口观坑头，两山峙卫，难见溪水流往何处，所谓"地户闭"，非常符合风水学说中所谓的"胜地"之形。出村后，得顺着山麓转几个弯，才能看到另一天地。坑头村古迹也很多，如"石门孤月""峭壁飞泉""岩柳垂阴""桃花流水""松土积雪""碧井澄泉""万卷层峦""金山宝塔""桂花桥""曲池轩"等十景。元初，婺源籍学者滕璨就曾写下《题桃溪十景》诗："石门孤月一轮冰，峭壁飞泉瀑布声。碧井曲池春水洌，金山万卷晓云轻。桃花流水松壝雪，岸柳垂阴芳桂荣。犹记河阳花县好，山门此景亦天成。"一年四季，如练的小溪两岸，簇拥着连片的古民居。桥，是坑头村人生活的一部分，在粉墙黛瓦间迤逦而行，小溪之上竟筑起了三十六座半石桥。如诗如画般美丽的坑头村，无不引人羡慕和称颂。

坑头村古迹有一世祖潘逢辰墓，有宋代古井（澄碧井）一眼，有于咸丰五年重修的吏部尚书潘璜"太宰读书处"匾额，有宋代千年牡丹，更有祭祀越国公汪华的汪帝庙与祭祀土地神的土地庙。

除了历史、人文、胜迹，坑头村还有冷水塘鱼与坑头水酒这"两绝"特产。"冷水塘鱼"是村民引溪中活水入宅放养的草鱼，鲜嫩味美，是滋补良品。"坑头水酒"是以村中一口据说是吕洞宾所掘泉水酿制的"老水酒"，传说明代宰相严嵩酷爱饮用，因而古时有"坑头水酒桃溪鱼，官宦餐席不能离"之说。

二、坑头抬汪公设有"保孩案会"

在坑头，有关汪华史实的传说五花八门，真假莫辨。如"隋末天下大乱，汪华统一六州……文韬武略，率土归唐，封越国公……"，"汪华外婆家就是在坑头……"

还有任过四部尚书的潘璜，自幼记性不好，不爱读书。有一天在外面玩累了，在村末的"汪帝庙"中睡觉时做了一个梦，梦见汪公大帝说他不好好读书，就将他的整副肠子拿出来，放到庙前的桃溪中洗干净……吓得惊醒，自觉不能再贪玩，从此立志重新做人，刻苦读书，后来高中头魁的传说。这些"传说与实证"相互渗透,相信的人就多了。一到正月十八,坑头人便会自觉地一起祭祀汪帝,这样的习俗一直保留到今天。

坑头正月十八抬汪公即祭汪帝,设有"保孩案会"。该会相当于今天的筹备(管理)委员会,1949年有会友59户。每年祭祀活动由5户会友轮流共同承办,1户为会首(筹备委员会主任),另4户为同会(筹备委员会副主任)。

抬汪公,关键词是"抬"。一大早,人们像约好了似的,带上一应祭祀物品,从四面八方陆续汇聚到村口的汪帝庙。

坑头村正月十八抬汪公的祭祀仪式还比较传统。先是为汪帝神像沐浴,然后到场者依次向汪帝行朝拜礼。鞭炮香火的气息弥漫在空气里,鼎沸的人声更增添了现场的庄重肃穆气氛。九点左右,抬汪公游村的活动正式开始。参与的人们个个精神抖擞,各就各位排好队,那种荣耀感,油然在脸上显现。

抬汪帝的队伍十分壮观:前后锣鼓各一副,会员户均举一面"蜈蚣旗",七担檀香球架跟随,再就是一座銮驾中的汪帝神像。神像后,是由坑头历代名人贤士后人组成的方阵,一个个举着先祖功名、官名身份的标牌护送。

游行的队伍踏上村道石板路、溯着桃溪,逶迤进入村子。这时,蛰伏了一年的热情,一下子被点着了。沿路人家堂前设案上香,燃放鞭炮迎接。村民们一边放着焰火和鞭炮,彰显着对汪帝的无比崇敬,一边纷纷作揖,倾露出对平安的热切期盼。随此起彼伏的烟花鞭炮声和四处弥漫的硝烟,汪帝神像被前呼后簇拥着,神像抬到哪里,哪里就是一片欢腾。

在汪帝菩萨迎进仰贤祠享祭之前,必须迎到上村头水口朝北偏东方向拜"婆娘"。所谓"婆娘",据坑头村委会主任潘先生介绍:汪帝菩萨神像是用樟木雕成的,雕神像的樟树就是汪帝的"婆娘",樟树的所在地就是朝拜的方向。

过去,汪帝享祭要3—5天,神像入祠后日夜有专人守护,香火不断,红烛长明。祭祀程序与祭祖大体相同,场面庄重,祭品丰富。

祭汪帝是坑头村最为热闹喜庆的日子,期间村里要组织演戏3—5天,家家户户都要邀请邻乡、邻县的亲朋好友前来做客、看戏。据笔者调查,祭汪帝期间在坑头村演出的,有串堂班,有村中自行成立的戏班。坑头村曾演出的曲目主要有《乌金记》《三结义》《白玉簪》《闹天宫》《白蛇传》《打金枝》《陈世美不认妻》等,腔调分别是徽腔、京腔、黄梅调。在坑头村看戏,讲究规矩,老人、小孩、青年、男女分场地观看,看戏时若青年男女调情嬉笑,稚童喧哗吵闹,都会遭到长辈的训斥。

坑头村人潘甫(号亦疑道人),在其《瓿余录》著作中,以一副桃溪的演戏联记述了演出的情景:

何必名都梨园,但令孰可勤,孰可惩孰可激发。一一曲肖真情,略施扮演以登场,也使顽廉懦立;

趁此醋歌挑渚,且喜若者生,若者旦若者丑净。人人各呈妙技,倘进秀良而为士,会看霞蔚云蒸。

三、坑头抬汪公分工与程序

祭汪帝的祭品有全猪全羊(屠宰后,整只放在架子上)、五水果(适时采摘四季山果,用生长的毛竹进行保鲜)、五禽五兽(用面粉制作成五禽五兽模型,再蘸上颜料)、五荤五素,共有上百个品种,用统一的祭碗祭碟,要摆放好几张祭桌。

祭仪的人员通称"礼生",各有明确分工:通赞,类似司仪,辅助族长对整个祭祀礼仪过程进行指挥;引赞,又称陪赞,是通赞的副手,引导祭祀秩序;司尊,管理祭器;司帛,管理祭钱物;司祝,念祭文;司馔,捧送祭品;司盥,负责祭前净手;司过,又称"典仪""纠仪",负责纠正祭祀中违礼现象;司毛血,又称瘗毛血,负责将毛血处理;司胙,祭毕负责分发供品。

祭仪程序如下:序立(与祭人员各就各位,通赞陪赞一东一西上台唱序立,众人行祭礼),启椟(礼生盥洗),降神(鼓乐声起,行降神礼),瘗毛血(献上三牲之血,行礼,参神鞠躬),奠帛(司帛生献帛),行初献礼,读祭文(见附录八:仰贤祠祭文),行亚献礼,三献礼(亚献礼、三献礼,均四跪四拜),侑食(众礼生捧祭品,跪敬神位),侑乐(奏乐娱神),辞神(拜辞),送神(鸣炮、奏乐),彻馔(收拾祭品),饮福分胙(祭祀持续到下午一时左右,再将汪帝菩萨神像送回庙中,会首散发给各会户祭礼的供品猪肉10斤)。

现如今汪帝享祭的活动由三天减为半天,祭祀仪式也有精简,但全村男女老少依然聚拢到这里,虔诚不减地向汪帝献祭和朝拜,场面蔚为壮观。享祭过后,游行的队伍还要继续往前,走完那段年年都会走完的路,兑现着古老

而永恒的许诺——把平安送给所有信奉的人们。整个抬汪公活动,一直延续
到下午三时才结束。

四、坑头村民间聚"会"多

坑头村过去的民间性质"会"很多,周晓光教授认为:"'会'是一种建立
在平等、自愿、互助基础上的民间组织,这种组织在明清徽州发展颇为兴盛。
明清徽州民间会组织类型多样,主要有祭祀会、经济会、公益会、娱乐会以及
文会等。以血缘关系为纽带结合而成的众存祀会,在传统徽州民间会社中,
以其数量多,功能性强而具有重要地位。"[1]

坑头抬汪公是由"正月十八会"具体承办。这个会次还有一个实用的名
称叫作"保孩案会"。之所以取名"保孩案会",目的就是祈求汪帝菩萨保佑全
村所有的孩童健康成长,平安幸福。该会45处会田散落于本村与附近的严
田、考坑、碛石、辛田、巡检司、江家、庙前等村,每年可收田租275秤。该会不
变的规矩有五条:

一是在正月十三、十五、十七日早晨,由会首邀集会众祭神。祭毕发给
每位会众丁饼一对;

二是由会首办好果盒、酒、银纸、三牲、蜡烛、爆竹等,在十八日黎明鸣
锣集合会众,前往汪帝庙进行祭拜;

三是至巳刻,会首再次鸣锣集众,喜迎汪帝菩萨神像坐八抬銮进村,举
行隆重的全村祭祀活动;

四是第二天,由会首分发给每户会友祭肉10斤;

五是正月二十一日结账,同时办理下一轮会首、同会的接交手续。

说到会次,坑头村的会次还有许多种:

地藏会——地藏会的会友都是佛教信徒,所以每年都要组织起来到九华
山进香,参拜地藏菩萨。

舞狮傩会——坑头历来将舞狮与跳傩结合在一起,故称"舞狮傩"。

---

[1] 周晓光:《明清徽州民间的众存祀会》,《安徽师范大学学报(人文社会科学版)》2010年第2期,
第183页。

迎龙灯会、仰贤灯会——龙灯在正月十三和十五日集中在村水口汪帝庙前,然后才能"接龙灯"进村。

文会——坑头村文会的门槛很高,有资格成为文会会友的人,包括有进士、举人、太学生和贡生等功名,功名最小的必须是秀才。那些家中无功名的土豪,因而常常"望文会而兴叹"——有钱,连个文会都进不了,有钱,顶屁用……

祭祀会——坑头村的祭祀比较复杂,分别有祭神灵、祭朱子、祭祖、同庚会(包括祠祭、墓祭、家祭)等,因而祭祀会是一个总称。分别但不相互隶属的有:桃溪大祠清明、冬至祭祀会,文凤公清明祭祀会,为祭祀12名已逝同庚的同庚会,祭祀11名先逝同宗同庚的宗洛会,均三公会,承鉴公清明祭祀会,大五公会等。

临时性"来会"——相当于"临时合作社"。具体情况是这样的:假如某人已经定好了一门亲,但却无钱娶媳妇进门,此时就可通过中间人或亲朋好友帮忙,"来一个会",邀请上10多名亲戚朋友,置办酒席,商讨一下借银事项。其他一些急难之事,也可如此照办处理。在传统社会,"来会"对和睦邻里相处、应对急难、互助友爱很有帮助。

青松社——主要职责是协助村里各宗祠看护好村庄周围的林木,特别是要看护好本祠堂的山林和水口林。如果抓到偷砍禁林者,轻则其必悔过、鸣锣全村加禁,重则罚其杀猪封山。

坑头村还有路灯会(又称"添灯会")、保安会(打更)、倚春行乐会(由4个富户组成,于正月初四摆一桌酒倚春行乐而已)等传统与非传统会次。

第五章 祁门县民俗

祁门县今属安徽省黄山市,位于安徽省南端,东北邻黟县,东南接休宁县,西北与东至、石台两县为邻,西南与江西省接壤。境内山峦起伏,清溪纵横,地势北高南低,山地丘陵和河谷平畈相互交织。祁门历史悠久,别称"梅城"。秦末,梅铜率兵从刘邦伐秦,以功封为列侯,遂于其封地建城,称梅铜城。唐永泰元年(765),方清起义军屯兵石埭,设阊门县于赤山镇。镇人吴仁欢聚团练助官军击败方清,以赤山镇赋役繁难不便奏请建县。翌年(766)二月,朝廷划黟县六乡和浮梁县东北建立祁门县。

祁门地处皖赣边境,徽文化与赣文化在此交融并相互影响,形成独具特色的民俗文化。根据2007年祁门县进行的民族民间文化资源普查,该县非物质文化遗产大致分为7大类138项,包含民间文学、民间音乐、民间舞蹈、民间戏曲、传统手工技艺、人生礼俗、民间信仰等。民俗文化呈现出多样性,特别是在戏曲民俗上,祁门县既受本土徽剧目连戏的长期浸润,又受安庆黄梅戏及江西采茶戏的影响,因此,民俗文化当中关于"戏"的成分较多。

除了本土的目连戏,芦溪乡人傩,社景村"游太阳"这些戏曲与舞蹈外,祁门县的文堂村宣讲《乡约家法》、马山村祠堂祭祀,通过家族的活动把宣传国家的法规与乡村的治理相结合,不仅使宗族得到凝心聚力,同样也为国家社会安宁起到了积极的作用。历溪村麻衣龙、祁门西乡丧礼仪式、徽州民间"孤坟总祭"习俗表现的都是朱子《家礼》中的孝道文化。

环砂村目连戏

一、祁门县目连戏

目连救母的故事以戏剧的形式广为流传,它是祁门县地方传统戏剧,国家级非物质文化遗产之一。自唐以来,祁门各地的僧寺和道观一直兴盛,香火不断,宗教气氛浓厚,祁门西路也流传一个"罗卜救母"的故事。到了明代,祁门清溪人郑之珍,笃信佛教,为借戏曲宣扬佛理,劝人为善,以正社会风气,在相关杂剧、变文、传说的基础上,于1579年撰写了《新编目连救母劝善戏文》(简称《劝善戏文》)。因为戏文故事本身为民众所熟悉,其中所宣传的忠、孝、节、义为社会所认同,加上唱白质朴,广用民间土语、谚语,并穿插了筋斗、蹬坛、跳索、蹿火等杂技表演,精彩刺激,所以《劝善戏文》一经搬上舞台,即受到大众欢迎,逐渐形成一个新的剧种——目连戏。

《劝善戏文》分上、中、下3卷,共100出。它讲述了傅相一家人的命运。傅相行善而升入天堂,其妻刘氏不敬神明,被打入地狱,其子傅罗卜孝母情真,前往地狱寻母,历尽艰险,终于感动神明,救母脱离地狱。作者将儒家文化"孝亲"精神灌注到目连救母这一佛教故事中,在大力弘扬故事原有的"孝"的理念的同时,还增添笔墨,描写目连辞谢朝廷征召等情节,阐释了《孝经》等儒家典籍中"移孝作忠"的忠、孝两者的关系,表现了徽州"程朱理学"的文化理念。剧本还以大量篇幅宣扬了佛教的"因果轮回"和道教的"阴阳二气""天命"等观念,三教教义融会贯通,内容相当庞杂,几乎囊括了当时传统社会所倡导的价值观。

郑本目连戏一经产生,就在原徽州所属的祁门、休宁、婺源、歙县等地流传开来。最早组织班社演出的是祁门西乡的栗木村,紧接着徽属六县目连戏班社纷纷建立并组织演出,明清之际直到民国年间,徽属六县的目连班社不下数十个,其中影响较大、活动面较广的,有祁门箬坑的"马山班"、彭龙的"沥溪班"、渚口的"樵溪班",以及清溪、环砂、奇岭等地班社,还有歙县长陔的

"韶坑班"、长标的"劝善班",婺源庆源村的"舞鬼戏班"等。清乾隆以后,徽州徽戏蓬勃发展,清末民初流布在徽州各县的六十来个徽戏班社,也大多能搬演目连戏或能演一部分折子戏。万安镇农历正月十六的"水龙庙会"、休宁每年五月初一的"五猖庙会",都必唱"目连救母"。

《劝善戏文》反映了徽州的风土人情,有着浓郁的地方色彩。据考证,剧中不少地名都有出处,如环砂城即祁门县历口乡的环砂村,4个强盗放下屠刀的地方即现今牯牛降的马蹄岭,黑松林即通往安庆的祁门西路的大赤岭。目连戏一般在开演前要进行"祭猖""清台"或"跑马",正戏当中要穿插爬杆、蹿火、叠罗汉等民间杂耍,正戏结束时要举行声势浩大的"赶鬼",而"祭猖"是民间"五猖会"活动的一部分,"跑马"是民间灯会形式,爬杆、叠罗汉之类是民间逢年过节的喜庆习武活动,"赶鬼"或"叫魂"则是民间的巫婆神汉给人看病除灾的一种手段。值得称道的是,目连戏武技高超的特点,为后来徽班武戏表演奠定了基础,这也是最为吸引观众的地方之一。

目连戏起源于祁门,流传的范围却到达徽属六县,以及江苏、浙江、江西、湖南、福建、四川等省。据初步调查,明清时期徽州及其周边的目连戏有 20 个左右。目连戏后来流传大半个中国,许多地方剧种也积极移植上演,如四川高腔《目连传》、浙江

祁门县马山村目连戏演出

绍剧《救母记》、福建莆仙戏《目连救母》。清康熙年间,皇宫也开始搬演郑之珍的《劝善戏文》。乾隆年间,张照参考郑之珍的原著,编撰宫廷大戏《劝善全科》,共 240 出,连演 10 天。而且,随着佛教的传播,目连戏甚至远传到东南沿海及川滇等地。今天徽剧、川剧、汉剧、婺剧、昆曲、黄梅戏、桂剧、湘剧尚保留目连戏中的《双下山》《王婆骂鸡》《哑背疯》《老背少》等折子戏。目连戏 300 余年经久不衰,一直传至中华人民共和国成立初期,在中国戏曲史上占据极为重要的地位。

祁门目连戏至今已有 400 多年的历史。长期以来,目连戏作为贴近群众、贴近生活的戏曲曲种,在徽州及其周边流传,后来流传至大半个中国,具

有很强的生命力。目连戏的发展史可以看作徽州文化发展壮大的一个缩影，为广大专家、学者研究徽州文化提供了大量的历史资料。在艺术形式上，目连戏演出时有角色行当、唱念做打，包容各种杂技、歌舞、百戏以及大量的民间风俗，并注意人物性格的刻画和矛盾冲突的安排，具有结构艺术的整体性，因此，堪称我国戏曲史上的活化石。

二、环砂村与目连戏

环砂村位于祁门县西北部，"因村落背山环水"，湘东河环绕"四周尽砂石"而得名。

环砂村是一个青山环抱、绿水萦绕的典型徽派古村。村中有一祠堂，名为"叙伦堂"，为程姓和傅姓二族宗祠。相传，傅氏原居环砂村河对面的傅家岃，傅姓衰落后，傅相迁居环砂。因傅家为人和蔼，待人宽厚，深受村中人爱戴。傅家想修祠，苦无地皮，程姓乃让其在程姓"叙伦堂"后续建一间，这样便形成了全国独一无二的双姓一祠。

唐以来祁门宗教氛围十分浓厚，僧寺和附近道观一直很兴旺，香火不断。环砂村更是如此，附近有寺观庙宇十三座，号称"九里十三庵"。村中遇有天灾人祸均要举行祭祀活动，如道光十二年（1832）村中大旱，举行了"祈雨救苗"仪式；道光十三年（1833）瘟疫损丁，举行了"祈求人口平安"仪式[1]。

环砂村自古就有良好的环保意识，村中发现的两块石碑就反映了这一点。一块是湘东河畔的"放生碑"，上刻"奉县令禁示"，碑中有竖刻的"放生池"三个大字，右边标明放生池的界限为"上至双河口起，下至弯箬坑口上"，落款为"雍正九年孟春吉日"[2]。由此看来放生池就是在湘东河划了一段足有1.5公里的禁渔区，严禁捕捞鱼虾，只能供人们行善积德放生。另一块在祠堂的围墙中，叫"永禁碑"，为嘉庆二年（1797）冬月立，因当时乱伐林木现象严重，村人程加灿等人发起禁山活动，并书写一文告，阐述乱砍滥伐的危害性，将村中山林划定四至界限封禁起来，规定封禁内容和奖惩措施，后连同县令批示一起刻碑勒石以示后人。

---

[1] 程载阳：《载阳先生遗稿》手抄本，村民程必郊收藏，祁门县博物馆有复印件。

[2] 调查人：陈琪、董建、程硕；调查时间：2011年12月11日；碑刻规格：高110厘米、宽43厘米。

在祁门民间传说中目连戏是"出在环砂,写在清幽,打在栗木",意思是说目连戏以环砂村为原型,由清溪人郑之珍编写,经栗木戏班演出而流传开来。祁门清溪人郑之珍由于屡考不第,便游学乡里,在祁门与石台之间讲学。据说郑之珍在石台有亲戚,他在自序中也说:"时寓秋浦之剡溪"。剡溪,即在石台秋浦河上游的大演乡新农、星火二村地界。郑之珍长年奔波于这条山径,不可能不受此地风俗文化的影响。沿路的一些景物地名也多次出现在他的《劝善记》里,如会缘桥、傅家庆、马蹄岭、清溪河。特别是黑松林,其实就是环砂至赤岭沿线牯牛降的原始森林。这里人迹罕至,云缠雾裹,山深林密,虎啸龙吟,充满阴森神秘感,正是戏文所说"傅罗卜前往西天,黑松林又多虎豹,我今改换衣装为凡妇,松林下化一茅房"。至今环砂附近许多地名仍与《目连救母》戏文中地名相符。因此,目连戏在环砂的演出屡见不鲜,"永禁碑"惩罚条文就有"违者罚戏一台"的记载。

笔者在环砂村进行文物调查时,发现该村民国二十二年(1933)最后一打目连戏的一整套有关文书记载,为祁门"打目连"习俗提供了宝贵的历史资料。

三、环砂"打目连戏"的起因

徽州"打目连",由于各地风俗习惯以及宗教信仰的不同,因此,在年份及时间上没有统一规定和模式。道光《祁门县志》卷五《舆地志·风俗》有"七月中元节,祀祖,设盂兰会,闰年则于月演剧,名目连戏"的记载。祁门县箬坑乡原栗木班每隔五年、十年演出一次,遇到灾年或疫瘟流行也要演出。徽俗每隔三五年或逢闰年必大演一次。常年演出称小演,只拣目连救母故事中的主要出目演出,凡演出均需合族按祠组班。演出的目的是驱瘟逐疫,纳吉求丰,或为宗族修订族谱、家谱而演,或为香主还愿而演,如遇天灾、兵燹、人瘟、凶死等必"打目连"。那么,环砂村"打目连"的缘由是什么呢? 从下列文书中不难看见:民国二十一年(1932,壬申)十一月二十六日善愿告示合族四股人等,在振德(即如松)家团聚共同商议,编立合文及筹款简章,告许癸酉年(1933)目连善愿以保合族平安,实为公益。

　　立合族告许目连筹费办事约人，族长程世英（光林公）等窃思时衰时盛，虽怨天道之流行作福作灾及由人心的自召，是故欲保平安必资善愿，于事有济，筹款为先，然人必赖神以相依庶可得资保障，事必籍款而成立，自然有志事竟成也。我族自民国开基以来，于兹念戴大局变迁，散财源而村风落薄，损壮丁而户口寥稀，见此情形，不忍坐视，观斯现象，谁不寒心，于是欲挽回运地之兴隆，莫如功德，人丁繁衍，特发善良。兹经合族人等告许目连一台，公议择期开演。此宗善愿，费用当先；此种良因，人力是赖。要皆籍众志以成城，持众掌而易举，公同筹款，集千狐可以成裘，四股酿资，聚多数由于少积，人人鼎力，个个倾心，将来斯愿告还。

　　神灵有感，户户共沐源仁，人口平安，个个同沾恩泽，是虽合族之力，要亦神圣辅佐之功也。今编立合文一样四纸，各收一纸存照。[1]

　　由此可见，环砂村合族商议癸酉年"打目连"，其起因是"散财源而村风落薄，损壮丁而户口寥稀"，故"然人必赖神以相依庶可得资保障"，可谓是"纳吉求丰"之举。

四、环砂目连戏费用筹集及办事人员

祁门县栗木村目连戏演出

　　在徽州流传有"一年目连三年熟"的说法，就是说三个丰年才能供演一次目连戏，可见花费颇巨。这点在前段引文中已有阐述，"此宗善愿，费用当先；此种良因，人力是赖。要皆籍众志以成城，持众掌而易举，公同筹款，集千狐可以成裘"。这样大的筹集活动，需要完整周密的筹备方案，而且必有一套专门的人马负责，这一点环砂村程氏宗族做得周密细致。现将善愿筹费简章列后：

　　[1]陈琪：《徽州戏曲文化研究——以历溪为例》，合肥工业大学出版社2017年版，第93—94页。

议决癸酉年中秋会租谷四股公提拔归善愿费用；

议合族男丁每名派出大洋壹元以资补助；

议合族女丁未出阁之女每名一律派出米四升；

议族内有客姓长驻者无论男女率照本族一律；

议界内田亩上至西峰庙并杨村庙下至黄土岭及罗望岭等处，每亩无论干旱务须派出大洋八角，皮骨各半，应由佃人经收归公，惟西峰庙石板桥以外至枧头根止之田亩，每亩皮骨收洋四角；

议本村及莫家所牧之牛每头派出大洋六角，如牛与人牧者，牛主与牧人各出一半；

议本村及莫家所蓄之猪每口派出大洋贰角；

议经理收费人员依照四股出身办事之人各负各股责任，尽期癸酉年茶市一律收齐存储各股经收处；

议坐局人员依照四股每股推出办事者二名共同襄办；

议武班人员依照四股每股推（请）人四名共襄办事；

议经收中秋会租谷依照四股维持，地址临时酌夺；

议开演期间无论何种赌具公同一禀禁清，如有持强不遵公同联合报告。

公推办事人员列左（下）：

四甲：坐局人员：凤腾（即北吉）

子卿（即安吉）

收谷人员：世英（族长公，即光林公）

收款人员：端华（即春吉）

德女（即必察）

五甲：坐局人员：济卿、鸿卿（即达全）、佐廷、乾辉（即和一）

收谷人员：吉人、佐廷（即克昌）

收款人员：必恒、振德（即如松）、康全、春水

六甲：坐局人员：履安、戴阳

收谷人员：振卿（即本科）

收款人员：振卿、履安、传寰（即坤吉）、载阳[1]

---

[1]陈琪：《徽州戏曲文化研究——以历溪为例》，合肥工业大学出版社2017年版，第94—95页。

环砂村"打目连"的筹备工作可以说是方案周密、内容翔实,从筹资的种类、数量、要求、办法、注意事项以及办事人员均交代得一清二楚,井井有条。筹备组织更是班子齐全,力量强大。由族长程世英带队,公推的办事人员在村中德高望重。这些人分工明确,责任分明。

据村中老人说,这次演出是在"叙伦堂"的第一进大门厅内搭台,前台两根大柱安在天井之中,至今埋基之处仍然可见。按祁门风俗,演目连戏都必须在村中空地上搭台,以便"赶鬼驱邪",只有三个地方可以例外,允许在祠堂内开演,这三个地方就是清溪、环砂、栗木。

五、环砂目连戏对联

旧时徽州每逢目连戏演出,村中的秀才,社会上的文人雅士均要作楹联或抒愤、或言志、或讽世、或刺时,熔剧情和生活气息于一炉,妙语连珠。这样便出现了很多饶有趣味的戏台对联。《中国戏曲志·安徽卷》中就有很多目连戏对联的记载。环砂村的目连戏演出同样如此,这些对联不仅贴在戏台上,还贴于祠堂、庙宇庵堂。现录部分以飨读者。

祠堂联:

> 目色耳声成雅韵
> 良宵卜□奏清音（周元辅作）

> 傅家留古迹善恶轮回劝世文章隔年演出环砂里
> 浩劫正临头兵灾水旱无辜男女散饥犹想合缘桥（周元辅作）

> 善恶判两途恶降灾善降祥赏罚最分明莫谓天堂无报答
> 阴阳同一理阳而作阴而受行藏宜谨慎须知地府不容情（载阳先生作）

> 环球善恶两边分想那些天堂地狱极乐无常定例范围终不出
> 沙门男女千般好任凭尔和尚尼姑自由平等违背法律怎能逃（周元辅作）

> 劝善记演出歌舞词且假昔日衣冠打扮以虚为实事

醒世文编成曲调句聊借今时子弟点装将戏作真传(载阳先生作)

青提成罪人打狗开荤只怪金奴刘贾

罗卜真孝子入狱救母全凭锡杖芒鞋(履安先生作,为清末秀才)

时势最维艰值此□乏囊空演剧本为勉强

愿星原告祷争奈神明鬼著极□可保平安(载阳先生作)

梅萼含芳借高石奇文演出前生后世

美蓉吐秀假目连善记编成古调新弹(履安先生作)

益利尽忠服主舍身遵主命

赛英守节同夫削发伴夫成(载阳先生作)

郑公竟世奇才搜实迹据陈编假目连孝子寻娘生出万叶千枝言言锦绣句句精华节义尽完全唤醒梦中由觉路

傅相天下善士广布施斋僧道果身修真人见帝接引金童玉女对对珠幡双双宝盖神仙齐合掌别开尘里达天堂(载阳先生作)

傅家三代持斋念佛看经暮鼓晨钟声入耳

刘氏一朝罢素违夫背天茹荤饮酒味充肠(载阳先生作)

观音堂神座位对联:

宝盖珠方接引无非善者

金童玉女迎迓岂是恶人

三官坛神座位对联:

马面牛头赫赫威可畏也

刀山剑树森森刑不瞿呼

水府步神座位前对联:

三十载垂歌德泽

五六日愿了神功

土地庙对联：

敬公公十分公道 土以后称功并帝

奉婆婆一片婆心 地无私戴德齐天

财神庙对联：

圣德随时降福

神明逐日招财

观音庙联：

青莲座上祥光绕 千载龙神拱日月

紫竹林中瑞气浓 万年香火镇乾坤

祠宇联：

世代绍箕裘万古纲常相继述

家声传孝友一本爱敬乐无伦

报德报功祀典常存思孝道

致诚致敬礼仪咸备表虔陈

入则孝出则悌恪守圣贤明教

仰不愧俯不怍方为天地人家

四海雍照守田园为家国计

一堂敦睦遗经史作子孙谋[1]

据村民程必郊老人介绍,这些对联均出自环砂村人之手。从一个仅有百

---

[1] 陈琪:《徽州戏曲文化研究——以历溪为例》,合肥工业大学出版社 2017 年版,第 96—98 页。

多户人家的小山村能拿得出这么多丰富多彩的对联,便可略见徽州文化底蕴之深厚。

这些戏联是民间艺人在演出实践中,广大观众在欣赏过程中的创作。它已超过了目连戏的内容本身,有的属于借题发挥,别有所指,反映了一些演员和观众对社会和生活的重新认识和思考。它契入剧情,贴近剧情,并游离于剧情,形式多样,变化无穷无尽。

六、环砂村目连戏祭文

目连戏演出,习俗名目繁多,安排前后有序,宗教色彩浓厚,但各地习俗不一,内容也就不尽相同。徽州农村"打目连"大致有以下一些内容:搭神台、守斋、禁赌、扫除、祭祀、进香、请神、送子、驱邪、收台等。有些说法不一,但内容却相似。

前文所述民国二十二年的这场环砂村目连戏演出,这些习俗过程或多或少都有过,但没有文字依据。在此,仅介绍请神祭祖的三篇祭文:

1. 环砂合族告许目连善愿祭文(载阳先生作)

维　中华民国二十一年岁次壬申仲冬月朔越祭日

主祭沐思弟子,程世英(即族长又名光林)暨合族弟子端华、传丰、际春、孝柏、传寰、必乐、振升、端艺、必恒、振注、振国、端苍、必察、振丰、和兴、土佳、必礼、振铎、百顺,谨以清酌庶馐香褚束帛之仪百拜。

玫祭于环砂福主,郧国公三间大夫水府尊神座前而言曰"伏以霜华满地,四时旋绕更迁冷气盈球,八节循环变易,此夫运之所以流行,而地气之所以周旋也,于维"。神也,生称正士竭忠照日月之明,殁美神灵托福庇环砂之族,扶危济困,固有感而遂通,捍患御灾亦无求而不应,今者环砂族内人事屡见沧桑,富社村中大局屡延变动,散财源而囊空橐乏,损壮丁而户少口稀,似此情形,闻者莫不色骇,为斯状况,观者熟不心惊,要皆人事之不修,致使天神之震怒,念雇是之明命,敢不草面而洗心也。尊神,惟本仁爱为怀,度慈航于风波浪里,弟子等善功是念施财力于冥府孤魄,兹径合族嗟嘀公同议决许目连而赈济保人口以平安,按男女而酿资,人人鼓掌,照田租而派费,个个赞成,于是特发善良欣欣然齐来观看,立成功德肃肃焉,同谐陈明,告许即在壬申,开演,待乎癸酉,虔涓吉日,建冬斋事祠堂,敬筵良辰迎。

呈圣驾临祖庙,以斋以戒致敬致诚,弟子等伏冀。

神功全叨福庇,阴中获佑暗里扶持,挽回村运之兴隆,持见人丁繁衍,家家请泰,户户安康,今备之牲、酒醴、锭馔钱财,敬叩尊神,希为鉴纳,但愿自今以后,祈保合族男女老幼人等,运限亨通,吉星顺度,男增百福,女纳千祥,一切元亨利贞,万事福缘,善庆则感,鸿思于靡既矣,尚享。

癸酉年本村敬演目连择期十月初七日至十一日止,自梁武帝开演,五天是日迎接。[1]

2. 三闾大夫福主入祠,晚间神前致祭文(载阳先生作)

祭福主文

伏以时当阳月,梅蕊含香,小春烟景,菊傲风霜,旧冬善愿告许。

神彰,丁洋亩费,筹备周章,今冬报赏,事属理当,受捐吉日,建设斋堂,目连戏演赈济孤场,均蒙德泽,恩惠泽详,合族男女叨庇平安,村中老幼,渐获健康,兹逢令旦,迎迓公堂,参观毕后,送驾庙坛,虔备清酒,敬进一斛,神灵有感来享,尚飨。[2]

3. 迎福主三闾大夫屈原入祠后,当晚目连开演前在戏台诵读目连疏文(载阳先生作)

婆婆世界

南赡部洲 今据

大中华民国江南皖省祁门县西乡十七都文溪里富村社居住奉佛修设建醮目连神会以保合族平安

信仕弟子程世英等(即族长)

右暨合族男女善春人等即日拈香百拜

伏以篱角美容,吐出平安之字,岭头梅萼,争开富贵之花,说善果于三千,须参菩萨,结善缘之十二,且倩佻优,神感以诚,捍惠而求纾眉启,愿酉桊守汲早输诚而戏演目连,懿夫佛法光昌,沙门清净,灵爽醒于西土,累世降生,声教暨于南天,历朝信奉,冥司赏罚善晋分明,阳世行藏吉凶莫辨,释典

[1]陈琪:《徽州戏曲文化研究——以历溪为例》,合肥工业大学出版社2017年版,第99页。
[2]陈琪:《徽州戏曲文化研究——以历溪为例》,合肥工业大学出版社2017年版,第99页。

昭如日月,具书本乎,古今善果故以超升,三生有幸,恶报趋于地府,六道难逃,孽敬高悬,小善莫弥大恶,屠刀才放晚节可赎前愆,顽嚚有加罪之诛,贤子孙徒劳挽救忠孝无差错之报,诸神圣威,乐引援,铁句屡系乎沤歌,佳章逐编为戏剧,则有清溪名仁高石文人,负谈天说鬼之才。悦澄佛参禅之学,道通儒释,著书而想入非非,论创神祇,劝善而事陈呶呶,本修吉悖凶之常理,写诛凶赏善之深文,挟风霜词成廉锷铿泸在手。规矩从心,彰庶汇之薰莸荣枯有本,使冥王之喜怒,殊庆无私,傅相为善克终,列天阊而浅浅,刘氏持斋不卒,入地狱之重重,孝子寻娘感大士而写私克逐,贤媛守志,依尼姐而莺牒终完,凡兹离奇谐诡诡之观,总为警聩震聋而论,况复声晴缴宕光怪迷离,传诵则沫涎手胝,扮演则林惕心警,挝来暮鼓,遂听者,妇孺辇点头,张照明灯聚观者冥王草面,询阐幽之圭桌,而获之干诚,亦渡世之慈航,兼神府之室筏,西今者环砂族内去演古而间隔多年,富村社中递至今而稽延世载,告许即在壬申,开演兹当癸酉,虔涓吉日,建醮事于祠堂,敬筮良辰迎众神于祖庙,以斋以戒,致敬致诚,但愿慈悲大发,渡此劫尘,智惠宏开,拨开苦海,感佛恩于再造,践凤约于五霄,清斋洁缓(音佛),拜祷倾葵按部就班,梨园子弟庶几仰答苍成,推酉梣守拖鸿庇于嵩岳,尤望永叼庇护,绵鹤遍于山河,固所愿者,神其享焉,谨疏以闻。尚飨。[1]

从以上三篇祭文来看,第一篇为告许目连的祭文;第二、第三篇为演出请神祭祖的祭文,它们无非是告诉神灵,环砂村风落薄,丁损户少口稀,于是筹资告许目连而赈济,保人口平安,运福亨通,吉星顺度,男增百福,女纳千祥,故敬贺良辰迎众神于祖庙,以辅佐村民。

七、环砂村目连戏场次安排

目连戏演出一般可分为三天三夜、五天五夜、七天七夜不等,而环砂这次演出的目连戏是五天五夜。其安排场次如下:

民国念贰年岁在癸酉年十月初七起演目连戏至十一日止,做目连五夜,江西同乐班平台,目连班马山。

---

[1] 陈琪:《徽州戏曲文化研究——以历溪为例》,合肥工业大学出版社2017年版,第100页。

初七日起戏,日间平台,迎神、召下八仙;

初八日半夜,日间平台;

初九日通宵,日间平台;

初十日半夜,日间平台;

十一日半夜,日间送水府尊神,日间平台;

十二日送戏因时局不好未受;

十三日读大孤,彰善瘴恶。[1]

从以上安排的场次和内容来看,环砂村这次请的是两个戏班子,一个为江西同乐班,一个是祁门马山班。马山班演出的是正本目连,而江西同乐班演的是平台。

凡演出以《劝善记》三本框架为主,叙傅家行善、刘氏违誓开荤、目连地狱救母等为"正本目连";凡在正本演出前加演《梁武帝》或演出过程中加演其他出目的称谓"平台"。

据查,徽州目连戏最早在明天启年间由祁门县栗木村组班演出,而后与祁门毗连的石台青浦、大宇坑一带组班演出,接着祁门、石台的乡间班社纷起,比较有影响的有祁门箬坑的马山班,彭龙的沥溪班,渚口的樵溪班、清溪班,以及石台的高田班,剡溪的同乐班等。此次环砂村由两个戏班轮流演出,一个白天,一个晚上,马山班正本目连,有演半夜,有演通宵。通宵又叫"两头红",指的是从太阳落山演到次日太阳升起。

纵观环砂村目连戏演出的整个过程,它的宗教气氛浓厚,宣扬佛法无边,不论前生、今生和来生,凡夫俗子的命运都由上天安排,平民百姓只有屈从神佛的意旨。目连戏也宣扬封建的忠孝节义,并且加以美化,把它吹嘘为天经地义的事情。戏中随时出现青面獠牙的恶鬼,更容易造成恐怖气氛。今天,我们研究目连戏,绝不是全盘接受目连戏,我们是将其作为一种文艺现象加以研究,予以探讨。目连戏中蕴藏的很多艺术精华,我们理应继承。我们应当全面地、科学地审视目连戏,将其作为一个剧种加以保护,取其精华,去其糟粕,为当地社会发展服务。

---

[1] 陈琪:《徽州戏曲文化研究——以历溪为例》,合肥工业大学出版社2017年版,第101页。

芦溪乡人傩

祁门芦溪傩舞源于原始巫舞,是中国远古时腊月里驱鬼逐疫的一种祭仪。芦溪傩舞俗称"跳平安舞",又叫"地戏",在每年正月里演出,是祁门本地以驱邪扶正、祭祀祖先、祈福求安、祝祷丰收为目的的一种历史悠久、表演形式独特的活动。祁门傩舞于2008年被列入第一批国家级非物质文化遗产扩展项目名录。

一、徽州傩舞与傩戏

傩舞,从文字记载上看,出现于周代,《周礼·夏官·方相氏》对之有比较详细的记述:"方相氏,掌蒙熊皮,黄金四目,玄衣朱裳,执戈扬盾,率百隶而时难(司傩)。"方相氏是驱傩的主角,这是有关傩舞的较完整的记载。至汉代,傩舞在宫廷中盛行,有"方相舞""十二神舞"等名目。唐、宋之时,傩舞依然盛行不衰,唐代孟郊《弦歌行》有"驱傩击鼓吹长笛,瘦鬼染面惟齿白"句,描写的就是傩舞。

在中国,傩分布广泛,东起苏、皖、赣,中经两湖、两广,西至川、黔、滇三省,北方的陕、晋、冀等地也有少量遗存。受其影响的民族有汉、土家、苗、瑶、壮、藏、门巴、布依、仡佬、彝、侗、毛南等。在漫长的历史进程中,以中原巫术传统为骨干的傩仪,逐渐与巴蜀和荆楚古俗、道教方术和少数民族宗教等文化因子相融合,形成一种多元巫文化——傩文化系统。

徽州地域的原初居民为山越人,他们有自己的越文化。汉代以前,接受和吸收了吴、楚文化。唐宋间,战事连绵,大量汉族居民为避战乱,纷纷南迁,从而使得中原文化与当地文化相融合。因此,在此基础上形成的

祁门县芦溪村傩舞

"徽州风俗"，既非对中原文化的单纯"移植"，也并非完全山越文化的"遗存"，而是古徽州人民在长期的劳动、生活中经过筛选、弃存、改造形成的独具徽州特色的民俗文化。中原文化进入徽州后，傩舞便在古徽州"一府六县"的祁门、黟县、休宁、歙县、绩溪、婺源传播，在邻近的旌德、石台等地也得到传承。祁门二都、五都、六都、八都等地曾广泛流行跳傩舞的习惯，目前祁门傩舞还存有芦溪傩演出班社。

徽州傩活动历史上一直很普及，明清更为盛行。婺源傩舞主要分布在中云镇坑头村，镇头镇游山村，许村镇汾水村，秋口镇长径村、李坑村、金竹坑村，江湾镇江湾村、古蜀地村、栗木坑村，段莘乡庆源村，沱川乡理坑村、溪头村等地。其中秋口长径村和段莘乡庆源村两处的节目最丰富，表演最精彩，保留较完整。婺源傩舞曾于1953年赴北京参加"全国首届民间音乐舞蹈会演"。2006年，婺源傩舞被列入国家第一批非物质文化遗产名录。旧时立春前的一天，祁门县令要率领下属到城东郊占卜水旱，老百姓则扮戏相从，立春日则祭祀太岁行傩。其他县也是如此。比如祁门县社景村的《游太阳》，歙县叶村的"打罗汉"，歙县义城的"嬉钟馗"，黟县的"出地方"，绩溪县杨溪的"破寒酸"，这些都是徽州傩舞的具体表现。如果说春祀傩仪尚带有古傩驱鬼逐疫意义的话，在民间迎神赛会中出现的傩则纯粹是一种娱乐了。明嘉靖时，歙县、休宁县每年二月二十八日举行纪念汪华的游行活动，人们戴着面具，在队伍中边歌边舞，即为傩舞。

20世纪80年代中期，徽州地区文化部门曾对徽州傩进行过一次全面调查。调查结果表明，傩文化至今在徽州地区仍有比较多的遗存，既有舞，也有戏，系统保存了傩由祭祀舞蹈到舞台戏剧的演变实态，但徽州傩主要是以祭祀舞蹈为主。傩舞在徽州民间流传之后，逐渐加入民间故事，神话传说。傩舞从单一的驱神逐疫演变出敬神祭祀、自娱自乐等多种功能，从而有了傩戏的出现。大约从清中叶开始，傩舞向傩戏方面演变。

徽州很早就有"傩仆"制度，大户人家养着"傩戏班"。傩舞的表演者均为当地小户农民，富家大户、书香门第从不参与。每逢庙会、祭祀、送灶、秋醮、迎春，均有傩戏傩舞演出。这也足以证明傩舞是民间生活中一个不可缺少的重要内容。徽州自古文风昌盛，"十家之村，不废诵读"，傩舞在民间流传的同时，乡间学究、文人雅士根据各自的见识、喜好，给傩舞加入新的内容，赋予新的文化内涵,使得徽州傩舞更趋完善、完美,更具观赏性。

表演时,舞者头戴木刻面具,身穿蟒袍,手执干戚等兵器,随着强节奏的鼓点和伴奏,表演神话、驱鬼、民间传说故事等。随着傩舞在徽州民间的流传,逐渐加入民间故事、神话传说。傩舞从单一的驱神逐疫演变出敬神祭祀、自娱自乐等多种功能,从而有了傩戏的出现。清光绪年间,休宁茗洲吴氏春秋二祀请傩戏演员来演戏成为宗族定例,并且搭台演戏,显然此时的傩已经是舞台表演,成为傩戏了。

二、芦溪村的乡人傩

祁门傩舞源于原始巫舞,《论语·乡党》中便有"乡人傩"的记载。祁门芦溪傩舞,古代亦称作"鬼舞、舞鬼",名称源于古代腊月劳动人民用来驱鬼逐疫的一种迷信活动。它与远古时的一种宗教、巫教互为关联。当时,先民们的生产力水平低下,山区土著山越人对于洪涝干旱、野兽侵袭、瘟疫流行等各种灾害缺乏科学的认识,把一切灾祸归结于妖孽作祟、神鬼指使。人们要战胜妖魔鬼怪,只好借助神的威力与妖魔疫鬼进行斗争,乞求神灵的庇护和保佑。为了消灾纳吉,把希望寄托于巫,人们把他当成太阳神的使者。巫穿着红色的裙子象征着太阳,念念有词,手舞足蹈。巫在徽州山区很盛行,巫舞与傩祭相结合而演变成傩舞。汉代就开始有"方相舞"和"十二神舞"的名称。后来傩舞逐步向娱人悦众方面演变,加强了其娱乐成分,内涵也大为丰富。其中包含了驱邪扶正、祭祀祖先、祈福求安、祝祷丰收等内容,出现了表现劳动生活与民间传说故事等的节目,个别地区已发展成戏曲形式,称为傩戏。

民国时期,傩舞在皖南仍很普遍,但各地舞法又有不同。祁门县芦溪村的傩舞,当地称地戏,有魁星、将军、土地、两伊、四相等角色面具。演出时先在场地上放好供桌,挂"十大将军"画像,魁星先出场,手拿宝剑杀开四路;然后刘海出场,表演《刘海戏金蟾》,动作跳跃轻快;其次是《将军杀土地》,表示驱逐邪疠;最后表演刘海耍狮子,情节以舞蹈和哑剧动作表现,用锣鼓伴奏,无台词和唱腔,演出时间一般在腊月和正月。

由于传承不同,跳傩活动起止时间、活动内容、仪式名称略有不同,大致分三个阶段:第一阶段为请神、降神,一般在年前,由傩班成员将傩面从神坛、箱中或橱中取出,用清水或香油擦洗干净,供奉在神案上,燃香点烛,鸣爆放铳,叫"起傩",或称为"开洞""开箱""开橱"。第二阶段为祭神、娱神、驱鬼逐疫、求神祈福,大年初一或初二,举行索室逐疫除不祥的活动,其中穿插一些反映傩神历史功绩、神职、来历的小节目,叫"演傩""搜傩""扫堂"。这些既娱神又娱人的小节目,也是各个家族傩的主要差异所在。这一过程一般要持续半个月。第三阶段为酬神、送神,在跳傩活动结束前一天,要举行一个酬谢神灵的祭祀活动,叫"圆傩",意即送傩神归位。

祁门芦溪傩舞的表演形式是边走边舞,沿村行傩,保持有古代傩祭的原始风貌。每年腊月与正月,祁门芦溪村即行跳傩活动,俗称"跳平安舞",以求来年安泰。历史上,傩人都由佃仆充任,于腊月三十打筊(即占卜)问神,顺筊即开始出巡,用红绿纸叠成三角或四方形置于稻草上燃烧,烧时傩人燃放火炮,在大街小巷奔跑,各家紧闭门户,任傩人驱赶瘟疫鬼厉。正月初二正式跳傩,有严格的祭祀仪式。

初二早上,在傩面具"坐堂"人家请神,所请的神有二十五路猖神、铁板桥二十四位老郎先师等。请神时需设香案,案前挂傩神图,即十大元帅图,案前铺红布供奉面具两枚,一为土地,一为将军,代表一阴一阳。两面具之间横陈宝剑一把,只能由扮演魁星的傩人在虔诚的礼拜之后取下,然后其他傩人才能开始装扮。装毕,去社坛,杀鸡祭祀,吆喝掌彩。

祭毕,在社坛跳傩。先是戴面具的魁星上场,手持开山斧舞之蹈之,意谓开天辟地,划定四方,此节称《开路先锋》,又名《魁星引路》。接着是和合二仙跳跃而出,戴笑脸面具,和仙执拂尘,合仙执三足蟾,舞蹈动作对称,意谓四方安乐,万物繁衍,此节称《刘海戏金蟾》。随后由凶星戴土地面具持杖拈须而上,行凶作邪,欲灭五谷;吉星戴将军面具上,持剑追杀,力挫凶星,解救生民于水火,此节称《将军杀土地》。节目毕,均无唱腔,亦无对白,仅用锣鼓伴奏。及此,傩人收去祭祀用的五谷、牺牲等物,剪下狮毛盛于盘中,散发给儿童,以资扎发辫或贴心置放,辟除邪侵。

初三至初六日为"行傩",到本村许平安愿的人家跳。各家以木盘盛米酬神,演毕,由舞者将米倒入布袋带走。初七回坛,然后出村行傩,至正月二十回坛封箱。现在芦溪乡人傩仍可作示范演出,全部演出节目,均无唱腔和对白,仅用锣鼓伴奏。历口村过去也有傩仆,过年时会为百姓驱灾避邪,随身带有布袋装着各家敬神的谷米。水口戏神庙供奉傩神菩萨。黟县西武乡的绛霞、章墩和碧山乡的西山下等村,每年正月初三日,村人迎接傩神老爷,以祈祷辟邪消灾,也是行傩的一种。

三、芦溪村傩舞的演出形式

芦溪乡傩舞老艺人杨泽如(1902—1988)曾说,过去祁门南乡有二十四个"地戏班"跳傩舞,每年正月都很热闹。芦溪乡傩舞已经相传几代人。杨泽如参加当地的"双龙班"跳傩舞是第四代。祁门芦溪傩具有稚拙、古朴、单纯、直率等特征。祁门芦溪傩在传承过程中形成地域性、家族性、保守性特点。

祁门芦溪傩的表演形式是以大众组合而成的,有独舞、双人舞、群舞,具有夸张、粗犷、朴实、简练的风格。一种是祭祀队伍串村走田埂来到田间路边,旗分二路,中间表演,随鼓声响起,由观音菩萨(白色面具)引导(手敲木鱼,挥动须杖)排成纵队(表示福禄寿喜各路神仙降至人间,驱除妖魔鬼怪保丰收),而后变化成一字型,阻挡鬼怪,驱邪镇魔,并不断击鼓,喊声震天,反复数次。另一种是由白观音引路,按顺序福禄寿喜各神在先,百家伞、乐队、竖旗、三角旗紧随其后,边走边喊,绕田埂而行,所走过的田块都能天降雨露,五谷丰收。活动时喊声阵阵,锣鼓喧天,彩旗飘动,鞭炮齐鸣,场面极为壮观。

芦溪傩舞节目有《魁星开天地》《刘海戏金蟾》《刘海逗金狮》《跳和合》《双猴捉虱》《山越人》《将军斗土地》《后羿射日》《张飞祭枪》《判官醉酒》《猴王降耗子精》等二十余个。跳傩是业余性的,演员平时以务农为生,节日演出时的组织纪律性很强,深受村民尊敬,被视为村庄兴旺的标志。一方面,在村民心中,跳傩事关村庄的兴衰、吉凶祸福;不跳傩,村庄就会不太平,农业收获就会受到影响,跳傩成为过好日子的精神支柱。另一方面,逢年过节,村民们也迫切需要文娱活动,劳逸结合。正是这种心理的、民俗的、娱乐的需要,促使跳傩代代相传,历久不衰。

四、丰富多彩的傩舞面具

徽州的傩舞是中国远古时腊月里驱鬼逐疫的一种祭仪,源于原始巫舞。

人们戴着面具,把自己装扮成比臆想中的鬼疫更凶猛狰狞的傩神,跳着凶猛、狂热的舞蹈来驱邪。

祁门县芦溪村傩面具

祁门芦溪傩舞除了舞狮子以外,一般带有面具。面具用柳树锯成圆段,一剖两半,经过木雕艺人精心雕琢,施以彩绘,造型各异、形象生动。祁门傩舞面具种类繁多,忠奸愚劣、老少奸陋、和蔼凶恶、喜怒哀乐,各具情态。有魁星、两仪、和合二仙、四相、盘古氏、太阳、月亮、后羿、八仙、扶苏太子、夜叉、判官、仙鹤、老鼠精等50余种,面具为木雕。戴面具是傩的特点之一。木雕的面具刀法朴实、风格粗犷,舞者戴上后不怒自威,非常独特。以木头雕做,工艺精致,手法夸张,神气活现,其忠奸优劣、老少奸陋无不神似。傩作为一种原生态的文化活动,无论是傩舞还是傩戏,都有独特的审美价值和意蕴,蕴含了古代人类生活信仰各方面的信息。巫傩面具更充分体现了威猛美、庄严美、狰狞美、慈善美、祥和美、诙谐美和刁顽美。

五、中国戏曲的"活化石"

傩是我国极为古老的传统文化现象,源远流长,涉及范围广。透过弥漫着宗教色彩的傩,我们可以窥视到我国多民族不同历史阶段的文化风貌、民风民俗。从传世的古代诗文来看,傩在徽州地区的历史已有千年以上,保护好这一古老文化遗产具有十分重要的历史意义。

傩涉及到人类学、历史学、民族学、宗教学、神话学、考古学、音乐学、舞蹈学等相当广泛的学科领域。它从多侧面、多角度、多层次向我们提供和展示了傩面具、傩庙、傩轿、傩法器、傩舞服饰、傩乐器、傩文献等物质层面的傩资源和傩信仰,傩民俗、傩祭、傩舞、傩戏、傩乐演奏、傩面雕刻工艺等非物质层面的资源,为探索中国戏曲史多姿多彩的演出形态和剧本文学形态,提供了鲜活的资料,其学术研究价值是显而易见的。

虽然我们已初步做了些保护研究工作,但缺乏系统、专业的规划和保护。

随着时间的流逝以及当地戏班一些老艺人的相继老去,如果我们不能及时采取措施抢救保护的话,我们将丧失这一古老传统傩文化。

祁门傩舞形象地凝聚着傩文化所体现的宗教意识、民俗意识和审美意识。透过弥漫着宗教色彩的傩,从中可以窥视到我国多民族不同历史阶段的文化风貌、民风民俗,傩是不可再生的民族文化遗产。

祁门傩舞从唐朝开始到现在已传承了千年,被誉为"中国舞蹈戏剧活化石",2012年曾赴上海参加中美文化交流展演。随着当地非物质文化遗产保护力度的加大,祁门傩舞作为地方特色越来越广为人知,现如今来祁门参观、探秘傩舞的年轻人、文化人、媒体人、游客也与日俱增。

祁门傩是徽州文化的重要内容,是靠口头和行为传承下来的民俗现象,虽有历代的变异、丰富、融合,但在信仰者的心目中,它既神秘又神圣,因而在传承中具有保守性和稳定性,也正是这一特点,使得它在客观上保存了相当数量的古老神话传说、史诗、歌舞、艺术和民风民俗,积淀着中华民族漫长的历史文化,具有独特的民族性和极高的民俗学研究价值。

社景村"游太阳"

傩舞《游太阳》古代盛行于祁门县金字牌镇的社景、双溪流、莲花和黟县渔亭镇艾坑、玛坑、韩村、楠木岭、李村、考盆、朱家坞一带,为当地乡村民间太阳会中的舞蹈,属巫舞——傩的一种。"太阳会"是一种古老的祭祀活动,祭祀的对象是被徽州人奉为太阳神的汪华。祭祀时间为每年的农历六月十二日至十四日。

一、社景黄氏有个"太阳会"

社景在古代叫左田,左田在祁门县东十里归化乡沙溪里。其山脉发自椭木岭,历顶游峰、赤岭南峰而下,复逆水至田丰炕,特起一山,东向如月。山下驿道车马络绎,右有溪可鱼,左有田可耕,故名。祁门县地名志编辑委员会编纂《祁门地名录》记载,因山形如蛇,村处蛇颈,古曰:"蛇颈",又因有"蛇"不雅改为石景,建设社会主义新农村时再改社景,名称一直沿用至今。

徽州黄氏出于嬴姓,陆终之后受封于黄,子孙遂以国为氏。至东汉,有黄香者,字文强,江夏安陆人,官至魏郡太守。黄香传九世为黄积。晋元帝时黄积为新安太守,卒葬郡西姚家墩。祁门左田黄氏宗族始迁祖黄仪,字元和,系歙县黄墩黄氏宗族的十四孙,唐天宝年间(742—756),以春秋入仕。黄仪"入仕,初任绩溪尉,次尉青阳,三尉祁门",士民爱而留之,遂从歙县黄墩迁于祁门左田,遂为祁门左田黄氏始祖。厥后,子孙繁衍,形成祁门左田黄氏望族。宋代兵乱,左田黄氏迁徙不一,成为徽州黄氏重要一脉。就连当时的县太爷也称"黄姓,新安鼎族也,始祖元和公于唐以县尉,肇居祁之左田,遂卜葬九保柏林墩焉。厥后,子孙繁衍,侨居六邑,祁左田则其总派也"。

社景村黄氏是大姓,聚族而居,历来以收租为业,主宰着当地的政治经济和氏族大权。本地毗邻道教圣地齐云山,村民大多信奉道教,每逢道场法会,村民便蜂拥朝拜。该地有太阳庙2座、周王庙1座、太圣庙1座、土地庙1座。因此,庙会与祭祀活动比较多。过去,为了这些庙会、祭祀活动,黄氏宗族特辟"族田",从地租中提取专项经费,用于活动的开展。如祠堂义田20亩,租20担;太阳会祀田20亩,租20担;祖坟祭田50亩,租50担;清明会20亩,租20担。这些祠田族产管理严格,所有收支均有账簿,定期结算公布。特别是为了祭祀汪华,社景村还成立了专门的"太阳会",采取集资的方式筹备祭祀活动经费,入会人员多达50人,不仅有村中黄氏大姓,也有佃仆方氏小姓。黄姓负责太阳会管理,统筹经费支出,方姓平时负责太阳庙的管理,庙会期间则充当仪仗队、鼓乐工、巫祭、跳傩。

二、游太阳与汪华祭祀

社景村"游太阳"是为了纪念隋末保卫故里,免除战乱灾难十余年,后封歙州刺史、越国公的汪华。徽州立庙祭祀,称他为大神。传说汪华有九子二女,父子保境安民,于国有功,却受到奸佞陷害,八个儿子被杀,第九个儿子虽然获救,后来也战死边陲,为国捐躯。汪华父子死后被徽州人尊为"太阳菩萨",每年的农历六月十二日至十四日,村民们将"太阳菩萨"抬到露天晒太阳,接受乡人的祭祀。

汪华本来是个历史人物,关于汪华祭祀,嘉庆《绩溪县志》说:"十五日,登源十二社挨年轮祀越国公"[1],民国《黟县四志》也记述了该县七都有《游太阳》降童一事,"按神为汪华,考郡县志及云岚山志,汪华封郡土神,自宋已晋王号。黟俗王沿阳音,习惯已久,太阳原系大王。庙在霭冈,乃其后裔迁霭冈时所建,后支分

祁门县金字牌镇抬汪公看稻

远徙,庙圮失修,各村异像崇拜,每岁原聚遗址,以永纪念。"

在社景村一带还流传着有关汪华的神话故事。相传汪华早年居住在祁门县金字牌双溪流,其妻上山打柴,口渴难忍,在一片花丛中找到一泉水,喝

---

[1] [清]清恺修,席存泰纂:嘉庆《绩溪县志》卷一《舆地志·风俗》,《中国地方志集成·安徽府县志辑54》,江苏古籍出版社1998年版,第366页。

了九大口二小口,待再喝时,泉水却突然干涸了,回家后不久就怀有身孕。过了七七四十九天五更时分,突见九个大红球落在房顶上,一刹那间就不见了。不久妻子就感到腹痛,至第二天上午太阳出山时,生下了九个红球,又蹦又跳。这下子把人们都吓坏了,以为妖怪降生,要把他们甩掉。这时红球说话了,"请别害怕,快把我们拿到太阳地里晒晒"。大家不相信,就把九个红球搬到太阳地里晒,不到一个时辰,九个红球依次冒出青烟,到了第九个时,"轰"的一声巨响,从九个红球中跳出九个英俊少年,向父母跪拜。第二年,汪华妻子又生了两个妹妹。从此,他们兄妹每天闻鸡起舞,练出了一身过硬的武功。父子十人为国出力,功勋卓著,却受到了奸佞的陷害。他死后被人们尊为太阳神,将汪华神化了,增添了其神秘色彩。

《游太阳》的开天辟地舞蹈与对太阳神的崇拜是傩舞亘古不变的主题,著名学者薛若邻曾说过,"远古的宗教是巫教。巫在那个时代是很威风的,他们被认为是太阳神的神使,身穿红色的裙子象征太阳,其职能是驱鬼逐疫,消灾纳吉,这种职能又通常是用歌舞表现的,所以春秋以来巫舞很盛行,巫舞又与傩祭结合而演变为傩舞。"社景村的《游太阳》正是这种"结合"的产物,虽然它歌颂的是历史人物汪华,但汪华在《游太阳》舞蹈中已被神化。这时的傩神不是上古的盘古氏或伏羲、女娲,而是被当作太阳神的汪华,人物更加具体,形象更加清晰,更贴近当地人民,也就更富有人情味了。

徽州各地除祀主神汪华外,尚分祀汪华各子,比如社景村供汪华及八灵王(华之八子),莲花村供汪华及九相公(华之九子)。古时在社景的河对面有一座太阳庙,供奉着八灵王,就是徽州土神汪华的第八子。祭祀活动每年一届,每届由轮值主事的大户做东,从农历六月十二日至十四,历时三天。

三、社景村的"游太阳"时间与内容

同治《黟县三志》卷三《地理志·风俗》,关于"游太阳"是这样记述的:"七都复有游太阳降童之事,尤为不经。游太阳者,岁以六月酷暑之时,凡七都各村各庙神像尽舁出游,聚于神位最尊之庙,数日乃还。降童者,游太阳日,以庄户童子为之庄,庄有世巫行术降神附童子身,蹑跳若狂,利刃割额,流血至胸,谓之开天门。别煎油大釜极沸下豆腐,赤手入沸油数取之出表会众,腐尽而手不灼。"舞蹈分四个部分:操练仪式、开天门、跳火爆伞和拔油锅。

社景村"游太阳"最初举行之目的,《黟县四志》卷三《地理志·风俗》有载:"元大德至大年间,婺、祁蝗灾叠见,祁人迎神驱蝗。七都(渔亭镇楠玛、朱家坞)与祁接壤,农民惧蝗害延及,相率效之。倡斯举者以为思患预防……神既会集,煎油大釜,辄下豆腐。豆腐一害苗虫之肖像,盖谓螟螣蟊贼,系彼土神或可歼除殆尽。岁一行之,得无蝗害,緜是视为必要,习为故常。"后演化为祈求"五谷丰登"之傩仪。此仪衰落较早,民国初年仅"艾坑、玛坑、韩村、楠木岭、李村、考盆犹循而行之",最后一次活动是在1952年。从以上记载来看,"游太阳"与当时"迎神驱蝗""祈以保苗"的农事祭祀有一定的关系,其消灾纳吉的主旨已很明显,但在其过程中,又起到了颂扬忠义和娱神娱人的作用。

社景村"游太阳"的程序是六月十二日入庙请太阳菩萨。六月十二日这天,社景执事者到村的太阳庙里,将太阳菩萨、八灵王的神像擦洗涂金,换上新装(俗称"行宫衣"),请进特别的轿子,抬到本届太阳会轮值主事的东家。东家托一盘米,一盘茶叶,燃三炷香,一路躬身迎接,是为"接神"。晚上在东家的庭院里点起火把,举行习仪,四跳童喝下东家备下的鸡血酒,祭拜菩萨,然后接过师傅的利斧,在师傅的指点下起舞操练。每年都要新增加几个青年人练习,代替年老体弱的艺人,以保证"游太阳"能够长期传承。操练结束,由跳童中二人守卫菩萨过夜。

六月十三日,执事者从东家家里将菩萨抬进各村的祠堂,行进仪仗队依次是:鼓钹演奏四人(大锣一人,钹一人,吹奏唢呐二人),轿夫四人,持龙凤伞一人,跳童四人,扛蜈蚣旗四人,东家捧供品盘随后。

沿途鸣锣开道,跳童挥利斧随舞,东家随后撒五谷相送,高喊:"风调雨顺,五谷丰登!"到祠堂后,村民按辈分两边排定,向菩萨跪拜。拜毕,即开始傩祭,主祭者念毕,跳童开始舞蹈。跳童也称"罡童",由4个男性青年扮演,上身赤膊,穿黑色或者蓝色短裤,腰系一条二尺见方的白布按对角折成三角巾,穿草鞋。双手各执一把专用铁斧,又称"罡斧"。舞蹈气氛紧张热烈,节奏明快。杀公鸡请神,跳童又喝下鸡血酒,跳童蹿跳若狂,舞蹈动作有"单颤步""双颤步""藏翅双飞燕""背翅双飞燕"。当再跳到"藏翅双飞燕""背翅双飞燕"时,利斧刃划额流血到胸,谓之"开天门"。

同时,在祠堂门口以砖头或石块搭一临时锅台,上置一大铁锅,注入菜油三斤,将一板豆腐切成小块放入油锅中。待锅中油和豆腐烧沸,师傅将事先备下的烧酒倒入锅中,口中念念有词,四跳童一边围着铁锅跳舞,一边将豆腐连油捧出,投向摆放在祠堂正厅的太阳菩萨,观者欢声雷动。

待锅中沸油将尽,师傅亲自动手,务必以三下将锅中余油豆腐捞干泼尽。这时,跳童们手中的铁斧的撞击声、鼓乐声、鞭炮声、口哨声、呐喊声汇成一片。跳童幡然起舞,随后仪仗起行,祭祀活动进入高潮。傩祭结尾,即开始由戏班搬演昆曲《郭子仪上寿》《张公艺九世同堂》等喜庆剧目。

十四日社景所祀"八灵王",与莲花"九相公"两尊菩萨由祠堂请出,同时由隆重的仪仗队开路,向两村中间的洪田桥进发。沿途除进行傩舞表演外,所经过的人家多在门前挂一种圆筒状的纸伞,伞内挂着鞭炮,称为"鞭炮伞",等待太阳菩萨到来时点燃鞭炮。傩舞队须停下来表演,跳童们双手执斧挨个地在燃放的鞭炮上舞蹈,以示迎接。跳童在伞下舞蹈,称之为"跳火炮伞",意为消灾纳祥。行至洪田桥,八灵王、九相公两兄弟会面,鼓声大作,鞭炮齐放,场面更为热烈。随着粗犷古朴的傩舞节奏,把祭祀活动又一次推向了高潮。下午,两村各自把太阳菩萨抬回太阳庙,菩萨下轿换装,神服及神轿均锁入庙内特设的橱柜,以待来年再用,活动至此结束。

四、"游太阳"演出人员与道具

扮演"游太阳"的角色无需戴面具,说明了社景村傩的原始性。"游太阳"的演出人员包括:太阳菩萨(汪华即汪公)1人,也可加诸神(汪华九子)9人;世巫(司仪)1人,黑色神袍。各方领队(族长)若干,一般穿黑色礼服。旗手4至8人,手持蜈蚣幡旗。轿夫4至8人,身穿黄色或者灰色土布衣服。跳童4至8人,跳童服饰装扮:上身赤裸,下着黑色短裤,赤脚着草履,双手持短柄(长约8寸)半月形罂斧。

"游太阳"的世巫、跳童、乐工、仪仗及杂役,世代由小户方姓佃仆充当。清同治《黟县志·风俗》记载,"世巫"是古代以降神驱邪、替人祈祷为职业者。他是组织传授跳"游太阳"的师傅,实际上是担任巫的职能。这种人当地村民俗称为"师傅",负责操练、传授技艺,并于演出时画符咒贴在斧子上,将烧成灰的符咒水给跳童喝下,以求"开天门"时肤伤不痛,捞豆腐时油不灼手。这种"世巫"职业作为一种谋生手段,世代沿袭,一般不传授外人。

社景村方姓,平时为佃仆,以农业生产为主,祭祀时即从事祭祀跳童、乐工、神祇轿夫,前往神庙,随时听从东家差遣,完全是一种仆役的职司。而且一切劳役均无报酬,只尽义务。社景村傩仆役中有等级区别,师傅是傩队中的主事者,他的法术每代都是单传,只在他逝世之前,才将符箓咒语传给他的一名徒弟。这种严密的傩仆制甚为典型,是徽州佃仆制的一种派生现象,与其他的职业傩戏班有着本质的区别。

锣鼓队有京锣二面,唢呐二只,外加小锣、中扁鼓、小鼓、钹各一件。除唢呐2人是临时在外面请的以外,其余都是小姓吴氏担任。鼓乐无定谱,可以演奏各种鼓乐调,器乐曲可以演奏《大开门》《小开门》,有时也只用打击乐,演奏的旋律节奏与表演没有必然的联系。

轿子用木材做好,红漆漆好,平时放在太阳神庙里面,使用时清理灰尘。斧头是专用道具,贴上符咒就成了"神斧",跳傩时挥斧替人们祈福消灾。香炉一鼎,纸钱、香若干。贡品(鸡、鱼、肉、果)各一盘,锡器酒壶器皿一套;纸伞鞭炮若干;油锅一口,香油3斤,豆腐一板切成小块。其他装饰品若干等。演出时临时在祠堂门口搭一灶台。

五、"游太阳"演出的文化价值

傩舞"游太阳"是珍贵的非物质文化遗产。祁门县社景村祭祀汪华的傩舞"游太阳"历史悠久,从元大德至大年间至今已有700多年的时间,因"开天门"和赤手从油锅中取豆腐等过于血腥恐怖,加上所谓的师傅符咒失传,傩祭表演已经没有人可以演出,致使傩舞"游太阳"原真性在一定程度上得到影响。下一步可以通过适当的呈现方式如实反映"游太阳"的原貌。

傩舞"游太阳"是现代文化旅游的重要资源。傩舞"游太阳"只是祭祀汪华的一种特殊形式,而徽州关于祭祀汪华的活动形式多样,内容丰富。政府有关部门应该对各地祭祀的时间、地点、内容、形式做一全面系统的调查与研究,从中华祭祀民俗的角度或者是从徽州民间文化的角度加以挖掘整理,服务于当代社会的文化旅游的发展。

傩舞"游太阳"是中国舞蹈的活化石。社景村祭祀汪华的傩舞"游太阳"

于1957年经安徽省歌舞团将跳童所跳傩舞部分加工整理,曾赴京演出。由于其舞姿粗犷,节奏铿锵,受到国内舞蹈专家的高度赞赏。后经祁门县文化部门的再度创作,获得徽州地区1987年群众文艺汇演三等奖,1995年入选《中国民族民间舞蹈集成·安徽卷》。1997年,祁门县文化部门再次将此舞改编为群舞,代表黄山市参加安徽省第四届花鼓节汇演,获演出二等奖。

近年来,祁门县文艺工作者对社景村傩舞"游太阳"不断进行加工,在保留其古朴粗犷风格的基础上,剔除了一些不合适的内容,增添了新的表演方式,使其更加适合表演。该项目已进行过多次演出,深受观众欢迎。

历溪村麻衣龙

祁门县历溪村地处牯牛降脚下,是一个肇始于唐宋时期的大村,每年正月有着传统的舞龙习俗。历溪村舞的龙与其他村舞的龙不一样,历溪村舞的龙是麻衣龙。这与晋朝王氏宗族流传的王祥"卧冰求鲤"的故事有关。此事在当地传为美谈,传说当时的皇帝为王祥颁发了孝子匾。至今,历溪村的"合一堂"门前仍悬挂着"孝子"匾,每年春节,祠堂的大门仍然贴着绿色对联,以示对祖宗的孝道。因为,历溪的龙是一条孝龙,所以要扎成麻衣龙。

一、历溪村琅琊王氏源流

祁门县历溪村因汇集来自历山的数溪而得名,历溪是琅琊王氏宗族聚居地,历溪王氏为徽州始迁祖王璧(845—912)的后代。王璧,字大献,唐乾符中与女婿郑传倡议集众,保障州里,四境赖之。刺史陶雅屡奏其功,杨行密得承制封,拜授王璧检校兵部尚书累加银青光禄大夫。

祁门县历溪村舞孝龙

大献公有九子二十三孙,人才辈出,徽州、池州、饶州、九江、安庆等地之王氏名门望族,多属其后裔,分迁徽州后,主要集中在歙县、黟县和祁门县。大献公三世孙敬显公居山口,敬显次子帖从山口迁历溪。

历溪在南唐时即已建村,历史十分悠久,文化底蕴极其深厚。历溪村过去有王姓宗族总祠与支祠计8个,其中规模最大的总祠"合一堂"位于村庄中部,至今仍保存完好。

祁门县历溪古村坐落在牯牛降国家自然保护区脚下。牯牛降十万亩大森林是野生动植物的洞天福地。这里的奇花异草孕育了历溪世代的名医,明代御医王琠就是其中一位。他笃志学古,肆力诗文,自幼研读《素问》诸书,得医学之奥妙,治病不泥古方。据说,嘉靖年间他闲游京师,治愈皇太子病,授太医院官,直圣济殿事,加授登仁郎。其有《医学碎金》《意庵医案》等书行世。

在"合一堂"宗祠北侧是村中古代的"文会",也就是村中文人雅士聚众吟诗作文、探讨学问的场所。昔日"文会"已成了现在村委会的办公场所,村中戏班的戏箱等物什仍存放在文会中。历史上祁门目连戏班比较多,历溪村又是目连故里之一,目连救母故事在这里可谓是家喻户晓。历溪目连戏班在历史上也是古徽州有名的目连戏班之一。最近几年,历溪村在发掘、整理、排练、恢复目连戏工作中做了很多努力,取得了比较好的效果,使古老的戏曲焕发了活力。

二、《卧冰求鲤》遗孝风

在《祁西琅琊王氏族谱》中,有一篇《卧冰求鲤》的故事。我问村里王道照老人,"古代二十四孝中《卧冰求鲤》故事,怎么上了你们的族谱?"他说:"历溪王氏就是《卧冰求鲤》中主人翁王祥的后裔。你看看我们村祠堂每年贴的春联都是绿色的,讲究的是孝道。"《卧冰求鲤》故事的主人翁就是晋初的王祥,他的继母朱氏对他很不好,总是在他父亲面前说坏话,久而久之,他的父亲逐渐厌恶他。有一次继母在一个寒冷的冬天,想吃鲜活鲤鱼。湖塘的水都冻成了冰无法捉到鲜活鲤鱼,王祥卧在冰上,想用体温将冰融化。冰忽融破一个洞,水中跃出两条鲜活鲤鱼,王祥连忙捉住,抓着回家做给继母吃。他的举动在十里八村传为佳话,人们都称赞王祥是人间少有的孝子。有诗颂曰:继母人间有,王祥天下无;至今河水上,留得卧冰模。

继母生的儿子叫王览,与自己的母亲不同,甚爱其兄,非常敬重哥哥对自己母亲的孝心。王览小时候,每次看到母亲棒打哥哥,便抱住哥哥让母亲一起打,母亲怕打到自己儿子的身上,自然就停止打王祥了。长大后,兄弟二人都娶亲成家了,每当朱氏惩罚王祥妻子时,王览的妻子都会要求与嫂子一同受罚。朱氏看到这种情形,也就不罚王祥的妻子了。一天朱氏准备了毒酒让王祥喝,她想毒死王祥,使家产由自己的儿子独自享有。王览早就看在眼里,一把夺下这杯毒酒,要自己喝。朱氏慌了,急忙夺下儿子的酒杯,将酒泼在地上。从此之后,朱氏对王祥好了起来。

"合一堂"以孝为重,每年正月舞的龙灯就是孝龙,所以,祠堂贴的对联是用绿纸黑字书写,这就告诉全村村民要时时刻刻尽忠尽孝。而且,祠堂贴的对联基本是固定不变的。比如大门贴的对联是"历峰常聚秀,溪水永流芳";享堂前后贴的分别是"历姓合周家鹅岭钟灵鸡峰毓秀,溪水一舜水狮头挽浪象鼻波澜"和"合族内长幼尊卑尽忠尽孝,一堂中高曾祖考丕显丕承";寝堂前后贴的又分别是"舜水发科愿紫标黄榜后先继美,历峰启秀看玉堂金马次第联芳"和"菽水奉先人序昭序穆,升香思孝敬率祖率亲"。这些对联既反映了历溪优美的自然风光,又反映了历溪人美好的愿望,同时,要求人们要昭穆有序,尽忠尽孝[1]。

三、深山古村舞孝龙

历溪的龙一般在腊月里扎。村中以扎龙的师傅为首,全村男丁都热心地到祠堂去帮忙,因为扎龙添丁是件公益事业,能祛灾避邪,又能讨得好口彩,大家都是不计报酬的。历溪的龙灯队有青狮、白象等五兽,有十二花神,以及各家各户扎的散灯,如鲤鱼、童子、虾子、牛郎织女等。爆竹、香火、红纸过去由村龙灯会出资购买,后来由村人集资购买。龙扎好后,放在祠堂不能动,等到舞龙那天才开始发龙。

历溪村舞龙一般在正月,没有具体日子,通常要在立春前后。发龙那天,村里的男丁将龙扛到村口的舜溪桥头,举行祭祀仪式,再将从外村买的肥猪绑好后抬在前面,麻衣龙跟在后头,龙尾在前,龙头在后,散灯及乐队依次排列,在全村的丁口簇拥下到茅棚岭去接龙神。

祭祀仪式由龙灯会主持,族长宣读祭文。祭文由文会中的高手操刀,一般根据村中的情形,写风景、写繁荣、写神佑、写感恩,基本格式变换不大。比如光绪年间历溪村的一份《兴灯接龙祭文》是这样写的:

> 兴灯接龙祭文(在祠堂)
> 伏以水秀山环,叠嶂层峦,护障律回,岁转般般,万象增荣。追惟龙神

---

[1]陈琪:《徽州戏曲文化研究——以历溪为例》,合肥工业大学出版社2017年版,第16页。

沛泽,飞翔十万里,祯祥地脉钟灵,演出亿万年。闾第坤岗发春,化身象鼻之形,艮道开门,崎壁鹅峰,以对狮头,挽浪重之,巩固阊择,里卜里居,祖功垂后,琊琅巨族。万代馨香,瓜瓞绵延,纬武经文,于显相鑫斯衍庆。腾蛟起凤,炫人文际。兹春色十分令人景慕,弟子聊具微酌,以尊龙神,伏冀祔席,咸登而施拥护。弟子恽幪之下,戴恩戴铭,伏惟尚享。[1]

接龙前要摆上香案,备好三牲酒礼祭龙神,族老要祷告龙神,保佑合族五谷丰登、风调雨顺、男增百福、女纳千祥等。当然,祭龙的祭文有固定的格式,但内容不尽相同,不同时期祭文也带有时代特征,到了民国时候,《兴灯祭龙祭文》是这样的:

> 伏以三阳开泰,万象更新,暖律初回,风和日丽,新景丰年,欣有庆余。银花火树乐清时,弟子王等虔备三牲酒礼,祭奠龙神。窃思四序调和从履端而此始,一族咸庆籍神力以匡扶,是弟子以恭以敬,望尊神有感有灵,伏愿祭奠之后,祈保合族人等男增百福,女纳千祥,名利均亨,求谋告遂,灾如雷扫,福似云臻,百事亨通,万事如意。凡情莫尽,神鉴无边。一族安宁,合家共戴,谨以闻。[2]

接龙的首发地点在村上口的牯牛降脚下,是坞口一个叫茅棚岭的地方。接龙前,全村人要在降上开辟一条大路,树要凑根砍,不留任何桩脑,树叶用扫帚扫干净,便于接龙时人们行走。

兴灯接龙神文(在茅棚岭)

大尊敬龙神之神前而言,曰:伏以龙神,自昆仑山发脉,黄山分脉,以象鼻化身于历溪,际兹新春佳节,火树银花,兴灯庆接龙神,乐奏喧天,素爆齐鸣,龙神有感。伏以龙显神通,保佑全村人等百事如意。聊备薄酒,谨以致祝,尚享![3]

从茅棚岭往下走,有一支脉往汪村方向,要在这之前撒朱砂引龙。把龙接到村后的来龙山后,再次宣读祝词:

---

[1]《便览》,手抄本,第1页,历溪村王道良保存。高23.5厘米,宽13厘米,厚0.7厘米。

[2]《便览》,手抄本,第1页,历溪村王道良保存。高23.5厘米,宽13厘米,厚0.7厘米。

[3]《便览》,手抄本,第1页,历溪村王道良保存。高23.5厘米,宽13厘米,厚0.7厘米。

兴灯龙神祝词（在来龙山）

数风流人物再看今朝

　　大尊敬龙神之神前而言，曰：伏以神通广大，沛泽飞翔。值兹新春之际，万象更新，日丽风和，喜笑新景丰年，全村群友聚志成城，以银花火树，虔备三牲酒礼，敬祭龙神，尽恭尽致，祈神力以匡扶。伏愿，尊神有感有灵，祈保全村人等，男增百福，女纳千祥，名利均亨，求谋各遂。但愿后嗣紫标黄榜，继美超群，灾如雪扫，福似云臻，百事亨通，万事如意，神其有感，赐福无疆，谨以祝词。

　　公元一九〇〇农历孟春月□□朔祭□□□谨以清酌素有香楮之仪百拜！裔孙王□□顿首百拜！[1]

　　祭好龙神，就将抬上山的肥猪用绳索拴好，在前面拖，猪嗷嗷叫，这叫"引龙"。村中的16岁以上的童丁手舞彩旗、散灯，嘴吹喇叭，呜呜呜叫，这叫"呼龙"。鼓乐队则跟在龙后吹吹打打，常用的是十番锣鼓调，整个山降一片沸腾。就这样一路高呼，来到村中"合一堂"。肥猪待舞龙结束后宰杀分吃，所谓吃"龙肉"。

兴灯接引龙神祝词（舜溪石桥装灯）

又是一年芳草绿，依然十里杏花红

　　大尊敬龙神之神前而言，曰：伏以历峰春色，水秀山环，黄山发脉，鸡峰发迹，象鼻化身，舜水长流，鹅峰朝对，狮山挽浪波澜。择里卜居，祖功勋建于舜溪桥上，际兹十分春色，新春佳节，以火树银花，兴灯庆祝，伏愿龙神祗席，感登而施拥护，大显神通。全村群众聊具薄酒谨以敬祝。[2]

四、舞龙舞狮迎新春

　　舞龙是中国民间一项庆祝春节的风俗，春节舞龙表演有着很深刻的寓意。在历溪舞龙也是非常讲究的，龙先要在祠堂内走龙，来回转圈，这时各家各户要将用竹筒打的酒倒在祠堂的天池里点上火，整个祠堂内酒气弥漫，锣

---

[1]《便览》，手抄本，第1页，历溪村王道良保存。高23.5厘米，宽13厘米，厚0.7厘米。

[2]《便览》，手抄本，第1页，历溪村王道良保存。高23.5厘米，宽13厘米，厚0.7厘米。

鼓喧天,欢声笑语,显示出历溪王氏宗族的兴旺发达和其乐融融。

历溪为了确保麻衣孝龙舞龙活动的正常开展,一般在活动之前的几天,村里要粘贴布告,规范有关行为,让大家共同遵守相关事项。比如1988年在舞龙前几天就张贴了这样的公告:

安民告示

在全国人民喜迎新春,欢度佳节之际,经过全体广大干群一致共同努力,扎出龙灯迎接新春。为了丰富春节文娱生活,更好地保障龙灯活动健康发展、顺利进行。特作如下之规定:

一、全体干群共同遵守公共场所的秩序,维护社会治安,同一切不正之风作斗争。

二、禁止以此吃酒为名,无理取闹,扰乱公共场所,否则,以有意闹事论处。

三、看灯时希广大群众小心火烛,注意门户,以免造成不应有的损失。

四、出灯时,按照村委会和龙灯委员会指定方向进行嬉灯,不准任何人阻碍和破坏。如有意闹事者,除赔偿一切损失外,并按照《中华人民共和国治安管理处罚条例》第三章第十九条第二款之规定进行处理。

五、具体规定:1.出灯时间,在五点钟,舞灯人员和散灯、地戏人员都要到祠堂门口集中,六点钟准时出灯。2.大年十三日开始出灯,首先到"合一堂",而后到塘坞口大祠里的公共场所舞灯,不到任何地方(舞灯)。3.龙灯路线安排,经村"两委"和龙灯委员会研究制定,龙灯行走方向,龙灯能进去的都要进去,弄道小不能进去的,龙灯向他门口点头表示欠(歉)意。

六、破除迷信,不准搞准宗族规定。

历溪村委会　　大年初九日[1]

当然,正式舞龙前还是有一些不成文规矩的,比如首先龙头要交给王姓族老,由族老从祠堂大门正中间扛出,以示不偏不倚。偏左则发上村,偏右则发下村,否则将引起争吵,此事只有族长主持公道。族老将龙头舞出门后,再交青壮年去舞。

走好龙后,然后按族长划分的路线由上村依次舞到下村。每到一家门

---

[1]《便览》,手抄本,第1页,历溪村王道良保存。高23.5厘米,宽13厘米,厚0.7厘米。

口,东家总是爆竹相迎,红包相待。这时,舞龙人也会向主人连点三头,以祝新年丰收,人畜两旺,事事平安。

历溪的龙也有到外村舞的时候,这叫"出龙"。因为,历溪是大村,一些小村不扎龙舞龙,他们就到历溪来请龙,图个喜气平安。当然历溪龙也到其他大村交流,最远的到彭龙、历口等地。不管龙舞多远,当天夜里必须返回村中,所谓龙不过夜,丁不留宿。

龙热热闹闹地舞了几天,到了立春之后,就要收龙了。这时,又要在村中祠堂祭祀,备上香案、三牲酒礼。祭祀过后,龙要安放在宗祠寝堂的楼上,靠墙立好,这叫"收龙"。

龙收好后,全村男丁就可以吃龙肉了。这时将杀好的肥猪称好,按全村男丁平摊,切成肉块。当然,舞龙头的人、考取功名的人、执事的人要多分一块,其余的平分。这时,各丁都会自备碗筷、面条、酒水,到祠堂"打平伙",那种其乐无穷的景象充分显示出一个村落的兴旺发达。

文堂村讲"乡约家法"

从明朝隆庆六年(1572)开始,每年的正月初四文堂村的陈氏本族支丁集中在一起,举行祠堂祭祀并进行乡约家法的宣讲活动。祭祀宣讲在七个祠堂轮流举行,活动延续了几百年,一直到新中国成立后才停止。2010年重新恢复了乡约家法宣讲仪式,从那以后每年的正月初四文堂村都要举行这一仪式。

一、文堂村陈氏渊源

文堂,古称"浑头"或"横头",位于安徽省祁门县闪里镇北仙寓山麓。宋属仙桂上乡昼锦里,元代改里为都,属二十都,现在属闪里镇。祁门民谚"一文堂、二渚口、三彭龙、四历口",说的便是昔日文堂在祁门西乡的位次和富裕程度。

"祁闻之西乡文堂,陈氏世居之,编里二十,为户二百有奇,口数量千。"[1]在《文堂陈氏宗谱》中说:"轶公,讳彦文,为唐户部侍郎,剿黄巢殁于饶州浮梁,而轶公坟葬在浮梁三里滩,子孙遂家焉。……数百余载,每年三月三皆三郡子孙,会集标扫,咸以轶公为一世祖。……则我文堂今修族谱,亦应以轶公为一世祖,使人易晓易记。"文堂陈氏虽然以轶公为始祖,但文堂陈氏的始迁祖是轶公的16代后裔鹄公。据《文堂陈氏家谱》记载:"十四世作霖,宋大观三年,公来文堂,相视山水,拟择处焉。"而十六世鹄,迁二十都文堂,俗名"浑头"。从民国《文堂陈氏家谱》卷一派源中和卷首的祖先肖像图中,我们可以看到鹄公为宋始迁祖。《祁门县志氏族考》记载,始祖轶的16世孙鹄的祖父作霖于宋大观三年(1109)最早来到文堂,其父嘉言于建炎年间登科,金人侵后为守卫京城而殉国,这以后其子鹄就在文堂故乡定居下来。

其后历经数代,子孙繁衍,村庄兴旺。村庄日大,分上文堂、中文堂、下

---

[1]陈昭祥:《文堂乡约家法序》,隆庆六年本,安徽省图书馆藏。

文堂三片,因子孙分支多,每支一个祠堂,因而旧时村里祠堂不少,分别是敦本祠、四维祠、一本祠、永锡祠、光裕祠、余庆祠、敦实祠7座祠堂[1]。如今这些祠堂三座已毁,只剩敦本堂、四维堂、一本堂和永锡堂4座。

徽州历史上岁时节令祭祀祖先和各类神灵的活动频繁,举凡神诞、寺庙庆典、建醮、重要节令、民间社团与祭祀公业之祭祀、民众还愿、婚丧喜庆等,即以戏剧活动作为祭祀、驱除邪煞、酬神与婚丧喜庆之仪式,戏剧演出成为徽州民间信仰的必然活动。

祁门县文堂村春节祭祀

文堂依山傍水,风景秀丽,三溪河从村前逶迤东去,碧波粼粼,河堤杨柳青青,翠竹婆娑。村中古有十景"飞龙晓日""峡山朝云""鼓楼书静""沧溪晚歌""江村夕钓""藻潭夜月""芳洲烟树""紫溪桃浪""西峰暮雨""历山远汉"[2],惜今已多半难觅其踪。往日的"十景"虽已不复见,但流逝的岁月掩不去这里的青山绿水,如今的文堂愈加显露出一种别致的风韵。

文堂自古以来,学者名流,代不乏人。文堂"四山人"之陈氏四兄弟,即向皋、向敏、向荣、向秀均是知名人物,他们出生于明代中叶,弟兄4人出入同堂,幼时同师,学成同游,宗程朱之学,娴诗礼之义,暇则潜心艺文。4人皆能诗赋,尤擅书画,名震江南,合著有《池草集》。

文堂又是一个讲规矩有文风的乡村,早在明隆庆六年(1572)就制订并刊行《文堂乡约家法》,用民间行为规范维护传统的乡村秩序。《文堂乡约家法》受到祁门知县廖梦衡的称赞[3],并以此示范全县,文堂的乡约在数月内快速得到推广。卞利对乡约有专门的阐述:"乡约是宋明清时期被普遍推广实行的一种民众组织,是居住在乡村或镇中一定范围的人群,为了御敌卫乡、劝善惩恶、厉行教化、保护山林或应付差役等共同目的,依地缘或血缘关系而建立

[1] 陈淦:《文堂陈氏宗谱》,道光八年刊本。

[2] 陈德郊:《文堂陈氏家谱》卷首,培德堂培民国十七年刊本。

[3] 陈昭祥:《文堂乡约家法序》,隆庆六年本,安徽省图书馆藏。

起来的一种民间组织。"[1]这种组织得到了地方官府的认可,在徽州发展迅速,如祁门县彭龙村、绩溪县龙川村均为申明乡约,以敦风化,专门立碑告示,其中最为突出的就是文堂陈氏宗族建立的"文堂乡约"。

二、文堂村《文堂乡约家法》的主要内容

早在明隆庆六年(1572),文堂村为解决村里"迩来人繁约解,俗渐浇漓,或败度败礼有之,逾节凌分者有之,甚至为奸为盗、丧身亡家者有之"的大忧虑,该村士绅陈昭祥、陈履祥兄弟等人"聚通族父老,会议闻官,请申禁约,严定规条,俾子姓有所凭依。庶官刑不犯、家法不坠",于正月初四协商并制定了《文堂乡约家法》。

据介绍,《文堂乡约家法》共23条,内容涉及乡约家法的安排、遵守拜祭仪节、祭扫维修祖坟、子孙不得忤逆父母及祖父母、对长上有礼、亲丧祭忌、钱粮官事、捕盗贼、妇女名节旌奖、邻里纠纷处置、不得变卖祖坟山场及祭祀田租、充里役须勤慎公正等内容。主要是要求族人各执一业,不得成为游民;尊崇长上,奉养父母、祖父母;以礼处置丧事,认真祭祖;保护风水,不得变卖祖坟山场,爱护山场树木;男女有别,妇女不得以死要挟;痛革赛会陋习,按时纳税,里役要公正等。这也可以说是在国家法律法规之外的,一个乡村自治的规范性"文件"。这个乡约家法除去个别的规定有悖于伦理道德,绝大多数是积极向上的,对国家的法律法规有着补充和细化的作用,是徽州传统封建社会乡村自治的完整的规章制度,对于当今实施乡村振兴战略仍然有着积极的参考价值。

文堂乡约家法

惟吾文堂陈氏,承始祖百三公以来,遵守朝廷法度、祖宗家训,节立义约,颇近淳庞。迩来人繁约解,俗渐浇漓,或败度败礼者有之,逾节凌分者有之,甚至为奸为盗、丧身亡家者有之。以故是非混淆,人无劝惩,上贻官长之

---

[1]卞利:《明清时期徽州的乡约简论》,《安徽大学学报(哲学社会科学版)》2002年第6期,第34页。

忧,下致良民之苦,实可为乡里痛惜者也。兹幸我邑父母廖侯莅任,新政清明,民思向化,爰聚通族父老,会议闻官,请申禁约,严定规条,俾子姓有所凭依。庶官刑不犯、家法不坠,成为一乡之善俗,未可知也。自约之后,凡我子姓,各宜遵守,毋得故违。如有犯者,定依条款罚赎施行,其永毋殆。

一、每月议行乡约家会,将本宗一十七甲排年,分贴为十二轮,以周一年之会。户大人众者,自管一轮;户小人少者,取便并管一轮。每会以月朔为期,惟正月改至望日。值轮之家,预设圣谕屏、香案于祠堂。至日侵(清)晨,鸣锣约聚,各户长率子弟衣冠齐诣会所,限于辰时毕至。非病患、事故、远出,毋得偷怠、因循不至。其会膳止用点心,毋许糜(靡)费无节,以致难继。

二、每户立定户长,以为会宗,以主各户事故,或会宗多有年高难任事者,择年稍长、有行检者为约正,又次年壮、贤能者为约副,相与权宜议事。在约正、副既为众所推举,则虽无一命之尊,而有帅人之责。苟自为恶而责人之无恶,自为不善而喻人以善,谁则听之?故当惇明礼义,以表率乡曲,不可斯须陷于非礼非义,以自坏家法,以为众人口实。

三、约正、副凡遇约中有某事,不拘常期,相率赴祠堂议处。务在公心直道,得其曲直,一有阿纵徇私,非惟不能谕止,是又与于不仁之甚者。

四、每会行礼后,长幼齐坐,晓令各户子姓各寻生业,毋得群居、博弈、燕游,费时失事,渐至家业零替,流于污下,甚至乖逆非为等情。本户内人指名禀众,互相劝戒,务期自新。如三犯不悛,里排公同呈治。

五、本宗新正拜奠仪节,悉依定式,毋许繁简不一,乖乱礼文。各户斯文互相赞行,无分彼此形骸。凡有奸盗诈伪、败坏家法,众所通知者,公举逐出祠外,不许混入拜祭,玷辱先灵。

六、各处祖坟,为首人须约聚斯文,如礼祭扫。遇有崩坏堆塞,即时修理,毋得因循。

七、为子孙有忤犯其父母、祖父母者,有缺其奉养者,有怨詈者,本家约正、副会同诸约正、副,正言谕之。不悛,即书于纪恶簿,生则不许入会,死则不许入祠。

八、子弟凡遇长上,必整肃衣冠,接遇以礼,毋得苟简土揖而已。间有傲慢不逊、凌犯长上者,本家约正、副理论之。不悛,告诸约正、副正之。不悛,书于纪恶簿,终身不许入会。

九、亲丧，人子大事，当悉如文公《家礼》仪节襄事，不得信用浮屠，以辱亲于非礼，以自底于不孝。尤不得拘忌地理外家之说，以致长年暴露。

十、古者丧家，三日不举火，亲朋裹粮赴吊。今后有丧之家，不得具陈酒馔，处人以非礼。

十一、时祭、忌祭，子孙继养之至情，当诚敬斋戒以从事，不得视为泛常，苟简亵渎。

十二、各家男女须要有别，有等不学子弟结交群饮，往来闺闼，诸大不讳（题）皆由此起。如有犯伦败俗、显迹可恶者，从公照律惩治，毋得容恕。

十三、本宗子妇，有能砥砺名节者，临会时，公同造门奖劝，里排斯文仍行报官，申请旌奖，以为祖宗之光。

十四、本宗每年钱粮官事，多因过期不纳，取恶官府，贻累见役，殊非美俗。今后凡遇上纳之类，俱于会所的（酌）议定期，毋仍拖延以致差人下扰。

十五、凡境内或有盗贼生发，族里捕捉既获，须是邀同排年，斟酌善恶。如果素行不端，送官惩治，毋得挟仇报复，骗财卖放，或令即时自尽，免玷宗声。如果素善，妄被仇扳，里排公同保结，毋令枉受飞诬。

十六、各户或有争竞事故，先须投明本户约正、副理谕。如不听然后具投众约正、副，秉公和释，不得辄讼公庭，伤和破家。若有恃其财力强梗，不遵理处者，本户长转呈纠治。

十七、妇人有骄纵，动以自缢、投水唬人致死者，置弗问。如母家以非理索骗，约正、副直之。实受屈致死者，与之议处。其女子出嫁，有受冤屈致死者，约正、副亦与议处。如以不才唬挟死者，置弗问。

十八、本里宅墓、来龙、朝山、水口皆祖宗血脉，山川形胜所关。各家宜戒谕长养林木，以卫形胜。毋得泥为己业，掘损盗砍。犯者公同众罚理论。

十九、本里岁有九日神会，以报功德，西峰清净之神，安肯受人非礼之享。赛棚斗戏，启衅招祸，覆辙相循，昭然可鉴。况值公私交迫，何堪浪费钱帛？风景萧条，有何可乐？自今宜痛革陋习，毋仍迷惑。管年之家，须以礼祭奠，庶不致渎神耗财，渐臻富厚矣。

二十、各户祖坟山场、祭祀田租，须严守旧约，毋得因贫变卖，以致祭享废缺。如违，各户长即行告理，准不孝论，无祠。

二十一、本都远近山场，栽植松杉竹木，毋许盗砍盗卖。诸凡樵采人止取杂木。如违，鸣众惩治。

二十二、乡族凡充里役者，须勤慎公正，以上趋事官长，以下体恤小民，不得违慢误事、挟势诓骗，以自取罪庆。

二十三、本都乡约除排年户众遵依外，仍各处小户散居山谷不无非分作恶、窝盗、放火、偷木、打禾、拖租等情。今将各地佃户编立甲长，该甲人丁许令甲长约束。每月朔，各甲长侵（清）晨赴约所，报地方安否何如。如本甲有事，甲长隐情不报，即系受财卖法，一体连坐。如甲下人丁不服约束者，许甲长指名禀众重究。每朔日，甲长一名不到者，公同酌罚不恕。[1]

大体上可以说，《文堂乡约家法》是旧中国农村社会自治的典范。改革开放以来，《文堂乡约家法》作为家法族规成为国内外众多民俗文化学者研究的对象。

乡约家法中还重点演绎了明太祖的"圣谕六条"，即："孝敬父母，尊敬长上，和睦乡里，教训子孙，各安生理，毋作非为"，并附有诗文。

孝敬父母："父母生来有此身，一身吃尽二亲辛；昊天罔极难为报，何事尔曹不顺亲？"

尊敬长上："贵贱尊卑自有论，明明令典恪当遵；愚民不识纲常重，甘作清时一罪人。"

和睦乡里："物与同胞本是亲，百年烟火对荆榛；出门忧乐还相共，莫把天涯作比邻。"

教训子孙："有好子孙方是福，无多田地不为贫；世人只解遗金玉，何不贻谋淑后人。"

各安生理："本非生涯不可抛，蚩蚩终日漫心劳；穷通贫富皆前定，信步行来自向高。"

毋作非为："人生有欲本无涯，作恶由来一念差；幽有鬼神明有法，身亡家破重堪嗟。"

文堂陈氏将朱元璋的"圣谕六条"化作通俗易懂的诗歌予以解析，不仅让人能够明白其中的深刻含义，而且以朗朗上口的诗歌形式，让人能够熟记于心，从而使人们在日常的生活中，受到潜移默化的影响。

---

[1]陈昭祥:《文堂乡约家法》隆庆六年,藏安徽省图书馆。

三、文堂村《文堂乡约家法》的宣讲形式

祁门县文堂村举行"乡约家法"宣讲仪式,按照陈昭祥和陈履祥兄弟在明代隆庆六年(1572)制定的《文堂乡约家法》施行,通过选举方式选出约正约副,宣讲和处理社会事务,这对促进当时乡村社会稳定起到很好的作用。在宗族主持下,每年正月宗祠祭祖时进行乡约家法宣讲仪式,并且有一定的仪式与要求,这一点"乡约家法"也明确地规定,制定有《会诫》《会仪》。

会　诫

1. 每会,立约会众升堂,随各拱手班坐,且勿乱揖,起止失仪。俟齐集拜圣谕毕,然后依会仪相揖,各就坐,肃静听讲。

2. 乡约大意,惟以劝善习礼为重,不许挟仇报复,假公言私玩亵圣谕。间有利害切己,或事系纲纪,所当禀众者,俟讲约毕,本人出席,北面拱立,从容陈说,毋许躁暴喧嚷。礼毕后,在随托约正、副议处。处讫,俟再会日,约正、副以所处事,白于众,通知。

3. 立约本欲同归于善,趋利避害,在父兄岂不欲多贤子弟,在子弟岂不欲多贤父兄,在贤达岂不欲其身为端人正士?凡各户,除显恶大慝众所难容者,自宜回避,不得与会。若已往小

祁门县文堂村陈氏祠堂祭祀
——主祭人陈普兹

过,冀其自新,皆得与会书名,其余各分下子姓,不问长幼,苟肯赴会,即是向上人品。古云:子孙才,族将大,于吾陈氏重有望也。

4. 每会各户约长,约正、副,早晨率分下子姓衣冠临约所,毋许先后不齐。褻服苟简,以负远迩观望。若各户下有经年不赴约及会簿无名者,即为梗化顽民,众共弃之,即有交患之加,亦置弗理。

5. 约所立纪善、纪恶簿二扇,会日共同商榷。有善者即时登记,有过者初会姑容,以后仍不悛者书之。若有恃顽抗法、当会逞凶、不遵约束者,即是辱慢圣谕。沮善济恶,莫此为甚,登时书簿,以纪其恶。如更不服,遵廖侯批谕,家长送究。

6. 每轮会之家，酌立纠仪二人，司察威仪动静，以成礼节，庶不失大家规矩。

会　仪

1. 会日，管会之家先期设圣谕牌位于堂上，设香案于庭中。

2. 同约人如期毕至，升堂。端肃班立，东西相向，如坐图。

3. 赞者唱，排班以次北面序立。班齐，宣《圣谕》。

4. 司讲出位，南面朗宣太祖高皇帝《圣谕》：孝顺父母，尊敬长上，和睦乡里，教训子孙，各安生理，毋作非为。宣毕，退就位。

5. 赞者唱，鞠躬，拜兴（凡五拜），三叩头，平身。分班，少者者出排班，北面揖。平身，退班，以次出排班。北面揖毕，圆揖，各就坐。坐定，歌生进班，依次序立庭中或阶下，揖，平身，分班分立两行，设训讲案，悬案于庭中，鸣讲鼓，击木铎一度，击鼓五唱声，司讲者讲，讲者出位，就案肃立，皆兴揖、平身。

6. 讲者北向揖，诸不答，宣训讲《圣谕》，或随演一二条，或读约十余款。宣毕揖，平身，讲者退就位，皆坐。

7. 升歌，司鼓钟者各击三声，歌生、班首唱诗歌孝顺之首章。歌毕，复击鼓、磬各三声。

8. 乡人或有公私事故，本人当于此时出班，北面陈说，从容言毕，复就位。

9. 进茶，具茶进毕皆兴，圆揖，平身。礼毕，先长者出，以次相继，鱼贯而出。

现在文堂村一般在宗祠永锡堂举行"乡约家法"宣讲仪式，部分村民参加这古老而庄重的活动仪式。仪式通过讲古辞、奏古乐、高引赞，使村民受到一次传统的思想道德教育。整个活动过程复杂，讲究礼数，充分显示出徽州民间宣讲乡约家法的传统。仪式现场中央设讲案，案前有歌诗童生班两组，两边是听者席，各分三列，第一列是乡老年长者，第二列是年壮者，第三列是年少者；会场西边设置钟磬，东边设置鼓琴。宣讲内容首先列出"圣谕六条"，接着是《文堂乡约家法》和法律规条等。现场肃穆，秩序良好。《文堂乡约家法》是我国制定得比较早且比较完整的一部民间法规，不仅对当时管理乡村社会起到规范作用，就是对当今社会法制建设也有着积极促进作用。一些在外打工的村民也赶回家乡参加宣讲仪式,他们认为现在年轻人在外打工,回乡过年能接受到传统的文化教育,这种形式很好,对我们树立正确的世界观、人生观和价值观起到积极作用。

四、文堂村《文堂乡约家法》的教育意义

梁启超曾说:"中国古代的政治是家族本位的政治。"家族组织在中国古代社会具有非常重要的历史价值,而承载这一组织的一些村规民约更是一段历史的重要体现。《文堂乡约家法》被誉为徽州乡村的"弟子规",无论是古代还是当今社会,依然具有极大的教育促进作用。

《文堂乡约家法》是聚居在文堂村的陈氏宗族每一位成员必须遵行的共同行为规范。比如它规定:"各户祖坟山场、祭祀田租,须严守旧约,毋得因贫变卖,以致祭享废缺。如违,各户长即行告理,准不孝论,无祠","本都远近山场,栽植松杉竹木,毋许盗砍盗卖。诸凡樵采人止取杂木。如违,鸣众惩治。"文堂村山林资源丰富,世代以来山场如何管理是一个大问题。文堂村坚持几个原则:祖坟山、水口林、护风林严禁砍伐;新生毛竹林严禁砍伐。晚清时,村里有不肖子弟,偷盗了祖坟山上的树木,后经族长提议,按照家法处置:要求他家庭将偷来的木材用锡箔纸烧化,作为一种惩罚。改革开放以后,祁门各地办起了木材加工厂,四处收购生产原料。而文堂村为保护村中的林木,按照县里要求,率先成立了山林保护小组,划定了保护区,严禁村民和木材商进入公益林和水口林等区域砍伐、收购木材。2003年7月,木材商陈某利欲熏心,到文堂村大仓组收购公益林木材,村民得知情况后,村里族老和村组干部五十多人集聚大仓桥上,阻止他的车队通行。但陈某自认为胆大的吓死胆小的,竟然喊手下人下车打人。县公安局和林业派出所出动抓捕了陈某,并判处其有期徒刑五年。从那以后,没有任何木材贩子到文堂村非法收购木材。目前,文堂村四周茂林修竹,郁郁葱葱;隔河遥望"一字万金"朝山,古树苍劲,粗壮挺拔。这些皆得益于乡约家法和自古至今一以贯之的坚持,真可谓厚德载物,泽被后世。

《文堂乡约家法》规定:"为子孙有忤犯其父母、祖父母者,有缺其奉养者","本家约正、副会同诸约正、副,正言谕之";"不悛,即书于纪恶簿,生则

不许入会,死则不许入祠"。在严厉的家法教育下,文堂村孝顺父母、和睦乡里蔚然成风。1950年,文堂村民陈伯言不幸因病去世,留下了6个孩子,一家人的生活难以为继。这时候,陈伯言远在外地的弟弟陈必觊承担起了这一家人的生活重担。当时他自己在陕西省工作,家里也有5个孩子。他和妻子省衣节食,每个月工资才30元,拿出10元来给哥哥的孩子,先后将2个侄子、3个侄女培养成为大学生。此事在文堂乃至祁门传为佳话。

为了延续文堂乡约家法的优良传统,当今的文堂村村委会召开户长会,大家共同商量,修订文堂村乡约家法。修订后的公约规定"每个村民要发扬团结友爱、互敬互爱的社会主义新风尚,邻里家庭之间应多互相帮助,即使发生矛盾纠纷,也不能采用过激的方式方法解决,要主动地寻求村里的老一辈或村里负责人进行调解,矛盾突出的寻求司法调解;每个村民要积极学文化、学技术,提倡科学,反对封建迷信,提倡婚事新办,提倡健康的文化娱乐,禁止赌博恶习⋯⋯"乡约家法修订后,推选村里有一定文化,关心国家法律的热心人士陈昌晖为法律宣传员;推选平时遵纪守法,敢说敢管的村民黄国明为义务监督员。他们都非常乐意接受,愿意为村里的和谐稳定奉献爱心。正如74岁的村民陈普滋老人说,文堂乡约是传统文化,弘扬的也是积极向上的健康文化,符合社会主义核心价值观。

"我们村邻里之间相处得很融洽,大家尊老爱幼,邻里互帮互助是传统",村支部书记陈俊说道。文堂村互帮互助的传统同样也感染着身边的其他人。在合肥开户外用品公司的王小东是文堂村的女婿,他见村里通往前面河滩的一条洗衣服的道路是土路,每到下雨下雪天,妇女就得踏着泥泞去洗衣,为给村里提供一个好环境,他主动捐资修筑新路。村里红忠、利文等几个小伙子共同捐资3万多元,将村小学的篮球场进行硬化。在大家的共同努力下,近些年来,文堂村修桥、铺路等公益事业有序开展。

"自我到闪里镇工作近十年来,经我所调解的纠纷中,文堂村一起没有",闪里镇司法所所长江德义回忆道,"如果都像文堂村这样,我们镇的社会治安将会再上一个大台阶。"在新时期乡村建设中,修订后的《文堂乡约家法》,既宣扬了传统礼治思想,又积极践行国家法律法规等,从而营造出一个充满温情、教化为主的和谐乡村。

马山村祠堂祭祀

祭祖是徽州宗族一项重要的礼仪活动,徽州众多地方现在已很少举行,并且有在徽州消失的可能,人们只能通过有关文献资料了解相关仪式,而在安徽省祁门县箬坑乡马山村却比较完整地保存了春祭活动。整个活动气氛热烈,过程繁杂,组织完整,程序规范,仪式隆重,对研究徽州宗族的祭祀礼仪以及民间音乐有着重要的参考价值。

一、马山叶氏渊源

马山村祭祀场景

马山是祁门县箬坑乡的一个山村,古称"石林"。宋代户部尚书椿秀公躲避战乱,由歙县黄墩迁至祁门沙堤。椿秀公长子斌迁石林。石林宋时属仙桂上乡新丰里,元、明、清三朝属十九都。据光绪《石林叶氏宗谱》载:"一世祖,椿秀公,天福壬寅年生,宋乾德元年癸亥第事太祖太宗,两朝授殿前户部尚书赠金紫光禄大夫,迄今子姓蕃衍,皆公之源泽。"斌公迁石林,逐水聚居,牯牛降山溪之水穿村曲折而过。叶氏自宋迁居以来,繁荣昌盛,村中先后建造"叙伦堂""敦本堂""永德堂"三座祠堂。

2005年正月初十,专门研究徽州宗族礼仪音乐的香港中文大学音乐系博士齐琨从箬坑乡马山村打来电话,说她要对马山村祭祀礼乐进行调查,笔者答应从旁协助,随即驱车前往马山村村民叶佛犬家,准备参与2005年春祭。

二、马山祭祀筹备会议

为了做好 2005 年春祭的准备工作,我们前往村民叶佛犬家开会,商量春祭的各项工作,包括参加人员、祭祀分工、经费开支、主事人员、祭祀程序等。参加人员除了村民委员会主任是王姓外,其余均是叶氏后裔,他们分别是:

叶有炽	有字辈	80 岁
叶仁茂	叔字辈	79 岁
叶守安	明字辈	81 岁
叶有龙	有字辈	74 岁
叶惠生	必字辈	60 岁
叶灯林	贞字辈	74 岁
叶养滋	贞字辈	66 岁
叶佛犬	必字辈	64 岁
叶建新	祥字辈	37 岁
叶建初	贞字辈	36 岁
叶淼初	有字辈	40 岁
叶春安	贞字辈	40 岁
叶良成	祥字辈	43 岁
叶济辉	贞字辈	41 岁
叶孟林	有字辈	37 岁
村主任	王焕模	58 岁

春祭活动在马山村已有十几年没有举行过了,最近的一次是 1989 年,次近是 1963 年。会议首先由村主任王焕模讲话。他说,祁门县文化局非常重视马山村的民间传统艺术,2003 年把我们村里的目连戏让中央电视台拍了电视专题,在全国播放,甚至让全世界都知道马山目连戏,这是给我们做了一个极大的宣传。现在,文化局又介绍齐琨老师到我们村调查春祭民俗礼乐,也是对我们马山村传统文化的重视,我们要么不搞,搞就一定搞好。今晚召集叶氏后人,就是商量春祭的事,你们可以将想法讲出来,大家商量商量。村主任是外村招亲到马山,由于有一定的工作能力,被村民选为村主任,但是宗

族祭祀的事,他没有多说。于是大家就春祭活动组织、程序、仪式、经费、人选进行协商。

按照徽州宗族传统习惯,主祭人一般为村中的族长,或年长者。由于村中年纪最大的一位生病不能行动,往下推就是有字辈当年80高龄的叶有炽老人。为了做好春祭工作,配合学术采访,我们推选了有炽老人做主祭人。在热烈的欢呼声中,有炽老人脸上露出了笑脸,表示默许了。

主祭人定好后,接着就确定谁来写祭文。这时,大家都说叶养滋家有祭文格式,于是让他回家取来。叶养滋取来一本《婚丧格式样本》的手抄本,上面就记有1963年春祭的程序与祭文格式。大家商量,由有炽老人将祭文正文写好,由叶养滋将格式带到祠堂,让人统一下,抄在红纸上就行了。第二件难事又解决了。

叶养滋藏抄本中的1963年祭祀仪式程序比较简单,只有九项,即执事者就位,主祭者就位,奏乐,主祭查祭品,仪式开始,第一次敬酒,读祭文,第二次敬馔,第三次敬帛,礼成焚拜等,大家说不全面。这时,叶惠生也从家中拿出他1989年春祭唱班(司仪)时的仪式程序单。这份皱巴巴的《起祭唱班》详细记载了1989年春祭的整个过程。叶惠生,会木匠手艺,1989年时任村支书,为春祭司仪,也就是唱班。当年程序有30项,可谓是礼仪繁杂而隆重。经过大家传阅,除了有几处别字处,基本上同意就按1989年这张程序办理。

三、马山祭祀角色与程序

按着马山叶氏宗族的制度,主祭人1人,已选定,为叶有炽;副祭2人,经商量推举为叶仁茂、叶有保;司锣鼓1人,叶有龙;司唢呐1人,叶正初;读祭文1人,叶养滋;读古词1人,叶仁茂。另外还要选2个唱班,2个请社,2个引赞,2个执事。正当大家在协商这些礼生的时候,叶惠生提议说2005年春祭是1989年以来的一件大事,应该叫一些年轻人参加陪祭,不能让这些传统的习俗失传。这时大家不吱声,研究下一个问题。

春祭费用古代由宗族祠产支出,后由族支丁平摊。由于这次没有事先准备商量,而是临时决定春祭,因此费用问题也是一个急需解决的问题。经协商,笔者与齐琨愿意出部分资金,让他们将费用作个经费预算表。这样叶仁茂执笔计算着春祭的各项支用情况。经过一番合计，开出了鞭炮、红烛、红纸、祭品等，共计约为 280 元。

马山村将春祭组织人员称为执事人员，祭祀执事人员通常叫礼生，具体职务分为通赞、引赞、司祝、司帛、司樽、司爵、司馔、司舆、司过。通赞就是指今天的司仪或主持人，负责全部祭祀程序的指挥，全体参加祭祀人员，包括主祭人均听其号令。祝文（祭文）、圣谕、古碬辞由礼生宣读。

2 月 19 日的马山春祭于上午 10 时许开始，一直延续到中午 12 时左右才结束。

马山村执事人员如下：

主祭：叶有炽

陪祭：叶有保、叶仁茂

唱班：叶惠生、叶建初

执事：叶灯林、叶建新

司鼓：叶有龙

读祭文：叶养滋

读古碬辞：叶仁茂

司乐：叶正初

外勤：叶佛犬、叶焕模

引替：叶孟林、叶济辉、叶良戒、叶淼初、叶学文、叶春安

放火炮：叶惠民

徽州宗族祭祖典礼，主要有春祭、秋祭和冬祭，多数宗族只举行春祭和冬祭。宣统二年（1910）修的绩溪《华阳邵氏宗谱》祀典记载：“祭不欲数，数则烦，烦则不敬。祭不欲疏，疏则怠，怠则忘先世”。春祭的目的是“报本近始，以伸者思”，是为了收族、治人，巩固其封建统治地位。宗祠祭祖都要遵循朱熹《家礼》行“三献礼”。歙县《泽富王氏宗谱》宗规：“祠堂之设，所以报本重礼也……立春、冬至，遵依《家礼》祭祖”。“三献礼”为初献、亚献、终献。各地在“三献礼”的基础上，进行增减，但主要内容却是大同小异。下文为马山村叶氏叙伦堂 2005 年（乙酉）春祭程序：

起祭唱班（1989 年春祭）司仪：叶惠生

1. 平身祭立

2. 击鼓者发鼓三通

3. 鸣锣者鸣锣三段

4. 奏乐者奏乐三章

5. 集立排班执事者各司其位

6. 引赞者引主祭就位

7. 引赞者引主祭东甫完洗,西南提示

8. 执事者引主祭入观礼仪

9. 执事者引主祭行案贤礼

10. 执事者引主祭入嘱所

11. 执事捧酒与毛沙,平身复位

12. 执事者引主祭者行初式礼

13. 执事者进酒、再进酒、三进酒、平身复位

14. 执事者引主祭者入嘱所

15. 执事者捧嘱入所,止乐读祭祖文,平身复位

16. 执事者引主祭者行中式礼

17. 执事者进饭、再进饭、三进饭、平身复位

18. 执事者引主祭者入读嘏辞

19. 执事者捧酒肉入古所,止乐古词,平身复位

20. 执事者引主祭者行三式礼

21. 执事者进帛、再进帛、三进帛、平身复位

22. 执事者引主祭者别位引陪祭者就位

23. 执事者陪祭者拜祖,平身复位

24. 执事者引陪祭别位,引主祭者就位

25. 执事者引主祭陪祭,执事酒府服后祚,平身就位

26. 执事者启围,执事者祝围,执事者上围(围同尾)

27. 执事者捧常者,捧帛捧嘱者捧嘱

28. 执事者引主祭者陪祭者焚帛,平身复位(执事者撒饭)

30. 执事者退班　　礼毕陪拜[1]

---

[1]《石林纪事》,手抄本,马山村民叶有炽保存。规格:高25厘米、宽13厘米、厚0.4厘米。

四、马山春祭祭文

徽州宗族祠堂内供奉的神主有始祖、先祖,有高、曾、祖、考。始祖合族祭之,先祖合族或本支祭之。而马山叶氏宗族的春祭和冬祭,祭祀的先祖一般为一世祖、始迁祖,以及先祖中有功名的文武官员。其目的是告慰先祖之灵,表明宗族自开基以来,人丁兴旺,事业发达,安居乐业。下文为春祭祭祖文:

> 维
>
> 中华人民共和国公元二〇〇五年岁次
>
> 主祭:裔孙叶有炽
>
> 副祭:裔孙叶仁茂
>
> 　　　裔孙叶有保
>
> 谨以三牲酒馔香箔烛帛三仪百拜
>
> 致祭于
>
> 一世祖宋户部尚书赠金紫光禄大夫叶公讳椿秀公妣程氏许氏夫人
>
> 六世祖始迁石林始祖叶公讳斌公妣黄氏淑人
>
> 九世祖大学生叶公讳永熙公妣黄氏淑人
>
> 十世祖官授提令叶公讳仁翁公妣桂氏江氏淑人
>
> 十一世祖擢封中军左元帅武毅将军叶公讳王氏刘氏孺人功权公陈氏蒋氏方氏夫人
>
> 众族祖考妣而言曰
>
> 滋念我祖,显赫扬名,文富佐国(椿秀公),武有安邦(功权公),世代相承,源远流长。
>
> 由沈渚良承恩而赐姓,封甫阳郡,食禄之叶公,自兹一派流传,枝聚叶茂,我祖斌公,始迁石林。
>
> 仰豪峰之巍巍秀丽,慕印湖之碧水溶溶。从此阡一陌开通,鸡犬相闻,豪麓世业,宏图中兴。祖宗德泽,宵旰难忘,春祀秋尝,敬祖念宗,俎豆千秋,先贤如在,祖其有知,庇佑尔后,绵绵瓜瓞,据据螽斯,五福荫至,眉寿万年,尚飨。

主祭裔孙叶有炽撰写,年高八十,正逢国政亨通。[1]

祭祀时在家支丁必须参加,不得迟到,否则要对其训斥。必须青衣整肃,冠履鲜明。子孙俱要严肃恭敬,不许喧哗忿争,不许讪讪嬉笑,违者受罚。参加祭祀的支丁都要按昭穆世次和年龄排列、跪拜。

五、马山祭祀环境布置

马山村春祭的空间排布如下:

门厅正中间摆的是方桌,上面点一对红蜡烛。左面方桌堆放的是祭祀用品,执事的礼生站在该方桌旁。右面有一脸盆水,为主祭人整肃衣冠、净手之用。

祁门县马山村叶氏祠堂祭祀

天井正中间摆的是小方桌,用瓷盘放祭祀猪毛;稍后摆有一长条桌,上面供奉的是鸡、肉、鱼。长条桌两边司乐左为司号位,右为司锣鼓位。天井两端各有一方桌,上面点一对红蜡烛。

享堂中间是由两张八仙桌拼在一起的供桌,供桌的四角点两对红蜡烛,由前向后依次摆放的是瓷器"福禄寿"三星、一盆花卉、座钟及两旁一对插花帽筒、两包糕点,再后就是九盘果子、一条小鱼,供桌两旁分别站立三位礼生。

马山村"叙伦堂"依山而建,寝堂高于门厅和享堂,寝堂中间是张八仙桌,上有叙伦堂自制青花龙纹香炉,香炉两旁点一对红蜡烛,香炉后供奉有三荤三素,分别是鸡、肉、鱼,豆腐、香菇、青菜,以及米、年糕、鸡蛋,还有六碗米饭,桌子后面有一长凳,上面摆着三套光绪《石林叶氏宗谱》,紧接后壁是木主神位。

宗族人丁在门厅和享堂两边站立,整个祭祀场面呈一条直线。

---

[1]《石林纪事》,手抄本,马山村民叶有炽保存。规格:高25厘米、宽13厘米、厚0.4厘米。

　　过去徽州许多名宗右族都有粗、细乐队两班,粗乐以唢呐为主,此外就是锣、鼓等乐器;细乐以丝竹为主,此外还有笙、箫、管、笛等乐器。乐队一般设在祠堂第一进一仪门两侧。而马山村祭祀比较简单,只有一面锣、一面鼓、一支唢呐,锣和鼓由叶有龙一人担当,唢呐由叶正初担当,礼乐用的是《将军令》。

　　马山村的对联依照旧制沿袭下来,从大门向内到寝堂依次是:

前明元帅家
大宗尚书府

元勋首将望重江南
开国功臣威驰塞北

马奔三千直达凌云志
山青水秀今转出英才

人伦九族亦文亦武四面八方尽风流
欢聚一堂载歌载舞五湖四海皆兄弟

石似马形千古芳名不泯
林深山秀万年瑞气常新

新宅当盛世风和日丽三阳开泰庆天麻
旧弟本先灵武烈文模万代转宗思祖德

刘氏行凶作恶绪惩打入地府
佛相积善乐施者昌遨游仙坛(戏联)

序昭序穆率子姓于一堂
若见若闻追祖灵于百世

群伦后代庆兴隆天地和唱

乐叙先人之业绩山水齐颂[1]

祭祀是件热烈而隆重的事,因此马山村叶氏支丁按照传统习惯将宗祠"叙伦堂"张灯结彩,祠堂的宫灯和彩帘都由专人保管,由轮流管理祠堂的人拆卸安装。彩帘为"福禄寿"三星、"八仙祝福"等,悬挂在仪门与享堂之间的屋檐下。

马山村在祭祀之前不仅要张贴对联、张灯结彩,主祭人还要检查宗谱,看看是否遗失或破损。在宗族看来,谱牒不仅是"奠世系、序昭穆"和尊祖敬宗的重要工具,同时也是宗族繁荣的重要表现和标志。徽州宗族认为,谱牒是收族的主要手段,是尊祖、敬宗和孝道的根本体现。歙县《虬川黄氏宗谱》序中说,"孝莫大于尊祖,尊祖莫先于合族,合族之道,必修谱联之"。

徽州宗族非常重视对宗谱的管理,为了防止谱牒的破损和遗失,制定了严格的领取和保管人员制度。他们将宗谱统一编号,将管理办法和领谱人的姓名记在宗谱的末卷。对损坏谱牒和遗失谱牒的领谱人处罚很严重,对盗卖谱牒给他族的族人的处罚尤为严厉。清道光六年(1826),黟县《西递明经胡氏全派宗谱》付梓告竣,将领谱人名单镌刻在石碑上,立于村中央。西递明经胡氏为什么要将领谱人的名单刻在石碑上呢?这无疑是防止谱牒的损坏和遗失,以垂久远。至今这块碑仍立于西递村中。马山村的宗谱也是由各股轮流保管,不得遗失或损坏,否则要受到大家的指责和批评。

祁门县箬坑乡马山村的春祭活动基本上保留了徽州宗族祭祀模式,是研究徽州宗族祭祀的一个活的标本。徽州宗族祭祀已渐行渐远,并有消失的可能,马山村的春祭活动如果不进行抢救性发掘,将来有可能失去传承。

马山村此次的春祭活动具有一定的表演性质,由于时间仓促各项准备工作不充分,仪式不可能尽善尽美。同样,由于是表演性质,马山村叶氏支丁不是全部参加春祭活动,尽管场面非常热闹,但少有严肃恭敬的气氛,没有按昭穆世次和年龄排列、跪拜,甚至出现一些喧哗嬉笑的场面。

---

[1]《石林纪事》,手抄本,马山村民叶有炽保存。规格:高25厘米、宽13厘米、厚0.4厘米。

第六章　黟县民俗

　　黟县建置于公元前221年,是全国历史最为悠久的文明古县之一,也是"徽商"和"徽州文化"的主要发祥地之一,民国《黟县四志》有"黟处万山之中,风俗淳朴,礼仪动作之间,古风尤未沫也"。黟县悠久的民俗历史,不仅诉诸县志记载,从民间传承中依然可见,见之于乡人的杂文笔记,见之于乡人的脚步丈量,见之于乡间儿童的口口相传,每个人都用自己的视角记录日常生活的淳朴自然和鲜活生动。如徽州楹联、徽州祠祭、门楣堂楣艺术、水口文化、黟县砖雕、黟县木雕、黟县石雕以及地戏、"出地方"、闹灯会、稻草龙、社祭活动等。

　　全县从文化资源种类上看,涉及民间文学、民间音乐、民间舞蹈、民间美术、传统手工技艺、民俗及民间知识等七个类别;从非物质文化遗产遗存数量上看,共挖掘整理出非物质文化遗产抢救保护项目50余项。目前,黟县列入省级非物质文化遗产代表作名录的有徽州楹联匾额、徽州祠祭、徽州篆刻3项;列入市级非遗保护名录的有23项;列入首批县级非遗保护名录的有31项,全县现存非遗摸底档案名录及预备公布项目24项。

　　黟县非物质文化遗产资源大部分处于濒危的边缘,如古黟祠祭、"出地方"、"游太阳"等民间信仰类的社祭庙会,随着岁月流逝,许多已经自然消亡。近年来,黟县先后挖掘、整理"出地方"、凤舞等传统民俗文化活动。

黟县民俗"出地方"

　　黟县县城在历史上每年十月初一会组织城隍庙会，又称"出地方"，以旗幡、锣鼓、地戏迎城隍、阎王、判官驱鬼降魔。先由城郊各村镇的"地方"（即头戴高尖纸帽，身穿洁白大褂，帽上写着"见我生财"字样的无常神），轮流进城游街。这天各路"地方"一齐集中到城里东岳庙、城隍庙朝拜；而后会首带领仪仗队，抬着四架抬阁，引着旗幡、锣鼓、地戏等，迎城隍菩萨和阎王、判官等出巡捉鬼。经过一番巡游、戏耍，特别是钢叉队的惊险表演，最后无常及众小鬼销毁纸帽纸衣，就算将鬼怪"收入"阴曹地府，从此人间便可获得一年平安吉庆了。

　　"出地方"是黟县城隍庙每岁十月朔举行的庙会活动，这是大傩礼的延续。黟县在秦始皇统一六国之前，是山越人聚居的蛮荒之地。山越人的生产方式以农业为主，又因"山出铜铁"，而常常"自铸兵甲"。他们大分散、小聚居，好习武，以山险为依托，组成武装集团对抗中央封建政权，处于半独立的状态。由于中原战争频繁，大批北人南迁，来到这块与世隔绝的蛮荒之地，他们带来了中原先进的文化，改造了山越人的生活方式。而黟县山越人除了固守本族的语言之外，还保留着祭祀时的舞傩文化。傩是上古时代图腾崇拜时期的一种仪式，目的是祈求神灵逐鬼除疫，保佑百姓过上安宁生活。

一、黟县民俗"出地方"的渊源

　　"出地方"，据民国《黟县四志》记载："所谓地方者，即周制之方相氏扮演神鬼，亦即袭黄金四目之遗而失其真也。不过举行时日不同，然必举于十月朔者，盖月令已交孟冬，亦犹行古之礼也。"《周礼·夏官·方相氏》："方相氏掌蒙熊皮，黄金四目，玄衣朱裳，执戈扬盾，帅百隶而时难，以索室驱疫。"方相氏是中国古代傩祭（一种驱鬼巫术仪式）的主持者。在远古时代，原始先民对于人类自身的疾病、瘟疫和死亡充满迷惑和畏惧，以为是某种厉鬼作祟。每遇此事，便要举行隆重的仪式：点燃火烛，戴着恐怖得如同"饕餮"（传说中一种贪婪凶残的猛兽)面具,跳着勇猛激烈的舞蹈,嘴里不住地发出"傩……傩……傩"的呐喊声,以吓退厉鬼,这种驱鬼仪式就叫"傩"。方相氏就是"傩祭"的司仪官。后人把戴着面具的方相氏形象直接认为是方相氏本人的形象,如今的傩戏面具,大部分都是以方相氏作为原形。

黟县碧山村"出地方"演出

另一说,"出地方"之地方,亦指"无常"。"无常"原为佛家之语,《辞海》解释为:人死时勾摄生魂的使者。这勾摄生魂的使者,有黑白之分,"白无常"管人间事,"黑无常"管地府。后人将其赋予深刻的寓意,使"无常"成为人间正义的化身。谓人世间的事,都不会永久不变,如万物之成败,众生之生死,意念之起灭,皆无常理,故称"无常",即有"世事无常"之说。清陈裕的诗中有"一朝若也无常至,剑树刀山不放伊"句,就是告诫人们要行善勿恶。后来世俗附会其意,谓有无常鬼,对做坏事之人、恶人就会勾其生魂拘入地府。这使"无常"成为人世间正义的使者,为百姓所仰视膜拜。后又演绎为在祭拜城隍时,出巡"地方",以便揪社会上的恶人、坏人,以达警示之目的。

关于"出地方",复旦大学王振忠教授记录了另一种说法。在歙县璜蔚的叫法是"接地方",1915年版的《胡氏宗谱》中收录有法事用祭文,叙述了仪式过程。第一天晚上开始就是"接地方",日子定在十月十五"鬼日"举行,须竹扎纸糊各种鬼怪,如水鬼、火炭鬼、吊神鬼、地方邋遢鬼等。选一些道士和青年人扮作鬼怪,分列在祠堂门口,然后到一个叫燕窝口接"地方"邋遢。此时,29把土铳对天齐鸣,妇女儿童则纷纷躲避,"地方"头戴高帽,踩着高跷,走上台去[1]。

二、"出地方"与城隍祭祀的关系

城隍是我国民间信仰中的重要神祇之一,中国古代县级以上的城中毫无

---

[1] 王振忠编:《歙县的宗族、经济与民俗》,复旦大学出版社2016年版,第212页。

例外都有祭祀城隍的城隍庙。城隍既是城池守护神,也管阳世人间的善恶祸福,还兼管地方阴曹幽冥,堪称无所不司。在人们的观念中,城隍总是能主持正义,惩罚作恶者,为人申冤,因此,停雨放晴、久旱降雨、除妖祟、祛瘟疫等,甚至发生狼患、虎患,人们也要请城隍神出面解决。

黟县县城位于碧阳镇,城中有始建于洪武三年(1370)的城隍庙一座。从清嘉庆《黟县志》"黟县城厢图"中我们可以看到,建于明洪武年间的城隍庙位于城西山岗上,旧称城隍山。据亲见人描述,当时的城隍庙,建筑气派恢宏,里面立有十殿阎王神像,在大堂上方悬挂"到头有报"四个金光闪闪的大字,直逼来者;进去给人以玄秘、肃穆之感。据考,黟县城隍庙,历经五六百年风雨,在1937年左右被拆除。

黟县的"出地方"活动始于明清时期。胡梦龄在《黟俗小纪》中说:"城中向无城隍会,嘉庆八年知县陈之搽从省中见有此会,乃出示令衙役合乡民好事者沿街敛钱,定于每年十月初一迎城隍神像出游,衙役及无赖之徒装扮神鬼,甚有装扮女鬼,各色恶状,舞叉流星,不但亵渎神明,甚属伤风败俗,知县吴甸华接任虽经出示严禁,解任之后,他官忽不加意,恶俗犹行,特纪之,以待贤侯力革焉可也。"[1]

清末民初,"出地方"活动中的参与者之投入,祭祀场面规模之狂热程度,均不亚于过大年。为此,嘉庆年间知县吴甸华因其"矜奇斗靡,不惜钱财,不务宁静"而禁之。然而祭祀性的民间活动并未因官府的严禁而停止,相反它一直延续了下去。最终因年代动荡,又因县城隍庙的拆除,"出地方"活动终于偃旗息鼓。在新中国成立初期,此活动又曾在一段时间里活跃于民间并得以发展。

"出地方"通常由县城西街大姓余氏家族牵头组织,由南门的程氏家族和周氏家族协办,继而带动四乡而成为一项大型民俗祭祀活动。在当时,余氏家族实力雄厚,余氏宗祠恢宏堂皇,入内当须经三座门楼,以彰显家族之地位。有云"进了余家三门楼,人间万事都不求",而程氏家族与之相比则可谓"程家程家一门人,不抵余家老潘荣"(潘荣公)。余氏因实力强大,故而成为"出地方"活动的首领。

---

[1]吴克俊、许复修,程寿保、舒斯笏纂:民国《黟县四志》卷三《地理志·风俗》,《中国地方志集成·安徽府县志辑58》,江苏古籍出版社1998年版,第27页。

在每年的十月初一,县城的城隍庙会开始了,县城各都(相当于今乡镇)都要拿出自己的民俗绝活来参与表演。先是城中余氏家族组织的"地方"隆重登场出巡,继而每逢二、四、八、十之日其他姓氏家族陆续出演各自拿手好戏。有一都余氏的"抬阁",周姓的"千秋",郭门的"高跷";二都之"板凳龙";四都西武"打目连"及"傩戏";六都西递的"地戏"与"接老爷";等等。最为出彩的是"地方王"之表演(俗称跳无常)。据说,当时的"地方王"头戴又高又尖的篾制白色高帽,身着白色大袍,双目圆睁,面目狰狞,舌伸口外,身后带着一个"解差",由小鬼们拥簇着跳跃、巡游。当中还有一些令人积极奋进的表演,如"叉莲",表演者个个体魄壮实,手提长柄光亮的叉莲,在县城鼓楼洞前,前后对投叉莲。这种富有体育竞技性的活动,惊险之极,极具鼓舞性。

整个活动至结束之日,各个"地方"还将城隍庙中菩萨抬上八大轿出巡,此时,鞭炮齐鸣,锣鼓喧天,活动达到高潮,而后整个"出地方"活动结束。

三、"出地方"中的傩仪

徽州人好信鬼神,弘治《徽州府志》卷一《地理一·风俗》载徽州民众"泥于阴阳,拘忌废事,且昵鬼神,重费无所惮",嘉靖《徽州府志·祀典》也有"徽之人俗鬼而好祀"句。

黟县"出地方"的傩仪场面十分宏大,他们基本按照《乐府杂录·驱傩》记载,"用方相四人,戴冠及面具,黄金为四目,衣熊裘,执戈,扬盾,口作'傩','傩'之声以除逐也。右十二人,皆朱发,衣白□画衣。各执麻鞭,辫麻为之,长数尺,振之声甚厉。"[1]表演者也遵循《新唐书·礼乐志·大傩之礼》之记载"选人年十二以上、十六以下为侲子,假面,赤布裤褶。二十四人为一队,六人为列。"

"出地方"的城隍出巡程式各地大同小异,主要由四部分组成:一是城隍仪仗队;二是"鬼"队,各类鬼吏鬼卒粉墨登场;三是抬阁及各种民间艺术表演,既娱神又娱人;四是"罪人"队[2]。

---

[1] [唐]段安节撰,亓娟莉校注:《乐府杂录》,上海古籍出版社2015年版,第18页。

[2] 郑土有、刘巧林:《护城兴市——城隍信仰的人类学考察》,上海辞书出版社2005年版,第104页。

（1）抬城隍。准备一顶绿呢官轿,将城隍抬到临时搭起的大座上接受祭拜。由族长或有威望的人主持仪式,给城隍爷换上新袍新靴,脸上搽上麻油,显得格外威严。

（2）娱神。城隍坐定后,民间艺人表演各种技艺:吹唢呐、舞龙灯、跳马灯、踩高跷、舞龙舞狮,各种民间小戏、杂技、魔术,精彩纷呈。表演完毕,开始出巡。

（3）出巡队伍次序。抬着城隍神像巡游大街小巷。首先由"火球"队开道。火球队由十余位武将装束的"神"组成,手里拿着两头结有火篮的绳子不断舞动。火篮内燃烧着含油脂的松明柴片,舞动起来呼呼有声,乌烟弥漫,阴森可怕。其后"鬼"队随侍。"鬼"队由百余人组成。走在最前面的是"小鬼",面部用墨涂抹,足蹬草鞋,手执稻叉(一种带响器的木杆,顶端有丫杈,与鲁迅《无常》一文叙述迎神赛会里"鬼卒拿着钢叉,叉环振得琅琅地响"相似),一路翻筋斗、打虎跳,显得非常活跃。"小鬼"后面是黑、白无常,脸相极为可怕,白粉打底,三角眼下吊,血盆大口吊着尺余长红舌头,腰束稻草绳,肩挂纸钱,手擎一块捕牌,上有"捉拿"两字,嘴里不时发出叫声,走路时轻飘飘。之后是判官和油脸鬼。判官歪戴纱帽,红袍撩起一角塞在腰带里,脚穿粉底靴子,红脸红胡子,眼睛圆突,左手拿阎王簿,右手握判官笔。油脸鬼油光满面,手中提一只油瓶,在判官前后左右蹿跳。接下去是各色鬼怪拉拉扯扯做各种怪相。中间杂着城隍仪仗队。由八面对锣开道,八个放牌背"肃静""回避"牌,八支火铳一路装药放炮。城隍坐在八人抬的官轿中,前呼后拥,沿街巡游。最后是罪人队伍。一群少男少女,头缠黑纱,手戴木铐,低眉垂目,跟在城隍神之后。这些人大多是由于曾经患过重病,父母"病急乱投医",向城隍神求告、发愿心;也有少数独养子或父母特别宠爱者,先让他做"罪人",说以后就可消灾祛病,顺利长大了。

在这一天黟县几乎是全县百姓出动,烧香酬愿,并扮演鬼神等,日夜通宵游街。这支庞大的游行队伍绕城一周,据说这样巡过之后,城隍的神力可震慑住一城的鬼怪,使他们老老实实、不敢作祟为害,就可保一境太平无事、安居乐业。

四、黟县"出地方"民俗现状

嘉庆十六年(1811),黟县知县下令对城隍会的游神活动予以严厉禁止,此后"出地方"的城隍巡游在黟县的发展每况愈下。据当地老人说,1915年,有村子因为"出地方",族长摊派费用,逼死了一名村人。知县得知后,怒而以其"矜奇斗靡,不惜钱财,不务宁静"禁之。抗战时期,城隍庙被拆去构筑工事,"出地方"再次受到影响。"文化大革命"时期,"出地方"作为封建迷信活动加以禁止。"出地方"在很长时间内,已经淡出人们的视线,现在黟县的年轻人,甚至中年人已经不知其为何物。2003年,黟县文化馆在启动徽州非物质文化遗产项目的普查与保护工作中,发掘了这一历史悠久的民间活动,并精排成大型广场民俗表演节目,在第八届中国黄山国际旅游节中甫一亮相,便引起民众与专家极大兴趣,获该节民俗节目二等奖。2008年入选黄山市第二批市级非物质文化遗产代表性项目。2012年,《出地方》参加第九届浙闽赣皖四省四市民间艺术节,并获金奖。2017年黟县傩舞"出地方"被列为第五批安徽省级非物质文化遗产代表性项目。

"出地方"为一项民间信仰之民俗活动,是黟县城隍庙会中的一种具体信仰表现形式,它的出现给百姓带来祈盼与欢乐。它的民俗价值、经济价值及文化价值值得研究、挖掘与保护。"出地方"活动节目繁多丰富,各类节目起源、风格、特色不同,在"出地方"时都能完美融合,因此,黟县"出地方"是黟县流动的"清明上河图",为研究黟县风土人情、文化艺术的最佳样本之一。

卢村雉山凤舞

在黟县宏村镇卢村每年举办一次的龙灯会上，均能看到一种非常独特的传统舞蹈，集纸扎工艺、舞蹈、民乐、民俗表演为一体而闻名古徽州，这个舞蹈就是雉山凤舞。

一、雉山卢氏渊源

卢村又名雉山村，地处交通要道羊栈岭南侧。据《黟县雉山卢氏宗谱》记载：卢氏与姜氏同源，卢氏之先自太公封于齐，后裔姜高因战乱曾采食于芦，为使后裔牢记艰辛，因此以卢作为姓氏。汉高祖时，卢绾开国有功，封为燕王，封地在河北涿郡，后改为范阳郡，其后裔卢冬美的儿子卢易迁居宣城。卢易生子卢振迁太平县葛村，就是现在的黄山区郭村一带。卢振育有三子，第三子卢玄看到黟北山川秀丽、土沃泉甘，十分爱慕，就在南唐末年由葛村迁往雉山，成为雉山卢氏的始迁祖，至今已有一千多年的历史。

卢村凤舞表演

卢村文风昌盛，名人辈出，为官者很多。北宋太平兴国时期，卢储位至吏部尚书，文笔极佳，宋太宗誉其"修饰润色，献纳论思，极一时之妙选，为儒者之至荣"；卢麟官至南宋绍兴年间左丞相，兼兵部侍郎；卢臣忠为北宋进士，历任显要,南宋高宗特赠谏议大夫,称赞他"介洁不群,端静有守,自居言责,达于闻听"。卢村靠山临水,村西小溪名下门溪,村东小溪称前街溪,至村南汇合而成丰栈河。村东民宅依溪而建,临水一侧多挑出,建有敞廊,别有一番情趣。一级级青石台阶,一座座小木桥,使人感觉身处山村,却又似在水乡。村口有石桥,名驷车桥,始建于宋。桥的命名,是由于宋代卢村出了一位显赫的人物卢臣忠。古人认为,驷马高车,非显贵者不得乘坐。卢村人以"驷车"命名桥是为了显示卢氏家族的高贵。

卢村古民居群为清道光年间四品朝议大夫卢邦燮所建,至今仍完整保存着志诚堂、思齐堂、思成堂等宅院。其中闻名遐迩的"木雕楼"为徽派木雕艺术的极品,由当时主人雇用两位工匠花20年时间精雕细刻而成,被誉为"徽州木雕第一楼"。

二、雉山凤舞的兴起

凤舞,是黟县传统民间舞蹈。系着凤头,穿着凤衣的女性在欢乐的乐曲声中翩翩起舞,表现了人们对美好生活的期盼。

凤舞发源于宏村以北的卢村。卢村为卢姓聚族而居的村落,相传卢氏的祖先因路过雉山,发现一只罕见的五彩雉鸡落在一个山坡上,便认定那儿一定是块风水宝地,于是举族迁居这里,开始一代一代繁衍生息。为了纪念这只神奇的雉鸡,他们便在逢年过节的喜庆日子里玩一种雉鸡灯。时间长了,人们觉得雉鸡灯虽然很漂亮,但名字却不大好听,因为雉鸡又称作野鸡,实在难登大雅之堂,于是,卢氏祖先便把它改称为凤灯,凤是传说中的百鸟之王。只是谁也没见过凤的模样,于是,扎出的灯仍然是雉鸡,只不过名字改为"凤灯"。

凤灯后来逐渐演变成了凤舞。曾有人问,中国传统习俗节庆喜事总是舞龙舞狮,为什么黟县人会舞凤。据说是因为黟县是徽商发源地之一,大多数男人是"十三四岁,往外一丢",留在家乡的大多是妇女、孩子和老人,于是他们便设计出这种凤舞,让女人们自娱自乐,舞龙舞狮显现出的是男性的阳刚之气,而凤舞展示的是女性的阴柔之美。

相传黟县凤舞的鼎盛时期是清朝同治、光绪年间,因为那时慈禧太后垂帘听政,是凤在上、龙在下,所以,乡间的凤舞舞得也就更起劲了。不过,这也许是后人的一种传说罢了。

每年春节期间,雉山会开展"百鸟朝凤"闹新春文化民俗活动。"舞凤"的女性一手把握撑杆,控制凤身,一手掌握操纵杆,控制凤头、凤翅和凤尾的动作。"凤舞"的步伐通常是"进三退一",而动作有"凤点头""凤展翅""凤袄尾"等,体现的是人们对美好生活的追求与向往,同时也体现了徽州女性独立、积极向上的生活态度。

也有人说凤舞形成于宏村。宏村是一个有着近千年历史的古村,这个村之所以能成为世界文化遗产,不仅因为它是一个保护完整的中国明清两代古民居建筑群,而且因为这个村中有一项令后人拍案叫绝的"水系设计"。这项被称为"牛形水系"的工程,从上游引来清澈的泉水,穿行于村落之中,从家家门前流过,在为村民生活带来方便的同时,极大地改善了宏村的生态环境。而这一水系工程的总设计师,竟然是一位名叫胡重的徽州女性。

明清两代徽商崛起,宏村作为徽商的重要发祥地,十户之中有七八户男性都离开了家乡。是胡重带领留守家乡的女人,历时20年才完成这项造福后世的水利工程,因为村中男性少,节庆活动便难以做到以男性为主体,胡重与她的姐妹们共同设计了这种"凤舞"。

三、雉山凤舞的程式

在中国封建社会里,徽州女性极少抛头露面,她们给后人的印象是行不动裙,笑不露齿,养在深闺人未识,而雉山凤舞却给徽州的女性提供了一个自我展示的平台。

表演舞凤的女性,不仅要求品貌端庄,身体动作要协调,而且需要具备一定的体力,因为每只凤都有几十斤重。每年节庆,四乡八里那些看腻了舞龙舞狮的年轻后生都会赶来看"凤舞",来寻找自己心仪的姑娘,而为了吸引人们的注意,舞凤的女性把自己打扮得非常漂亮。

凤骨由竹篾扎制,外覆黄色绵纸、银色绵纸,俗称"金银扎",凤背贴上榛子树叶、凤肚底下则贴柳叶,后来演变成今天的绵纸、彩纸装饰凤身。凤底下扎有握杆、斜拉杆,以利于表演和控制凤头左右上下摆动,活灵活现。凤又分公母两种：公凤口中衔书，寓意"丹凤衔书喜气临"，激励族中男丁刻苦读书，金榜题名，凤传喜报；母凤口含牡丹花，寓意富贵、尊贵，取"富贵临门"之意。凤肚内装有蜡烛，无论如何翻腾，烛火始终不灭。凤头内则安上香火，表演时火星随风飞溅，煞是好看。雉山凤舞通常是六只大凤，十二只小凤：因为中国传统习俗中以"六"为顺，所以六只大凤寓意风调雨顺、一帆风顺，而十二只小凤象征一年十二个月，连起来看便是年年月月一帆风顺。

"舞凤"的女性一手把握撑杆，控制凤身，一手掌握操纵杆，控制凤头、凤翅和凤尾的动作。"凤舞"的步伐通常是"进三退一"，彩凤随之点头、伸颈、展翅、摆尾，而动作有"凤点头""凤展翅""凤曳尾"，最后伴随着"八宝如意曲"舞至高潮。

对于舞凤的女性为什么要采用"进三退一"的步伐，老一辈解释说，其中体现了徽商的经营理念：一种说法是徽商认为在经营过程中，某桩生意，赚三分是合理的，赚四分人家也认可，你就只赚两分，把那一分让利给别人，只有求得共赢，你的生意才会越做越大，越做越红火；另一种说法是徽商认为，如果你经商发财赚了三万块钱，你只能把两万块钱装进腰包，余下那一万块钱，你得用来回报社会。这也是历史上有那么多徽商都热衷于捐助社会公益事业的原因，因为他们从小就在这块土地上受到了潜移默化的教育和启示。

如果说舞龙、舞狮体现了男性的阳刚之气，展示的是一种"动"的美，而凤舞则体现了女性的阴柔之质，展示的是一种"静"的美。正是这鲜明的一动一静，给丰富多彩的中国节庆民俗活动添上了生动的一笔。

开场时，由小喇叭吹奏手站在中间，伴随着"哩哩啦、哩哩啦、哩哩啦哩啦哩啦"的节奏，舞凤者在四围绕圈起舞，然后箫声骤起，吹箫引凤，舞凤者一手握底杆，一手握拉杆，和着音乐节奏，时拉时送，变化队形，频频起舞。"凤舞"以笛箫伴奏为主，也常配以一些轻型打击乐。其曲目有"群凤竞舞"，表现的是在喜庆的日子里女性那种欢快愉悦的心情；"凤寻凰"，表现的是留守家乡的女性对在外打拼的男性的思念和祝福；"百鸟朝凤"，表现的是向心力、凝聚力和对岁月静好的向往与追求。伴奏音乐称作《八宝如意曲》，系传统曲牌，使用乐器有竹笛、箫、唢呐、胡琴等。

四、雉山凤舞的文化价值

雉山凤舞作为当地的民俗文化现象,有其特定的宗族文化背景,代表了古徽州封建男权思想统治下,卢氏家族对徽州女性参与社会活动的包容和对妇女地位的尊重。这在以"程朱理学"思想为统治地位的古徽州尤为难得。

雉山凤舞是一种来自生命本身的原生态舞蹈,它的延续与传承体现了卢村卢氏上千年来的历史。凤舞在历史的长河中积淀,它的稳定传承性决定了它基本保留了卢氏宗族文化的原貌,这给我们了解氏族文化、认识人类的历史提供了现成的材料。

黟县卢村村民制作凤舞道具

表演与观赏雉山凤舞,能带来精神上的愉悦,劳动之余能让人们喜笑颜开,保持愉快心境;能增强宗族凝聚力和认同感,通过祭祀共同的祖先、讲述世代流传的关于本族由来的传说,人们能深刻地感觉到自己属于这个宗族,找到属于自己的精神家园;同时它还具有男女交际等实用功能,从而实现该氏族的繁衍生息。雉山凤舞可以唤起对本宗族文化的自豪感和珍惜之情,这是其得以传承的重要原因。

雉山凤舞的存在,使传统地方文化更加缤纷异彩,从内容到形式,从韵律到风格,都可以很好地为研究中国传统文化及其固有的文化精神提供一个良好的样本。

1956年,黟县文化馆将雉山凤舞挖掘加工为舞台舞蹈。1959年,祁门县文工团(黟祁合并)将凤舞再次加工,改编为群舞。安徽省文工团、芜湖地区文工团均先后移植演出，是安徽省民间舞蹈的保留节目。近年来，黟县文化馆不断对雉山凤舞加工整理并配制了新的伴奏音乐和舞法，每遇节日或重大庆祝活动都有雉山凤舞表演。已建立卢村凤舞展示馆，并定期开展演出。2008年，《雉山凤舞》入选黄山市第二批市级非物质文化遗产名录。2013年春节，央视在宏村开展雉山凤舞直播活动，反响极为热烈。

中墩村接傩神老爷

一、历史沿革

黟县建制于秦,汉称"广德王国"。隋大业十二年(616),歙人汪华据黟,称吴王,增置黟州于黟县。呈坎罗姓族人来黟后,在西武乡中墩村建造了"罗家祠堂"。祠堂内供奉着"傩神老爷",每年的上七(正月初七)要举行"接神""游神"仪式;端午节要请傩神驱赶瘟神,名曰"送瘟神"。

中墩村村东头水潴旁昔口有一老爷庙,称为"大圣老爷"。内壁绘有天上各路神灵,诸如雷公(俗称霹雳老爷)、电母(俗称闪姐娘娘)、风神和雨伯等;地上摆放有石碓、石磨等物什。

三岔路口设有一天灯。天灯是圆方形结构,四周有槛口能透光。天灯内顶端悬挂一条长绳,村人将照明使用的"水灯盏"添油点燃后,将系着的长绳往上拽至一定的高度,而后系牢,用来方便夜间路人照明,乡人称天灯为"天灯老爷"。

罗家祠堂内的"傩神老爷",分为四个坐官和四个行官,坐官不外出,外出的是四个行官老爷。神座如一大橱状(有两扇门,可扣上锁),里面设置阶梯式隔板,供奉着八个木雕傩神面具和一个傩神塔,四个坐官老爷安置在下阁,固定不乱移动。傩神神座前的幔罩由求子许愿者所捐。捐红者求子,捐黄者祈求其他。

随着时代的变迁,罗姓族人留在中墩的人丁不多了,其他各姓也就一并效法随俗罗家,在祠堂里年复一年地举行着"接傩神老爷"的仪式。中华人民共和国建立后,政府号召要破除封建迷信,"接傩神老爷"这一习俗也就渐渐被人们遗忘。

二、接神、游神

史载:乡人傩,朝服而立阼阶。每年的大年三十,村里的值事人就吩咐烧檀香水打腊坛为傩神老爷抹浴。

大年初一,村子里的新媳妇必须到村口去拜"大圣老爷"和"天灯老爷",然后到罗家祠堂拜"傩神"。拜祭物品早由婆婆备妥,有"三支火"(两只烛台和一只油灯盏)、锡阁(锡制圆形装糕点的四层阔盒)和黄裱芯纸等。到了初七(也称上七),村里的新媳妇要准备好"老爷茶"(用四眼锡壶泡上红糖水,然后加上红枣),村人纷纷备下香纸米豆前往罗家祠堂拜傩神。管头的就将各家各户送来的米和豆倒在一口大铁锅中煮熟,名曰:煮老爷粥。待到傍晚时,全村人都到祠堂里来盛"老爷粥"吃,祈求赐福吉祥。

入夜,村人纷纷聚集在祠堂里看"接傩神"。大厅里张挂两张巨幅肖像画:一张是天上神灵一百零八位,天罡星三十六,地煞星七十二,形态逼真;另一张是十八层地狱图。容像画下设置香案,有三支火、锡阁和老爷茶。村中的新媳妇用四眼锡壶装的红糖水,斟在小茶盂里;每只茶盂里投放两至三枚红枣敬傩神老爷后,舞傩神时也就可以给舞傩者食用解渴了。

"接傩神"开始,为首一人手拎一只大红公鸡,随后一人挥舞一杆挂有铁片嚓嚓作响的长柄铁叉,紧接着是八个双手高举过头的傩神面具和一个手捧傩神嗒的壮汉,随后是锣鼓火爆铳队伍,以及挑着青、蓝布袋或箩筐专收供品的村人。八个傩神分左右两队列,有序地对着对方交错插花,踩着十字步游晃着,如同鱼儿在浪窝里穿梭,俗称"压波里",又称"舞扁担"。一个穿压一个,插花时是不许穿压错的。舞铁叉者将长杆上的铁片摇晃得铿锵作响,使气氛更加热烈而又感到有些恐怖。

锣鼓声伴着鞭炮声和人们的喧闹嬉笑声,傩神嗒开始在村中的孩童头顶上逐一地嗒上一口,可保种麻种痘保平安,祛病消灾多吉祥。有人往傩神嗒嘴里递上红纸包,也有人往傩神嗒嘴里投放鞭炮。舞傩人同时也能享受村中的新媳妇递上的"老爷茶"消消渴。

喜庆仪式结束时,人们就将傩神老爷请上了神座。平日里若有谁家大人或小孩有个病痛什么的,就到祠堂里来将四个行官傩神请回家中,烧香跪拜,祈祷平安。

外村来中墩接傩神老爷时,一路敲着地锣(小云锣、小钹),到了中墩村换上了大锣大鼓。接神时锣鼓鞭炮齐鸣,众人烧香跪拜,而后由一人将卷起来的两幅容像平搭在手臂上,另一人抬起双臂,肘弯处横放一根长木棍,木棍的两端各挂着两个傩神面具(两个背面叠在一起)。这一活动一直延续至正月二十日才收场。

三、端午节送瘟神

端午节,村里要举行送瘟神活动。家家户户都备下了香案烛火,放上祭品米和豆。到了午时,听到祠堂里响起了鞭炮声,知道傩神老爷就要出游了,于是各家各户使用桃枝或柳枝抽打屋子里的桌子、椅子、门窗、板壁,将瘟神赶出屋子。这时,四个行官傩神和傩神塔在锣鼓声鞭炮声中挨家携产巡游,前门进,后门出,走东家,去西家。巡游毕,全村人簇拥着将村子里的瘟神赶到村外的大河里,然后插上香火结束。

四、外婆家接傩神外甥

每年的正月十六日,碧山石门下汪姓氏族要到西武中墩接傩神外甥。相传汪氏先祖汪老公爷是中墩村罗家傩神的外公。傩神老爷到了外婆家,人们在汪家祠堂里烧檀香水打醋坛给外甥抹浴。当晚,由族中最末支丁在祠堂里备下酒席接傩神外甥(本由新添支丁抽头办酒,若无新添支丁就由族里最末老支丁办理),届时,村里所有支丁都到祠堂去吃饭,女性除外。

正月十七,汪家祠堂张灯结彩,爆竹声声锣鼓喧闹。傩神外甥开始出游外婆家村子。开头一人手捧一面大木盘,盘内放上一条新毛巾,毛巾上托着汪公(汪华)菩萨的大牌位;随后是两幅容像画和四个坐官傩神以及傩神嗒,从祠堂里面游出来,换家换户从前门进,走后门出,全村都要游遍。每到一户人家,该户人家早早备下香案迎接傩神,并在爆竹声声中献上米和豆,全家人都要跪拜。跪拜时,要将两幅容像画和傩神面具以及傩神嗒供奉厅堂正中靠后壁的长条桌上,俗称画条,取其平安与安定(静)之意。然后傩神嗒还要将村子里的孩童逐一地嗒上一口,以示吉祥,保佑平安。人们将红纸包放到傩神嗒的嘴里,这时,男孩子可以随意抱傩神,女性除外。

正月十八,石门下汪氏族人就恭送傩神外甥回到西武中墩村。

五、接傩神的艺术特色

中墩村接傩神的特色体现在:

一是中墩傩神共有九个面具神。一个大些,有簸箕般大,形同狮子头,当地人叫"傩神嗒"。

民间流传这么一个传说:傩原是古代皇帝跟前的一只威猛的狮子,懂人意又通灵性,是皇帝的忠实侍卫,若有奸人想要谋害皇帝,它就马上将奸人咬死。有一年,一位外国使臣前来向皇上进贡。狮子看出了此人用心险恶,贡品中含有毒药想毒死皇上,就将这位使臣咬死了。皇帝不知缘由,龙颜大怒,下令将狮头砍了下来。殊不料头砍下后,头上又突突突一连长出了三个小头。皇帝顿时悟到是错杀了狮子,这三个小头分明是由狮子的一股怨恨之气蒙冤而长出的。皇帝立即传旨严加追查贡品是否有毒。真相大白后,皇上追悔莫及,敕封狮子为"傩神",责令工部制作傩神面具和象征被砍下了的狮子头用于纪念狮子。

中墩村的傩神面具额头上并列有三个小傩神,指的就是狮头被砍下后又马上长出来的三个小头;"傩神嗒"象征着被砍下来的狮头,大鼻子,大嘴可以自由张闭。

二是傩神面具有八个,额头上并列有红、蓝、黄三个小傩神:八个傩神面具中有四个脸是暗红色,四个脸是紫酱色(赭红色)。面具呈方形,耳朵的上端像锯齿般(一齿一齿的)高耸着;面具脸庞两边挂着剪纸的五色钱,人们在舞傩时可以扯下一点放身上以示吉祥。

三是舞傩时按八卦踩跳,一个跟在一个后面舞动,交叉穿花(压波里)。面具可戴在脸上,也可以双擎在手上舞。

四是表演古朴、庄重,带有宗教色彩,从习俗上看,也充分显示出男尊女卑这一极不平等的社会现象。

六、组织及经费、禁忌

接傩神的整个费用由各房头摊银钱,由族房长或罗姓本房人收;村中的管头只支派香火钱,多少不限。每年的接傩仪式都是罗氏家族发话下来,具体事宜由祠堂的管容像和照看傩神神具的人操办。到了后来因罗氏族人人少势薄,村中的其他各姓也就参与了这项活动,但是仍然是以罗氏为主体,由历年来管容像和照看傩神神具的管头张罗。

接傩神的最大禁忌是不许女性靠近傩神,而男孩子可以去抱傩神。中墩邻村的闰山汪氏宗祠在正月初七日也要煮"老爷粥",同时在祠堂里举行下容像。男人可在祠堂里吃四盘,女人叫"吃平伙",一碗面里放三块肉。汪家媳妇可以去吃(媳妇是门里人),汪家的女孩子(属门外人)不能去吃。除非是家里人从祠堂里带些回家,女孩子才能够吃上一些"平伙"

黟县的接傩习俗,还有碧山乡西山下村。该村原有两座祠堂,分别是王家祠堂(挂匾额"王和义堂")和吴家祠堂。西山下傩神属王姓,外婆家姓吴。西武乡关麓村(埠霞)也有乡傩,很活跃。黟县昔时几乎所有地方都有接某某老爷或接某某菩萨的习俗。例如接老老爷(张、康二王和黑面太子);接观音菩萨;出地方,起五猖;接太子老爷(越国公,十三太子太保汪华老爷),接五关菩萨等。

如今,随着时代的进步,黟县的傩神面具和傩神塔已不复存在,只能是依靠昔时参加过舞傩神和看到过接傩神老爷的村民回忆而整理成文。

第七章　绩溪县民俗

绩溪县，隶属安徽省宣城市，位于安徽省南部，皖南山区东部，总面积1126平方千米。

绩溪县城为国家历史文化名城，汉代称华阳镇，梁大同元年(535)设良(梁)安县，唐永泰二年(765)置绩溪县。绩溪是古新安、古歙州、古徽州的重要组成部分，唐至宋代属歙州，宋宣和三年(1121)，因绩溪有"徽岭、徽溪、大徽村"，改"歙州为徽州。"在《尔雅·释诂》中"徽，善也"，在《尔雅》中"绩、功也"。

1949年4月30日，绩溪县解放，改属徽州专区；1988年1月，划入宣城地区；2001年1月，属宣城市。绩溪是个文化大县，徽州文化的核心区。该县享有国家历史文化名城、中国徽菜之乡、中国厨师之乡等美誉，非物质文化遗产项目更是群星璀璨。全县拥有133项非物质文化遗产代表性项目，其中，国家级2项，省级24项，市级59项。

"新安之属，以县名者六，邑小士多，绩溪为最。"本章选取了安苗节、破寒酸、舞狮和北村的祭社，量少却具代表性。在口口相传和史料记载中，这些民俗反映和再现了古徽州绩溪县活色生香的民间生活。

余川村安苗节

绩溪安苗节起源于南宋后期。安苗,顾名思义就是祈盼禾苗平安,五谷丰登。在中国农业社会漫长的演进过程中,自给自足的小农经济维系着乡民最基本的生存需求,也是乡村社会和农村经济持续稳定发展的根基。每年芒种前,各农户五谷下种后,为表庆贺,各都各村都选择一个吉日举行安苗仪式。安苗这一天,百姓家家做包粿当餐,并供包粿在田畈地头祭祀祈祷,愿风调雨顺,田禾苗壮,五谷丰登。

一、汪华与徽州的安苗节

安苗节是流行于安徽绩溪、歙县、祁门一带的农事习俗。节日期间会以祭祀神灵汪公为中心开展一系列民俗及民间宗教文化活动,其主要目的是祈求丰收,保护家人安全。作为徽州一府六县之一的绩溪县,系低山丘陵山区,西部为黄山支脉,东部为西天目山脉,主要山峰皆在千米以上,生存条件相对恶劣,从某种程度上说,正是严峻的自然环境倒逼出影响深远的徽商群体和徽州文化。

祁门安苗节在新安乡一带流行。这里位于皖赣交界的偏僻山区,每年农历六月六,家家户户蒸发糕、做米粿、磨豆腐,分送亲朋,还搭彩台请戏班来唱戏,祝五谷丰登,风调雨顺。这里安苗节祭祀的对象是朱元璋。元朝末年,陈友谅军与朱元璋军在这里对垒,进行拉锯战。每当战斗结束后,朱元璋的军队就在占领的田地里插上许多小红旗,说来也奇怪,这些田亩当年都获得大丰收。相反,陈友谅军队占领的地方田地都歉收。当地人都说朱元璋是"真龙"降世。朱元璋做了明朝皇帝,每逢农历六月初六,祁门新安乡一带农事稍闲,乡民都做些小红旗插在自家田里,预祝丰收。安苗节成了传统的节日,相沿至今。

祁门县新溪过去每年要举行太阳会,在祭祀汪华菩萨时也要请汪公看稻。村子里原有土地庙和太阳庙,二神合一,太阳神像在上面,土地神像在下面。每年农历六月十二左右，要将太阳庙里的太阳神抬出来。祭祀活动在两边彩旗簇拥下，在田野里巡游。新溪的太阳神不进农户，结束后将旗子在太阳庙前烧掉。特别是天旱求雨，这里的太阳菩萨很灵验。中午在田塍边转一圈，下午就会落雨。每年的初一朝四姓都去拜太阳神。

歙县枫树岭也叫丰瑞里，每到农历六月六日这天，枫树岭的村民们都要"抬汪公、嬉菩萨"，热热闹闹地过个"安苗节"。从凌晨一点钟开始，枫树岭的村民们，就开始忙乎了。特别是那些家中"有事"的村民，为了表达对汪公菩萨的虔诚，他们头天晚上不睡觉，赶在子时，提着灯笼，早早去到汪公庙，抢得"头炷香"，祈求汪公菩萨让自己家里添子、平安、消灾等。

安苗节在丰瑞里一带，也算是一年当中的主要大节之一。因此，每年的农历六月六日这天，枫树岭的村民们，家家户户都要烧许多菜，备许多酒，招待前来参加从本村走出去的后生或嫁出去的姑娘，还有周围十里八乡的亲戚朋友。

当然，徽州各地的安苗节祭祀的对象不一定都是汪华公，如上文所述，祁门县新安乡祭祀朱元璋，此外还有绩溪县瀛洲村祭祀神农氏等。

二、余川村与安苗节

上庄镇余川村居民大都姓汪，是"统六州"奉籍归唐的越国公汪华后裔，和徽州其他汪姓族人一样，都对这位显祖格外虔诚礼敬。几百年来一直传承着"汪王祭"的民俗，直到20世纪50年代，族中男丁每年正月还要前往歙县云岚山参加汪王祭。天大旱时，族人还要从歙县许村远道将汪公菩萨抬来求雨。

邑人汪彪先生的《汪公看稻旧俗考》一文记载，该村每年农历六月初三有恭请圣祖汪公老爷看稻的传统。这天大早由村董牵头，全村青壮男丁出动上路，抬着轿，金锣开道，唢呐号角，锣鼓和冲天铳，一路吹吹打打，火铳声震天响，到青罗山昆溪桥附近的汪公洞请汪公神灵，经鲍家、宅坦到上庄太子庙，将汪公老爷的神像请入轿中抬到余川田间看稻，看过以后迎到村中举行祭祀仪式，家家户户捧上供品到汪公老爷神前焚香膜拜。等到全村各户都祭拜完毕，就热热闹闹地敬送汪公回庙归座。

　　汪公看稻期间,村董们视察田亩水稻长势,好的插上红旗,以资鼓励;一般的插绿旗,差的插黄旗,以示警告。对插上黄旗田亩的户主,要求抓紧施肥,加强田间管理,尽快使水稻长势转好;插上绿旗的田亩的户主,督促他抓紧田间管理,要向插红旗的看齐。这就是绩溪岭北传闻四方的“安苗节”,留存至今的一块古石碑就记载了这一重要徽州民俗的实态。过去余川还要和周边“五朋”每五年举办一次大型“太子会”,纪念汪华及其九子,要搭台唱三天三夜徽戏,并有“舞火狮”等徽州特色民俗表演。余川村1600多名村民中,95%以上都为汪姓。老族长说,到他这一代,已是汪华的第九十代子孙,抬汪公已经在村里进行了至少120年,120年前制成的神旗直到今天仍在使用。

　　安苗节巡游在锣鼓与鞭炮声中开幕,村民们装扮齐整,抬着汪公像启程了。开路的鞭炮后面,村民高举神旗,浩浩荡荡的队伍在余川村内巡游。队伍中包括仪仗队,两组舞狮,扮旱船、蚌、马者,以及一红一黄两条大龙等。绕村一周后,队伍在环秀古桥广场上汇合,并登上高台。上供、叩首、上香、献酒后,族长宣读祭文。其他宗亲也分批次秉烛焚香,祭拜共同的祖先。这一仪式叫作“抬汪公”,是古徽州民众为纪念汪华,而在他生日的这一天开展的祭祀活动。

　　花朝过后,远近村庄会先后到汪华公轮坐香灯的村,将他接请到本村,作三至五天或五至七天的临时坐村活动。一路上要撑旗放炮、锣鼓喧天,游田间、观禾苗,谓之安民、安苗。

　　汪公看稻,近似今日水稻生产的检查评比。解放前,民间借助汪公在百姓心目中的神威来管理生产;解放后,农业生产在各级政府的农科所指导下,科学种田,这种古老的习俗,就告消失。安苗节历史悠久、内涵厚重,是徽州先民在漫长的农耕道路上,经过反复实践不断探索,形成的徽州独有的民风民俗,折射出徽州人勤劳淳朴,勇于进取、默默奉献的徽骆驼精神。绩溪的安苗节是徽州农耕文化的缩影,是徽州文化园地中一朵奇葩。

三、安苗节的时间安排

　　芒种是二十四节气中的第9个节气,也是夏季的第3个节气。芒种即“忙种”,意味着夏季农忙的开始。农民们将种子种入土地,自然希望这种子能平安长大,到秋天能获得丰收。所以在芒种节气时,从北到南许多农业区都产生了"安苗"的习俗,这其中以绩溪县的安苗活动仪程最完整,被冠以"安苗节"之名。

在每年的芒种时节,五谷下种,农忙告一段落,此时乡民更期待一个好的收成。各村都选择一个"龙"日或者"虎"日,举行安苗祭祀活动。"安苗"这一天,百姓家家户户做包馃,并供包馃在田畈地头祭祀祈祷,愿田禾苗壮,五谷丰登。安苗祭祀,核心环节就是古老而庄重的"汪公看稻"。其间包括抬汪公、祭旗、游田街、呼龙、送老爷等诸多环节,一路上锣鼓喧天,彩旗招展,十分热闹。

绩溪县每年的安苗节一般在农田稻禾分蘖之际。因岭南岭北气候有差异,绩溪岭南登源一带一般在芒种后择一吉日进行,而岭北上庄一带则基本固定在每年的六月初三这一大举行。绩溪瀛洲村的安苗节,没有固定的时间,一般选在农历6—7月水稻出穗的某个日子。确定日期的人,是村中公认的种田好手,即由丰富经验的老农,由他们在白石塌、佛殿圩两处较大的田畈中巡视水稻生长情况,然后定下日子张榜公布。祁门、歙县则在每年六月初六举行。

岭北的余川的安苗节比较具有代表性。第一天是村民抬着汪公龙椅,挑着锣鼓,卷着龙凤彩旗,背上爆竹,出动三四十人即可。到大庙敬香后将穿着龙袍、戴着帝帽、可以移动的汪公抬上龙椅,一阵双响炮后锣鼓喧天,彩旗招展,将大帝接走。途中有断断续续锣鼓声,一般情况下有一件乐器敲响即可。

第二天上午是祭旗,下午是游田街。上午八时左右,村人把事先准备好的三角小纸旗铺在老爷面前的地面上,各色纸旗上写着"风调雨顺""国泰民安""五谷丰登"等,一旗写四字。十余人把大肥猪和羊沿弯曲山路赶上老屋对面的桥头山顶,时间一到,爆竹锣鼓声响,四人扯着猪、羊耳朵从山顶笔直倒拖下山,双响鞭炮声、锣鼓声、猪羊的嚎叫声及人们的呼喊声混成一片,称"呼龙",其意是将龙神唤醒。

第三天上午是送老爷。每户在前一两天接来外村的亲朋好友,有的花钱请工。接汪公老爷时一般就近走小路,送行就不同了,必须从大村沿街而下,一到村头和村尾作为开路先锋的几十门朝天炮两阵轰响,地动山摇,几里外能听到。街两旁看热闹者成百上千,当汪公大帝经过时,不少老人点香跪拜,更有大娘抱着小孩拜老爷保平安。

四、安苗节的经费筹措

徽州的民俗活动一般都有"会社"组织安排，有专门的人员筹措与管理，而且有明细的收支记录与公开。我们在歙县敦仁里发现了专门关于安苗节经费筹措的文书。歙县敦仁里历来都有安苗节的经费来源，但在太平天国起义之后，因旧章遗失，所以清光绪十八年（1892）村中的程、郑两姓三族祠堂（怀德堂、德善堂、中和堂）又为接汪公"安苗"之事的经费筹集进行协商，并立有合同墨据，文书如下：

> 立合同墨据。郑怀德堂、程德善堂、郑中和堂三门人等情因古礼遗传，递年夏季迎接著，箬岭大庙汪公大帝安苗一事，该用事费向有头绪治理，兵燹后，失其旧章，以致递年迎神事费年头无能取法。今三门合议，复振旧章，以田亩、梨数、人丁三事定捐。大买田每亩出钱拾贰文，小买田每亩出钱六文；梨每千只出钱拾文；人丁不分男女，出钱捌文，共钱若干，递年收成归安苗迎送神费需用。自议之后，合村永为规章。倘有故拗不遵者，值年年头当邀五方经手即请三祠族长统同任公处治，该用事费亦应公用，无得异言。恐后无凭，立此合同墨据三纸，各祠执收纸，永为送神踊跃。笔据。
>
> 光绪拾捌年陆月□日
>
> 立合同墨据：郑怀德堂族长郑天和、程德善堂族长程正袄、郑中和堂族长郑百馀。
>
> 凭经议人：郑星甫、郑长寿、郑有祥、郑象万、汪家音、程开云、程广成、程寿山、程天六、程玉台、程明达、程顺金。
>
> 凭文会：程式如
>
> 执笔：程宇坤

这一份文书说明歙县敦仁里的安苗节经费来源于田亩、梨数和人丁三项；田亩，大买田每亩出钱12文，小买田每亩出钱6文；梨按每千只梨袋出钱10文；人丁不分男女每人出钱8文。所筹经费用于历年接、送汪公菩萨开支，从而确保了经费的来源，保障了历年活动的正常开展。

五、传承与发展

"新安之属,以县名者六,而邑小士多,绩溪为最。"[1]绩溪县境内有多个千年古村,是徽州文化的核心区和程朱理学的重要发祥地,独特的地理风貌、生态环境和文化遗存,孕育、记录并延续着源远流长的农耕文明,而以安苗祭祀为内容的安苗节,成为展示农耕文明、传承传统文化、促进文化旅游融合发展的重要载体。"苗安心安天下安",对于故人的追慕和缅怀,被淳朴的乡民巧妙地与祈求风调雨顺、追求美好生活的愿望结合起来,从而让农耕文明在历史的微光中更加熠熠生辉。

余川村的安苗节成为乡村旅游的一项表演,主要有安苗大鼓、安苗祭祀、火狮舞、火马舞、双龙戏珠、跳五猖、手龙舞、麒麟、鱼舞、花船、蚌壳舞等非物质文化遗产民俗精品展演(展演时间约1小时),文艺节目精彩纷呈,目不暇接,场面热火朝天,观众人山人海。当天晚上还有文艺晚会、篝火晚会等。安苗节原汁原味的传统祭祀仪式,造就浓郁的传统文化氛围,让人们引发思古幽情,珍惜今天的幸福生活,热爱祖国,在继承传统的基础上,又赋予新的文化内涵。

---

[1] [清]清恺修,席存泰纂:嘉庆《绩溪县志》卷一《舆地志·风俗》,《中国地方志集成·安徽府县志辑54》,江苏古籍出版社1998年版,第364页。

杨溪镇"破寒酸"

绩溪历代名人辈出,留下了灿烂的历史文化和诗篇。宋元丰年间,苏辙任绩溪县令,曾题诗三十六首,誉赞绩溪风光,其中有:"行尽清溪到碧峰,阴崖翠壁画杉松。故留石照邀行客,上彻青山最后重。"绩溪民间传统舞蹈艺术十分丰富,有狮、马、龙舞,花船、引凤、抬阁、千秋等,尤其是杨溪的傩舞"破寒酸",历史悠久,古朴幽雅,历来为乡民所喜爱,已成为古时当地百姓驱邪纳吉、祈求丰收的主要文化生活方式。清嘉庆《绩溪县志》载:"元日,祀祖荐新稻,罗列馐素食,近年奉城隍神巡行县鄙仪仗甚盛,扮诸鬼卒,后拥前呼,以逐邪祟,亦乡傩之意也。"[1]

一、杨溪傩舞"破寒酸"的由来

杨溪位于绩溪县东部,离城十余公里,四面环山,飞红叠翠,环境优美,东有杨子河过其境,故名。明清两代置"杨溪铺"(官道驿站),现为杨溪镇。古时,杨溪村周围还有十多个小村庄,以杨溪为中心,乡民们民风淳朴,崇尚宗教,遍设庙宇。村中有三个大庙:一是村中的"汪公大帝"庙,供奉汪华老爷,村中许多祭祀活动都在这里举行,现庙已毁,遗迹尚存;二是村西头"十里岩"的关帝庙,供奉关公菩萨,庙宇浩大,香火旺时远在宁国的村民都来朝拜,据说关帝菩萨是由一棵大树雕塑而成,十分灵验;三是"三官殿",供奉灵官、阎王菩萨,庙宇阴森可怕,大门内设有"机关",一般做亏心事的人和小孩都不敢近前参观。这个村古时有三大姓、三个宗祠:即王姓与"王家祠堂",葛姓与"葛家祠堂",汪姓与"汪家祠堂"。现各姓增多,有数十个姓氏。

据当地老艺人回忆,"破寒酸"的由来有两种说法:一说是由于绩溪豪绅礼部侍郎戴骏,因霸占农田,建造戴家祠堂,引起农民愤忿而扒祠堂、抗田租,并以拥"太子"跳傩舞的形式,祈求除祟纳吉,破除百姓寒酸;另一种说法是唐

---

[1][清]清恺修,席存泰纂:嘉庆《绩溪县志》卷一《舆地志·风俗》,《中国地方志集成·安徽府县志辑54》,江苏古籍出版社1998年版,第366页。

朝安禄山之乱时,太子失散,流落民间受苦,十分寒酸(绩溪方言:"寒酸相",意即"可怜相"),有和、合二仙,闻之甚为同情,便由"开路先锋"引路,来到乡间,先与太子一起玩耍,而后迎回王府,驱除了"寒酸"。

据《绩溪县志》《绩溪县地名录》等有关资料考证,以第一种说法较为准确(因其中有的逸闻、寺庙县志中有记载)。详细的由来,据葛光杰、葛有杰等老艺人述说是如下情况:

明代中晚期,朝政腐败,贪官载道。当时,礼部侍郎戴骏,世居绩溪县城北门,其子戴祥、孙戴嘉猷,三代皆封为大夫,在北门建造戴氏祠堂,显宗耀祖。为扩大家产,指使家丁霸占民田,将绩溪北门一直至杨溪村二十多里的田地插归戴家所有的标签,据为己有,强迫农户每年交纳高额租谷,当时人称"戴半县"(田地占有半个县)。遇上灾年,农民收来的粮食不够交租,咒骂戴家三代"父马、子羊、孙变犬!"(按:戴骏以马边傍,戴祥之"祥"字体结构右边为"羊",戴嘉猷之"猷"字体结构右边为"犬",均畜生之意也),农民饥寒交迫,怨恨世道寒凉,敢怒而不敢言。

杨溪村不远处有个小村庄,叫老庄村,村对面有座朝山,朝山东面有八丈高的石壁岩,岩顶上有一块两亩大的平坦地。明代中叶,有七位和尚化缘聚资,在这块平坦上建造一所寺庙,叫"华佗寺",寺内供奉华佗神像。和尚们每天早、中、晚一齐向华佗敬香跪拜,并继承华佗医术,学会用民间传统的土方治病救人,凡四邻八村的农民患病或生毒疮,就到华佗寺求和尚诊治。和尚们白天轮流上山采集草药,还经常到病人家中送医送药,不收取医药费用。因此群众对和尚很亲热,习惯地称这所寺庙为"和尚寺"。寺内和尚年龄最高的六十多岁称为大师父,两个最小的不到二十岁称小师父。由于和尚们十分勤劳,加上群众的支持,寺庙越来越富裕,二十多年就购有良田三十七亩,租给农民耕种,每年只收很轻的租谷,遇上灾年就免交租谷,群众称这种田为"和尚田"。

有一年来了一位三十多岁的和尚,有飞檐走壁的本领,寺前八丈高的石壁岩,他跳上跳下,轻如飞燕。寺里和尚见了非常惊奇,佩服他武术高强,一致拜求他落脚下来,传授武术,并推选他为寺里的"主持"。就在这一年,戴家也将和尚寺的三十七亩良田插上标签,归戴家所有。八位和尚非常气愤,申诉官府不理,无法收回"和尚田"。这时,四邻八村农民含悲忍泪到寺里烧香拜佛,求菩萨保佑惩治强横,归还田地。八位和尚都流下同情之泪,与大家商量共同对付戴家的办法。和尚们认为:我们坐等饿死,不如拼出这条命,先把戴家祠堂扒掉,出出这口气,也杀杀他的威风。大家一致同意。是夜,数百农民与和尚一起,拿起锄头齐奔县城北门,把戴家祠堂扒掉了。戴家大怒,即修本禀奏皇上,皇帝说:"谁有此胆量?除非是天王!"戴奉此谕传到绩溪,令州官县府查办此事。结果了解到是和尚寺的和尚带领农民扒毁的,州官县府即派兵到和尚寺捉拿和尚,有的和尚被杀害,有的和尚被迫逃离,兵丁们还将和尚寺全部烧毁。

戴家从此变本加厉欺压百姓,农民们为了纪念八位和尚的遭难,就在原和尚寺山下的大路旁,建造一座"八王堂大庙"。庙呈正方形,每面宽三丈,中有天井,庙内供奉泥塑八尊菩萨,面貌大致与八位和尚相似,为首的戴盔穿甲居中,是当家和尚,农民们封他们为"王"。每年大年三十,或是正月初一,四邻八村的农民都来到八王庙烧香敬拜,一时香火十分旺盛。与此同时,农民们又与城里人一起,在被扒毁的戴家祠堂废基上,建造一座"天王寺",说是皇帝传谕,天王最大,我们就造一座天王寺来制服戴家。此举农民们虽然出了一口气,但戴家势大,仍要粮要租,逼得农民家无隔宿之粮,人人一副"寒酸相"!于是,大家又想出一个办法:即在新谷登场的农历七月二十五日,杨溪村的农民联合城东北"九村十八里"(从城北至杨溪俗称九村十八里)的农民一起,聚集到八王堂大庙举行"香会",然后抬着天王的太子(木雕太子像,坐在木制的官轿里),并以面具饰成几个侍卫,一个武士手执长棍在前面开路,边游边舞,伴以锣鼓鞭炮,声称破除寒酸求吉祥,以此声势来威慑戴家的恶势力,并在八王堂大庙共议抗租的行动……当然,这种举动难以达到减租目的,但农民人多心齐,可壮声威以自慰。从此,每年农历七月二十五日,农民抬着太子破寒酸,邀约九村农民到八王堂大庙举行"香会",就成了村规惯例了。

据传当时"香会"的规模十分浩大,到会农民数百人,以至上千人。香会由村中七位主持人中年龄最长者主持。香会的程序是:一、鸣锣放炮、放铳;二、向太子和八王敬香、敬酒;三、烧黄表纸,同时敬天地、敬土地山神;四、全体跪拜(主持人带领全体农民三跪九叩首);五、最后由主持人点燃一串小鞭炮,抛入祭场中央,顿时锣鼓声起,"破寒酸"的队伍各就各位,开始起步转跳;跳过四大圈之后,即由主持人领队,抬着太子菩萨出游,到各大小村庄游舞。

至于为什么要抬着太子像游舞,据说是农民们以为扒掉戴家的祠堂、建立天王寺后,就可以"天王"的权威来制服戴家;而太子是天王的宠儿,是一人之下、万人之上的象征,任何人不得轻视,否则就有欺君之罪。所以,抬着太子破寒酸,既符合大家祈求吉祥的心愿,又能以此壮自己声威,使戴家有所收敛。这种活动的名称,就叫做"破寒酸"。后来,村子老年人相继去世,年数久了,有些年轻人误传为"扒寒山""拍寒山"(因绩溪方言"扒""拍"与"破"同音,"山"与"酸"同音),这是不符合当时实情的。据九十多岁的老艺人葛光杰回忆,当时他祖父、父亲就传下来两首民谣,一首是"九村八王堂,年年锣鼓响,破除寒酸苦,不再闹饥荒",另一首是:"敬太子、拜八王,破掉寒酸保吉祥"。由此说明,这项活动的定名是古来有之的。

二、杨溪"破寒酸"的时间与过程

到了清代中晚期,"破寒酸"活动不再到老庄村的"八王堂"举行,而是在杨溪村口建造一座"太子庙",一说就是前述"汪公大帝庙",先举行香会,而后开始跳"破寒酸"舞蹈,这个香会又名"太子会"。活动时间改为每年农历七月二十四、二十五、二十六三个夜晚,还增加南瓜灯助威照明。

根据老艺人葛光杰、何文汉等人的回忆,清代中晚期一直到民国年间,"破寒酸"的具体经过是:在举行"太子会"的前一天(即农历七月二十三日),全村居民进行"七净三日素"。七净为:家庭内外打扫干净;桌椅家具擦洗干净;全身上下浴洗干净;衣裤鞋袜换洗干净;床上被条洗晒干净;夫妻不行房事阴阳干净;不吵架骂人言行干净。同时,二十四、二十五、二十六三日,是太子驾临"破寒酸"的正式日子,全村居民均要戒荤吃素。这三天早上和傍晚,各家还要在大门前点燃三根香,插在大门左边的墙上(左为大边),意为燃香引路,太子闻见了香气,会降临人间,为百姓破除寒酸保平安。

七月二十四傍晚,各家男主人纷纷聚集到太子庙,小青年举着上百个南瓜灯前来助威;南瓜灯各有特色,大小形状不一,有的中间一个大南瓜,周围有四个小南瓜;有的上下相连两个大南瓜或者四个大南瓜连成一串;有的上下两个小南瓜,中间一个大南瓜;有红、绿、黄各种颜色,加上绘描装饰,与真南瓜十分相像,象征着五谷丰登,颗粒如南瓜大,生活如南瓜甜。活动办事人员除舞蹈角色外,每人手提一只灯笼照明便于照应,抬大鼓大锣的杠子上也挂着灯笼。所点蜡烛都是村中商户自愿献出的,有两名服务人员专门肩挑蜡烛,为灯笼和南瓜灯随时供应蜡烛。"香会"开始时,事先化装好的舞蹈者立于祭坛中间,当主持人从庙里将太子菩萨双手捧出交给"二色脸"驮在肩上时,村中各户当家男人,即将事前准备好的一炷香(一小把)点燃插入祭坛大香炉中,然后全体向太子朝拜。有少数人家男人出外经商或做工,也要交托亲朋或邻居,供奉一炷香代为向太子朝拜。庙前祭坛周围,竖立五面"龙凤大旗",祭拜太子之后,接着举行"跑旗"活动。先由信奉弟子高举大旗,围绕太子菩萨和"破寒酸"队伍跑圈;此时,锣鼓喧天,火炮齐鸣,吆喝声四起,四围南瓜灯原地上下提动,光芒四射;"破寒酸"的队伍也开始原地起跳,锣鼓声、鞭炮声、吆喝声连成一片,热闹非凡,显示出全村村民对太子驾临破除寒酸保平安的声势和虔诚信念。当龙凤大旗跑了五大圈之后,即将大旗插入原处,舞者停止。接着主持人领头高举灯笼带领整个"破寒酸"队伍到各村、各户门前游舞。其余群众有的尾随看热闹,有的各自回家,准备迎接太子"破寒酸"、保平安。

"破寒酸"队伍有序地从村子东头开始,挨家挨户到村民门前表演。每到一家门前时,锣鼓不停、人员不休息,舞蹈者四面围立,面朝中心,周围南瓜灯通明。当主事人将一串小鞭炮燃起抛入场地中心时,锣鼓声加重,舞蹈者按规定的程序绕圈起跳,观众以口哨、吆喝声助威,户主则站在门前以崇敬的心情,手持一把香火向太子菩萨朝拜。妇女、小孩和老人则站在稍远处(南瓜灯后面)观看,老人们口中反复默念:"太子保佑,太子保佑,保佑我们全家吉祥如意。"当"破寒酸"舞跳完四圈之后,主持人即领队走向另一家。这一家的全体男女老少,在门前跪拜送太子,拜毕即将撒在地上的"福寿纸"一张一张地捡起,用红纸包好,放在堂前用香炉压上,表示福寿来家。"福寿纸"有的留上七天在堂前烧掉,有的留到一个月或大年正月初一再烧,表示福寿永留。

"破寒酸"在全村每户人家门前跳好之后(不丢一户),到了第三天晚上,即集中到村中广场举行"送太子香会",南瓜灯四周照明,村中居民集中围观,并自动带来香纸燃烧、祭拜。"破寒酸"舞者在中间尽情围跳十至二十圈方休,观众和活动人员一齐跪拜谢太子、送太子;拜毕,观众散去,活动人员收拾服装、道具、锣鼓等物,装箱送到接管"斋官"家中收藏。太子菩萨由主持人及办事人员送至太子庙供奉。大年三十和正月初一,全村居民还都要到太子庙向太子敬香拜年;每年农历四月栽秧时,各户当家男人也要到太子庙进香,求太子保佑风调雨顺,五谷丰登。

"破寒酸"活动的三个晚上,从傍晚六时开始一直游舞到半夜约三点钟结束。有时,到天刚黎明活动人员才去休息,白天则睡大觉。活动人员每夜自己都带上干粮(炒米、面果之类),用于午夜充饥;另外"太子会"还发给每人两个麻饼(用面粉制作的白糖心饼,有碗口大,通称"太子饼")。大家把"太子饼"当作太子的恩赐,十分珍惜,一般只吃一个,留一个带回家,分给家中老小吃,让全家享受"太平"。

整个活动结束后的二十八日,"太子会"全体管事人员(七人),集中清算收支账目,张榜公布。所有服装、道具等物,由下一年的轮值"斋官"保管;每年农历六月初六,还要翻晒一遍(取"六六大顺"之意),如果六月初六是阴雨天就顺延。翻晒时,如发现服装、道具有破损情况,即由当年主持人负责修补或换新,到七月必须全部完工,以便当年使用。

三、杨溪"破寒酸"的人物装扮

"太子坐像",始为木雕坐像,1982年演出改为竹篾扎制,高二尺,头戴紫金盔,身穿绣花龙袍,白水领,龙袍胸前绘有虎头;右手臂露出甲袖,红裤,黑短靴;双手紧握二尺五寸长的方天戟,大红色缨须,上挂一个金黄色的小药葫芦。

"破寒酸"舞,除太子外,其他角色由五人扮演,全戴大头面具,脸饰和服装各有特色:"开路先锋"一人,戴大头面具,头顶突出"山"形,整个头脸为青色,圆眼、红眉、狮鼻、宽嘴、大耳,头后围红发,略有红扎;上衣内着白色布褂,袖口有一寸宽黑布条边,外穿大红布黑条边背褡,白底蓝花布大带;下穿土黄色布灯笼裤,短黑靴。手执一根五尺长圆棍,棍为白底蓝斜条,棍两头扎有用苎麻染红制成的球形须。

"和合礼士"二人,均戴大头面具,脸饰相同,粉白脸,两颊淡红,红唇笑嘴,黑眉、黑发,头顶中心竖一根用细铁丝螺旋而成约五寸长的辫子,上端扎一朵红色绒球(舞动时可左右摇晃,活泼有趣);穿着淡黄色斜领长衫,斜领为白色,袖子宽长能盖住手,袖口、衫脚贴二寸宽的土黄色条边;大红裤,腰系稻草绳(后改为土黄色布带绳),白布山袜,稻草鞋(后改为白底蓝条布面布底鞋)。

"驮太子侍卫"一人,戴大头面具,头顶突出"山"形,脸饰为二色脸,以眼睛下皮为界,上一半为大红色,下一半为青色,黑眉、黑发,白上衣红背褡,红裤,黑短靴,白底蓝花板带。

"执龙凤伞者"一人,戴大头面具,头顶突出"山"形,整个头为青色,圆眼、红眉、红须、红扎。白布上衣,红背褡,红裤,黑短靴,白底蓝花板带。手执龙凤伞,用竹篾扎伞架,以黄色布或绸,制成二层圆形伞圈,沿口均有红色围须,上绘双龙双凤图。伞中间扎一长柄,高六尺,柄上蓝白条纹相间斜围。

"破寒酸"舞蹈风格古朴,动作简练,人物性格突出而富有夸张力。伴奏乐器简单,只用打击乐,无丝竹,节奏明快,声音洪亮,粗犷,气氛豪烈。乐器有大扁鼓两面(每面直径一尺八寸,厚六寸,一层鼓面),大筛锣两面(每面直径约二尺)。每只扁鼓用两根木棍穿在鼓的铁环内,木棍的两端各系一布带,由两人一前一后抬着,后面抬的人敲打。每面筛锣也由两人用一根木棍抬起,由后面的人敲锣。

舞蹈演出时,由主持人带领,每到一处,即在村头、村中或农户门前空地上停住。舞蹈者按四个方向站定,另一主持人将一串小鞭炮点燃,甩放在平坦中心,顿时锣鼓声起,舞者即依照各自角色的特性和路线,绕圈转跳起来。其动作各有不同:"开路先锋"的动作是"踢棍转跳",边踢棍边舞蹈,跳八步转一个圈,移换一个方位;双腿变换"弓步"时,随之出胯,左右晃动,由腰部带动上身至头部对称摇摆并上下起伏,整套动作连贯自然。"和合礼士"二人的动作相同,是"搭袖转跳",身、腿、膀的动律与"踢棍转跳"相同,主要是两手前后挥拂长袖,时而甩前,时而搭肩,头部灵活,左右摇晃,姿态活泼、风趣。"侍卫"的动作是"驮太子转跳",双手扶抱太子坐像的腿,太子坐于左肩,面向前,侍卫两手不摆动,其他动作与"搭袖转跳"同。"执龙凤伞者"的动作是"执伞转跳",站于太子像后面,双手执龙凤伞,伞盖遮在太子头顶上方,双手不停地以逆时针方向转动伞柄,使伞穗飘起,其他与"搭袖转跳"同,转跳时脚步动作幅度稍大,总保持在太子像后面。

总之,舞蹈的基本特点是:四个方位,五个角色,同时按逆时针方向转跳,大圈套小圈,"公转"加"自转",经过32个锣鼓节拍,各人回到原来的位置,如此循环往复。一般情况,每个点至少跳四大圈,而后转换到别的场地。在转跳过程中,抛"福寿纸"者,在演区一侧不时将福寿纸抛向表演区上空,舞者每跳一圈,抛纸一次。每一大圈的音乐,为32小节,开始一大圈为慢速度,第二大圈逐渐为中速度,第三大圈中速,最后一大圈逐渐为快速度。在音乐第四小节的第一拍和第八小节的第一拍时,由伴奏和舞蹈者及其他在场协助演出人员齐声喊"嗬"!

舞蹈活动的全体人员包括舞蹈者五人、锣鼓队八人、抛福寿纸一人、放鞭炮二人,加上主持管理及维持秩序,共二十多人。另有举灯(圆形南瓜灯)的是自动参加的村中青少年(十三岁至二十岁左右)约五六十人,总共近百人,形成一支浩浩荡荡的队伍。主持者一般五至七人,群众称"管事"或"斋官",这些人大多是经过老一辈管事人推荐认定的,他们是当地农民中有信用的长者或是为人忠实、待人和蔼、办事公道、热情的中青年农民,也有个别是当地经商户或手工业者,其中有的就是舞蹈主演,或者是锣鼓主打者。

四、杨溪"破寒酸"的经费由来

凡是参加"破寒酸"舞蹈的人员,包括主持、管理人员,都有一颗为公众无私服务的心,不搞聚餐,不取报酬,活动结束各自回家吃饭。有的主持人上街办事,来回自己掏路费。大家心地虔诚,只求太子保佑,破除寒酸,无灾无祸,平安清吉。到村庄或农户家门前演跳时,一般也不收红包,农户家只要供应茶水就行。

举办"太子会"和跳"破寒酸"的经费,由主持人商量确定,一般是每一次活动,向全村每人募捐一升米(一斤半),或按米折价交款,老人、小孩都一样。有的商户和手工业者,愿多捐者不限;有些人口多、经济困难的农户少捐也可,但最少每户捐一升米。米和钱交给主持者记录上账,活动结束后将收支账目公布上墙。一般每次活动收大米十石左右(1500斤),开支项目有:购买鞭炮、香火、黄表纸、三色纸、敬神用的酒、供品(三牲,即鸡、鱼、猪头),购置或修补乐器,制作或修补面具、服装、道具等。通常开支大米五至七石,结余下来的三、四石大米,经"太子会"商定,救济久病、残疾的农户或鳏寡孤独的老年人,使这些特殊困难者得到"太子"的恩惠。

在"破寒酸"游舞过程中,古时还有几条规矩:一是参加游玩的人多是血气方刚的青年男子,妇女、老年人和小孩不能参加,因为"破寒酸"是有寒气的,妇女、小孩容易沾染寒酸邪气;二是妇女、小孩不能太靠近游行队伍,应站在远处观看,以防寒气侵入;三是"破寒酸"队伍在游村时,要在每户门前跳几圈,不能丢掉一户,如果丢掉一户,就意味着这一户当年寒酸未破、人畜不吉利。

五、"破寒酸"——一个渐行渐远的民俗

"破寒酸"舞蹈从明代晚期开始演出,相传近四百年。随着戴家势力逐渐衰落,为什么仍能代代相沿、流传至今呢?这与绩溪县历史上灾害频繁,农民们以此舞来"逐邪破寒祟",以求得吉祥平安是密切相关的。据绩溪县档案馆根据历代地方志摘编的《绩溪县历代自然灾害参考资料》载:自明崇祯十四年(1641)起,至清同治五年(1866)止,县志中有记载的大旱、大水、地震、瘟疫及虎、虫、风、雹等灾害就有59次。

由此可见,从清初以来,杨溪农民所以年年举行"破寒酸"活动,已不是由戴家淫威所逼,而是出于"驱邪纳吉""祈求平安"的需要,并成为农民们自觉的行动和"年年如此"的风俗习惯了,与此同时,舞蹈演出的具体形式也随时代不同有所变化。如原来太子是坐在四人抬的官轿里,前面"开路先锋"舞棍引路,轿后一侍卫执龙凤伞,这种形式只持续五十余年。清初,各村群众议论,太子坐在轿内,大家都看不见,抬着太子也不便于舞蹈,故经过群众商定,就改为由一位"二色脸"侍卫,将太子驮在左肩上表演(按:二色脸即上红、下青的脸谱,上红为阳,下青为阴,意即白天黑夜,人间地下,路路皆通,畅行无阻)。太子是木雕的小儿童,头戴紫金盔,身穿黄龙袍,手执方天戟,方天戟上挂一个黄色药葫芦(意即遇寒除寒,遇酸除酸,可处处消灾降福)。前面有一位"开路先锋",青脸面具,头顶山形(山形表示高大,力巨无穷),手执花棍。后有一侍卫执龙凤伞,紧跟太子左右。另外还有两位头戴笑脸面具的"和合礼士",托腮叉腰,边舞边跳,象征着吉祥如意,无忧无虑。除此外,后面还有一位不化装的农民,手执小竹篮,内装"福寿纸"(两寸见方的红、绿、黄三色纸

片），随着行进队伍，抛撒空中飘落而下，象征多福多寿，大吉大利。

　　杨溪村的"破寒酸"活动，从清代中期至民国年间，一直坚持一百多年，到20世纪40年代后期停止活动。1954年春节，县里举行业余文艺汇演，杨溪村曾将"破寒酸"搬上舞台演出过一次。"文化大革命"时期，所保存下来的太子像、服装、面具、道具，全部被毁。当年参加"破寒酸"舞的执事人和演员，也大都年迈去世，因此这个节目到20世纪六七十年代几乎失传了。1980年，为了挖掘、继承民族民间舞蹈，县文化馆组织人员赴杨溪各村庄深入调查了解，访问七十岁以上老年人二十多人，对有的知情者曾上门采访十多次，这才将原始的"破寒酸"舞蹈挖掘整理出来，并呈现出原来面目。

　　1982年，安徽省举办农村业余文艺汇演，绩溪县作为地区代表队之一，排练"破寒酸"参加了会演。为使此舞更具有观赏性，县文化局、文化馆组织人员将"破寒酸"进行了改编，增加三个丑角（即戴府管家一人、恶奴二人），原"破寒酸"五个角色，也同时扮演五位农民；并突出戴家霸占民田，农民进行反抗而戏弄三丑的情节，最后以"破寒酸"舞获胜，舞名改称《戏丑图》。此舞参加安徽省农村业余文艺汇演，获得创作奖和优秀演出奖。

伏岭村"舞�**犭回**"

伏岭村"舞犭回"在绩溪县内可说是家喻户晓,外地却鲜为人知。因为"犭回"不存在于现实当中,而是伏岭人根据星卜者言所臆造出来的一种似狮非狮,似虎非虎,而凶猛又过于狮虎的猛兽,是一个用来镇魔除邪、消灾祈福的图腾。说起"舞犭回",历史悠久,祖辈相传,起源于道光十年(1830)至今有190多年历史。

一、伏岭村为什么要"舞犭回"

根据光绪《华阳邵氏宗谱》记载:"召姓肇于召伯,而邵氏起于驯公,兹固受姓之本始。而郡望则断自东陵。"

该谱记载,迁徙绩溪始祖为邵百二(1114—1187),南宋绍兴四年(1134),由淳安安坑村迁居歙县井潭村。"维时,盗贼蜂起,隐于绩(溪)之隐川。"明朝嘉靖年间(1522—1566)绩溪仁里村程箕(福安教谕)评价邵百二"愒愒君子,遁迹隐川。课农训读,家声以传。徽堪启后,严可承前"。邵百二成为绩溪邵氏宗族承前启后的关键人物。他生五子,除长子邵文一世居歙县井潭(即龙龟潭)外,其余四子分迁绩溪县纹川(即伏岭下)、鱼川、隐川和塘川,后代又分迁各地。

南宋绍兴年间,邵氏祖先就迁来伏岭定居。此处四面环山,村民傍山筑室而居,当时由于人烟稀少,每到冬季,野兽时常出没村中觅食,噬畜伤人;村民又有用火篮火桶取暖的习惯,导致经常发生火灾;同时环境卫生较差,瘟疫时有流行。那时人们对发生的灾难现象无法理解,遂归咎村庄的来龙水口、朝山等自然环境,于是请来了风水先生卜卦。据星卜者言,伏岭对面鸡鸣山上有石狮、火虎作祟,要消灭灾害必须驱赶石狮火虎方得安宁。因此村民们经过商议,在村北、村中、村东开挖了三口水塘,名为火烛塘,以克火虎;又用彩布缝成一只似狮非狮的猛兽形状,名之为"犭回"。据说,"犭回"比狮更凶猛,只要"犭回"一出现,狮虎就会闻风而逃。于是村民们每到农闲和春节期间,由两名年轻人,披上布制的"狮",面对火郭山跳跃奔舞,伴以敲锣鼓,放鞭炮和山门铳向石狮、火虎示威,后来又增加了火把游行,村民们手执松明火把,敲锣打鼓,燃放炮竹绕村游行一周,驱赶邪气。也许是这种大规模的活动惊吓了野兽,野兽不敢再在村中出没,人畜伤亡大大减少,村民们决定每年的元宵节都要进行这项活动,定名为"舞狮"。

徽州婺源也"舞狮",他们认为"狮"是傩舞的前身,婺源原始的傩舞远可追溯至春秋战国以前。据研究古徽州文化的学者考证,婺源傩舞系由古山越人代代相传下来的,最早称"舞狮"。"舞狮"是一种将傩舞与狮舞融为一体的祭祀舞蹈:即由两人饰演"狮子",另一人饰逗引之人。传说那并非狮子,而是乡民称之为"狮"的独角怪兽,形似狮子而非狮,身体较长,常常出来祸害山民与庄稼。山民便头戴面具手执长棍,吆喝着"狮"的名字去驱赶。这种自卫行动,后来逐渐演变为岁时祈丰收的祭祀舞蹈,称之为"驱傩"。

二、伏岭的"狮"是个什么样的神兽

邵茂深先生曾在《伏岭舞狮》一书中写道:"狮"是伏岭下邵姓先人臆造的一只似狮非虎神兽,其威猛无比,能驱魔镇邪,降福消灾。只要"狮"一出现,鸡鸣山尖石狮火虎就会闻风而遁,村人从此祥瑞太平。渐渐地,舞狮成了驱赶石狮火虎作

绩溪县伏岭村祠堂板壁上的"狮"

祟的一种原始宗教仪式,成为家族生存发达的希望。

据说,伏岭邵氏为扭转家族宿命,把那只神秘"狮"作为宗族的图腾,并创造了只有邵氏家族认识的"狮"字。其实,狮是什么样,谁也不知道! 伏岭邵氏先人第一次是用旧布蚊帐做了一只"狮",又把牛角、熊爪、虎背、狮头、龙鳞都画在其身上,轰轰烈烈地开始了最初的"舞狮"活动。

笔者曾前往伏岭看舞"狮",见过舞台布景上画的"狮",见过戏台上舞"狮"人穿的道具"狮",但这些"狮"可能有些"走样",可能不是祖先们创造的原始面目! 直到有一天,笔者得到信息,伏岭下破败不堪的邵氏总祠里,发现

有只早已被人忘却的"狷"！

在名农先生帮忙下，笔者约了摄影家程兵，费了一番周折找到了开门钥匙。这个建于明万历间，康熙、雍正年间又扩充的总祠，中进已倒塌，后进寝室天花板上，第一次见到了威风八面的"狷"图腾。

多亏了20世纪邵氏总祠改做了粮站，寝室隔成了一排职工宿舍，画在天花板上的"狷"才得以完整的保存，才让我们有幸见到四百年前"狷"在伏岭人心中的威猛形象。

邵氏先人的想象力是出奇的丰富和惊人，画在寝室天花板上的"狷"，竟然雌雄各一。雄的居高下扑，回首翘尾，脚戏绣球；雌的昂首阔步，张牙咧嘴嘶吼，狰狞中透着一股气吞山河般的神气。四周簇拥着翩翩的祥云和自由翱翔的蝙蝠。棕色的尾毛，黛青的鱼鳞，橘黄色的云朵，乳白的天空，还有身着盔甲般的鳞纹，迄今艳丽如初，炯炯放光夺目。这画面之美令人叫绝，神兽之态惟妙惟肖，图腾之势超凡脱俗，凝聚了邵氏先人对美好生活的向往。

我们根据邵茂深回忆以及保留下来的图片看，"狷"最接近的动物就是我们今天看到的狮子，只是身体比狮子要长一些。现实中祁门县历溪村的傩舞在演出过程中，也有舞狮子的表演，以前感觉到那狮子身体也是长长的，想必就是我们说的伏岭的"狷"。

三、伏岭"舞狷"形式的变化与内容的扩充

随着乡村经济、文化的发展，村民们对文化生活的需求也有所提高，他们不满足于简单动作的舞狷和游行，咸丰元年（1851），改游行为聚集在祠堂舞狷演戏。开始演哑戏，只表演动作简单的小剧，以后逐步增演一些角色少、表演难度不大的徽剧。

伏岭是一个聚族而居的独姓村，建有邵氏宗祠，分上、中、下三门，各门都建有支祠，俗称老屋。光绪元年（1875）各门成立了舞狷班，分别演出。每年正月十四至正月十七共演四晚，每晚排五个节目，即开台、跳狮和三个折子戏。头班演三个节目，开台、跳狮后再演一个较长折子戏，中、末班各演一个相对短一些的折子戏。三门演出结束，一般都在午夜十二时左右。

四夜的演出中以十五夜（元宵节）最为热闹。下午四点钟左右，小演员们

就吃好晚饭集中在各门的老屋内开始化妆,五时半开始游灯,游行队伍按各门演出次序排列,每门都由两只火篮(用铁制成口径约20—30厘米的篮子,里面燃烧松明)和锣鼓开道,演员们手执各式各样的花灯,跟着各自的队伍缓缓而行。沿途鸣放鞭炮,敲打锣鼓不停,绕村一周,路旁观看游行者万人空巷,其热闹场景笔墨难以形容。游灯队伍到达村头戏台前结束,值年等在台前接灯,拿回老屋为第二夜使用。此时头班上台,中末班在戏台对面的大佛殿和土地庙内休息,观看头班演出。当头班人员登上戏台的一瞬间,蓦然锣鼓、唢呐齐奏,烟花鞭炮共鸣,正是"火树银花触目红,揭天鼓吹闹春风"。这时,台中央搭起了二重高台,两边八把交椅,一字排开,披上大红绣花桌围椅披。桌上摆满了五事(锡制祀祭用具)祭品,红烛高烧,值年们衣着整齐,神情肃穆,手拿线香在台前一字排开向天地祝祷,祈祝村民们人寿年丰,吉祥如意。请台仪式一般20—30分钟,视值年人准备的烟花爆竹多少而定。接着演出开始,第一个节目是开台,大都是短小的徽、昆神话舞蹈剧目,惯常演的有《万花献瑞》《五子夺魁》《大财神》《齐天乐》《四海升平》《四季长春》等,这些剧目都是以歌颂升平、欢乐吉祥为主要内容。开台戏的特点是行头多、演员多,一般要三十多人,场面热闹,为整晚的演出创造热烈气氛。第二个节目跳狮,当开台的尾声音乐刚歇,马上响起了粗犷响亮的跳狮鼓。这是沿袭原始舞狮镇邪压灾演出的节目。整个节目分为四小节,由原来跳跳蹦蹦的简单动作,增加了很多舞蹈动作,如游狮、摇头、摆尾、前后翻、竖银锭、立腿、爬柱、横滚、抓痒、打瞌睡、捉蚊子、踢球、过桌子等难度大的舞蹈动作,再冷的天,跳狮的人都是满头大汗。狮身用丝线、金线绣成,狮头能张口瞪眼,尾能摆动,两个年轻的跳狮人都穿上形似狮腿的裤子,一个掌握狮头,一个负责狮尾,行动一致,十分逼真,这个节目约一个小时。

第三个节目是折子戏。这时已是八点多钟,正是黄金时间,台下人潮如浪,翘首以待小演员们的演出。因此一般都选一个时间较长的折子戏,如《失空斩》(失街亭、空城计、斩马谡)、《连环套》(盗御马、天霸拜山、盗双钩)等,这些剧目都在一个半小时至两个小时之间。头班演出结束,中末班接着各演一个折子戏,时间已近午夜,有时大人们在末班演完后还即兴演出,称为土戏,一般都演情节复杂的大戏,如《生死板》《九更天》《蔡鸣凤》《杨乃武与小白菜》等,深受群众欢迎。演出全部结束,已是凌晨一两点钟。

到光绪末年,伏岭舞狮有了很大的发展,剧目不断增加,演技日益提高,能上演京、昆、徽各种大型剧目;戏剧服装、道具也逐渐更新和增多;文武场人员演奏技艺也有了很大提高。同时,随着徽剧的兴盛,徽州一带有老彩庆、长春班、新阳春、大舞台等徽班,经常在本县农村演出。伏岭一些爱好戏曲的中青年,经常出入戏班,和他们交朋友、打交道,向他们搞剧本、学演技,把它用到舞狮中来,这对舞狮的发展和演艺的提高起到了积极作用。这时伏岭舞狮的内涵,不再只是为了驱魔降怪、消灾祈福,而是逐步形成春节期间一项群民间文艺活动。

伏岭舞狮最兴盛是在20世纪二三十年代。这一时期,伏岭人在上海、南京、杭州、苏州等大城市经营饭店业的人很多,单上海一处,伏岭人开设的菜馆就有一百多家,村中大部分中青年人都在这些菜馆就业,伏岭人管这叫"吃面饭"。由于"吃面饭"人多,经济收入颇丰,促进了伏岭村经济的繁荣,同时也促进舞狮的发展。在外面吃饭的人,大家叫他们"出门客",他们每年都自动捐款,购置戏衣、道具。到20世纪二十年代中期,各门都拥有戏衣十好几箱,各种道具齐全,能满足各个剧目演出的需要,这些戏衣都是根据儿童演员身材量身定做。村人邵寿根,在苏州观前街开了一家"六宜居菜馆",生意红火,很有名气,他与戏衣店老板熟悉,伏岭舞狮戏衣、道具,基本上由他购置,价廉物美。

"舞狮"经过近百年的发展,积累了丰富的经验,培养了一批水平较高的导演人员。小演员们一般都经过七八年的训练,能掌握三层高台跌银锭或前翻空而下,从桌子上插交而过,在台柱上倒挂卷帘、盖八对、跌朝天蹬等许多高难度动作,这在当时一些专业剧团也很少见。

民国十五年(1926)春,伏岭舞狮班应汪村南观花朝会斋官汪老永的邀请,赴大庙汪村与休宁新阳春专业戏班对台演出。为保证这次演出圆满成功,三门有关人员商议决定合并组班,挑选出演技较好的小演员62人,小的七岁,最大的十六岁,排了《万花献瑞》《英雄义》《长坂坡》《黄鹤楼》《霸王别姬》等十八个京、昆、徽剧目,选用了最新的戏装道具。花朝会首场演出开锣戏《万花献瑞》,是一出适时应景歌颂升平的大型神话舞蹈剧,上场演员达五十六人,剧中云童、功曹、花神的扮演人数比在村中演出增加了一倍。剧终,全体演员齐集台前,一字排开,齐声朗诵"天上神仙集会,人间福寿双全",一时间掌声雷动,叫好不绝,其热闹场面难以形容。这次演出,由于演技纯熟、服装、道具新颖、小演员们扮相娇美,赢得了广大观众的惊喜和赞赏。新阳春班虽在对台出演,但数以万计的观众都向舞狮班一边倒。新阳春有时因失去观众而停锣息演。此次演出盛况空前,轰动了绩歙两县,大大提高了伏岭"舞狮"的知名度。

20世纪二三十年代以来,每到春节"舞狮"期间,伏岭村成了热闹的集市。伏岭人素来好客,早在年前就邀请亲朋好友前来观看"舞狮"。在演出期间,几乎每家都有几桌人吃饭,小商小贩也不失时机,在大路两边和戏台周围摆满了各色各样的小摊。在戏台背后,每年都搭两个小吃棚。这些摊头棚点都挤满了人群,生意兴隆。有些挤不进戏场的人,就在小吃棚里点几碟小菜,和二三好友喝酒聊天,也有的在台下站累了挤出人群松松腿,到小吃棚里买些夜宵津津有味地吃着。"舞狮"是一道风景线,既繁荣了农村市场,又让群众享受了消闲的乐趣。

四、"舞狮"成了"做三十岁"男丁展现的机会

不知何年何月,伏岭"舞狮"成为邵姓男丁"做三十岁"的主角。邵氏祖先定下族规,每年上中下三门合族举办"舞狮",活动及经费则由三十岁邵姓男丁主持和筹集。到了清咸丰元年(1851),"舞狮"顺应潮流全面升级,改在村中游街为聚集在戏台开台、跳狮和演戏。由于宗族内部竞争意识强烈,"舞狮"一年比一年办得好,以致成为远近闻名的民俗活动。

九十岁老人邵培奇先生谈到,伏岭邵姓三十岁男丁把"舞狮"作为展现人生自我的一次难得机会。从正月初四起就进入"接茶"阶段,邵姓各门的值年青年,轮流宴请本门的演职人员。值年家庭都将这一天视为喜事操办。早上吃清茶、甜茶、鸡子茶和盖浇面;中午摆上六道佳肴吃饭;晚上吃酒水,即登源"十碗八"。"接茶"按照惯例,是正式舞狮开始的第一晚,一般都首演"跳狮(狮)"和"万花开台"。这是徽剧的舞蹈,演出目的大约是为了营造舞台的热烈气氛,起到整台演出的序幕作用。次日始演正剧,即徽剧、京剧或昆曲等。三晚的正式演出中,每晚每门各出一个剧目,轮番上演。一切按部就班,纹丝不乱。

伏岭"舞狮"之所以能够持续发展,三十岁值年制度起到了重要作用。早在三门分班"舞狮"起,经过商议,认为三十岁正当壮年,年富力强,精力旺盛,且好胜,上进心强,由他们来负责"舞狮"活动事宜是最适合的人选,因此三十岁值年约定俗成,形成了制度。伏岭的男丁,每人都有一次值年义务。他们都把这个义务看成是一种荣誉,是一生中的大事,因此千方百计要把这个值年当好。

三十岁值年的具体任务是:农历的正月十八朝接手,与上年的值年人办好交接手续,如"舞狮"的各种用具、行头、道具按原来的登记册簿,逐件点交,行头雇裁缝熨帖入箱,妥为保管。下半年农历十月半值年人负责邀集导演、抄曲、文武场等有关人员打并伙(聚餐),商议"舞狮"剧目和有关事宜,确定专人抄曲(即分角色抄写念白、唱词)。曲抄好后,又由值年人邀集演员(7—16岁儿童)晚上集中在老屋内发曲(由导演分发每个角色的台词)开始教念白、唱腔。教唱期间有一些戏曲爱好者主动参加帮教。值年人轮流供给茶、烟。腊月初八,负责在老屋内搭台开始排练,一直到除夕。值年人除供茶、供烟外还供应半夜餐,一般都是菜粥和面条,同时每晚要陪侍到排演结束,收拾好锣鼓、道具才能离开。次年正月初三开始,增加排练时间,每天下午和晚上都进行排练,少数主角上午也由导演单独授教。为了使有关人员及时集中,值年人开始供应午餐(导演、文武场等有关人员及主要演员),一般都有5—6桌。到正月十三,三门值年人集中,各推选一人抽阄,决定四夜舞狮的演出场次。值年人还要负责订制游灯用的各式花灯。

上门"跳狮"和"接茶",是"舞狮"活动中的两个组成部分。每年的正月初三,值年人带领跳狮班挨门挨户上门跳狮,意为各家驱邪消灾祈福。在自愿的原则下收取狮金,多少不论。所收狮金,全部补充"舞狮"费用。同时即日起,三十岁开始轮流接茶。所谓"接茶",就是请本门所有男丁上门吃鸡蛋茶面。堂前摆好几张八仙桌,桌上摆满了花生瓜子、芽蚕豆、麻糖、麻片、糖支、糖塌、糖饼、如意糖、麻酥糖、云片糕等各色糕点,进门先吃鸡蛋,再吃茶点,然后吃碗头面。有因故不能上门者还将面送上门。"接茶"值年者每人一天,时间长短,视三十岁同庚人数而定。一般都有5—7天,如果三十岁人多,有时要吃到"舞狮"结束。"接茶"活动,提高了村民的凝聚力,增添了春节的欢乐。

除"接茶"外,三十岁值年还轮流设一次宴席,大宴宾朋。全体参加"舞狪"活动人员都在邀请之列,还有值年人的左邻右舍,亲眷朋友参加。一般都在十桌以上,多的达三四十桌,推导演为上座。宴席一般是九碗六盘或十碗八盘,但质量要比一般的婚姻喜庆宴席高,因当事人都年轻好胜,总想超越他人,况且小演员们吃完后要议论谁家酒席好,谁家酒席差。因此,当事人都不惜代价购买海参鱼肚、开洋干贝、火腿、木耳香菇等上乘原料制作宴席。这种宴请有两层意义:一是为自己三十岁庆生,二是答谢导演和有关人员。

"请台"也是三十岁值年任务,四夜"舞狪",每门都有一夜头班,也就是说都有一次"请台",费用由三十岁人承担。正月十八,"舞狪"结束,向下年三十岁者移交。至此,三十岁值年任务就算圆满完成。此外三十岁值年还要捐助行头。经济条件好的一人认捐一件,差点的几人合捐一件,困难的可以免捐或捐一件价格较低的道具。捐助的行头背面都写上捐助人的姓名和年月。

现在,伏岭"狪"图腾作为一种村落文化已属于整个徽州,"舞狪"作为一种活着的文化形态化石已演绎为一种徽州传统风俗。人们从狪图腾中汲取某种战胜困难的力量,从舞狪演戏中获得某种美的享受,这才是伏岭邵氏愈来愈想追求的!

北村四十抬社猪

绩溪县伏岭镇有一个叫北村的小山村,这里民风朴实文化底蕴深厚,每到年底乡村就显得格外的热闹,在徽州平常人家大年三十要到夜里才热闹起来,而在这一天的北村,天还没亮就已经是锣鼓震天了。传承了几百年的"四十同庚抬社猪"民俗活动从这一天开始,通过这种"社祭"民俗祈求风调雨顺、人寿年丰、国泰民安,表达了北村人民对美好生活的追求和向往,这也成为春节期间一道靓丽的风景。"祭社"这一民间信俗始于明初,在北村盛行,至今延续不断,得到了很好的保护和传承。

"伏岭历史悠久……北村的祭社、石川的龙舟,独具地方特色。"[1]新安竹枝词:"鼓吹喧阗拥不开,牲牷列架走舆台;问渠底事忙如许,唐宋坟头挂纸来。"[2]这首改版的新安竹枝词,描绘的是古徽州绩溪县北村盛况空前的抬社猪阵势:锣鼓喧天,在一片鼓吹乐曲的喧闹声中,火炮震耳,人群急走匆匆,拥挤不开。牲牷(祭品,整只的牛羊豕)摆满了供桌,人们不禁要问:你们到底为何而忙? 原来是村中程氏四十岁的人做寿抬社猪……

一、北村程姓与"抬寿猪"

北村位于绩溪县伏岭镇南部,登源河中游河谷盆地。东边一条登源河流经村外围,南与黄山市歙县与本县瀛洲乡山水相依,西与扬溪镇接壤,北与石川村北村毗邻。村内主要有程、胡、汪三大姓。

绩溪县北村与歙县以七姑尖下的水岭为界,古时属歙州管辖,故北村相对于歙县南乡而言,称作北乡,后改为"北村"。这里山清水秀,著名的徽商古道徽杭古道从这里启程,石板路沿着蜿蜒陡峭的山岭,绵延通向清凉峰,通向浙江。

绩溪历来以"邑小士多"闻名。据北村《程氏宗谱》记载:北村程氏为明

---

[1]绩溪县地方志编纂委员会编:《绩溪县志》,方志出版社2011年版,第82页。

[2]许承尧撰,李明回、彭超、张爱琴校点:《歙事闲谭》,黄山书社2014年版,第206页。

永乐十年(1412)从歙县富堨迁来,始祖为程文贵。史籍记载:程文贵是位精通风水的哲人,在往来绩歙"牵车服贾"做生意时,发现了北村这块风水宝地,于是举家来此定居,先在坦头岭落脚,数年后迁入古塘里,就是今之北村,并同时定下"程氏男丁四十举行社祭"之家规。窥其旨意,做寿为次,祭祀为主,意在"思先祖之恩德,祈神明之庇佑",为程氏后人立下楷模也。

程文贵是39岁那年迁来北村(那时叫古塘里)立业的,抚今追昔,他深感世俗认为40岁走下坡路的偏见误导子孙,遂立下家规,男丁四十要举行社祭,感天地之造化,祈神明之庇佑,思先祖之恩德,立后人之楷模。至于祭祀和典礼的方式,经过逐步发展,日渐精进,既隆重热烈,又别具一格,还为人所喜闻乐见。

从那以后每到年底,村里程姓的男丁年满40岁的都要举行隆重的四十大寿庆典,北村人称为"抬寿猪"。做寿的程氏家庭几乎凌晨两三点就起床了,满大街猫狗也开始人前人后地乱跑,不到一会就人声鼎沸了。上到老母亲、下到小孩童,一个也没闲着。兄弟姐妹,邻里乡亲都帮着不停忙碌。四十做寿,在徽州乃至中国都少有。但徽州就是徽州,这里有"五里不同音,十里不同俗"之说,四十大寿庆典也就是"抬社猪"是绩溪县北村特有的风俗。

二、精心饲养"老爷猪"

一头硕壮的寿猪,最能体现典礼的气派风度了。为了这一天,北村人到了39岁的年初就要选择饲养寿猪了。为了保险起见,有一些人家还要备养一头。因为"社猪"是敬供菩萨所用,故称"老爷猪"。对"社猪"得吃好食,听好言。一头猪要养一年多,甚至十六七个月,而且须是黑毛猪,最重的有五百多斤。

大年三十一大早,四十岁当值主事的人家把自家养的猪牵出猪圈,在家里绕上几圈,并对猪说上几句祝福的话。然后,杀猪、褪毛、开膛,取出内脏,将猪绑到架子上。社猪宰杀后要装扮一番,给猪"化妆":留鬃毛、结尾辫、披红袍、戴金花,涂唇描眉,眼嵌明珠,口含红果。一切准备就绪,时辰一到,四个壮汉抬着社猪,唢呐锣鼓开道,烟花爆竹齐鸣。

社猪就在锣鼓鞭炮声中上路,后面跟着长长的队伍,有捧鲜花的,有捧寿鱼的,有脖子上挂着寿条的,有抬着寿包的(大馒头,八两面一个),数不尽捧的贡品,队伍逶迤着向程家祠堂前进。四十岁的人越多,祭社的社猪也就越多。

祠堂张灯结彩,正中挂起了祖宗的容像。上午九时,典礼开始,由族中长者主持。长者须发皆白,面色红润,中气十足,只见他高声念道:北村程氏男丁四旬寿诞祭祖典礼开始。又是鼓乐齐鸣,锣鼓喧天,天地同庆。这一通鞭炮惊天动地,小孩子都吓得捂上了耳朵。

社祭队伍中的"抬社猪"是一道亮丽的风景,寿包、寿条在腊月二十六七就要早早准备。祭品中的雄鸡、鲤鱼,意在步步高升跳龙门,担浆提酒祭神灵,芝麻开花节节高。各家的社猪都抬来了,一字排开;各家的菜肴都上齐了,摆满了八仙桌。祠堂里三层外三层都是人,挤得个水泄不通。

三、祭祀程序与仪式

大年除夕下午,社猪及各种祭品从四十岁当值主事的人家纷纷送出,整齐排放在程氏宗祠中。初二凌晨,人们早早来到祠堂,将社猪祭品移到祠堂前,时辰一到,抬往村外的社庙。社猪摆放在村外的社庙门口,等待割猪头、抢猪头,谁为先谁有好运。

祭礼由"主祭""大赞""陪赞""引赞""陪引""司樽""读祝"等十五名礼生组成。祭礼由十二仪程组成,依次为"序立""降神""奠帛行初礼""鼓乐""右食""右乐""读祝""辞神鞠躬拜""化财""望燎""撤馔""礼毕"。先由程姓长老宣读祭文,祝愿风调雨顺,人寿年丰。20余人组成的鼓乐队演奏曲牌,赞礼数巡。接着由本年主事的程姓男丁,按出生顺序依次抬"社猪"进入祠堂,锣鼓唢呐,爆竹连天。方圆几十里的村民,赶集似的聚在祠堂内外,比"社猪",赛"琼碗",拜"神像",观赏春联,叙家常,发"社包",尽情地抒发节日的欢乐之情,分享人寿年丰的幸福之果。

社祭下午举行隆重的祭礼,"礼生"数十人,赞礼数巡。主祭庄重宣读祭文。北村祭社祝辞:

> 维社有神,一方之镇;民安物阜,全赖生成。是以夏松殷柏,各树其土之所宜;春赛秋祈,尤见斯民之致敬。枌榆萌厚,桑柘阴浓。酒宴鸡豚,欢声遍腾于四境;人集少长,敬意各尽于中心。向托靬幪,仰神恩之浩荡;更求福

庇,尽圣德以无疆。物设多仪,敢曰惟丰惟洁;时逢五戊,聊将尽礼尽诚。惟愿人人延寿命之长,此如冈而彼如阜;处处见稻粱之盛,千斯仓而万斯箱!

接着,司仪又大声念道:

四十不惑,业成家乐;源远流长,承前启后;饮水思源,感恩戴德——
一叩首,皇天后土固金瓯;
二叩首,祖宗遗泽长荫后;
三叩首,子孙代代富贵有。

当年同庚男子向天地祖宗下拜叩首。接下来是赠送贺仪,致词,最后宣布发送寿礼,全村程姓男丁二十岁以上每人一只寿包,一块寿条。典礼结束了,人们意犹未尽。那五户人家摆开了酒宴,招待亲朋好友。这一天,是北村最为盛大的节日了,"家家扶得醉人归"啊。

时辰一到,主持人一声令下,各家快速割下猪头,谁先到家谁抢到头运,随后将社猪抬回家中。同时,把用上等白面粉蒸做、每只旧秤四两重的"社馒"四五百只,馈赠30岁以上的同姓男子,以示与大家分享人寿年丰的幸福之果。至此,一年一度的祭社活动落下帷幕。

祭祀活动的主事,一般是村里德高望重的村民。活动结束时,他把来年将过40岁生日的多位程氏男丁召集一起,举行祭祀活动交接仪式。绩溪北村"四十岁祭社"的独特习俗,便以这样的口口相传,一代一代传了下来。

四、价值和意义

北村祭社是本村民众春节期间的民俗文化项目,没有行政力量的倡导和支持,由群众自发组织且具有强大的生命力。随着社会的进步、经济的发展,此项活动剔除了酬神敬祖的成分,展现了尊老、敬老、爱老的中华民族传统美德及对美好生活的向往,作为一种自娱自乐的民俗活动不断推陈出新得到传承和发扬。20世纪八十年代中期,伏岭镇北村村民按历史所延传规定的时日,每年都举办祭社活动,后延传毗邻村庄。改革开放,民生富裕,北村"祭社"展示着节日的祥和,表达了人们对美好生活的追求和向往,成为春节期间的一道靓丽风景。20世纪九十年代起至今,北村及周边村落,不仅在大年三十、正月初一举办"祭社",并且在重大节日举办"祭社"表演,给节日增添了喜庆氛围,同时弘扬了徽州文化传统,传承了当地的民风民俗。

"祭社"为民俗活动,它表达了当地百姓期盼风调雨顺、五谷丰登的心愿。村人把"祭社"民俗活动作为一种精神寄托,同时它使村人和睦相处,共建和谐家园,并丰富了农家的精神文化生活。祭社活动蕴含着浓郁的徽州文化传统及民风民俗,为徽州文化生态保护与传承起着重要作用。绩溪县的祭社被评为第三批省级非物质文化遗产代表性项目。

第八章　徽州其他民俗

徽州文化的差异性在徽州民俗中体现得较为明显,这往往是徽州民俗中最具特色的地方。而深入研究我们会发现,在民俗文化的差异之下,还掩藏着一些民俗文化的共性,尤其是在民俗文化所表现的形式和表达的意义内涵中,可以徽州民俗文化的普遍性,这样对于深入解读徽州民俗所蕴含的意义有着一定的意义。

徽州民居营造风俗

在徽州的城镇和农村有着许许多多的古民居,二层楼的砖瓦房,有少数则是"明二暗三"(即照壁前二层、照壁后三层)的结构和三进两门塘结构(以祠堂为多见),木头框架(由房柱、梁、挑头、扁栅、横条和橡等组成的互相牵制的稳固屋架)、马头墙高耸挺立,有的内有精致的木雕、砖雕和石雕,门前有门楼庭院,屋后还有小片菜园地,一看就让人感到舒适大方,古色古香,别具一格。这些古民居无论是从外表上看还是从内部结构上看,一般都大同小异,只不过是有的普通一些(占多数),有的豪华一些(占少数),这都是由当时建房者的社会地位和经济条件所决定的:一般来说,达贵官人、名人及富裕人家的房屋要豪华一些,而百姓人家的房屋较为普通。听老一辈人说,过去徽州人建房(做屋)所涉及的工匠有砖匠、木匠、石匠、铁匠、窑匠(做砖瓦烧窑的师傅)及竹匠,而且在建房过程中有下面"六个讲究"。

一、选择地基

过去人们总认为风水可以主宰人的生命和财富,所以在村庄的选址上极为讲究。村民在建房(做屋)的选址上同样也是很讲究的,认为它是人一生中的一大喜事,必须要选择一个好的房址,希望能使一家人安居乐业、居住舒适、人丁兴旺、福寿康宁。因此,过去建房前要专门请地理先生或懂这一行的长辈看风水,摆罗盘,择基定向。宅基选定以后,

驮梁

东家要给地理先生"红包"以示感谢。综合看来便是看山向水势,以"依山傍水"和"坐北朝南"为佳,这样的位置采光好,日照也充足。房址选定后,地理先生还要为东家择定三个好日子,即开工动土的日子,竖柱上梁的日子,下架

(主体工程完工)的日子。

2018年7月,建筑专家姚顺涞先生在歙县发现了关于古代徽州营造祠堂的文字记录:一篇清光绪年间书写在霞坑镇里方村胡氏宗祠板壁上的堪舆方面的文字资料,是我们现今研究徽州民间营造风俗的一件宝贵的实物资料。

1. 后进

本祠戊山辰向加乾巽

龙运砂中土兑木克 以金制吉

光绪癸未年二月念七戊寅日

伐木不蛀 大吉 查开日制用

天赦 土工制吉 允□壬申甲申免到

癸未年三月初四日甲申日

起土架马画竿 三合大吉 □庚寅戊寅免到

癸未年七月念弍庚子日

辰时开梁眉 接笋 大吉 □甲午丙午免到

癸未年八月十八乙丑日

巳时扎架排列竖柱

斩牲制吉 三合大吉 免己未辛未到

癸未年八月十九丙寅日

巳午时上梁上栅大吉 天只□制用 斩牲制吉

酉时安脊桁并落椽吉 □庚申壬申免到

龙运大林木 忌金克,以火制吉

光绪甲申年八月初六丁丑日

巳时理簿 三合大吉 辛未癸未免到

甲申年十月初五丙子 巳时誊板下 六合吉 庚午壬午免到

甲申年十月念五丙申日 廿四夜巳交十一月节

子丑时晋神主上座 大吉大利

天喜三合大吉 壬寅庚寅免到

招财化煞 罗天大进星一日 水星入中堂 财丁大吉

龙运砂中土兑木克 以金制吉

2. 头门、前进

戌山辰向加乾巽

光绪丁亥年十一月十一　甲子日

伐木砍正梁大吉　甲午庚午免到

戊子年九月廿七乙亥日

寅午时　平基定磉　以东边寅甲方起手吉

并起工架马画竿　大吉

诸煞大吉　己巳辛巳　未□免到

戊子年十乙月初六　癸丑日

卯巳时开梁眉结椽□　大吉　丁未己未免到

戊子年十一月十九丙寅日　□□□制吉

午时扎架排列竖柱　以东边辰□方起手吉

诸煞伏藏　三合大吉　斩牲制吉　庚申壬申免到

戊子年十一月廿五壬申日

辰时上梁上栅　三合大吉　斩牲制吉

巳时安脊桁大吉　丙寅戊寅免到

申时落砖砌墙　大吉大利

招财捉煞　帝星壬癸水星同到山向　诸煞伏藏大吉

太阳所照　天喜月德黄道贵人三合　财丁大利

戊子年十二月初一戊寅日

卯午时安门限　上门岩　门光星大利　壬申甲申免到[1]

二、打基础

房址选好后,按择定的日子动土开工。晚上石匠师傅和小工是要吃"福酒"的,即"开工福"。过去做屋所有工匠、小工上工做事,都是由东家供饭。由于当时生活贫苦,条件有限,三餐的伙食都很普通,只有吃"福酒"时才有纯肉的荤菜,伙食相对要好一些,工匠们也可以开怀畅饮。

开工前先由东家在选定的房址中间摆上祭品祭拜。东家祭拜完以后,石匠师傅便根据东家的构建设想丈量、拉线、打木桩并撒上石灰线,小工便在石

[1] 调查人:陈琪、姚顺涞、朱志忠;调查地点:歙县里方村承德堂;调查时间:2018年11月5日。

灰线内抽槽挖土,要挖到实底,确保以后屋基稳固不塌陷。地基挖好以后,石匠师傅再用大小石块填砌地下部分,地上部分要用大小石块砌好,一尺多高,外面必须砌得整整齐齐,然后上面铺上一层面石(墙脚石,即由石匠师傅凿好的约三寸厚的长方形平整青石板),楔入石楔,使之平稳,没有高低不平的现象出现,这样屋基就打好基础了。

三、竖屋上梁

徽州的民间建筑艺术相当先进,建房有别具一格的传统旧俗。建房立柱上梁仪式,择黄道吉日,竖屋架,钉椽盖瓦都有着丰富的文化内涵。其中"偷梁""请梁""赞梁""祭梁""上梁"和"抛梁"场面隆重而又热闹,至今仍在乡间沿袭。这是木匠师傅的一些至关重要的大活,更是建房过程中的大事,不能有任何的疏忽。一座房子的框架(屋架)包括房柱、梁、挑头、扁栅、横条、搁梯、椽各若干组成,木匠师傅必须在竖屋架之前全部做好,并在房柱的柱脚和上面的柱眼上下方由竹匠师傅打上篾箍或套上铁匠师傅打的铁箍,防止房柱开裂,使房柱更加牢固美观。这些材料准备好以后,依照事先择定的好日子竖屋架上梁。先是立房柱,房柱要立在柱托石上。柱托石为一尺高左右的长方形或正方形四面体或圆柱体石头,目的在于防止柱脚沾地吸潮霉烂。房柱竖起来以后,按事先做好的榫头、柱眼装上挑头、扁栅、横条,并楔入关键,使之互相牵制形成稳固的屋架。特别是堂前两根照壁柱竖好后,木匠师傅便要"请梁""装梁"。

一是"偷梁"。"偷梁"乃庆祝活动的开始。所用"正梁"在徽州民间木架结构中并不起负荷作用,只是作为装饰性和"屋神"的象征,但作为"正梁"的树砍伐时忌倒地,砍伐后忌人跨越践踏和沾染污秽。因人们容不得它受到半点亵渎,故"正梁"直到上梁的前夜才能上山砍伐,现作现用。砍伐时,将选定的梁材上拴多根拧绳牵引,不等树倒,众伐木者一齐用肩膀扛着那棵树,然后去枝去梢,小心翼翼地把树抬下山,运到房前,恭恭敬敬地架在已预备好的一对"坐马"上。

耐人寻味的是,这根正梁必须是山上偷砍来的,自家的不行,这也许是徽州人图个"进财"的口彩吧。"偷梁"这一风习在徽州由来已久,但是目前这个习俗已经基本上消失了。

二是"请梁"。"上梁"是一个非常喜庆但比较复杂的过程。"请梁"是第一步，由若干男人将大梁"请"出来，盖上红布——红布由东家的舅舅之类的长辈赠送，其他亲戚只能送一些披挂的彩绸，比如杭州的锦、湖州的缎。

请大梁也很讲究，需由至少四个青壮的汉子，用四根扎了红色喜绳的扁担，将大梁"请"到一个事先摆好的"步步高升"（梯子）上：事先在两条板凳上，搭一架梯子；再由四个汉子用扎了红色喜绳的扁担，将大梁抬放到"步步高升"上。这里的梯子叫"步步高升"，是徽州人最爱博的一个彩头。请大梁时，要唱抬大梁的歌。

接着在正梁的两端写上"文东""武西"，寓意是主人发家有日；再在正梁的正中画个太极图以"驱邪""镇煞"；接下来要在梁的两端内侧雕饰月形花纹，称为"开梁"；然后在梁上披大红布，插两束金花。这金花是用各色蜡光纸、金箔、水银珠、镜片和五彩线剪贴、镶蟠结扎而成，精美绚丽耀眼。这些都做好时，主人在新房门口点燃爆竹，拈捧香火前来接梁。由男丁把正梁抬到屋场中庭的木马上。此时，屋架已竖好，后堂正枋上也已贴上"紫薇高照"横额。

三是"赞梁"。披红挂绿的正梁，被恭恭敬敬地置于新房正中，上放墨斗、曲尺等，意思是说造房子离不开鲁班仙师定下的规矩和准绳。梁前供桌上放木盒，盒内装鲜"三牲"及块肉、豆腐、包子各12双。在红柱高照、香烟缭绕的氛围中，主人对着正梁行跪拜大礼，然后开赞。赞梁由木匠老师傅主持，酷似在演独角戏，边唱边做，朗朗道来，方言押韵，内容基本上是歌颂鲁班功德和祈福吉利，众人则在旁边"接口彩"。所唱赞词多为手抄秘本，神话色彩浓郁。如匠人赞："金斧一开动天地，鲁班先师下凡来"；"东家择个好日子，要做万年大屋宇；百样材料都备齐，单缺一支大正梁；鲁班先师不辞苦，寻梁寻到昆仑山"……在夸赞了一阵正梁有多少优点之后，要用斧背轻轻地敲梁，继续赞道："金斧响到东，文武在朝中；金斧响到西，福寿与天齐。"赞梁的老匠人，一般口才都很好，口齿清楚，声音洪亮，表演时感情丰富，语调抑扬顿挫，富有韵律和节奏。他每唱一句，众人接："好啊！"场面十分热闹。

四是"祭梁"。最具神话色彩的要数"祭梁"。开祭时，匠人手持酒壶，嘴里振振有词：主人的酒壶是"千两黄金好打成"；"壶中之酒杜康酿，隔壁三家醉,开坛十里香"。然后是先祭天,后祭地,再祭八方神灵:"酒祭梁头,万里封侯;酒祭梁尾,万担粮米;酒祭梁中太极图,世代富贵水长流。"

祭完八方神灵之后,最后提起一只红毛大公鸡,唱:"此鸡不是平凡鸡,它是王母娘娘座下的一只报晓鸡。头戴紫金冠,眼镶夜明珠,脚踏龙凤爪,身穿五宝衣。少年听到此鸡啼,前程得意;老者听见此鸡啼,添福又添寿;东家听见此鸡啼,排列择日吉;鲁班先师听见此鸡啼,人马准备齐;下有金鸡叫,上有凤凰啼,此时此刻正是上梁时。"接下来就是用斧刃鸡颈,沥鸡血祭正梁。木匠师傅的吉言和举止,惹得在旁边看热闹的众人开怀大笑。有的地方木工在架梁时,常在梁上钉棺材钉。如遇不明底细的人看见,必然会惊讶地高喊:"棺材钉!"这时房东即连口道谢。棺材钉同"官""财""丁"谐音,寓升官、发财、添丁之意,主人图的就是个口彩。祭罢上梁,木匠师傅将两只装满五谷的红布小袋挂在正梁两头,让梁徐徐上升,这时,鞭炮响起,锣鼓齐鸣。

五是"抛梁"。待正梁架稳,接下来就是"抛梁"了。木匠站在屋架上向东南西北中五个方向撒五谷,边撒边唱赞词,众人帮腔赞和。两只袋的剩余谷物,一只存放梁头,另一只从梁上放下,让主人用衣兜住,放入谷仓,预兆来年五谷丰登。接着,又在正梁上挂八角锤9对,西柱上挂13对,取"九子十三孙"之意。此时,屋主人站在高处向众人抛撒糖果和小八角锤,大家你争我夺,想多得一点"利市品"。

六是"上梁"。架正梁,要选择好日子。架梁的前几日,亲友、邻里都要携礼物前往祝贺,有些亲友则在架梁的当天送礼物来。

整个上梁仪式结束后,木匠师傅向主人道喜,主人则赠送"递手"——红纸包,所有供品和"王母娘娘报晓鸡"也全

上梁用的"五谷袋"

部归木工所有,连拴正梁的两根红绳子也"贡献"给"鲁班先师"绑锯子了。这一日,木匠不仅拿双份工钱,酒筵上还得坐首席。正如俗话所说的,"神灵漆匠做,木听匠人言",木匠在古时是很受尊重的。上梁之日如遇天下雨,主人会喜上加喜。因俗称"屋宇要雨",新屋竖起之日就能"檐口出水"是吉祥的预兆。

竖起梁架,即意味新屋即将落成,因此竖柱上梁仪式极为隆重。是日,亲朋好友携带爆竹、红烛、楹联、礼金(岳父家要加送一对"金花",有的地方岳父家要送陈谷烂麦)到屋场道贺。歙南还流行担箩礼(4斤面,4斤肉),东家用上梁包回礼。木匠提前做上梁槌一对,用于上梁时敲击榫头;又做八棱百子锤若干并染成红色,棱面上写"寿比南山""福如东海""五子登科""状元及第""长命富贵""长命百岁"等吉词,待上梁时撒送儿童。

四、安装阁桥(楼梯)

竖屋上梁过后,木匠还要安装通向二楼的阁桥,这也是木匠很讲究的一项绝活。首先要确定好阁桥的方向,在依山傍水的地方,阁桥必须向水而立(俗称迎水阁桥),意为"有进水""财源滚滚来",千万不能顺水而立,那样财源流失,是很不吉利的。其次阁桥的级数也是颇为讲究的,木匠师傅必须根据楼层的高度及阁桥与地面形成的坡度,精确算出阁桥的级数与级高,必须把阁桥的级数控制在十六级或十七级,有些大户人家的阁桥和祠堂的阁桥因房子较大则控制在二十一级或二十二级。级数是算天不算地,算地不算天,也就是说上楼踏地不算,最顶一级要算,下楼则是顶级不算踏地要算。所以,在众多的古民居中,阁桥的级数一般都在十六级或十七级,二十一级或二十二级,也就是说不是"踏金"就是"踏银",极少见有"踏铜"的(十八级或二十三级),但绝对没有"踏铁"或"踏锡"的(即十九级或二十级,二十四级或二十五级)。这确是过去建房中阁桥设计的一种学问,也可能是徽州独有吧。

五、安门岩石柱

门岩石柱是"四件套",即门托底(长约四尺,宽约二尺,厚约三寸的长方形平整青石板)、门槛、门柱两根(长方体石柱)、门岩(门楣)四样,由石匠师傅事先凿好或从外面买来。房屋的大门是该房子的门面,也有着特别的讲究。首先考虑到宅基的坐向,比如宅基是坐北朝南的,则大门一般不朝正南,而是要偏东或偏西一点;其次要看前方是否有山和别人家的房子,大门不能对着远处的山尖(山峰),也不能对着别人家的房子屋角,据说这是为了避免

"尖刀戳喉"。大门的方向、位置确定以后，石匠师傅则摆好门托底，用石楔楔入，使之水平、稳固，然后将门槛摆放好，并将两根门柱立于门槛两头，用支架支撑好，最后将门岩（门楣）吊起安放在门柱上，并用支架支撑固定好，所有接头的地方均用调和好的桐油石灰黏接（现在是用水泥）。大门"四件套"安装好了，东家给石匠师傅"红包"，以示感谢。

六、下架完工

下架就是房屋主体工程完工（大厦落成），也是事先择好日子的。这一天亲戚朋友都要挑着箩担（一般是三斤猪肉、四斤水面、二包麻烘糕），带着喜轴或红绸被面及礼金前来恭贺，邻里乡亲也前来送喜轴或红绸被面及礼金（随意出手）表示庆贺。下架前一天，砖匠砌墙全部结束。下架当天上午木匠钉椽子，下午砖匠盖瓦，亲戚朋友帮忙传瓦递瓦。盖瓦一仰一覆，即两椽间的一行瓦是仰的（一片搭一片），称为沟瓦，利于雨天排水，两行仰瓦的接合处再覆一行瓦（也是一片搭一片），称为顶瓦。这种沟瓦与顶瓦的盖瓦方式叫做"鸳鸯蝴蝶式"。屋檐上的第一片沟瓦下有一片瓦叫做"滴水"（瓦名，有花草图案），第一片顶瓦叫做"虎头"（瓦名，有虎头图案），屋脊顶上再码一行瓦称为"脊瓦"。盖瓦结束后，东家大放鞭炮，屋内点上大红蜡烛，以庆贺大厦落成，并给木匠师傅和砖匠师傅"红包"。木匠师傅则将事先准备好的"红包"（内装三根铁钉）回礼给东家，意为"人丁兴旺，发子发孙"；砖匠师傅也将事先准备好的"红包"（内装三个铜钱）回礼给东家，寓意"代代有钱，财运亨通"。晚上吃"福酒"，也称"下架福"，东家要大摆筵席感谢所有工匠、小工、亲戚朋友、邻里乡亲。这一天东家事情繁多，但一切由管事人员（总房人员）负责安排，厨师及帮厨的、杀猪杀鸡的、接待的、打杂的（借桌凳碗筷等）、跑堂上菜的都安排有专人负责，各司其职、各尽其责，有条不紊。总房人员要帮助东家做好收礼与回礼工作，收礼登记在礼簿上汇总交与东家，回礼则根据东家的条件，一般回二至四粒水果糖、一把果子（熟蚕豆或花生）给前来道贺的。还要帮东家写、贴新房门联，悬挂喜轴、红绸被面，安排晚宴正桌的席位。东家则尽最大的努力将晚宴的菜肴办得丰盛些，每桌要上八九碗大碗菜，外加蒸糕（米粉发糕）和小圆馒头。过去由于生活条件所限，主要是以自家产的菜为主，一般有豆腐子（油煎的）、红烧肉、炖肉、肉圆汤、粉丝、海带、三丝汤（萝卜丝、煎豆腐丝、少量肉丝）、猪肠汤、芋头等。席间东家要向工匠、小工、亲戚朋友、邻里乡亲敬酒，以示感谢。大家尽兴吃喝，猜拳助兴，场面越热闹越好。过去也有些人家下架当天只招待工匠、小工吃"福酒"，不请亲戚朋友、邻里乡亲，而是待房屋全部装修好以后再择日进屋，举行乔迁之庆，宴请亲戚朋友、邻里乡亲。

徽州古民居建房中的六个基本步骤，在今天看来有的过程中似乎带有封建迷信色彩，但是我们要看到它毕竟反映了建房者在当时特定的时代背景下心中的良好愿望和企盼。现在时代进步了，建房的方式、格局、结构与过去已大不相同，可是这六个基本步骤中的大部分至今在徽州农村建房中仍然被人们延续。可能是这种民俗由来已久，习惯成自然了，或许这就是徽州建筑文化的一种魅力吧。

徽州民间"孤坟总祭"

一、徽州民间"孤坟总祭"现象

徽州有一种习俗就是"孤坟总祭"。在徽州的一些古道旁,或者村庄的村口、水口中有很多埋葬"孤坟野鬼"的碑刻,它们的名称一般是叫"孤坟总祭""殇魂总祭""孤坟总汇"或者"泽枯处",在祁门县大洪岭的古道旁还有叫"白骨墓"的。

过去,人们以为"阴司""鬼"的生活,必须由子孙从"阳间"送去的供品支持,因此,没有后嗣或者是客死他乡的"野鬼",以及不能享受祭祀的"孤坟"过着悲惨的"生活",它与"亡魂""怨鬼""冤魂"等一并成为"游魂",彷徨不定,给村民带来疾病与灾难。在浙江绍兴,"怨鬼"又叫做"五伤怨鬼",唯恐其作祟。所谓"五伤",就是吊死、溺死、跌死、打死、火伤、虎伤、产伤等不是病死,死时出血的统称"五伤"[1]。中国民间就有"鬼有所归,即不为厉"[2]之说,其归处应该是遗骨所在,被子孙祭祀之所。死后没有永住之地的鬼就叫"厉","厉"就是恶意之鬼。"孤魂野鬼"是因年代久远而失祭的祖先,非正常死亡者,如暴死路旁,淹死水中,夭折的幼童等。民间认为阎王爷会在七月十五这天大开鬼门,那些孤魂野鬼会借此机会从阴间出来作祟。

过去人们认为,这些形形色色的幽鬼冤魂一般要在道士所做的超度幽魂的"炼度"中才能解脱出来。历史悠久的祁门目连戏就基本上保留了这种"幽灵超度"的原型:目连为了救出因打狗开荤而堕入地狱的母亲,历经千辛万苦在十八层地狱超度自己母亲,奉劝人们要行善积德,以图因果报应。目连戏也是为了超度祖灵及亡魂的,目的是镇抚招灾致病的恶鬼冤魂,因此目连戏又叫"平安戏"。直到现在祁门县在演目连戏时,开场要"起猖",结束时要"赶鬼",人们中途是不敢退场的,害怕"鬼"跟着。过去山野僻村有了病人时,人

---

[1][日]丸尾常喜:《"人"与"鬼"的纠葛——鲁迅小说论析》,人民出版社1995年版,第21页。
[2]郭立诚:《中国民俗史话》,百花文艺出版社2005年版,第132页。

们认为这是因为有"野鬼"附体,所以要准备酒饭,在野外烧些纸钱,以供"野鬼",祈求退散。

二、徽州民间"孤坟总祭"时间

宋孟元老《东京梦华录》卷一说:"中元前一日,即买练叶,享祀时铺衬桌面,又买麻谷巢儿,亦是系在桌子脚上,乃告先祖秋成之意。"[1]七月中旬农作物成熟了,讲究孝道的中国人,要向先祖报告,并且请老祖宗尝新,所以七月例行祭祀祖先。同时,农历七月十五日是中元节,传说这一天地府放出全部鬼魂,民间普遍有祭祀鬼魂的活动。凡有新丧的人家要上新坟,而一般在地方上都要祭孤魂野鬼,所以,中元节是以祀鬼为中心的节日,中国民间最大的"鬼节"。这一天要祭祖、上坟,点荷灯为亡者照亮回家之路。

三、徽州民间"孤坟总祭"习俗

在徽州,过去人们认为进行"孤坟总祭"是一种行善积德的事情,民间称之为积"阴德",常常是大户人家行善的一种具体表现。

2012年春,笔者前往婺源县,在塘村对面的山坡上找到一块光绪三十四年(1908)清源江济善会众立的"泽枯处"的碑刻[2],"泽枯处"应指是"恩泽枯骨",与"孤坟总祭"异曲同工。明代,歙县岩寺的丰乐河畔"荒坡野土,积冢垒垒。每极霉雨泛涨,水溢两岸,枯骨飘荡,尽逐波臣"[3],面对这种惨不忍睹的形状,镇上的佘翁乐善好施,设立义冢。钱塘人陈善在《邦直佘翁五音冢记》一文中说:"夫岩镇民居栉比,生齿浩繁,固歙西之奥区也。翁不惜膏腴之地,以施死者,此其布德施惠,非所谓富好行其德者耶!呜呼!均是人也,彼生不能庇其同胞,而翁乃泽及枯骨。"余姚人徐爱在《佘氏义冢记》中也对佘翁这种善举做了记载,说:"泽及朽骨,可以称仁已。"其实商人远在他乡,对那些客死

[1][宋]孟元老著,王永宽注译:《东京梦华录》,中州古籍出版社2001年版,第136页。

[2]调查人:陈琪、倪清华、许琦;调查时间:2012年4月;碑刻规格:高126厘米、宽69厘米、厚9厘米。

[3][清]佘华瑞:《岩镇志草》,利集《艺文上·揽胜桥记略》,黄山市徽州区人民政府办公室、徽州区地方志编制委员会编,黄山市地质印刷厂2004年印,第204页。

他乡的同行更加同情。婺源商人余席珍,字聘卿,沱川人,邑庠生,"承先人遗业服贾景镇,其市廛为五方杂处,客死者多。徽商会馆向设义渡、义棺、义冢,资竭难敷,珍集六邑绅士捐置田产,为长久计,并倡义瘗会,每岁雇工培土,泽及枯骸。……居乡禁赌博,养杉苗,立茶亭,修桥路,息争讼,济人之事靡不勉力为之。"[1]有婺源滕昌檀,"字仲煌,太学生,云邸人,心存利济,惟日孜孜,居乡倡首输资置田,备修河桥,行之二十余年,至今保固。经商之景德镇,设同仁局,施棺槽,并置义冢,先是议建新安会馆。"[2]

黟县黄岳书院碑园保存有光绪八年(1882)孤魂总祭碑记,碑刻保护较好,字迹清晰,具体内容见下文。

孤魂总祭碑记

　　盖人惑于鬼神之不可知,而营情于祷媚,非也。盖鬼为阴之灵,视弗见,听弗闻,不必信其有,亦不能言其无也。自有生之不存,反而归者即为鬼,常理也。此但言尽其道而死,死有所归者也。夫人各有其鬼,各当祭其魂,若非其鬼而情足哀者,莫如三殇时死非正命,或死于力兵,或死于水火,或死于瘟疫冻饿者,一林沟壑,尸骸遍野,虽有好善者捡拾掩埋此中者,为异地之人,作为他乡之鬼,有为本地故冢,苦无所依,既无亲戚,又无嗣续,蔓草荒凉,何有与祭者,死不一而死无所归则一。子产曰:"鬼有所归,乃不为厉。"李华《吊古战场文》云:"往往鬼哭,天阴则闻。"此亦言之近理,相继而传也。嗟乎!孤魂无依,与穷民之无告者相似也。莫为之先,莫为之后,其情不尤可惨乎?我等邀同合村商议,自愿捐资存公生息,置产上于龟形前,下于抱鼓形脚,择归总之处筑立孤魂总祭二所,每岁清明、十月半两节,首事人预备香箔衣钱在两坛焚化,庶几孤魂不馁,各有所归,则孤魂稍安,而我等地主之心亦无不妥云。

　　同治十三年东溪巨川氏作舟谨识。

　　计开规条例后:

　　一议孤魂公八人管理,分作四班轮流接管,每年八人当面结账,一次上交下接;

　　一议所收捐钱择信实厚本店家借与伸息,每年利息只设壹分肆厘,务

[1][民国]江峰青等纂修:《重修婺源县志》卷四十一《人物·义行》。

[2][民国]江峰青等纂修:《重修婺源县志》卷三十八《人物·义行》。

要好田作靠,随借随取,以昭稳重;

——议孤魂每年两祭,清明、十月半定期不得更改,以昭郑重;

——议清明限香纸钱□两,十月半限香纸钱□两,祭祀零用钱□两;

——议祭品五荤五素,茶、酒、饭、火炮五百弍拾挂,箍香四把,散香四千,铳四响,烛两对。十月半加衣纸一刀,施食米一升,豆腐、金针、木耳;

——议每年利息除用有余,照本生息,一俟积有成数,准善事支用,外事不得侵动;

——议捐钱捐者舍也不得视为己物,日后子孙境遇丰啬不齐,如有艰难之家,言借言分者,断不能殉情,倘有恃顽不遵者,公共禀公究处;

——议孤魂野鬼也,未立祭所,散无所归,既立祭则俱归于此,即不得停止经理者,为同心同德,以期久远,倘因别事嫌隙,不得借端推诿,以累孤魂。

以上八条皆为思患预防起见,各人体谅免蹈此弊,庶久远不懈也。

——置土名湾里中路边,丈田叁亩,计壹丘;

——置土名木瓜坵,丈田壹亩,计壹丘;

——置土名安仁坊(石嘴里高含),共丈田陆分玖厘,计叁丘;

——置土名安仁坊坑塝边,共壹亩肆分贰厘,计叁丘。

巨川助钱伍拾两、立诚堂助钱叁拾两

继善堂助钱叁拾两、仲耆助钱弍拾两、鸾车助钱弍拾两、宗善堂助钱拾两、周德助钱陆两、伯堂助钱陆两、天助助钱肆两、戊申助钱肆两、仲院助钱肆两、继宗助钱贰两、俭泰助钱贰两、成林助钱贰两、宗杨助钱贰两、仲杨助钱贰两、仲殿助钱贰两、伯辂助钱贰两、仲驾助钱贰两、双耀助钱贰两、仲启助钱贰两、灶荣助钱贰两、汝湘助钱贰两、维田助钱贰两、维章助钱贰两、天桃助钱壹两、仁寿助钱壹两、伯众助钱壹两、学志助钱壹两、天桃助钱壹两、道志助钱壹两。

光绪八年六月　日孤魂公首事人:

伯泉、振兴、成林、□□

维章、树棠、道志、□□仝勒石[1]

像这样详细,有序文、有规条、有助钱置产、有首事人的碑刻,在徽州首次发现。

---

[1] 调查人:陈琪;调查时间:2021年10月9日;碑刻规格:高160厘米、宽95厘米、厚13厘米。

在徽州民间的手抄本中发现有一份《设立本境孤墓文》，尤为特别。它对于我们了解徽州民间这种"孤坟野鬼"祭祀习俗有着很大的帮助，它反映了徽州人对客死他乡游荡魂魄的怜悯之心。"岁岁清明，莫奠黄鸡之酒；年年寒食，孰烧白蝶之钱。"因此，"墓培总祭，善果修于令节，普济诸幽已耳。"并且规定"祭典岁行两次，春期百六，而秋节中元。善缘限定一隔，本境招邀。而殊方缺略，不分贵主，惟应同病交怜。勿混伦常，须循左男右女，今当初祭，特备告文。"[1]

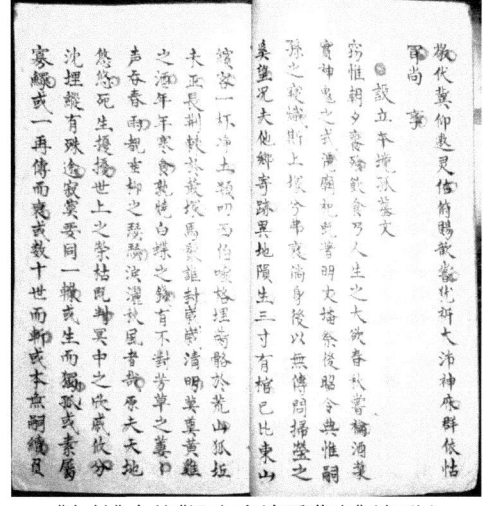

《杂抄》中的《设立本境孤墓文》（部分）

徽州一些大族的宗谱中也常常有这样的关于"本境孤墓总汇"的祭文，祁门文堂光绪甲辰年的《设立本境孤墓总汇祭文》是这样写的：

窃惟朝夕饔飧饮食，乃生人大欲。春秋尝禴酒浆，实神鬼，式凭庙祀。既着明文墦祭，复昭令典惟嗣孙之寰炽，斯上塚兮弗衰。倘身后以无传问扫茔之奚望，况夫他乡寄迹，异地殒生。三寸有棺，已比东山殡客；一坯得土，类叩西伯。嘘枯埋岗骼于荒山孤丘，未正长荆榛于丛塚，马鬣谁封。岁岁清明，莫奠黄鸡之酒；年年寒食，孰烧白蝶之钱。有不对芳草之萋萋，声吞春雨；睹垂杨之瑟瑟，泪洒秋风者哉。原夫天地悠悠，死生扰扰。世上之荣枯既判，冥中之欣戚亦分。沈埋纵有殊途，寂寞要同一辙。或生而孤独，或素属寡鳏。或一再传而衰，或数十世而斩。或本无嗣续负螟蛉而竟虚，或尚有孙曾逐鹿豕而不返。或寄祭仪于亲族代远典湮，或祔祀产于祖宗门衰礼废。凡兹土著已足含悲，矧属客踪尤为抱痛。或被兵戈而丧命，或遭瘟疫而戕躯。或乞丐而殍殁沟中，或工佣而病亡旅次。或业医巫而终邸舍，或谈卦命而卒庙坛。为女为男，若殇若寿。游魂种种，滞魄纷纷。欲归而道里云遥，莫给冥途旅费。欲留而姓名不齿，谁怀泉下孤踪。泣杜宇于山头空望，魂招屈子，眠狐狸于塚上；那知鬼馁若教南北，虽有墓田，祭馀难乞往来。纵多利客祟作，敢施白打分标。羡邻家桐孙克孝，青磷遍烛，饮到处麦饭无遗。惟

----

[1]《杂抄》，手抄本。规格：高21厘米、宽12厘米、厚0.2厘米。

斯美举,创夫仁人。墓培总祭,善果修于令节,济普诸幽。已耳弟子等志慕
布施,力惭棉薄,丰碑特起。俾馁魂共有依归,高塚崇封,愿残魄向兹团聚。
荐三升之义粟,枵腹交充;倾一斗之仁浆,枯肠共润。焚来楮帛,灰飞而鬼国
能通;蒸到檀香,烟吹而仙源可接。祭典岁行两次,春期百六而秋节中元。
善缘限定一隅本境,招邀而殊方,缺略不分主客。惟应同病交怜,勿混伦常,
须循男左女右。今当初祭,特备告文。自是踵行,爰兹为例。伏愿诸灵,来
格共鉴。微忱尤期同志,矢诚永隆斯典。尚享![1]

正因如此,在徽州众多的山岭道路旁常常会看到"孤坟总祭"这样的碑
刻。祁门县境内的大洪岭为"徽池省会往来要区,明万历间祁邑贤媪捐金
开拓化险为夷"。此后到道光年间200多年,因水冲石毁损坏严重,于是往
来大洪岭的商人、官宦及祁黟及徽州"一府六县"的商号纷纷捐款重修,开
拓大洪岭的险峻路段。特别是道光七年(1827)的修路,历时六年,终于将
"斯岭开山凿石,改曲为直,化险为夷"。那些在大洪岭开拓的牺牲者、客死
的行贾商人,当地人收殓遗骸总葬于此,取名刻碑"白骨墓"[2],落款是"同善
局收",目的当然也是为了便于祭祀这些"野鬼"。在祁门县祁红乡松潭村
发现两块类似的碑刻:一块在松潭村口大树下,被后人放在水井边用做洗
衣服的石板,为光绪三十年(1904)孟秋月同济会敬立的"孤坟总祭"碑刻[3];
一块在松潭村中石阶边,被后人用做垫水沟的基石,为民国二十四年
(1935)孟秋月诸神会立的"殇魂总祭"碑刻[4]。

休宁通往江西瑶里的数十里徽饶古道,在右龙村口的古银杏树下,也有
一块咸丰三年(1853)磻溪众会同立的体量很大的"孤坟总祭"石碑。看到这
"孤坟总祭"碑刻,人们不由自主地想起白居易的《琵琶行》来,"商人重利轻别
离,前月浮梁买茶去"。这条古道正是徽州通向浮梁的一条商道,在这条古道
上又有多少商人客死在途中呢? 碑有一人多高,碑文刻有"孤坟总祭",坟冢
上长满了大树。

关于"孤坟总祭"这样的习俗起源,我们已经无法考证,但在一些文化遗

---

[1]陈德郊修纂:祁门《文堂陈氏家谱》卷之末,民国十七年木活字本,祁门县博物馆藏。
[2]调查人:陈琪;调查时间:2007年3月29日;碑刻规格:高35厘米、宽54厘米。
[3]调查人:陈琪;调查时间:2013年12月;碑刻规格:高89厘米、宽62厘米。
[4]调查人:陈琪;调查时间:2013年12月;碑刻规格:高100厘米、宽56厘米。

存中,我们还是可以发现一些踪迹的。比如在位于东至、石台、祁门三县交界的榉根岭,有"一山占三县"之说,这里是秋浦与阊江的分水岭。秋浦是文学之源,养育了吴应箕、李白、杜荀鹤等一批文学诗人,所以它是条文脉。阊江是商之河,它是徽州茶商、木商、瓷商西出的水上通道,所以它是条商路。在榉根岭南麓山脚下,有一座倒塌的废弃的园通庵,由箬坑乡的王寒谷于明代嘉靖三十年(1551)开基建庵。他辟山垦田养寺,耕收供佛,是为了让僧人为过往的行贾商人供茶施粥,施棺培冢。明万历五年(1577),文堂陈履祥还专门为此写了"榉根岭造养茶亭碑铭"[1]。为防止违反该碑之规定,到了清代嘉庆十六年(1811)又新立"公议演戏示禁",违者罚戏一台[2]。榉根岭古道进箬坑乡外中村的水口林中还有一块"恭奉本境普济古墓"的碑刻[3]。这说明在徽州乡村这种祭祀"孤坟野鬼"的习俗普遍存在。榉根岭这里虽然是徽池古道,更是战略要塞,是太平军与清军拉锯战的主战场,当时是杀声一片,血流成河,尸骨遍野,战争结束后当地人掩埋了遗骨,立碑祭祀。

太平天国战争对徽州的影响是巨大的,这种"孤坟总祭"的"义冢碑"在绩溪余川村还有一块。民国四年(1915),交通部湖南长岳常电线工程委员汪铁舫致电绩溪县洪知事,"前清咸同间,洪杨占金陵,清驻兵祁门,绩邑为军事必争之地。余村居民十亡八九,以故无主掩埋者,触目皆是。因与族父老相商,随购村后荒山,土名汪洋坦一业,作为义冢,并由伊捐出银洋四百元,将合族之无主厝坟及未埋白骨,尽行收葬,聊师古人泽及枯骨之意。"[4]

余川村在被焚毁之前,人丁兴旺,全村近2000人。经4年的"粤人之忧"战乱后,村民十亡八九,村内仅存200余人。同治三年(1864),因时局恶化,天京被清军包围有失陷危险,驻绩溪太平军开始撤离,转战于浙江淳安、江苏溧阳等地。战乱后,村庄一片废墟,生灵涂炭,田地荒芜,哀鸿遍野。劫后余生的村民缺衣少食,困难重重。为清理埋葬尸骨,全村设义冢多处。文元公

---

[1] 调查人:陈琪、章望南、许萍;调查时间:2003年3月;碑刻规格:高90厘米、宽52厘米、厚1厘米。

[2] 调查人:陈琪、章望南、许萍;调查时间:2003年3月;碑刻规格:高124厘米、宽60厘米、厚7厘米。

[3] 调查人:陈琪、胡祖福;调查时间:2005年11月24日;碑刻规格:高100厘米、宽52厘米、厚7厘米。

[4] 调查人:陈琪、方静;调查时间:2022年10月;碑刻规格:高107厘米、宽53厘米、厚3厘米。

派在桐井山,铁舫在汪洋坦,起贤公派下汪锡茂在张家碓,对陈尸野外无主户的遗骨由祠首出面,铁舫妻在三家坟路旁设义冢埋葬,并建墓碑,"仰攀西伯"予以纪念。

为了安抚那些无主户的"孤魂野鬼",余川村还成立了祭孤会,每隔十年,举行一次祭孤会活动,雇纸扎名师制作温刘马赵菩萨,请和尚做斋,超度亡灵。傍晚时四处施撒米饭豆腐,祭祈孤魂,历时数日。在聚秀桥边建立祭坛,供人祭祀,以求社会安宁。

"孤坟总祭"过去是徽州传统中元节的祭祀活动的重要组成部分,徽州人传承这种古俗遗风,表现出祈盼五谷丰登、驱邪避灾的心理。特别是以儒家思想为旨归的徽州宗族,讲究"孝悌为本",他们借七月十五中元节之际,用刚收获的农产品来祭祀祖先。同时,他们会在水口、村旁立碑烧纸,救度野鬼,安抚孤魂。大体上可以说,"孤坟总祭"是徽州传统民俗信仰中最具祭祀文化特色的。

徽州祈雨习俗

祈雨是一项承载着诸多风俗事象的民俗活动,是表现人与自然灾害关系的一种风俗反映。徽州是一个传统的农业社会,雨水的丰寡与否不仅直接反映在农业生产的运行上,也给徽州的社会带来极大的影响。徽州独特的地理环境和社会环境,促使祈雨习俗在官方和民间都大为推崇,尤其是民间自发的祈雨习俗,更反映了当时的社会关系及信仰取向。

一、徽州民间祈雨的由来

在明代吴子玉写的《休宁茗洲吴氏家记·社会记》中,景泰五年(1454)到万历十二年(1584)的130年中,有明确记载的祈雨就有24次,平均每5年就发生一次旱灾,每一次都要举行祈雨活动,除了在茗洲村的吴宣洞祈雨,而且还到休宁县流口、婺源县张公山、祁门县西峰寺祈雨。

徽州地区的民间祈雨活动盛行是与徽州的地理环境分不开的,徽州地处皖浙赣三省交界山区,山多田少,素有"七山一水一分田,一分道路和庄园"的称号。"介万山之中"的自然环境是形成徽州地区"火耕于山""仰泽于天"等农耕方式的客观原因。根据民国《重修婺源县志》记载:"(婺源)多依山麓垦以为田,层累而上,至十余级不盈一亩。牛犊不得耦其间。刀耕火种,溪涧之润多不及受而仰泽于天。"农耕环境恶劣,灌溉不便。形成了"田无水源,仰雨泽于天。雨不时则槁。幸而得雨,则谷早熟,可济夏月之乏。"[1]

农耕"仰泽于天",很难保证粮食供给。对解决当地人的温饱问题来说,及时雨水显然非常重要。道光《休宁县志》介绍徽州说道:"徽州介万山之中,地狭人稠,耕获三不赡一,即丰年亦仰食江楚十居六七,勿论岁饥也。天下之民,寄命于农。徽民寄命于商。"总之,这就使徽民对雨水有特别的需求,或旱或涝,都难有收成。

---

[1][清]葛韵芬等:民国《重修婺源县志》卷十一《食货·物产》,《中国地方志集成·江西府县志辑27》,江苏古籍出版社1996版,第223页。

水旱是徽州主要的自然灾害种类，"尤以夏秋大水、秋后复旱最为常见，水旱交错亦时有发生"。而且相比于水灾，"明初至明中期，旱灾发生远多于水灾；明中后期……惟旱灾次的数大大增加；明末清初动乱年代，水旱灾发生的比例缩小趋近，但旱灾的发生仍多于水灾。"[1]旱灾同时还会引起一些次生灾患，如疫病、虎患等。"（康熙）四十八年，绩溪大旱，饥，大疫，死者无数，且多举家疫死者……（乾隆）十八年夏秋，绩溪旱，多虎伤人……（乾隆）五十年……自五月不雨，至七月始微雨……秋冬疫。"[2]这同样加剧了人们的生活难度。

中国古代民间信仰盛行，徽州也不例外，"不仅英雄、乡土神和祖先信仰与崇拜盛行，而且算命与风水等各种迷信，甚至巫术也极为泛滥。"[3]方志中记有许多善占卜、堪舆的术士，一定程度上反映出徽州地区"泥于阴阳，拘忌废事，且昵鬼神，重费无所惮"的占卜风俗盛行的情况。而这些术士往往也善于祈雨求晴。如嘉庆《黟县志》卷十二《杂志·方外》记载："范处修，祁门道士，智辨强敏，善符水治病……祈晴祷雨，尤有奇验。""汪云隐，城北天尊观住持……祷雨驱邪，无不立应。"道光《休宁县志》卷十九《人物·方技》亦记："金锡，字君宠，易村人，精推测，善堪舆。凡占候，无不应。""黄仕纶，古林人，精天文术数，祈雨辄应。"

由以上内容可知，徽州客观的自然地理环境导致该地人均耕地面积十分有限，难以解决基本的温饱问题；时常发生的水旱灾害及伴生灾患则使这一问题更为突出。这是徽地对雨水有特殊需求的原始动因，而徽州地区盛行的各种民间俗信以及巫术、算命等迷信则为徽民向天求雨提供了基本的手段。

二、徽州民间祈雨的对象

徽州人对人物崇拜信仰的标准主要是看其是否具有功绩与灵应这一条件，所以，徽州民间祈雨的对象繁多也就不足为奇。

---

[1] 吴媛媛：《明清徽州水旱灾害研究》，《安徽史学》2008年第4期，第87页。

[2]［清］马步蟾纂修：道光《徽州府志》卷十六《杂记·祥异》，《中国地方志集成·安徽府县志辑50》，江苏古籍出版社1998年版，第514—515页。

[3] 卞利：《徽州民俗》，安徽人民出版社2005年版，第238页。

（一）观音

徽州祈雨风俗以观音和上帝（玄帝）最为常见，"歙县孝女乡延宾里文书抄本《幡诗》卷2中，就有《观音祈雨幡》《观音谢雨幡》《上帝祈送雨幡》和《干旱求雨旗字（附保禾苗旗字）》……"[1]

休宁齐云山道教中的玄帝，是徽州民间顶礼膜拜的最为重要的神灵之一。据《畏斋日记》中保留的《上帝坐前疏文》描述可知，在婺源龙尾上社一带，每年"谷雨割青"之前，惯例是在三月三日，附近各姓都要一起到玄帝庙拜神，为了祈福祛灾供奉玄天上帝。干旱来袭，民众更会向玄帝祈雨保禾苗。

歙县三阳白石源村每年的农历六月十九日举办"接观音、祈丰收"民俗活动，祈福国泰民安、风调雨顺、瓜熟粮丰。传统民俗活动，起源于明末，至今已有近400年历史。相传明崇祯十四年（1641），徽州曾发生大面积旱荒，庄稼颗粒无收。三阳白石源村村民为祈求上苍护佑，自发兴建了观音阁，于每年农历六月十九日举行接观音菩萨民俗活动。据悉，这项活动举办前，每家每户都要把房前屋后打扫得干干净净，接观音的百姓都要洗澡，当日全村都吃素，以表达对活动的无比虔诚。

（二）大圣

清赵吉士《寄园寄所寄》记载："邑多凿石为大圣像立祠，宽广不过二尺许，田神也。南乡有大圣祠，已毁。"徽州当地的求雨习俗，即与大圣有关。据歙县鲍鸿所编的《龙山楹联汇稿》记载："窟回山下泉味甘清澈，上有庙，祀孙悟空石像也。岁旱，则扛之曝烈日中以祈雨。适逢其会，则以为灵应，盖农家之习惯云。"当时有联曰："几人能作及时雨，此老善翻斛斗云。"歙县绵潭求雨，一般分为"驮（雨大圣）菩萨""搭祭坛""背圣水""迎水"和"送水"等几个步骤。据村人庄昌铭介绍，在求雨的前三天，全村吃素。选派百余人组成锣鼓队、爆竹队、彩旗队等，到上庙的雨大圣庙举行祭拜仪式，然后说明理由，一人驮着雨大圣菩萨，一路上锣鼓喧天，爆竹放个不停，热热闹闹，将雨大圣菩萨接到村中，安放到杨树下河中（新安江）凸出水面的石塔上，暴晒三天，称作

---

[1] 王振忠：《清代徽州民间的灾害、信仰及相关习俗——以婺源县浙源乡孝悌里凤腾村文书〈应酬便览〉为中心》，《清史研究》2001年第2期，第108页。

"晒神"。相传将菩萨放到石塔上烤晒,菩萨烤晒得吃不落("落"方言"消"意),便只好去授虾兵蟹将来帮忙降雨[1]。可见,大圣是专司风雨、保护丰收的神灵。一旦旱魃肆虐,农民就将大圣石像背出庙外,放在村口或田畈上暴晒,直到下雨为止,俗称晒"西瓜癫痢"(菩萨名)。或许是这个原因,在黟县关麓的大圣庙,又称大晒庙,黟县方言中"圣"与"晒"谐音[2]。

原来太平县郭村东山有一个东山洞,洞口有一泓清泉从岩壁中流出,掬饮清心爽口,燃炬而入,传为幽深数里。洞外原有一座五谷庙,供奉一个木雕大圣菩萨。传说大圣菩萨是玉皇大帝的外甥,如遇久旱不雨,就组织村民抬着大圣菩萨到杨垄龙潭求雨,领班沿途喊:"一拜天,二拜地,三拜龙王,四拜雨,拜下雨来救禾苗,大众生命才安宁。"求雨仪式为将大圣菩萨放在桥过坦晒太阳,让他到天庭告诉舅舅玉皇大帝,人间赤地千里,禾苗干枯,赶快下令让龙王爷下雨,普救黎民众生。

歙县富堨仁里村,每年旱情严重时,村民要将社屋内的大圣菩萨请出,抬至"水蛇"山泉中浸水,然后抬到社屋后的众山上晒。同时,人们向大圣菩萨烧香、纸、金银元宝,并敲锣打鼓。传说,大圣菩萨被晒后,会立即上天,告诉玉皇大帝,请他派天神降雨解除旱情。

(三)龙神

在中国人心里龙王是司水之神,《论衡》卷六《龙虚》载:"龙闻雷声则起,起而云至,云至而龙乘之,云雨感龙,龙亦起云而升天……"为表示对龙王的信仰,民间还建立了龙王庙以祭拜求神。徽州人对兴云降雨之龙王敬奉有加,各地多有龙王庙。嘉庆《黟县志》卷十一《政事·祀典》"龙王庙"条云:"(龙王庙)在县东南迎霭门外,民间祷雨建立,庙制狭小……一在嘻潭侧。"其后注云:"民间以其能致云雨,亦祀典。所宜修者,故次天神。"因为生产生活区域的特定性和差异性,徽州各地的祭拜龙神习俗同中有异,各具特色。

据2005年黄山市非物质文化遗产普查记录:黟县的求雨习俗,先是"偷龙王",派一些年轻力壮的小伙去请龙王,先遣人夜入龙王庙用麻袋套住神

---

[1] 王振忠编:《歙县的宗族、经济与民俗》,上海复旦大学出版社2016年版,第142页。

[2] 王振忠:《徽州社会文化史探微——新发现的16—20世纪民间档案文书研究》,上海社会科学院出版社2002年版,第179页。

像,抬到当地庙内供奉。数日后仍不下雨,则开始"晒龙王"——把神像置于烈日下,让"龙王"尝一尝久旱不雨、烈日暴晒之苦。再不雨,则相约往五溪山"龙潭"请龙求雨。

屯溪新潭求雨则与齐云山有关,选出五个年轻力壮的小伙子,化浓妆,身上着"五谷丰登"字样,每人身背一葫芦,手拿一柄钢叉跑步去齐云山找道士让其念经做法,打开通往龙王府的龙井。

休宁县蓝田有金龙山求雨的习俗。民国时期,金龙山村民曾联合下山、岩峰、北川及山下西村、小溪两个大村一道,闹过轰轰烈烈的求雨减税事件。金龙山过去有个岩脚坞,坞里有个仙人洞,洞内有一个水坑,每到旱年,靠天吃饭的农民们眼见一年又是颗粒无收,他们便到仙人洞来求雨,在坑里打点水,背着水到县衙,请县官出来拜水;县官拜完水后,他们又把水背回来;县官则派人到受灾的村庄,到田地里察看灾情,并减免农业税。

祁门县西峰山上有池九龙窟,宅之峭崖削壁,岁旱祷雨者攀岩而上,厌以犬豕血,龙怒飞洗池,辄大雨。潭池形状各异,大小不一,总共九个,统称九龙池。传说是武僧从西峰山上向下翻筋斗,用头、腰、脚撞击而成。九座池中,其中五龙池居于峭崖削壁之下,潭大如磐,内壁光滑,水呈墨绿,深不见底,人说可通达东海龙王府。原来在五龙池的石壁中镶嵌"大圣水晶宫"碑额,是人们祈雨的地方。

(四)地方神

"在民间,不论何人,如果生前其具有道德操守并对社会有过杰出的贡献,那么身后就有机会成为当地的保护神。"[1]徽州是一个崇拜英雄的地区,由崇拜进而神化加以信仰,成为徽州民间信仰最具地方特色的一类。徽州既有对汪华等乡土英雄的信仰,又有对张巡、许远等外神的信仰,每个地方的民俗信仰都很相似,但侧重点又有不同。特别是越国公汪华,死后经历代加封,成为徽州地区地方神。《歙风俗礼教考》说道:"武劲之风,盛于梁、唐、隋间,如程忠壮、汪越国,皆以捍卫乡里显。"[2]民国二十六年(1937)铅印本《歙县志》卷二之二《官司志·名宦》便记载了马应祥在断案前斋戒以汪华为祷告对

---

[1]范丽珠:《宗教社会学:宗教与中国》,时事出版社2010年版,第5页。

[2]许承尧撰,李明回、彭超、张爱琴校点:《歙事闲谭》,黄山书社2014年版,第602页。

象祈求获取案情信息的故事,也是徽州当地汪公(汪华)信仰的一个注脚。

祁门新溪祈雨对象是太阳神汪华。每年农历六月十二日,要将太阳庙里的太阳神汪华抬出来,在彩旗簇拥下,到田野巡游。

歙县外河坑祈雨拜的是八老爷(汪八相公,汪华的八子)。先从昌溪借来五色龙旗、长幡、铳,由村里比较有威望的人组织搭建祭棚,设祭坛,并派出一位年轻体力好的男子,肩背葫芦,到人烟稀少,树木密集,阴凉潮湿的深山坞里去找“圣水”。求雨的祭棚搭建在村外社庙边上的空地上,内设祭坛,摆有猪、鸡、鱼等祭品。求雨的队伍在村祠存厚堂门口集中整队,三十多人的一支队伍,前面几个人举五色龙旗,扛长幡,后面是敲锣打鼓,放鞭炮、爆竹的,还有七八个扛铳的,再后面是十几个村民。这支队伍在五色龙旗、长幡的引领下出发,一路锣鼓喧天,鞭炮齐鸣,走到社庙空地的祭棚边,突然有人下令“放铳”,七八个人把铳的药线用香火点燃,接着有人把社庙内的八老爷菩萨请出放在祭棚内的高台上。队伍接着出发,走到金竹堨时,又是放铳及爆竹,并上山从上帝庙内抬出上帝菩萨,一路下山抬到祭棚内的高台上,一路往返,锣鼓声、爆竹声不断,还要放铳好几次,据说这叫“闹神”,惊动菩萨神仙。让他们看看人们在干什么?人们需要什么?上帝菩萨请上高台以后,求“圣水”的年轻男子满头大汗跑来了,把葫芦交给老者,老者拔去葫芦塞子,将“圣水”挥洒在祭棚内,此时祭棚外更是热闹喧天,扛五色龙旗和长幡的不断挥舞,锣鼓声更激烈,爆竹声、鞭炮声,震耳欲聋,放铳的不间断地放铳,烟雾弥漫,火药味很浓,祭棚内外村民跪拜祈祷,“求求菩萨保佑,求求上帝保佑,快快降雨吧”,特别是那些老太太更是虔诚,她们跪地叩首,喃喃自语:“求求老天爷,做做好事吧,快快降雨吧!”

在歙县一直流传着萧王祈雨的故事。据清道光《徽州府志》说:“萧王当是陈封新宁王萧叔隆,或亦梁新安王萧瑀也。”萧王墓在(歙)县南长陔,有大阜,其上累土如冢。民间请雨必祭。当年,每逢旱情,当地人都来这里祷告祈雨,这种风俗延续到民国,许承尧在《歙县志》卷十六《杂记·拾遗》中有“邑祷雨必祭萧王墓及孙王”的记述。

(五)高僧

祁门西峰寺清素禅师的传奇事迹很多,其能够“呼风唤雨”的本事记载在康熙《祁门县志》上。据说西峰寺建寺那年,久旱不雨,郑传结彩楼邀请清素禅师求雨,清素以彩楼西隅的竹子为标记,说:"雨于竹外。"众人翘首观望,果不其然在寺庙的山口的竹林外,已是大雨倾盆。有一年扬州大旱,扬州令陶雅梦见汪华对他说:"师乃水晶宫菩萨,有五龙行雨,不由天降,雅请之,师曰:'吾已遣施雨扬州三昼夜矣。'"[1]

在西峰寺进村水口有一块"上元山题修清素塔疏文"碑,这块碑刻说清素禅师"本文殊之化身,挟九龙而行雨,持如来之锡杖,净三业以度人。于是,累世加旌,有'永济''普佑'之名。"故西峰寺"与江山之九华,共称西方东旦",民间亦有"西峰大圣是老大,九华老爷是老小"之戏言。西峰大圣就是清素僧[2]。

(六)城隍

"城隍信仰起源于原始社会中上古先民的土地神信仰,祭祀城隍其实也就是上古社祭的延续。"[3]城隍信仰在中国具有普遍性,宋后被列入祀典成为惯例,由于帝王和中央政府的重视,各地奉祭城隍神的风习盛行。关于祈雨于城隍的明确记载在唐代就有。《全唐文》有韩愈《袁州祭神文》云:"维年月日,袁州刺史韩愈,谨告于城隍神之灵。刺史无治行,无以媚于神祇。天降之罚,已久不雨。苗且尽死,刺史虽得罪,百姓何辜?宜降疾咎于某躬身,无令鳏寡蒙兹滥罚,谨告。"

城隍信仰也是徽州原始信仰的一部分。徽州每个县都建有城隍庙,每逢干旱灾害严重的时候,或者新官上任之时,当地官民都要到城隍庙祭祀,以祈天降甘露,保佑一方生灵平安无事。历史上,黟县城隍会声势浩大。"每岁十月朔举行城隍会,此古大傩礼也。汉于腊之前一日行之,后魏行于岁除。所谓地方者,即周制之方相氏扮演神鬼,亦即袭黄金四目之遗而失其真也。不过举行时日不同,然必举于十月朔者,盖月令已交孟冬,亦犹行古之礼也。"[4]

---

[1][明]汪舜民纂,余康、王思思点校:弘治《徽州府志》,黄山书社2011年版,第618页。

[2]上元山题"修清素塔疏文"碑。调查人:陈琪;调查时间:2000年7月;碑刻规格:高189厘米,宽91厘米,厚8厘米。碑刻在祁门县西峰寺村水口,万历三十五年(1607)立,由祝世禄撰文、李希泌篆刻、谢存仁书丹,他们都是当时的名人。

[3]范军:《城隍信仰的形成与流变》,《华侨大学学报(哲学社会科学版)》2007年第4期,第86页。

[4]吴克俊、许复修,程寿保、舒斯笏纂:民国《黟县四志》卷三《地理志·风俗》,《中国地方志集成·安徽府县志辑58》,江苏古籍出版社1998年版,第24页。

"在民间,举凡祈雨求晴、招福攘灾诸事,皆会祭告于城隍之神。"[1]徽州的城隍也被赋予了与龙王相似的功能——呼风唤雨。徽州城隍庙各处都有,每逢干旱灾害严重,当地官民都要向城隍求助,祈降甘露。不仅如此,徽州既有专门的龙王等神专司降雨,还建有风云雷雨山川城隍坛,"若久雨祈晴,冬旱祈雪"[2]。道光《休宁县志》卷二十一《艺文·纪述》有《重建城隍庙记》道:"壬寅夏,不雨。昕夕走庙下,徒步露祷,翌日而澍雨滂沱,田野沾足,赖以有秋。诸士庶靡不欢呼鼓舞,拜神之赐,胥愿殚力鼎新,以答冥贶。"可见,以城隍为对象进行祷告,在徽州地区是一个重要的祈雨方式。

三、徽州民间祈雨的方式和程式

(一)祈雨方式

一是以犬豕血污龙池。残留久远的厌胜巫术,却也是乡民祈雨所采用的最朴素、最直接的手段。

据2005年黄山市非物质文化遗产普查记录:祁门县新安乡有个叫炼丹石的山村,山上左侧百余米有个九龙池,在其上首的峭壁上,有一块A4纸大小的祈雨的"符"印。过去,上山求雨的人将黄标纸贴在上面,拓下"祈雨符"在龙池旁焚烧,求雨人杀鸡宰狗丢到九龙池,让龙王不得安宁,出山活动就下雨了。每逢大旱,四面八方的人陆续来求雨。求雨的人提前三天要吃斋,然后带着黄表、香火和公鸡,敲锣打鼓,细吹细打,浩浩荡荡来到九龙池。首先将黄表摁在池边玉皇大印上,稍后揭下来,烧香磕头,祈祷上帝保佑,普降甘露。尔后用鸡冠血祭龙王爷,再将竹筒子打一筒池水回去。未到村口,鞭炮齐鸣,夹道欢迎。预先在村当中放有装满水的十口大水缸,再将竹筒里的水分别倒入每个缸。全村男女老少都来参加这一神圣的仪式,相互将水泼到每个人身上,以此来"激发"天普降大雨。

据说,乾隆年间太平县大旱,两个多月没下一滴雨,田地干裂,稻禾枯

---

[1] 范军:《城隍信仰的形成与流变》,《华侨大学学报(哲学社会科学版)》2007年第4期,第87页。

[2] [清]吴甸华修,程汝翼纂:嘉庆《黟县志》卷十一《政事·祀典》,《中国地方志集成·安徽府县志辑56》,江苏古籍出版社1998年版,第357页。

萎,眼见颗粒无收,人都快没有水喝了。梅花岭上庙宇的当家禅师十分着急,就派一个小和尚拿着竹筒到黄山九龙潭打水求雨。小和尚用一条很长的绳子,一头把自己腰部捆好,另一头牢牢地拴在山崖边的一棵大树上,然后慢慢下到九龙潭去打水。小和尚轻轻地用竹筒在潭中打起一筒水,立即轻手轻脚地往上爬。爬到潭口后,不小心碰到了香炉上一块生铁,生铁落水声音惊动了老龙王。老龙王发现龙水被人偷了,马上派一条青龙呼风唤雨前去追讨,顿时天昏地暗,狂风大作,电闪雷鸣,暴雨倾盆而下,小和尚一见大雨滂沱,便云游四处,将整个太平县各处都跑到,这样全部稻禾都能得到雨露滋润,之后便赶回梅花庵。谁知那条青龙一直在后面追赶,只是小和尚没有发现,快到家了速度也就慢了下去,在家的主持禅师一见小和尚身后有一条黑旋风似的东西直扑而来,原来是跟着一条青龙,眼看青龙张着血盆大口要将小和尚吞食,老和尚见状立即做了个手势,小和尚心领神会,马上飞身一跃,不偏不倚刚好骑到了龙背上,然后将竹筒里的水倒掉。虽说小和尚骑上了龙身,这龙一个跟斗十万八千里,在翻腾过程中小和尚总是抓住龙身不放。后来青龙猛地回头向九龙潭飞去,小和尚被摔在龙潭口的峭壁上去世,后人为纪念这个小和尚,就将古道上的和尚庵取名为骑龙庵了。这骑龙庵的名称在嘉庆《太平县志》中确有记载[1]。

二是迎神赛会。徽州民间信仰兴盛,各地迎神赛会也普遍盛行,每逢旱灾发生,民间就会举行迎神赛会。以形形色色的神庙作为依托而形成的迎神赛会,伴有民众许愿还愿、求神问医、祈雨祈福、驱灾祛疫等民间信仰活动。

演剧酬神大多与驱邪禳灾有关,这在徽州各地相当普遍,同治《祁门县志》卷五《舆地志·风俗》记载:"立春前一日,官长率属迎春东郊,造土牛,觇厥色以卜水旱。听民扮剧相从。立春日,官长祀太岁,行鞭春礼,傩。"在"行鞭春礼"进行"傩舞"的同时,往往还伴有民间演剧活动。《陶甓公牍》就记载祁门在"七月:中元节祀祖,设盂兰会。偶遇天旱,乡民戴柳,钲鼓喧哗,祷雨于坛,闰年演目连戏。""祁门环砂程氏宗族演目连戏之目的,乃祈求神灵'以保合族平安'……亦即时局变迁、财运不佳、旱涝灾荒,由此合族集资演戏酬神……"[2]在祁门环砂以屈原为水府尊神,"除因其正直、受谗而投江之外,还

---

[1]陈琪:《徽州古道研究》,安徽师范大学出版社2016年版,第298页。

[2]陶明选:《明清以来徽州信仰与民众日常生活研究》,光明日报出版社2014年版,第133页。

与当地旱灾时之祈雨习俗有关,由于水府尊神能够'扶危济困''捍患御灾',有求必应……从而水府尊神屈原成为包括目连戏演出过程在内的环砂主要信仰之神灵。"[1]

三是虑囚修政。降雨作为一种天象,在古代往往被视作神示,和在位者的政治治理有着密切关系。古人相信,如果治理得当,民情得申,则会天降甘霖,以解旱情。嘉庆《黟县志》卷十三《艺文志·汪纲传》云:"释衢囚之冤者。……祷雨龙瑞宫,有物蜿蜒朱色,盘旋坛上者三日。纲曰:'吾欲雨而已,毋为异以惑众。'言未竟,雷雨大至,岁以大熟。"道光《休宁县志》记载:"宋凌唐佐,字公弼,登元符进士第……就差夏津县令。河北有疑狱,系者二百人……唐佐往决之,得其情,人皆感泣。夏津是岁旱,比还,雨随至,时号'县令雨'。"故而修政、虑囚也是官方祈雨的必要手段。

修政也包含着官员修身的内容。嘉庆《黟县志》卷六《人物·宦业》记:"胡谭,字斯政,北隅人。由贡授福建泉州府推官。到郡未几,邻火延烧衙署,风狂莫救。谭取署内门匾尽投火中,再拜自责,忽雨至火息。"自责求雨灭火,透露出官员将自我反省与降雨相关联的信念。

相比于胡谭的自责祷告,甚至还有知县"自暴"以求雨的行为。如道光《休宁县志》卷七《职官·名宦》记载:"廖腾煃,字占五,号莲山。福建将乐人。康熙二十八年以中书政知县,廉洁爱民。……岁旱,自暴以祷。"同治《祁门县志》:"张大受,字显吾,辽东人,顺治九年任知县……岁旱,跣足祷神,不应。暴烈日中,须臾大雨。"

自暴于烈日之下虽然辛苦,然而此后一旦降雨,祈雨者往往也会收获巨大的成就感。1875年7月19日上海《申报》有关黟县令屈承福政绩的报道,就记载了屈侯为民祈雨的事迹。"旧岁秋旱,公步行祈求数日,不雨,复至休邑齐云山虔祷,甘霖立降,卒获丰年,此尤邑之人所啧啧称颂也。故有恭送匾额曰'镜澈水清',伞曰'万民乐',庇牌曰'爱民如子'。折狱如神旋风入,笔甘雨随,单以宽济猛,惟俭助廉,功可驱鳄,志励县狙等。"这从另一个侧面说明,古代官员祈雨不仅是为了百姓,更多的是宣扬自己的政绩,也是官员与百姓不同祈雨目的的特征表现。道光《休宁县志》中有《喜雨行》诗云:

---

[1] 陶明选:《明清以来徽州信仰与民众日常生活研究》,光明日报出版社2014年版,第136页。

长风驱云云似墨，倒海倾河来顷刻。

父老欣欣拜令君，令君说是天公力。

佐曹未离神庙里，祈祷灵通乃如此。

但见炉烟起作云，那知心液蒸成雨。

高田梯级流天浆，穷原广壑如陂塘。

明日入山取竹木，早趁好日添囷仓。

百姓莫忘得雨喜，日祝令君寿千祀。

令君常持祈雨心，百里生灵望更深。

君不见，蔀屋年来转焦苦，胜似枯田待甘雨。

"倒海倾河"而来的大雨，是"心液蒸成"，不仅解决了旱情，更有父老欣欣来拜，大获民心。这正如周致元先生所总结："（祷雨）求得神的庇佑，不仅需要人间君主能顺应天意，体恤民瘼，更需要各级官吏能按传统儒家仁政要求行惠民之政，这在客观上又能对贪官佞臣的胡作非为起到抑制作用。"[1]

（二）祈雨程式

古徽州民间的祈雨仪式在众多徽州文书中都有不同程度的记载，"从《畏斋日记》的上述记载中可以看出，对于旱灾，民间的信仰活动颇为固定，往往是先做斋饭，继而鸣锣建坛、出贴禁屠，接着是往龙须请水，至阆山接佛求雨，倘若再无效果，则踏旱行香。"[2]

《休宁茗洲吴氏家记·社会记》对明晚期的休宁茗洲吴氏家记中祈雨记录得较为详实：

景泰五年（1454）八月十九日戊，秋亢旱。九社议于我里吴宣洞祈雨，有兴初、兴福二社嫌昵，不同祈。七月廿日肇事，至八月廿六雨才沾足。文暹

天顺三年八月十七日戊，旱，九社议祷于境之吴宣洞，有福初、兴福二社各立坛祷，后雨觉多。音海

---

[1] 周致元：《明代君臣祷雨的宗教阐释》，《安徽大学学报（哲学社会科学版）》2002年第1期，第26页。

[2] 王振忠：《清代徽州民间的灾害、信仰及相关习俗——以婺源县浙源乡孝悌里凤腾村文书〈应酬便览〉为中心》，《清史研究》2001年第2期，第108页。

成化元年八月廿三日戊，秋旱，雩祷得雨。功遂

成化七年八月廿八日戊，旱，同兴福等社祷得雨。文亮

成化八年五月旱，福初等社祷雨。功俊

成化九年六月初三晴起，至八月十九日戊无雨。诸社七月初十日合祷吴仙洞，不雨，十一日至流口迎清水佛到坛，不雨。十三日请张公山圣水，不雨，至廿七小雨，送神归殿。

成化十年六月始晴，七月旱。福初社祷得雨。文亮

成化十四年八月十九日戊，夏末旱。雩祷得雨，与兴福、塘田同祷。文亮

成化十五年八月廿五日戊，旱，祷得雨。功遂。

弘治四年六月初三祷不雨，至廿五日馋雨。后又旱，福初等社祷请佛衣，三次不雨，至七月廿七日才雨沾足。存诚

正德元年八月廿一日旱，祷得雨。洪兄弟

正德二年八月初七日戊，旱，祷得雨，植

正德四年八月廿八日戊，旱。祷于西峰大圣顺济龙王圣牌本境境主，得雨。初十一都亦来恳迎前神，得雨；黟七都来请，亦得雨；祁暘源来灵牌往，亦得雨大沾足。众令居士吴獬泰安灵牌于仙岩。俭炳姪

正德八年五、六月旱，族里设坛祷雨。模

正德十一年七月下雨，我社同塘田社祷得霢霂雨。会兴福社约会同祷，廿三日同至李宁氏门首，入屋求神，因鸾箕许廿三日雨大豆，至期果验。

嘉靖五年八月初六戊，旱，同兴福社祷

嘉靖十三年八月初三日戊，五月不雨。祷得雨。荣

嘉靖十八年八月初四日秋旱，邑巡行旱灾，祷于坛山村。瓒

嘉靖二十年七月旱，祷得雨，成仁

嘉靖二十一年五六旱，雩祷得雨。玑

嘉靖三十三年八月廿三月戊，旱，雩祷。焟

万历元年八月旱，祷得雨。

万历十一年八月初九日戊，旱，雩祷。显忠

万历十二年，近邑市暨南乡五六月旱，丁令君躬祷城隍，大雨随注，人目之“百里嵩”“随车雨”云。[1]

[1] [明]吴子玉：《休宁茗洲吴氏家记》卷十《社会记》，钞本，国立北平国书馆藏。

在明代吴子玉写的《休宁茗洲吴氏家记·社会记》中,景泰五年(1454)到万历十二年(1584)的130年中,有明确记载的祈雨就有24次,平均每五年就发生一次旱灾,而每一次都要举行祷雨活动,除了在茗洲村的吴宣洞祈雨,祈雨地点还有休宁县流口、婺源县张公山、祁门县西峰寺。成化九年(1473)六月初三晴起,至八月十九日戊无雨。诸社七月初十合祷吴仙洞不雨,十一日至流口迎清水佛到坛不雨。十三日请张公山圣水不雨,至二十七日小雨,送神归殿。特别是正德四年(1509)八月二十八日戊旱。祷于西峰大圣顺济龙王圣牌,本境境主得雨,初十一都亦来恳迎前神得雨,黟七都来请亦得雨,祁门旸源来灵牌往亦得雨,大沾足众令居士吴獬泰安灵牌于仙岩。万历十二年(1584),近邑市暨南乡五六月旱,丁令君躬祷城隍大雨。从祈雨的时间来看基本上在农历八月份为多,祈雨组织以社会为主,多则九社全体,少则一两个社,牵头人一般是社轮值人。万历十二年(1584),休宁县暨南乡五六月大旱,甚至县令丁应泰也躬身率领官员到城隍城祷雨。

这24次祈雨有明确的时间地点、主事人员、活动内容,其中大部分是以雩祭作为祈雨的重要祭典。雩祭在商代即已出现,"到周代,基本趋于礼制化,成了严整的国家礼典。"[1]常雩,即"岁以巳月龙见卜日祀皇天上帝于圜丘,为百谷祈膏雨。"[2]徽州在"风云雷雨山川城隍坛"祈雨,是典型的官方祀典,而发生旱情时的祈雨则为"非常雩"。徽州民间这种"非常雩"非常频繁,往往是"常雩不书",因此方志对常雩礼具体情形的记载极少。

同样的程式在《畏斋日记》中也有相关记录:康熙三十九年(1700)六月初一至十二日,仅初六中午微雨,其他的都是连日天晴。庆源村农家先是做斋饭祈雨,并准备于十五日起坛。十三日午后大雨一阵,但接下来一直到十七日,仍旧是连日天晴,禾苗枯槁严重,乡约"鸣锣建坛祈雨"。十八日,到溪东庙拈香,"出贴禁屠"。二十日,准备于次日往龙须请水。二十一日,祈雨献醮。二十三日,"坛中料理次日接佛事"。二十四日,庆源村众接佛。七月初二,因庆源村虽请水、接佛,但雨水总是不多。数日以来,"雷奔电闪",其他各处多下大雨,只有浙源乡未曾沾溉,禾苗大多无水。于是,全村"行香踏旱"。结果,至未时大雨,直到申时才停止。当地溪水骤长,田中也泛起水来了。到

[1] 王政:《古代文言小说与周代的雩祭求雨》,《小说评论》2012年第S2期,第52页。

[2] [清]于敏中:《日下旧闻考》,北京古籍出版社1981年版,第929页。

初四,送佛散坛。至此,祈雨的信仰活动才告结束[1]。

祁门县三瞳盛会指以闪里、桃源、白云三地为主的以及相近相连村庄的祈雨活动。头瞳主要指白云、合坞、黄村口、下坑等一条源上的几个小村庄,这些村庄主要有李氏世荣堂、张氏光裕堂、陈氏思亲堂与陈氏义和堂等;中瞳主要指桃源、庄里、江家、柏里等村庄,分别由大经堂、保极堂、太和堂、持敬堂等族人组成;外瞳主要指闪里、达万里、牛车坦、叶家、金家等村庄,分别由陈金汪叶等崇正堂、可继堂、明德堂、保庆堂、敦叙堂等族人组成。如果遇天旱,三瞳就要负责操办规模盛大的祈雨活动。

在迎神赛会中保留了诸多的祈雨科仪,对祈雨信仰活动的祈雨对象、缘由、目的等做了更细致的说明。如婺源县溪头光绪元年(1875)的两份祈雨文书:

七月祈雨疏1

今据大清国江南徽州府婺源县万安乡长城里溪源大社沐恩信士程正义中等,即日冒□虔忱斋戒盥手拈香百拜　　上陈

伏以夏官肆虐火云熖熖以张威,旱魃为殃田苗处处而枯槁,乍牲盾日齐天泉源将竭岂,识阴云之出岫,膏泽无沾一方均激切中信尽徬徨爰沥寸忱敢陈昭听恭维

龙溪福主禄公广沔大德祥师菩萨座下

德配乾坤,思被远近。结友远来西天,迁基近向南地素具性生之德拯救殷原抱慈悲之仁,苏生益力有感皆通无求弗应言念中信人等,庄居□处,耕种营生,朝而出,暮而归满拟秋成,而副望天之高,地之厚。岂期夏旱以惊心,夏末秋初,久已天时不苟男耘女籽,何知雨泽之愆期。田中有白土之忧,陇土天长生之庆,丘丘失色,段段皆枯,溪涧微流,高岗大亢,耕支徒有云霓,望晨民忱惟费岁岁月月劳□无门。

福主是赖涓涓良日叩祷,台前设醮,真天敢求,法力惟愿,恩光善锡于施化雨之及时。

大德垂仁,永赐恩膏之滋润,雷电震动云雾,频真油然飞沛,然下空知沟浍浍之皆盈,老者欣,少者喜,预祝焦枯返秀,滋□风调雨顺,岁稔年丰,家

---

[1] 王振忠:《徽州社会文化史探微——新发现的16—20世纪民间档案文书研究》,上海社会科学院出版社2002年版,第224页。

家鼓腹,处处添粮,谨疏以闻。

时皇清光绪元年季夏月　　日具

七月祈雨疏2

今据大清国江南徽州府婺源县万安乡长城里溪源大社沐恩信士程正义中等,即日冒□虔忱斋戒盥手拈香百拜　　上陈

伏以夏官肆虐火云焰焰以张威,早魃为殃田苗处处而枯槁,乍牺盾日齐天泉源将竭岂,识阴云之出岫,膏泽无沾一方均激切中,信尽彷徨爰沥寸忱敢陈昭听恭维

浪峰古寺感应七天如来老尊前座下

德配乾坤,思被远近,名号来自西方显应崇于南国素具好生之德,拯救弥殷殷原抱慈悲之仁,苏生益力有感皆通无求弗应言念中信人等,村庄□处,耕种营生,朝而出,暮而归满拟秋成,而副望天之高,地之厚。岂期夏旱以惊心,夏末秋初,久已天时不苟男耘女籽,何知雨泽之愆期。田中有白土之忧,陇土天长生之庆,丘丘失色,段段皆枯,溪涧微流,高岗大亢,耕支徒有云霓,望晨民忱惟费岁岁月月劳撼告无门。

古寺是赖涓涓,良日叩祷,台前设醮,真天敢求,法力惟愿,香严锡祉普施化雨之及时,阆苑重仁永锡思膏之滋润,雷电震动云雾,频真油然飞沛,然下空知沟浍之皆盈,老者欣,少者喜,预祝焦枯返秀,泊此风调雨顺,岁稔年丰,家家鼓腹,处处添粮,谨疏以闻。

时皇清光绪元年季夏月　　日具[1]

两份祈雨文书内容相似,只是祈雨对象不一样,一个是"龙溪福主禄公广泻大德祥师菩萨",一个是"浪峰古寺感应七天如来",由此可见,在同一个地方,祈雨对象也是不尽相同的。

四、徽州民间祈雨的组织形式

徽州会社具有明显的祭祀与信仰特征,这也是各地迎神赛会普遍盛行的原因。会社既有宗族内部组织,也有乡村之间结成的组织,会的内容程式体

---

[1] 清末《婺源县溪头村纪事抄本》,婺源县程剑峰收藏。

现了徽州民间信仰习俗的诸多方面。

祁西三瞳盛会求雨对于祈雨习俗的整个过程有详细的记录。三瞳联合举办的会社(三瞳盛会),主要以农茶事为主,其中以田中禾盛会最为盛大。每年6月15日三瞳首先要做保苗斋饭,费用由三瞳每个祠堂出,具体为每个男丁出米半筒,小户与棚民也酌情出米,如果当年风调雨顺则无事;如果遇天旱,三瞳就要负责操办规模盛大的祈雨活动。

求雨费用由三瞳各祠堂按相关农户摊派,出米出钱均可。求雨队伍组成人员有僧道,各村农户,各祠堂士绅等。求雨队伍前面锣鼓开道,随后有诸众神马引路,这些神马分别是"雷公10张,曾母10张,风伯10张,雨师10张,八方行雨龙王16张,五猖马25张,献状2张,二十八宿、天圣、九相公、阳元、汪王、土地、众神、空旗、土主、呼风、唤雨、云甲、观音、佛坐、地藏、目连、文孝、城隍、社令、灶司、香火、门神、天曹、地府、直符、小府、奏除,开启各1张。求雨时,以闪里为中心,派人在僧道的引导下,以竹筒到西峰寺九龙池取水,水取出后,又备16名轿夫抬四乘神轿接水。接水并上座神货包括檀香4两,料香110支,元炮1包,中锭10副,朱砂1钱,墨1块,酒1斤,牛胶2文,手香120支,水粉1两,各色果品若干,面粉2两,花脚10张,艮木10张,菜油1斤,盐1斤,笔2支,素面1斤,豆豉1筒,子午香2筒,豆腐干若干,艮殊1两,金针2两,云耳1两,表京1刀,白光纸2张,油光纸2张"[1]等。

村民们过去认为,求雨应验与否,似乎不是很重要,关键是过程,是对土地、龙王、汪王、目连、城隍、力相公等神灵的信仰,求得雨是虔诚所致,雨不来则是不虔诚所造成的。

五、徽州民间祈雨的民俗价值

明嘉靖《徽州府志》记载:"郡之地隘,斗绝在其中……高水湍悍,少潴畜,地寡泽而易枯,十日不雨,则仰天而呼。"从《畏斋日记》也可以看出,干旱与疾疫是徽州最常见的灾害。宋"淳熙七年,徽州大旱……八年,徽州旱尤甚……"[2],徽州地处皖南山区,历史上灾害频发,面对恶劣的自然环境,民众

---

[1] [清]陈正森等修撰:《桃源陈氏宗谱》卷九。

[2] [明]方信撰,肖建新、李永卉点校:《新安志补》,安徽师范大学出版社2012年版,第20页。

形成了应对灾害的相关信仰习俗。

但是清廷也曾发文禁止民间祈雨活动。同治十年（1871）刻本《黟县三志》卷十五《艺文·政事》有《求雨说》一文："民间祈求晴雨一事，甚不合礼。……一应人等任意设坛，触犯鬼神。聚集不肖，僧道妄行，求雨殊属非分。如果欲求雨，只宜各存诚心叩祷而已。何必种种作法？嗣后，除奉旨外，或在寺庙诵经求雨尚可。如私自设坛，借求雨之名，妄作法术，即以妖言惑众治罪……莠民假求雨敛钱立会，聚食快乐，乱民以求雨劫制官吏、富户，以快私愤、伸邪教：皆鬼神所深恶。增加旱潦，致农民亦不被福佑，临事则难言也。"认为民间私自设坛祈雨的行为"皆鬼神所深恶"，不利于社会安定，也无助于风俗醇正，自然也求不到雨水和福佑。

祈求雨润年丰是自古就扎根于中国人心灵深处的生存意识，绵延千年，传承不断，虽有形式上的变化，但却从未改变对丰年的渴望。直到现在，政府也会积极兴建水利工程、采取降雨措施，期望农业有个好收成。"荆门风俗，正月须行作醮仪式，以祈福。作为地方行政领导的陆九渊自然要随俗，他借行醮礼的机会，通过发明《洪范》'敛时五福'的意义，把民俗的祈福与儒家教化联结起来，把民俗的功利祈福转化为儒家'正心为福'的精神建设。"[1]在古徽州民间祈雨活动中，不同地区有形式各异的祈雨仪式，每个地区祭祀求拜的主神也各有侧重，这就说明祈雨活动体现的民间信仰带有鲜明的功利性特征。在祈雨过程中进行的祈雨表演，其直接目的是解决实际问题，不管其成效如何，民众的积极参与扩大了祈雨的队伍，增强了祈雨组织的凝聚力，重整了大旱情况下失调的社会秩序，稳定了人们的恐慌心理，满足了求福驱灾的信仰需求。而且，在徽州，祈雨活动是一种有组织有程式的仪式性活动，参与者往往涉及十里八乡的大多数民众，既满足了民众祈雨的需求，也在一定程度上促进了区域间的相互交往与协作。"在徽州，民间依靠信仰来解决水旱疾疫等灾害，通过祈神演戏等活动，冀以使这些社会问题得以解决。在此，信仰已不仅仅是一种心理安慰，而更是一种付诸行动的实践活动。"[2]

[1] 陈来：《"一破千古之惑"——朱子对〈洪范〉皇极说的解释》，《北京大学学报（哲学社会科学版）》2013年第2期，第14页。

[2] 陶明选：《明清以来徽州信仰与民众日常生活研究》，光明日报出版社2014年版，第139页。

附录：黄山区民俗

　　黄山市黄山区由于其特殊的地理位置，加之古往今来多变的行政归属，造就了多元的民间文化遗产。

　　黄山区通过对十四个乡镇普查登记了67个非物质文化遗产项目，涉及民间文学（口头文学）、民间美术、民间音乐、民间手工技艺、消费习俗、人生礼俗和民间信仰等七大类。"轩辕车会"是黄山脚下先民为纪念中华人文始祖、车的发明者轩辕黄帝而流传千年的一项大型民俗活动，又称"车公会"或"车会"。"五福神会"主要流传于永丰乡一带，每年八月十五秋收后，广大农民借"轩辕车会"庆贺丰收、企盼来年风调雨顺等，体现了农时节令的活动规律，既是祭祀活动也是民间的娱乐活动。焦村"周王庙会"从庆贺丰收、祝福平安、企盼风调雨顺等方面，借助民间信仰等活动反映了浓厚的地方文化底蕴。

仙源滚车

　　滚车是一项大型民俗活动，又称"车公会"或"车会"。滚车自唐代流传至今，表演时，由八辆"火轮车"在街道住户门前及广场上滚车，滚车技法精妙大气，极具观赏性和趣味性。近年来，黄山市黄山区文旅部门对滚车文化进行挖掘和整理，并逐步使之臻于完善。

黄山区仙源滚车表演

一、滚车的由来

　　一说为祭祀张巡。在徽州诸多村落，都有"双忠庙"或"忠烈庙"，均为祭祀张巡和许远，各大县志都有记载。"在徽州，他们既是作为战神的英雄人物的信仰与崇拜，亦是各自的祖先信仰与崇拜。"[1]嘉庆《黟县志》载："张公巡为太子舍人，西安糖坊街有宋碑称张巡为三太子，黟人祀张公巡，又祀三太子……"[2]《绩溪庙子山王氏谱》记载："张巡相传为七月二十二日生，各地方志往往均有此记载"。汪泽注《高孝本绩溪杂感诗》亦云："七月二十五日前三日为睢阳寿。"又据《陶甓公牍》记载："（七月）二十三日：为张睢阳诞辰，坊市分五土之色制花灯，遍游三夜，日出瘟车以驱疫疠，近城一带村坊行之。"[3]

　　《黄山市志》也有相关记录：滚车，为纪念唐代张巡、许远、雷万春、南霁云四人（俗称车公菩萨），仙源、甘棠两地建有忠烈祠、东平王殿。每年农历七月十八日至二十四日举行盛大的祭祀活动。除在庙宇内举行祭祀外，还在街道、广场开展滚车活动，以示降福祛邪。

---

　　[1]陶明选：《明清以来徽州信仰与民众日常生活研究》，光明日报出版社2014年版，第33页。

　　[2][清]吴甸华修，程汝翼纂：嘉庆《黟县志》卷三《地理志·风俗》，《中国地方志集成·安徽府县志辑56》，江苏古籍出版社1998年版，第59页。

　　[3][清]刘汝骥编撰，梁仁志校注：《陶甓公牍》，安徽师范大学出版社2018年版，第283页。

1986年，黄山市文化局挖掘整理的《滚车舞》，被收入《中国民间舞蹈集成·安徽卷》。据《中华舞蹈志·安徽卷》记载："滚车，太平县（现为黄山市黄山区）人民专为纪念唐代张巡的祀典性活动，当地俗称'七月二十四滚车'。太平县境内有两座供奉张巡的庙宇，名车（笔者注：东）平王庙，一在仙源，原太平县南门口；一在甘棠崔家，今黄山市黄山区政府所在地。两庙均塑有一丈多高的张巡坐像。……因为每年在庙宇所在地都有滚车的祀典活动，当地人习惯称仙源的庙宇为车王殿，称张巡为车公菩萨。"[1]

二说为祭祀黄帝。近些年来，此种说法在社会流传颇盛。相传轩辕黄帝在平定中原以后，伐淮夷至江南，带来了以车为代表的先进中原文化，当地山越部族遂将轩辕尊称为车公。后轩辕为修炼而栖身黄山，促进了中华南北文化的交流与融合。

黄帝祭祀的传说在黄山可以说由来已久。黄帝是华夏上古时期的一位部落联盟的首领，但是华夏的后人们已经将他神话为"祖先神"。大江南北的人们自觉地将许多丰功伟绩都归功于这位祖神，并奉他为人文始祖。黄山区历史文化悠久，人杰地灵，早在新石器时代就有人类繁衍生息。《周书异记·神仙传》记录："轩辕黄帝问道于广成子，受胎息于容成子，吐纳而谷神不死"，又"获灵丹于浮丘翁……乃告浮丘翁曰：愿抠衣躬侍修炼"。唐玄宗李隆基得知黄帝曾于黟山修炼且得道升天，遂于唐天宝六年（747）六月十七日下诏，将黟山改名为黄山。宋代的《黄山图经》也记载黄山是"轩辕黄帝栖身之地"。

现在黄山有关轩辕黄帝的历史遗迹和传说很多，如始建于唐代的"轩辕古刹"、黄帝炼丹时所用的"神仙洞"和"炼丹台"、黄帝洗药的"鼎湖"、黄帝居住的"黄帝宫"以及祭祀黄帝的"黄帝坑"，还有七十二峰中的——轩辕峰，位于"轩辕车会"活动中心——黄山区仙源镇的上方。山越人对轩辕黄帝又尊称为"车公"。相传中原的部落大首领公孙轩辕来到江南的楚蛮之地——黄山一带，向容成子学习天文和道术，向浮丘公学习炼丹技术（冶炼），同时将中原的造车技术以及文明的国家治理经验带到了南方，因此南方楚蛮的越人则世世代代将他尊为"车公"。

不管该活动祭祀对象为谁，车会活动在黄山区仙源镇仙源村、麻村和甘棠镇大屋村、凤凰村一带年年开展，直到1950年止。

---

[1]《中华舞蹈志》编辑委员会编：《中华舞蹈志·安徽卷》，学林出版社2014年版，第104页。

车会活动的主要区域分布在黄山区(原太平县)，以黄山北麓山脉为起点往南沿麻川河水系呈扇形辐射状分布。仙源镇、甘棠镇、新明乡、三口镇、谭家桥为轩辕车会活动的中心区域，仙源镇仙源村、麻村和甘棠镇大屋村、凤凰村一带为核心区域。轩辕车会活动辐射边缘涉及龙门、耿城、焦村等乡镇，影响至周边青阳、石台等县。

二、滚车的制作与仪式及技法

滚车的传承较为随意，因参与者为民间艺人，不入仕流，相关的文献记录较少。在滚车传承谱系上，可以追溯到光绪年间。滚车的传承主要涉及制作工艺、滚车仪式、轩辙车会技法三个方面。

(一)滚车的制作工艺

滚车制作工艺主要通过当地工匠自然传承。车身圆形，木质为本地河边阔叶杨树，全高八尺四寸，宽六寸(一市尺等于老尺九寸五分)。由大圈、子圈、车轴、幅条、头道档、二道档、短撑、木栓和铁嚓组成；大圈两面漆黑底绘朱红色火焰图案(风向左右一致)，子圈漆蓝底白花，铁嚓本色，其余朱红，每辆车重约五百斤。"火轮车"白天在道路、街道、广场活动，凡能通车的祠堂、庙宇、商店和住户的门前都要滚到，以示降福祛邪。

(二)滚车的仪式

滚车仪式由主持人负责，主持人还要负责集资、人员组织、活动安排等等，他们多为村中德高望重的老者。仪式过程通过自发观察、口口相传的方式传承，没有明确的传承脉络。

车会会期安排每年农历七月十八日"洗车"，将车从车公庙里请出，洗净浸泡，然后晾晒；十九日"落地车"试车试路，会首给每辆车披红；二十一日"正车"，先在轩辕黄帝塑像前举行"正车"仪式，焚香、烧黄表纸、放鞭炮出车上路，正车行走的路线是固定的；二十三四两日还是"正车"活动；二十四日傍晚"祭车"，会首焚香烧纸，杀只公鸡将血淋在每辆车上，然后"收车"进庙，这一届车会结束。车会期间，家家放爆竹迎接，俗语"七月二十四压断街"，形容观众之多,车会盛况带来了商业繁荣。七月下旬正值农闲(只种一季稻),文化生活贫乏,方圆几十里的男女老幼都来看车会,不仅本镇商家的生意兴隆,且四处商贩云集、百货俱全。

(三)滚车的六种技法

滚车表演技法精妙大气,活动场面气势宏大,民俗学价值和艺术价值丰

黄山区仙源镇轩辕车会

厚。"滚车的花样有平滚、夹篱笆阵、飘反车、发绕车、拍绕车、螺旋车等。一般由左右两人紧握车轴把合滚一辆,力大技高的可一人独滚。其拍绕车由一人在车后用左右手轮换拍打,左右倾斜30度,呈'之'字形滚动前进;飘反车则在广场按圆形路线、内倾斜至40度前进。其技艺高超绝伦,十分精彩"[1]。

滚车技法的传承比较正规,有自发传承和家族血缘传承,父子之间、亲人之间相互学习传授,技法高超的艺人可以授徒,但没有严格的师徒关系。"车手"很多,均无报酬,均为男性。一般是两人滚一辆车,技术高的则一人独操。滚车技法有如下六种。

"平滚车"。车手两人一左一右,各以一手抓住车轴沿口,让沿口徐徐从手心滑过,掌握车的重心;一手扳车挡或推车轴,队形一条龙前进。

"夹篱笆阵"。隔一穿花,操作同前。

"飘反车"。一人一车活动于广场,车在外,车手在里(靠广场中心)。车身朝里倾斜约四十度转大圆圈。车速如飘,反即"翻"字,因翻字不吉利,故名"飘反车"。

"发绕车"。一人一车在大街或广场上活动。车和人的位置同"飘反车",车身两边倾斜;左倾朝左前方滚,右倾朝右前方滚,走"之"字路,全靠车手及时扳、推车轴和车挡等操作。因左绕右绕故名发绕车,车速越快,车身越稳。

"拍绕车"。一人一车,人在车后,车一启动,两手轮换猛拍车轮大圈离

---

[1] 朱万曙:《徽州戏曲》,安徽人民出版社2005年版,第286页。

地两尺多高、绘火焰图案的地方。拍时手掌用暗力稍带上提兼推。拍左边,车头受震动向左倾斜约30°,向左前方滚动,拍右边,车身右倾向右倾斜约30°,向右前方滚动,车走"之"字路。

"螺旋车"。一人一车,两手操作头道挡,车手在原地转圈,车身愈旋愈逐渐向里倾斜,从直立到倾斜约四十五度角;车手也由直立移步到半蹲移步。刹车时,趁车速稍缓猛抓二道挡将车就势竖直徐徐向前滚动。稍事休息又重复表演,表演区必须在广场。

任何一种滚法都要注意车身上的火焰图案的风向。一辆火轮车约五百斤。两人合滚一辆难度不太大,会的人也多;一人独操一辆,"发绕车""拍绕车"则需娴熟的技巧。"螺旋车"是一王姓人独创,他有点武功底子再加技艺精湛,每一出手均博得观众惊叹。"绕车""螺旋车"在广场表演时,车手和几千观众齐声呐喊助兴,锣鼓、鞭炮声震天动地。

三、滚车习俗的价值

1981年,原县级黄山市政府对滚车进行采风,搜集了大量的素材,记录了滚车的活动过程。1987年,文化部门再度挖掘民俗滚车,并将车会详细内容修订在《黄山市文化志》中。2003年,文体局安排资金,组织人员,聘请专家,对滚车进行系统性挖掘和整理,培训了人员队伍,购置了相关道具,基本恢复了滚车面貌。在第六届黄山国际民间艺术节上初次亮相就获得高度评价。随后,在第八届黄山国际旅游节、首届黄山民俗文化节上演出,多次获得专家和学者的好评。滚车出现在中央和省级电视新闻栏目报道中,提高了知名度。2007年滚车以"轩辕车会"的名称被评为安徽省省级非物质文化遗产代表性项目。

从民俗的起源和发展而言,滚车是自娱与娱人的庆典仪式。伴随着本地区政治、经济、文化格局的变化,滚车习俗中原有的祈求风调雨顺、防火避灾的原始社会功能已经慢慢淡化,逐渐转化为以休闲娱乐为主的社会功能。目前滚车习俗参与人群的构成不仅是当地群众,还有从四面八方赶来的观赏者和体验者,参与目的是获得快乐和满足。所以,滚车习俗原有的原始功能逐渐退出历史舞台,取而代之的是体育文化价值。参与滚车活动不仅有益健康,更重要的是获得心理上的调适。滚车习俗里的体育元素比重在社会变迁过程中逐渐增加。

每年农历七月十八日至二十四日共七日为会期,风雨无阻,方圆几十里的几千名男女老幼都来看车会。德高望重的老者"会首"要完成人员组织、动作编排、技术培训、仪式活动安排等一系列工作,每家每户则按民俗惯例为车会提供物质上的资助。所以,滚车习俗不仅仅是一项民俗活动,也是体育传承的载体。

滚车活动原先的祭祀功能很明显,随着时代的变迁,观赏性、趣味性、参与性等健身娱乐功能逐渐彰显。滚车表演形式独特,国内独一无二。道具大车轮("火轮车")高大厚重,设计科学合理,无论是火焰图案还是车轮的结构造型、相关构件,制作工艺都十分精美。滚车技法多样,精妙而大气,场面宏大庄严,有严格的规程。滚车时锣鼓声、呐喊声、鞭炮声惊天动地,活动内容丰富、功能多样。庙外滚车,庙内搭台唱戏,同时商贩云集、百货俱全。经千年岁月变迁,滚车逐渐演变成为一项大型喜庆集会。从现实看,它对于旅游业的发展能提供"灵魂"支撑的作用,为体育文化产业的发展提供条件。从长远看,它可以增强民众的自信心和自豪感,能长期促进社会和谐、稳定健康发展。

永丰乡五福神会

黄山区永丰乡的必吉岭，有一座五福神庙，梁柱瓦脊、神台供桌全为大块花岗岩砌成。当地民谣对其的描述尤为贴切："石头瓦，石头梁，石头柱子石头墙。"就是这座高近一丈五尺，宽一丈七尺多，深近一丈六尺的三间硬山式"石屋"，曾供奉着十一座木雕神像，见证了流传几百年的民间迎神赛会——五福神会。

一、永丰乡苏氏与五福神会

五福神会是由永丰乡苏氏族人（岭上苏家和岭下苏家两村）合办的祭祀五福神的庙会[1]。

《太平县泾阳苏氏族谱》载："南宋末年，苏辙的曾孙苏继芳任铜陵邑令历四载，思乡谢职，解组而归，其携峨一、峨二诸子孙及仆人数人，从池（州）、青（阳）至太平泾阳岭山冲，见山川优雅以为必吉而爱处焉。"而据当地祖辈相传，南宋末年，

黄山区永丰村五福神会

苏辙后裔中的一支为避乱世进入皖南腹地的大山里。这一天，他们走到太平地界的一座高高的大岭上，挑夫的扁担突然断裂了，只好停下来休息。苏氏主人向周围的山峦一望，眼前豁然一亮，山形地貌似乎一点也不陌生，仔细一想，才发现这里竟和四川老家峨眉山差不多，如此相像真是让人喜出望外，亲切感油然而生。心想，既然挑夫的扁担在这里突然断裂，看来是天意如此。既然是天授之意，居之必吉，那么这个高高的大岭就叫"必吉岭"好了，自此，"必吉岭"之名应运而生。苏氏遂卜地定居，落地生根，繁衍生息，先后发展为

---

[1] 黄山区地方志编纂委员会编：《黄山区志》，黄山书社2008年版，第1034页。

岭上苏、岭下苏、高山苏等村落。

关于五福庙的兴建要追溯到元末。据《苏氏宗谱》载：苏氏六甲祖先"显荣公，因父造京厩迟限罹狱，公至京辩冤，愿以身代。上感其孝，诏立宥。遂侍父归。舟至芜湖，见江中有五福神像，心异之，负回里，约众立庙供奉。每年中秋，神一出巡，至今以为常……"。相传，明初，朱元璋初登大宝，国家逐渐繁荣安定。苏姓一族居于永丰必吉岭，族人苏振玉在南京为官，主管粮仓。因奸臣从中挑拨陷害，加上连日下雨，苏振玉未能在限期内完成粮库建设，奸臣抓住把柄，向皇帝参奏诬陷，皇上龙颜大怒，将苏振玉打入死牢。苏振玉的儿子苏显荣是位孝子，得知消息后，急忙赶往南京。途经长江时，忽见江面上飘来一只木匣，捞起观之，内藏六个菩萨头像，于是苏显荣跪地祷告，祈求保佑父亲性命，并承诺为菩萨建庙供香，随后将木箱藏匿于江边。苏显荣来到南京，冒死面见圣上，陈述其中事由，恳请皇上允许自己为父亲抵罪。皇帝得知事情真相，感其孝义，遂赦免其父死罪，革职为民。苏显荣回家途经江边时，没有忘记这六个菩萨的显灵保佑，也没有忘记自己的承诺。为了兑现承诺，他将这六个菩萨往回挑。挑到斜山岭头时，扁担快断了，于是苏显荣就对这六个菩萨说："你们还没有到我家，如果扁担在哪里断，我就在哪里为你们建庙。"结果，在岭上村与岭下村交界处的岭头，扁担彻底断了。于是苏显荣把菩萨放下回到村里，四处募集钱款，筹备建庙。村人非常感动，纷纷捐资捐物，有钱的出钱，无钱的出力，很快，这座庙就建成了，称作"五福庙"，庙内设五福神像加以祭祀。

正如万历《歙志》对明代万历年间该县祭祀祠庙类型进行划分的情形一样，徽州的祭祀性节日与祭祀性祠庙大体形成了相互对应的关系，五福神会也与五福庙同样如此。"五福"是指寿、富、康宁、攸好德（好者为德）和考终命（能得善终不致遭祸横死）。民间却有不同的说法。救父成功的苏显荣回到村里，四处募捐，筹备建庙，由此五福庙集众人之力建成。原庙内供奉十一尊神像，正中为正神六尊：平浪王、德胜一郎、灌口二郎、草野三郎、丫角四郎、和合五郎；左右两方各有五尊神像：和合、利市、七星、土地、判官。不管起因为何，五福庙至今仍留存于世，五福神会相传至今，已成为苏姓子孙的盛会。

《永丰乡地方志》就必吉岭古道情况有如下记载："必吉岭，为永丰乡岭上苏与岭下苏村的通道，岭上存有五福庙。"南宋建炎年间，永丰乡苏氏先祖苏继芳开辟必吉岭古道，古道全为土路，并在岭上修筑了六座路亭。清代光绪五年（1879）至光绪八年（1882），永丰苏氏苏成美将古道全部铺上麻石条，并新修了一座路亭和一座石桥。古道由麻石铺就，宽约1.5米，长约2.5公里，由永丰岭下村至五福庙段，现保存完好。

五福庙又名"五猖庙"，位于必吉岭之巅。嘉庆《太平县志》对五福庙有如下记载："元末遭乱，神有奇验，苏氏托庇焉，因建庙奉为土王。"[1]

五福庙全石结构，石梁、石柱、石瓦，三开间，面积30.68平方米，面阔5.9米，进深5.2米，檐高3.25米，脊高4.95米；门额横书阴刻"五福庙"三个大字；硬山式屋顶，一字脊，正脊两端吻兽呈鸱尾式，屋面坡度较缓。其建筑材料单一，整座庙宇不用一寸木料、一片砖瓦，全部用花岗岩石砌筑而成，四周墙体用石条砌上顶，立石为柱，横石为梁（枋），顶覆沟弧状条石以为瓦，当地民谣"石头柱子，石头梁，石头瓦，石头墙"。全石制五福庙在尚存的古建筑中实属罕见。

庙内原塑有十一尊木雕神像，正中为正神六尊，庙内原有一副木雕楹联："石庙倚骑龙西岳黄峰同相秀，金灵驱逐鹿中秋丹桂正飘香"。庙后有一座坟，相传从江中得来的神像衣冠（铁质）等都埋藏于此。

该庙原为砖木结构，苏氏后裔因此地岭高风急，改建石庙（其上下四旁均用花岗岩石建造，不用寸木片瓦，故称"石屋"），以垂久远。民国十四年（1925），岭上"苏百万"苏建芬经手修复一次，现五福庙脊檩下仍可辨"民国十四年"的红漆阴刻字迹。

二、五福神会的程序

历史上，五福神会由岭上村和岭下村苏姓三甲祠、五甲祠、六甲祠、八甲祠、松川怀古堂轮流主办。神会主持人经村民公推直选产生，大多由各宗祠中德高望重的长者，近似于族长一类的人物轮流担任。主持人负责组织安排仪式过程、祭祀出神的工作分工和资金筹集（各宗祠都有专门的神会款项，各祠有专人保管）。与会人员总数可达百余人，其中顶盔者（扮神）由身材高大、

---

[1] [清]卿霖修，戚学标等纂：嘉庆《太平县志》卷八《寺观》，《中国地方志集成·安徽府县志辑62》，江苏古籍出版社1998年版，第225页。

有力气的男性青壮年扮演，五尊小神和合、利市二神由两个男孩扮，判官、土地、七星由成人扮。

黄山区永丰村五福神会

每年到了农历八月十四、十五日，五福神会都如期举行。三天的五福庙会，十三是做准备，十四、十五两日是菩萨"出巡"的日子。由本族男性青年扮成六尊正神，五尊小神，戴头盔、面具、身着祀服，手持刀剑，列队正步巡游，途经岭上、岭下各甲祠堂。各祠堂在广场上设坛祭祀，舞龙舞狮，并请戏班通宵达旦搭台唱戏，家家户户宰鸡"血祭"，以求五福齐全，保佑苏氏子孙繁衍，过程十分隆重。仪式过后，其神像继续供奉于五福庙中。此庙会活动一直延续到1952年。

五福神会仪式规程也约定俗成，包括"出橱""降神""出巡""祭坛"和"退神""跑橱"。准备工作会提前几日展开，先期修理道路、扫除内外，各家用雕有吉祥图案的木模蒸制敬神的米粿。十二日，由各宗祠分别保管的脸式和服装要"出橱"，各宗祠主事从特制的橱里请出脸式，以烧酒喷洗脸饰面具，然后用新布毛巾擦拭干净。十三日，各族到各自祠堂供奉和祭拜神灵。

十四日晨，众神的扮演者身穿服装，手捧脸式，另有人拿武器，齐集五福庙，参加"降神"仪式。开始前，脸式、武器摆放在各神像前的神架上，同时供桌上摆满贡品。主持人高呼"降神"，庙外三眼铳响，主持人即率各宗祠老者焚香跪拜，恭请众神下界，庙外同时杀猪祭祀。众人三叩九拜后，"降神"仪式完毕，脸式和武器即代表神了。主持人手持五郎钢鞭，将上端抵住门左上角，人侧身站在门右，按照五、四、三、二、一郎和平浪王的顺序请神出门。扮神者手捧脸式昂首出庙门，武器由另外一人拿。平浪王戴帅盔，酱色脸，花白长须，执两把七星长剑；和合五郎，戴侯盔，黑色脸，怒目、短须，执两把方形有节钢鞭；丫角四郎、草野三郎、灌口二郎、德胜一郎戴文阳盔，三郎脸色鲜红，执双刀，四、二、一郎脸为淡红色，执双剑，均是长黑须，各穿缎质蟒袍（颜色与脸色相同），佩玉带，大红灯笼裤，高底皂靴。各神服装源自传统戏曲，脸式、动作则与傩戏如出一辙。脸式长一尺，宽八寸，厚三分，杨木雕坯，按固定脸谱式样油漆彩绘。脸式和盔帽相连，盔帽用夏布和生漆制成，面具上有两个铁钩，挂在帽子的边箍上，使脸式下部翘起和顶盔者的脸成四十五度角，便于顶盔人看清脚下的路面。

众神从山上下来，开始巡视各处，驱邪降福。各神到村头集中，脸式戴好，黄龙伞以及各种旗帜、锣鼓等聚集周围。队伍按顺序行进：五尊小神在前，无仪仗跟随，自由行走；六尊正神，五郎打头，丫角四郎、草野三郎、灌口二郎、德胜一郎紧随其后，最后是平浪王。每尊正神有四至八人穿好同样的袍靴，准备替换。每位正神前有仪仗簇拥，几十名男童背印绶、令箭，提香炉前导；着同样神袍的扮神者居中；神后有十几顶绣有花鸟人物的黄龙伞以及各种旗帜（伞、旗与各神蟒袍同色），还有打锣鼓、放三眼铳、鞭炮的，队伍最后是一杆二丈多高的锡顶大舵旗。

路巡时，扮神者步步要稳，忌打趔趄，忌武器碰人，一招一式大有讲究。扮小神者一般便步行走；扮正神者步伐为方步，大开大合、四平八稳，比戏曲舞台上的大将还要夸张，踢得很高，每一步都庄严肃穆，双手横握武器（柄朝外）上下挥动高过头顶。每走一段路，各神要略事小憩；休息时两腿自由站立，两手平伸微曲，武器在胸前交叉成"X"形，其他扮神者一左一右，各出一手托"神"肘（减轻其负担），同时出一手托兵刃交叉处，还要给神打扇子。路遇迎神观者多时，行进速度放慢，做"走三步退一步"步伐，在锣鼓、鞭炮声中庄严前行。"在祭祀神灵时的迎神赛会节日，徽州人的狂欢精神则尽情地宣泄出来。"这架势如此可见一斑。

出巡后到村中广场集中，广场有几个固定的地方设祭坛。神在广场转三圈表示巡视，随即享受供奉。随后，将正神的脸式安插在神架上，小神的脸式放在供桌边。用"薏米茶"敬神——用薏米、糯米煮成饭，上面放两个剥壳的熟鸡蛋，以红丝绿丝摆成图案。各家各户以一碗（8—12个）米粑敬神，预祝粮食丰收。祠堂公祭后，各家杀猪宰鸡"血祭"。十四日晚，将众神由广场请至苏氏宗祠内，村民组织唱戏通宵给菩萨看，十里八乡前来看戏的村民将祠堂挤得满满当当。

十五日继续路巡，下午巡毕齐集五福庙，仪式如降神，称作"退神"。扮神者换短衣便鞋，各拿退神后的脸式，由二壮汉用五郎钢鞭交叉拦在庙门前，依次厉声喊五、四、三、二、一郎和平浪王，被喊者从鞭下钻出，各端脸式向各自祠堂狂奔,路上有接脸式跑的,进祠堂门时放三眼铳,宣告到达时间。最早到达的宗祠最能得到菩萨保佑,将会人丁兴旺、五福临门。因此各宗祠都是精兵强将,个人也必尽全力,旁观的村民一起呐喊助威,一场神会下来,很多村民都喉咙嘶哑。获胜者欢呼雀跃,没跑到好名次的,躲着几天不好意思出门,期盼来年能拔得头筹。"跑橱"完毕后,各主事人将脸式、服装收进橱里,五尊小神各自拿回,不"跑橱"。至此,神会结束。

永丰苏姓子孙举办五福神会祈求神灵怜佑,年复一年。秋收过后,层林尽染,一队人马吹吹打打、浩浩荡荡上山下山、走街串巷,往日宁静的山野间平添几分喜庆。如此数日,夕阳西下,"跑橱"取得好名次的村民钻进被窝对枕边人说:"今日这番热闹,明年定会风调雨顺。"而后,翻身沉沉睡去……

三、五福神会:必吉岭古道——一道亮丽的风景

今庙内"五福"神像虽已圮,但仍有人供奉香火。2008年,黄山市人民政府公布五福庙为市级文物保护单位。其衍生出来的"五福神会"于2010年被安徽省人民政府公布为省级非物质文化遗产代表性项目名录。而必吉岭古道则是五福神会传统巡游祭祀线路,从苏氏宗祠起,经必吉岭古道至岭头五福庙供奉止,完成整个祭祀仪式。必吉岭古道是五福神会的巡游之路,途经永丰古村落,沿途自然景观优美,民风民俗淳朴,文化底蕴深厚,文物遗存众多,是极具价值的文化线路,2017年黄山市人民政府公布其为市级文物保护单位。

与五福庙密切相关的,是当地民俗文化活动"五福神会"。五福神会是永丰村当地特有的民俗活动,由永丰村苏氏一族举办,是永丰岭上苏家和岭下苏家两个村合办的祭祀五福神活动,数百年来一直延续至今,集舞蹈、戏曲、美术等文化形式于一身,仪式神秘、场景壮观,具有广泛的群众基础。

"藏在深山人未识"将成为过去式。近几年,黄山区政府结合美丽乡村建设,投入专项资金对永丰古村落进行整体提升,修整了必吉岭古道,修缮了五福庙,恢复了民俗活动"五福神会",加大了对外宣传,必吉岭古道这条文化旅游线路正彰显出她独特的魅力,吸引着愈来愈多的八方探访者。

郭村周王会

一、郭村的地理环境

郭村，古名谷城，坐落在黄山区西南边陲。

郭村位于青阳至黟县古道之上，居于羊栈岭与桃坑之间，四周山峰环绕，有名的如雾霾尖、青山、狐狸尖、三府尖。"三府尖者，因峰顶可望宁国、徽州、池州三府之地界而名之也。"郭村坐落在四山合围的盆地之中，源自来龙山的恒河由东向西蜿蜒曲折穿村而过，与流经郭村千亩大畈的郭村河汇合，灌溉着盆地中部的千亩良田。明代郡守曾任太平县令的蒋忠在《谷村有述》中写道："我欲寻仙迹，村居趣转嘉。瓦盆盛腊酒，茅屋煮春茶。翠滴松杉杪，清分蕨笋芽。相逢无别话，只有种桑麻。"[1]

郭村古时候的繁盛与它所处的地理位置及当时的交通状况密切相关。从郭村沿着石板古道向北翻桃岭经桃源、乌石可达池州府的石埭（今石台县），向东翻贤村岭经贤村汤家、焦村、甘棠、仙源、谭家桥可达宁国府，向南翻羊栈岭进入黟县。距太平（宁国府）、黟县（徽州府）、石埭（池州府）三个县城都约是四十公里，步行大约一天的行程，故有"荡黟县，走石台，跑太平"一说。郭村既是三县的交接地，又是三府的交汇地，天然地成为那时府县之间物资中转和人群流动的集散地。从唐朝开始一直到青（阳）屯（溪）公路通车前的1200多年间，郭村这一带的石板古道上来往的人流，如车水马龙一般。大量人流、物流的集散，在和平时期可以给这里带来丰厚的利润、财富，使郭村的经济空前繁荣，成为太平县的区域经济中心。

---

[1] 陈涤尘主编，黄山区档案馆等整理：《太平县志》，黄山书社2013年版，第806页。

二、郭村周宣灵王信仰的由来

据《徽州五千村·黄山区卷》记载："太平郭村林氏，原籍福建省莆田县，后迁居江西婺源，南宋宝祐年后，安抚使林椿年公为躲避战乱，由婺源迁往郭村定居繁衍生息[1]。明清时期，郭村最是兴旺繁华。清代中叶，人口众多，有千灶万丁。清嘉庆年间，林中已有村民总祠、支祠达十几座，十分兴旺。清朝道光年间，商贾行人喧哗，酒肆茶馆商铺林立，鳞次栉比。清咸丰年间由于战乱，又有部分林姓自此迁往浙江开化、江北庐江县和怀远县等多地。

桃岭古道是青（阳）黟（县）古道的一部分，位于焦村镇境内，由桃坑至郭村石壁山林中，是徽州到池州的交通干线，也是大通、池州、青阳至黟县、屯溪、江西的主干道。周王庙遗址就位于古道边，每年九月二十四日，当地居民都举行隆重的周宣灵王祭祀庙会。观音阁正门右边现存的顺治《林氏神田碑记》就有提及。

林氏神田碑记

古圣人之制祀典也，以劳定国则祀之，以旱大患则祀之，以御大灾则祀之。先朝会典有曰：天子祭天地神祇，王国及各府州县祭境内山川，庶民祭里社土谷之神。当祀不祀，按吕律典言，若此煌煌重哉！吾乡桃岭周宣灵王与彭村大社，此二或者盖林氏五门土谷之神也。禋祀血食者有年，向来家给人足，虽未合立公田，然春祀秋报及九月会期供事之家单出里，焚香顶礼，牺牲必博粢盛，必豊一切，仪文极其严谨，历数传未之有改。迄今户口繁减不齐，财力饶乏不一，此伸彼缩，几于怠废。呜呼！捍患御灵之功具在也，生人养人之德具在也，熟敢荒厥祀。况年来戎马驱郊，即鸡犬桑麻尚未有蹂躏，而惊扰之者，里社之肉雨旸时。若五谷丰登，凡我庶民休养生息于其间，不致有疏离琐尾之苦，若此之功德，又当何如，即竭力图报，且愧不皇敢懈替乎，今酌户口之减繁，审财力饶乏，书田勒石，以为祈报神会久远之计，庶可以资。二神而无疑告二典，而无罪矣。噫！古之所谓乡先生而可配食于社者，伊何人欤。

顺治十七年季春月上巳日

---

[1]程必定、汪炜编著：《徽州五千村·黄山区卷》，黄山书社2004年版，第167页。

里人邑学生林邦华撰　　李孟荣书勒[1]

周宣灵王信仰在徽州比较广泛，据各地县志记载或历史遗存显示，歙县、休宁、婺源、祁门、黟县、绩溪等地都有。

复旦大学朱海滨教授曾经运用碑文、地方志等资料对周宣灵王信仰的诞生及其变迁过程进行过梳理和分析，他认为"南宋时期，五通神信仰在东南地区（江苏省南部、浙江省、江西省、安徽省南部）传播、普及开来。这一时期，周雄神与其他几位'人鬼'一道，被吸收到五通神信仰体系中去，并作为其从神，从祀于五显神的祖庙。随着五通神信仰范围的不断扩张，周雄神信仰迅速在徽州及周边地区扎下根。"[2]"明中期以后，周雄神出现了'周宣灵王'的称号，并成为其最普遍的称呼。"[3]

周宣灵王信仰受社会、政治、经济及当地地理环境等影响，每个时代都会有相应的变化和调整。关于周雄的神性，有江神、孝神和战神诸说。"以上三种神性在徽州都有体现，如休宁江村的神会'惟神性成孝友''承志天性之孝'是将周雄作为孝神；'舣舟渡人''航渡千人，济川利溥'是江神；'今者岁在丙午（火），远近村落瘟疫（旱灾）大作，有祷于神者无不辄应'是水神；'说者谓神之出游原以巡视田里辟除疠疫'是蛙神。"[4]

明朝祁门人王珣在成化二十三年（1487）《重建庆安祠碑记略》中曰："县治西有庆安祠，神姓周讳雄，浙之衢州人，宋理宗时有阴翊之功，因封周宣灵王，盖发轫虽始于衢，英灵在天下。祁门比闾族党之间，凡患痈疽诸症，焚香祷请，取其香烬涂附患处，瘑疥间恍若神在旁，有吹嘘之状，不日盥溃而愈，贵贱、贫富及道里遐迩，人赖以不殇者益众。他如水旱之类，祷应无二致，故神之名虽五尺童子亦知仰慕。"[5]

---

[1]调查人：陈琪、王开队、吴海萍、邹宁；调查时间：2019年6月16日；碑刻规格：高221厘米、宽89厘米、厚11.5厘米。

[2]朱海滨：《祭祀政策与民间信仰变迁——近世浙江民间信仰研究》，复旦大学出版社2008年版，第96页。

[3]朱海滨：《祭祀政策与民间信仰变迁——近世浙江民间信仰研究》，复旦大学出版社2008年版，第64页。

[4]丁希勤：《古代徽州和皖南民间信仰研究》，安徽师范大学出版社2016年版，第203页。

[5][清]周溶修，汪韵珊纂：同治《祁门县志》卷九《舆地志·坛庙》，《中国地方志集成·安徽府县志辑55》，江苏古籍出版社1998年版，第77页。

在历史变迁中周宣灵王信仰对当地的影响延续了几百年,各地的遗存也能从另一个角度体现。"徽州各县都有周王庙的记载,或曰周翊应侯庙,或曰周宣灵王庙,或曰周王庙,或曰周王祠。周王即周雄……是徽州灵顺庙的六位从神之一"[1]。据朱海滨统计,明清时期有县志记载的周雄庙在浙江省、安徽省及江西省共有67处,其中徽州分布多达24处[2]。由此可见,"南宋后期以来,周雄信仰在衢州府、严州府、徽州府、广信府等地获得了广泛的信仰支持层,是这一地区最重要的地方保护神之一。"[3]

有关周宣灵王祭祀的相关活动,厦门大学历史资料室收藏的《徽州会社综录》手抄本,就记载着祁门县六都村(善和)一份周宣灵王的祭祀的文书:

祁门县善和里周宣灵王祭文

维

大清道光　年岁次　季秋月　　朔祭日

江南徽州府祁门县福广乡善和里安仁社居为首信士程　　　程,谨同在会程　等敢昭告于:

敕封护国佑民显立周宣灵侯王之神,曰:惟神护国精忠,永钦崇乎庙祀,庇民显应实共奠夫。乾坤驱豹虎而斩蛟螭,群凶殄灭布丹砂而拯疾苦,众庶蒙麻永填石山川。原供其赫濯端朝笏案,青紫济其威灵。时值九月肃先期而进祝序属三秋,率同人以拜稽伏冀来格,鉴兹愐忱锡福祉于无疆更祈显应恭,逢圣诞献尸祝于华筵,谨以洁牲刚鬣香帛肴馐之仪敬伸奠献。尚飨

会友芳名:

首会:国柱

二会:騄

三会:捷

四会:桠

五会:望盛(圭山门)

六会:燮(一本祀顶一钱为首褒分得)

---

[1]丁希勤:《古代徽州和皖南民间信仰研究》,安徽师范大学出版社2016年版,第198页。

[2]朱海滨:《祭祀政策与民间信仰变迁——近世浙江民间信仰研究》,复旦大学出版社2008年版,第97—98页。

[3]朱海滨:《祭祀政策与民间信仰变迁——近世浙江民间信仰研究》,复旦大学出版社2008年版,第91页。

七会:城根,骏顶改拱烈

八会:根改诏

十二周王会祭品列后:

祭猪一口:祭毕称生肉五十斤,头蹄均搭。今只交四十斤,用豆山公秤,给庙祝半斤在内

熟鸡一斤,去爪血

火肉二斤,去骨

肚肝壹斤四两,改为熟猪壹斤四两,去骨

煎鱼二斤,去头尾

拖禄壹付,计六斤四两,用豆山公称,定足称九斤

小包一斤,作二十四个,给吹鼓手十六个,余给庙祝

栗子两斤,无栗折钱六十四文亦可

祭文一纸

檀香一两五钱

料香壹仟

福钱三十

表黄三十

弓单式十

中锭式十

红烛拾两,半斤一对,十六支乙对

爆竹壹挂

吹鼓手四名,给钱四十八文

剁肉工钱,叁十文

器皿家伙共十一周,皆同

递年票银五钱九分八厘,营米九合四勺

计税六亩六分八厘四毛四丝

会规当年收谷,办祭完粮,永远定例。

老会簿一本,新会簿一本,上交下接。原有会秤一把,今失。[1]

在徽州立周王庙祭祀的乡村很多。歙县白杨柳村的新桥头有一座周王

---

[1]《徽州会社综录》(第一册),手抄本,厦门大学历史系资料室藏,第143—144页。

庙,位于龙山山麓,略显坐南朝北向(现在大门已重开,座向与原朝向有些差异,似坐东朝西向)据传系清雍正年间所建,主体建筑占地面积56.16平方米,分三间统厅,龛座上供有老周王老爷、八老爷、嫩周王爷菩萨等。周王庙在白杨源是最具特色的一座庙,庙内装饰设计独具匠心,朝拜者入内,虔诚之心便会油然而生。如今在郭村桃岭古道上周王庙只剩遗址,尚有一块模糊刻有"周王庙"三字的石牌留存,四周树枝上零星挂有当地百姓的祈愿布条,而建于清代中叶的观音阁则挂上了"周王祠"的牌匾。

三、郭村周王会的保护和传承

郭村林姓以此祭祀,祈求保佑林姓平安。新中国成立前尚有专人驻庙管理,每年农历正月村民手持竹叶,前往桃岭周王庙求签拜佛,往返人群络绎不绝,烧香焚纸,烟雾缭绕。

每年农历九月二十四日,由郭村林姓为主的男丁一百多人组成仪仗队接菩萨下山。周王下山当天,首先到长坦祭祀树神(银杏古树)。二十五日、二十六日在石壁下(郭村的一个村民组)、岩寺(山河村的一个自然村)、郭村游行,意即周王慈光普照,福祉百姓,所到之处鞭炮双响齐鸣,锣鼓喧天,沿途村民杀鸡"血祭"。走在队伍最前面的是两人抬的铜锣两面,鸣锣开道,两面各绘着圆形龙凤图腾的长幡紧跟其后,绣着龙、麒麟等吉祥瑞兽的红、黄、紫色长旗簇拥着。后面跟着一张贡桌,贡桌由两人从两边搁在肩膀上抬着,上面整齐摆放着"五贡"(五种供品)、一对象、一对狮子、一对大佛手、一对大红球、一对将扇、宫殿摆式二十四支銮驾开道。后面四人抬的大轿上分别坐着周宣灵王,所乘坐轿为木制,上有荷花形顶盖,均用红绸带固定在轿中的椅背上,每乘轿后都有一人擎一把明黄色绣着龙的绮罗凉伞。菩萨塑像后面是几十面红、黄、紫色三角形的旗幡跟随,旗幡上绣着蜈蚣、麒麟等勇猛或吉祥的动物,仪仗队最后还尾随着许许多多男女老少。

二十七日将周王请入观音阁供奉,并在周王菩萨面前安放贡桌,桌上摆着上百种贡品,搭台唱戏三天三夜,周宣灵王塑像供在观音阁楼扶廊上与村民共同观看演出。白天演木偶戏,戏班从毗邻的贤村等请来;晚上唱大戏,戏班一般从外地请来。演出的剧目丰富精彩,因此吸引四乡八村的村民前来看戏,既扩大了周王庙会的影响,又带动了信息交流、商品交流和文化交流。庙会结束,送周王上山进神庙。

郭村周王庙会虽偶有间断,但新时期以来已得到充分重视,2007年郭村周王庙会被列入黄山市黄山区首批非物质文化遗产保护名录,2014年郭村周王会庙被列入安徽省第四批省级非物质文化遗产代表性项目名录。

后　记

在编写《徽州民俗研究》之前，我也曾想过，2005年安徽人民出版社出版的"徽州文化全书"中就有卞利教授撰写的《徽州民俗》专著，从理论上来说，我这本书无法达到卞利教授专著的理论高度和深度，但在分管黄山市非物质文化遗产工作十多年间，接触了很多的徽州民间艺人，调查过很多的民俗活动，这些民俗活动既有广泛的共性特征，更有独特的个性特征，这种个性特征根植于民间，往往不被专家学者所关注。因此，我就想对徽州乡村中的一些个案进行深度挖掘整理，为专家学者的高深的理论研究做些补充，或者为其著述写点脚注，这样一想我也就没有顾虑了。

我这样说不知是否能得到专家学者的认同。但我认为研究徽州文化的本土学者，基本上是出于自己的喜好，他们立足于不同的学科背景与研究领域，在不同的学术体系与语境中，走着不同的学术道路，开展自己的田野调查。随着研究领域不断拓展、研究程度不断加深，越来越多的人着意于关注不同学科相关领域的研究，努力推进多学科研究的融会贯通。他们在历史学领域，将不同时段的乡村田野研究贯通起来，展开中长时段的考察，现在已成为一种趋势，并取得了一定的成绩。

徽州民俗具有广泛性和普遍性，这反映了人们对徽州民俗文化的独特喜好，为我们研究这一地域不同时期人们的宗教信仰、价值取向、民俗爱好提供了很好的基础与条件。但是，研究徽州乡村民俗最大的问题也是这种同质性，一种民俗活动不仅几个村有，甚至是几个县也有。因此，我们选择进行民俗调查与研究的对象是徽州民间最具特色的典型民俗。

徽州民俗文化尽管种类繁多，但随着城镇化的加速建设，城乡现代文明新趋势新发展,以及先进的文化传播方式与手段的冲击,徽州民俗的发掘抢救与调查整理也就成了一项迫在眉睫的工作。当然,对于已经消失的徽州民俗,或者我们没有来得及调查和涉及的民俗,征得作者的同意,我们收录了陈长文、毕新丁、余大铎、邵培琦、胡时滨、张艳红等先生的几篇文章。

写这本书的动意已经有些年头,可近年来多有一些意想不到的烦事缠身,所以一直没有动手进行系统的整理,直至年届退休才想起这件事。我们不可能全面调查徽州民俗,只是选取一些的民俗典型的民俗个案予以研究。我们按"一府六县"排序谋篇布局,并将现在的黄山区的民俗以附录的形式予以呈现。

黄山市非遗保护中心方文婷女士,对全市的民俗活动有着较为深刻的认知,为本书撰写了一个很好的开篇,全面总结了徽州民俗活动的分类、具体内容,提出了几点想法并撰写了部分民俗活动。在编写本书时,我们大量参阅了原黄山市文化局内部印行的《徽州记忆》中的一些原始资料。本书的出版得到了安徽师范大学历史学院刘道胜院长大力支持,将此书列为历史学院安徽省高校协同创新项目"明清徽州地方文献与乡村治理研究"系列;姚顺涞先生对本书的出版给予了关心与支持;安徽师范大学出版社孙新文主任进行多次沟通协调;郑国和、陈雪君、冯建平等先生为本书提供了图片。值此机会,对他们的关心与支持一并表示衷心感谢。

由于我们的专业学识有限,在编撰《徽州民俗研究》工作中认识不够全面,个案选择不够典型,调查研究方面不够深入,论证方式不够科学,难免一叶障目,敬请各位方家批评指正。